美国大历史

(美) 查尔斯·俾耳德 Charls A. Beard 威廉·巴格力 William C. Bagley◎著

魏野畴◎译

煤炭工业出版社

·北 京·

图书在版编目（CIP）数据

美国大历史/（美）查尔斯·俾耳德，（美）威廉·巴格力著；魏野畴译．--北京：煤炭工业出版社，2018

ISBN 978-7-5020-5455-7

Ⅰ．①美… Ⅱ．①俾… ②巴… ③魏… Ⅲ．①美国—历史 Ⅳ．①K712

中国版本图书馆 CIP 数据核字（2017）第 319508 号

美国大历史

著　　者　（美）查尔斯·俾耳德　（美）威廉·巴格力
译　　者　魏野畴
责任编辑　刘少辉
封面设计　朝圣设计·阿正
出版发行　煤炭工业出版社（北京市朝阳区芍药居 35 号　100029）
电　　话　010-84657898（总编室）
　　　　　010-64018321（发行部）　010-84657880（读者服务部）
电子信箱　cciph612@126.com
网　　址　www.cciph.com.cn
印　　刷　北京亚通印刷有限责任公司
经　　销　全国新华书店
开　　本　710mm×1000mm 1/16　印张　32　字数　400 千字
版　　次　2018 年 4 月第 1 版　2018 年 4 月第 1 次印刷
社内编号　8318　定价　88.00 元

目录

第十三章 困难的外交1812年的战争与美洲拉丁民族的关系

第十四章 30年的国内政治（1815—1845）

第十五章 西向太平洋岸

第十六章 工业革命

原序

曾经支配到本书的内容与排列的一个大动机是：要教人们了解美国的理想、组织、成绩与问题以后，为具备公民的资格做准备。这种目的不是只有事实、年代与人名的记录所能达到的；也不论这记录是怎样的详尽，怎样的描写。这种目的，只有教人们借过去历史的光明，以着想现代的活事实与活问题，给他们先知道历史上的连续性，才能达到。

我们打算概括美国人深潜而宏阔的生活潮流，把这些潮流明白公正地描写出来，使人们对这些潮流发生兴味；并明示这些潮流对于现代问题的重要。只有用这样的方法可以使历史成为活的历史，只有用这样的方法可以使人们明白他们为什么研究历史。这样一个美国人的生活，劳动与理想的故事，设使记载得正当，那般信奉民主主义不会灭亡，而能在各处繁荣与胜利的人，一定会为之感动，起而加以赞许与信仰。

为达到我们的理想，我们就选出美国史中与我们时代有关系并能帮助阐明我们时代的一些重要事实。我们觉得全体是一个有机而活动的故事，带着一些明确而有根本性的动作与事实。本书以这样有系统的目的为纲领，而拿一切详细的与参考的事实作这种纲领的辅助。

为实行这种计划起见，我们把全部美国史分成时期与问题。我们既共同认定了教授公民知识的史书所必须的一些基本知识，我们再把每个基本知识分成几个重要的部分。设使有个出名的事件或人所共称的故事要记载，我们把这事件或故事搭配在我们所计划好的纲领上。我们从未允许传奇中的佳话，或只属于教本中相沿的材料迷住我们，使我们在一本理想的完备的教科书中牺牲重要的事实。

这种计划须得省去普通教科书中许多的材料。故如说北美洲土人之处，其材料已较常著大为减少。这些土人确有趣味，如画图一般，但是他们对于美国的文明没有影响。在一本打算阐明现代而并非引人奇异与愉快的历史上，印第安人的生活习惯及印第安人的战争，必须占很小的一个地位。至对于许多用以装饰我们历史的有名奇谈，也是一样的。这些东西也早已牺牲了；虽不免有些吝惜，但是为要符合我们在开首共同认定的主要目的起见，也很决然的做了。

既认定了这样的一个计划，不得不把纪事本末体（topical method）置在纯粹编年体（chronological method）的前面。这种纪事法一个重要的长处，是能把人们的注意力集中在历史上每个时期的重要点。能帮助人们着想历史上的大兴味及大成就，而不着想总统的听政。美国历史不能以每四年（quadrennial）分为一个段落的。纪事本末体也有几个不可掩饰的缺点，但我们已经以“撮要”与“表”应付这种缺点，并在许多地方用多方面复述一种事实的方法。依这种纪事法的结果，人们就不会觉得生在1820年与1860年间的美国人，他们过的不是总统听政的日子，就是奴隶制冲突的日子了。

美国历史不当距大多数人的生活与劳动太远，而描成神秘性人格的暗淡无色的记载。这样的历史不能使人们有兴味，也不能给人们得知识。再进一步说，这不是真正的历史，美国是数百万不见崇拜与不见称道于普通载籍上的男女幼童的劳力、牺牲及理想造成的。

这便是民主主义的要素。国家的命运就在这般人的正在普通学校里学习国家历史的子女手中，这是很真确的情形。这般学生是读历史的，也是造成历史的。过去的成绩、遗传、理想——这些都是激发那般开造“将来”的人的源泉。要把这些东西给下一代明明白白地知道，便是本书的根本目的。

我们用这样的态度重写美国史，我们自想没有遗漏过通常重要的一桩事情、一个年代、一个人物。不但如此，我们也曾努力免除一切迁就成见的东西。我们曾经力求对于各党都至公无颇，并以公道判断为叙述的根据。设使我们的取去有了错误，我们很喜欢知道，并据此改正我们的记载。

俾耳德 (Charles A.Beard)

巴格力 (William C.Bagley)

纽约市

1918 年 4 月 19 日

第一章

美国史在欧洲的发端

美国是地球上一个顶少年的国家。“宣布独立”以前的好多世纪里，在欧洲、亚洲和北非洲，就有许多强有力的国家，生了许多的帝王、贵族、僧侣、教师、商人、技巧的工匠和农夫。当 1776 年 7 月 4 日，悬在菲列得尔菲亚（Philadelphia）的老“自由钟”传出新美国的消息的时候，我们的东方姊妹共和国——中国——已经是几千年的“文明之邦”了。

一、旧世界的景象

美国是承继以前各代的后起者。我们感谢那些古人——埃及人（Egyptians）、希伯来人（Hebrews）、阿拉伯人（Arabs）、希腊人（Greeks）、罗马人（Romans）；他们探讨过世界和人们的生活，并把他们的思想写记在许多的书本上。他们虽然没发明出电话或打字机，但他们产生了伟大的美术作品，做成功了耐久的法律与政府制度，创造出数学，并且对于机械和航海的技术都有很深的造诣。

他们著过许多的书籍，启开多少自然的秘密。我们的宗教及一些智慧也是承接着他们来的。

在中世及近世的时候，耶稣教由一般旧教士传布给北欧的野蛮人，甚至于到埃斯兰（即冰岛——编者注）（Iceland）界内去；西班牙、法兰西、英格兰等，都由互哄的小国建起大国；大学也设立了；还有随着罗马的衰亡而熄的“科学之光”又重发红了。久远的过去是与一个将要发现“新世界”的时期连续在一起的。

哥伦布（Columbus）船上的水手所操的语言的确是由古代罗马人语言流传下来的。美国人的语言，根源远在英国探险家在这一洲插足以前的几百年。用这种语言做成的书籍及故事很是不少。现在有些关于政府的原理、投票权、财产所有权、教育、劳动和资本的东西，都是在美洲未发现以前好久时造成的。我们以为很新近的好多思想，在欧洲已经辩论过了，当那时候我们国家还不过是印第安人（Indians）的打猎场呢。建设美国的就是欧洲人，他们随带着有宗教的信仰、政府的观念和已经造成的生活习惯。

即使没有哥伦布这人，美洲早晚还是要发现的；但使没有那整千整万的农夫、工匠、商人、水手、冒险家——平常的男女——冒着海上长期的危险，斫伐森林清理田地，建立城郭，驱逐印第安人，横过美洲，逐渐的向前移住，后来竟达到太平洋岸，决不能有美国。所以最先要想到第一次移殖在“新世界”的男男女女的类别和情况。

为什么美洲的探险家和移民都从西欧来　试看一看16世纪初年的欧洲地图，便看见许多可以帮助我们寻出美国史的发端的东西。看了以后，我们便看出争占“新世界”的对抗国家为什么只有西班牙、法国与英国三个。他们和德意志、意大利一样，都早已分成无数的王国、公国、侯国了；但他们的人民到底统一在一个领袖的势力下，并且内部都相安无事。战士们都愿离开家乡，找着冒险。商业繁盛以后，商人们都昂首向外，愿寻一个新世界去赚钱。这三国的海岸线都长，正好引诱着国内许多的居民去作造船的、经商的、航海的生活。

这几国又都距地中海东部的口岸很远，由这些口岸常运来丝绸、香料、宝石以及别种有价值的商品。因此这几国的人对于能把亚洲货物带到西欧来的意大利商人都要赔着重利，所以他们也急想和东方开辟直接的通商。葡萄牙也占着同样的地位，但它的疆域很小，并在16世纪中又并入西班牙了。所以它在新世界实际的殖民事业上不占重要的地位，可是它的水手们是最勇敢的探险家，并设立起巴西国（Brazil）。

16世纪中欧的情况　再向东一看，便找出极不同的情况了。找不见有现在那样统一的德意志——搜遍跑遍，它当时还是一个分成几百个小邦的国家。实在说来，它们确都统属在一个所谓神圣罗马帝国（Holy Roman Empire）的势力底下，但皇帝的权力很微弱，各小国的君主实际上都是独立的。他们常常相互战争，又往往借外国的势力打他们的邻邦。因为有这些小小的争执，商业不能发达，人民的精力都消耗在内乱上了。

德国和俄国的中间，伸出一片波兰（Poland）的领域。波兰曾被四邻的强国吞并，经过几个世纪以后，到这次大战中方又恢复。在昔时，俄国不管欧洲的事情，只顾着东方；在英国所晓得的俄国人的生活，也不过同晓得东印度人的与中国人的生活一样罢了。俄国人除去木材与兽皮两宗货物以外，都少有卖给西欧的，并且两造的贸易不见得繁畅。向东南，由黑海到亚得里亚海（Adriatic Sea）便是土耳其回教教主的大部势力，他们在欧洲文明中是没有份的。

欧洲的小国　远远向北便是挪威、瑞典与丹麦等国的人民，他们共戴着一个皇帝。他们当中虽说有不少航海的人们，但也没有在地中海的商务上占很大的势力。实在说来，别国人开通了到新世界去的路径以后，瑞典人也接着在德拉瓦河（Delaware R.）岸上设立了几处商埠，但这些微小的殖民地不久就失去了。16 世纪初年的荷兰人是西班牙王的属民。后百余年，他们为了独立才去舍命地争战，终于胜了；但直抵到独立的时候，他们仍不能和别国在海上为有力的对抗。

南抵地中海，住的是意大利人。他们的地位介在亚洲与西欧之中，还有延长的海岸线，都是招引他们去到海上奋斗的。设使有人疑到意大利能给西班牙产生哥伦布，为什么不能在新世界上有一点成就？请看看地图，那就全明白了。16 世纪初年的意大利是割裂成无数独立的小邦和城市的。“意大利”是个名字，但不是国家的名字。

二、欧洲人民的生活——农夫

以上是说欧洲政治方面的情形，由这些情形方可断定争夺新世界主权的都是些什么国家。我们尚须研究欧洲社会方面的情形，以求发现出什么样的男女要预备到美洲居住去。

农夫　欧洲各国大多数的人民都是从事于耕种的农夫，这种事实是最关重要的。我们美国农人的土地，或是自有的，或是租借的，在国境以内的来去移住也是自由的，但欧洲人就不是这样了。耕这块地的农夫就是这块地的主人，在欧洲没有多少；就是那些自由民（freemen）种着他们自己的田地的，所得者也仅足谋生。

大多数的农夫是随田地为转移的农奴（serf）或半面奴隶。几乎所有的田地都成为大地主（landlord）——公爵、伯爵、男爵、僧侣及别种显贵——的所有物。农夫只有一小块一定地方的耕种权，照例得向地主纳租钱，出产物，或做工作。凡是产生在某处产业（estate）上的农奴，就不能离开那里；他们所产的五谷必须到地主的磨房里去磨；凡不得地主允许的，都不能结婚。他们若是死了，地主还要把他们家中的牲畜取出一部分，作为继承税。

但是，在16世纪的初年，英国方面的农奴制早已废除了；那就是农夫变成田地上的佃户（renters），或“务农的工人”（agricultural labor-ers）——这是在英国所用的名字。他们比大陆上的农奴也强不了多少，纳的租很多，并且只有少数的人才能够希望得着足用的田地。地主把他们都当做下等人看待，他走到无论什么地方，佃户都得向他脱帽。

农夫若是离开自己的村庄，到城市中游逛，既没有钱，又没有职业，往往就会被人捕去当“壮健的乞儿”（sturdy beggars）看待，用烙铁烙了，还要解回原地。

农夫的生活怎样 欧洲的农夫并不和现在美国的农夫一样，住在全国四处的田庄（farmhouse）里。他们攒集在小村落里，村落上边往往紧接着地主的堡寨。至于他们的住室差不多和北美印第安人所住的茅屋是一样的粗陋。屋顶都是茅秸做成的，一有大雨便要漏起来。屋的墙壁是木和泥，也有石头的。地下是土的或是用小石砌成的，没有地板。除过中等人家以外，都没有玻璃窗。在墙壁上穿开隙缝，覆上一层薄皮，放些阳光进来，好让家中的女子做她的日常工作：这是农奴们草舍中的景象了。妇女们的工作不限于家门以内，时常在田间帮男子作工，从早起直挨到黄昏；并在农忙的时候，简直就顶上“长工”（regular hands）了。

农夫多没有受教育　至于教育，农夫们一点也没有。他们不能读书、写字，要是有人能算对数学上极容易的问题，那便是特别侥幸了。地主都任用经理代存关于产业上的文契，以为常例。教农夫和他的妻子认识得教育本身的价值，有做事情的知识，不限于田间的简单工作，这一层道理君主不知道，贵族不知道，就是农夫自己也不知道。

新闻纸是当然没有的了。印刷的书籍方才有极少的数目流行；所以一个村庄里有一本无论什么书籍——就是草本——也是很贵重的。

农夫们对于世界上的知识了解得都很少。他们对于别的国家仿佛也知道一点，这是不用怀疑的；因为一个村中往往有一两个人出外从征去，因此阅历了一些外国人的事情。玩把戏的，卖零碎的，都把关于南方的新闻与闲话讲给人们听；还有些农夫想买些客商的盐、铁器和简单的东西，才到相距不远的市集上去，也能得到这类的消息。

农夫在政府中没有位置　农夫和农奴都得纳税，有时候还得出征；但是在政府中没有他们的位置。欧洲各国差不多都是王公卿相统治的，他们任意征收租税、制定法律、宣战及媾和。至于让在田间受苦的百姓们也发表意见，说他应给政府多少钱，或者什么时候才得宣战：这些话被君主们听见了都以为是很可笑的。农夫们重要的天职是纳税，在御路上挨工，养活“结实”的孩子去供给皇家的军队。

三、贵族僧侣及君主商贾

贵族——一个特别的阶级　农夫及农奴所耕的田地的2/3或2/3以上，都为大大小小的贵族所享有；这般人自成一种界限分明的阶级，即所谓贵族（nobility）。贵族中也大有分别，有的产业很少，若是贪懒还不够生活：有的占地很大，包含数百个村落，甚至于接连起一两个大镇。他们内中常因扩大领土酿起战争。君主要是和人开战，所用的军队实际上全都是他们供给，这也是好久以来的事实了。由他们内中，君主选出来他们的参赞与军官。

贵族们到处夸扬自己的家世，小视商人与农夫。贵族阶级不能入，虽说君主有时候因某人特立大功，或以事得宠，把他由平民升入贵族；但等级是生成的，不是受苦换来的、金钱买来的、胆大得来的。

僧侣 较之贵族不见得不富，不见得无势力的一个阶级，便是僧人。16世纪的初年，西欧全是旧教（Catholic），于一个罗马教会的领袖——教皇——的势力底下。罗马教会就是民政政府中宗教的或僧人的政府。全部西方的耶稣教国（Christendom）分为若干区域，每区域置大主教（archbishop）或主教（bishop）一人，受罗马教皇（Pope）节制。主教区域（bishopric）复分为若干教区（parish），每一教区内的宗教事务都委给一个选举的牧师（priest）办理；牧师照例是由村中的地主选出的，或者还须得有主教的同意。各国之中都布满了教堂，教堂中住的各派的修道士（monk），本笃派（Benedictine）、加都仙派（Carthusian）、圣芳济派（Franciscan）以及别的等等。又有许多的庵观，教妇女们脱去世间的尘虑与危险，来此归依。

僧侣的权力 各国之中都有许多的牧师、修道士、主教、大主教以及别种在教人等；由这些人造成另一个阶级，势同贵族一样。他们是僧侣阶级，发过信教的誓愿，做过虔敬的誓言，自然是有别于平民的。他们全体拿精神的势力合成一个互忠互爱的团体。

再就僧侣的全体说，又是一个极富的阶级。一村的牧师也有贫的，但僧侣全体的产业实在是不少。有时候一个主教、大主教，管着和国王一般大的领土，供养军队，把持政府的实权。有人说英、法、西三国耕地的1/3是属于僧侣的，这话也很可靠。他们也和别的地主一样，向农夫征收租税，以外还要摊派教税。

僧侣是唯一受教育的阶级 僧侣阶级除有财权与神权以外，对于人民还有一种顶重大的势力。实际上各种学术不论属宗教的、世俗的，都在他们掌握之中。著书是他们，教学是他们，王公贵族子弟的先生也是他们。现在当律师的人所办一些法律上的事务，也交给他们。各大学校都在僧侣的势力之下；实在说罢，也就是为着培养僧侣才设立的——因为这时的贵族对于文学科学，和耕种他们田地的农夫是一样的没知识。

君主的权力 16世纪初年，英、法、西、葡等国的政府，都在君主的手中。英国当时就有了上下两院的国会，并且下院的议员是由各州县的小地主及各城市的自由民选举出来的。但究其实，英国元首对于征收赋税、颁发命令、惩戒人民、对外宣战，都是自由行动的。若是国会要反对他的决定，他很容易的把他的私人派充到国会去，让国会向他说话。法国也有这种有名无实的一个国会；但这国会的权力比英国的还要小得多；及后到了17世纪时，早就全没形影了。在西葡两国，君主的权力也是同样的大。

暴虐的君主有时候也有的，但多数都用尽方法想求国家进步。他们保持国内的和平，压服那般和盗贼还不如的贵族，不让他们抢劫过路的客商。他们在国内修筑起大道，制定通国一致的法律，采用简单的货币制度。他们能维持境内的治安，让商贾旅客可以到处旅行。他们常常拿出钱来供给航海探险之用。

商贾 因此君主在社会上帮助了一种新兴而重要的阶级——商

贾——发展了；这般人，从 16 世纪以来，在世界史上就占据了很重大的地位。内而提倡工艺，外而贩运货物，都是他们作领导的。于是西欧各国产生了另一个阶级；不属于僧侣，也不属于农夫；没有土地、堡寨及寺院，只有船、商店及金钱的一般人。这般“冒险的商贾”（merchant adventurers）——这是常用的名称——常在外方旅行，和异国人交接，所以所具的世界知识比其他阶级要高。无论何种可以增进他们营业的变化，他们都有准备，应付自如。

工匠 在城市里边，可以寻得出能巧的铁匠、织匠、染匠以及别种的工匠，在那里做卖货。每种工匠组成一个联合或“公行”（guild），各对于本行的人员施行一种严格的约束。

四、商业进步

最可羡的奢侈品，如香料、毡、丝及瓷器等，都是从远方来的——从波斯、印度、中国及其他远地方而来。这些国度都是希腊、罗马人知道的——在他们那时并有过很可注意的通商。及到中世，昔日的罗马帝国被野蛮人推倒了；但远东方面的事情欧洲人仍没有完全忘却。12、13 世纪时，耶稣教的骑士从“十字军”东征，想从阿拉伯人的手中救出救主的坟墓；远至埃及及叙利亚（Syria）都是军人和旅客所到之地。

马可·波罗 及 13 世纪的末年，有两个著名的威尼斯（Venice）商人——波罗（Polo）弟兄——旅行到了中国的北京，并受元朝皇帝的欢迎。后来他们一个人的儿子，名叫马可·波罗（Marco Polo）的又到中国，居留了许多年，游历各处，熟识中国的习惯与商务。

1295 年，马可·波罗回到威尼斯，带的有金刚石、红宝石、碧玉等，很激起了一些冒险家的兴味。波罗不但对他的朋友盛夸他所见的事情，还著了一部书，详详细细地写出他在那个秘密国土里的经历。在这一部书上他说到皇帝的广大宫殿，金钱做成的殿庭，宝石嵌的镜架，锦绣辉煌的帷幕。他描写朝堂上所着的美丽衣裳道："贴金的绸袍子，镶宝石的腰带。"波罗夸大其辞说：东方的树上显然是生金钱的。自然，老实点的人们都想去采摘。

由东方输送货物到西欧　自波罗以后，欧洲与远东（Far East）的商务逐渐向上。丝、香料以及别的丰富的出品，都由中国、印度及波斯，顺着一条陆路，带到地中海的东岸，大部分再由此运到意大利的威尼斯、热那亚（Genoa）。由这几处地方，常取几条陆路，送到远处——如伦敦、巴黎、安特卫普（Antwerp）。德国的几个商业中心——柯伦（Cologne）、布勒门（Bremen）、律伯克（Lubeck）——大都是以这种商业为利的。有时有些意大利的冒险商人，由威尼斯及热那亚，装载贵重的货品，出地中海的门户直布罗陀（Gibraltar）海峡，上溯大西洋岸，远至布鲁日（Bruges）（现在的比利时——编者注）及伦敦。

西部各国的商务　除这种对东方的商务以外，中世纪时，欧洲各国内部的商务也渐见发达。大包的羊毛由英国运到法国去织细密的毛布。像伦敦、巴黎、布里斯他尔（Bristol）、布鲁日及安特卫普等小城市的手工工业，都开始兴旺了。乡间的农夫们都知道用铁及盐，有些串村的商人开始用车载这些东西去卖。按照通常的惯例，各重要的城市都有市集，四乡的农商赶时的到这里来交易。美国有个很驰名的县集（county fair），就是一种古代的这种组织的简单遗迹，在当时是于人们实在有用的。

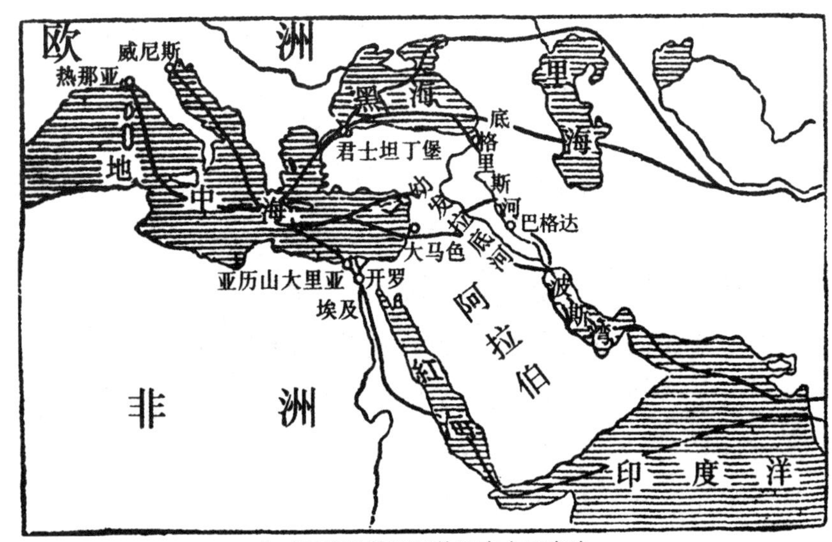

自威尼斯及热那亚往远东之旧商路

欧洲阶级界限的严厉 前边说过的各种阶级——贵族、僧侣、农夫及工匠——在哥伦布时代的欧洲，保持着十分严厉的界限。农夫的儿子差不多一定得作农夫，商人的儿子是商人，贵族的儿子是贵族。女儿们都得受地主和父母之命，常常嫁给本阶级。没有许多人希望离开自己生身的团体。只有僧侣是由别的阶级转来的。常常有聪明农家孩子，逃出本地的奴隶待遇，进了教堂。贵族的子弟有时也去过过宗教的生活。

总而言之，决没有机会给贫苦的人们离开他们本来的阶级。这种事情大家都以为是十分“自然的”，好像和我们的儿女要上学校一样的自然。

这便是“旧世界”，移殖到美国的人民便是由这种世界走出来的。

第二章
探险的勇士

刚才讲过的欧洲，大部是个不变化的欧洲。贵族、僧侣、工匠及农夫们都满意地过他们的日常生活，很像他们几代前的先人一样。

一、需要一个通亚洲的海道——意葡两国人的热心探险

意大利人 但是，在哥伦布时代已有了变化的征候。这时与东方的通商继续繁盛，许多的商人——特别是意大利的“中间人”——以中国与印度来的香料及丝种种贸易都致富了。英、法、西等国的商人看见意大利的商人得了有利的收获，于是也想找个道路和波斯、印度及中国直接交涉。自1453年，向来在耶稣教徒手中的君士坦丁堡（Constantinople）被土耳其人夺去以后，他们才很着急地想找个到印度去的新路。因为这件大事发生以后，经过地中海东部的商务，虽说没有闭塞，但常是受扰乱及妨碍。

不但因为给意大利人赔偿厚利，激起了西欧商人的不满；意大利的商人也是同等的不快乐，因为他们要给地中海东部海口上的阿

拉伯商人奉纳巨额的贡赋。这问题只有一个解决的方法——得有一个通远东的新路，运来他们所需要的物品。

意大利人见到这件事实并不算慢。差不多在哥伦布第一次横过大西洋以前两百多年的时候，意大利的大胆的航海家早就航出了直布罗陀海峡，直达伦敦、布鲁日。这种在大海上冒险的成功，激发了他们的胆量，不久他们又沿着非洲海岸，直向南去，要寻着绕到印度去的通路。

葡萄牙的航海家亨利王子　因为这些冒险家常都停在里斯本（lisbon），于是葡萄牙人也加入了寻找通商新路的事业。葡萄牙人就是启发无人知道的新世界及远东地方的热心人，这话是实在可以说的。哥伦布未降生以前，有个葡萄牙王的儿子亨利王子（Prince Henry），对于船、水手及地图都很感兴味；他极力地鼓励探险家到大海里去搜寻，因此他自己得了一个“航海家亨利王子”的号。

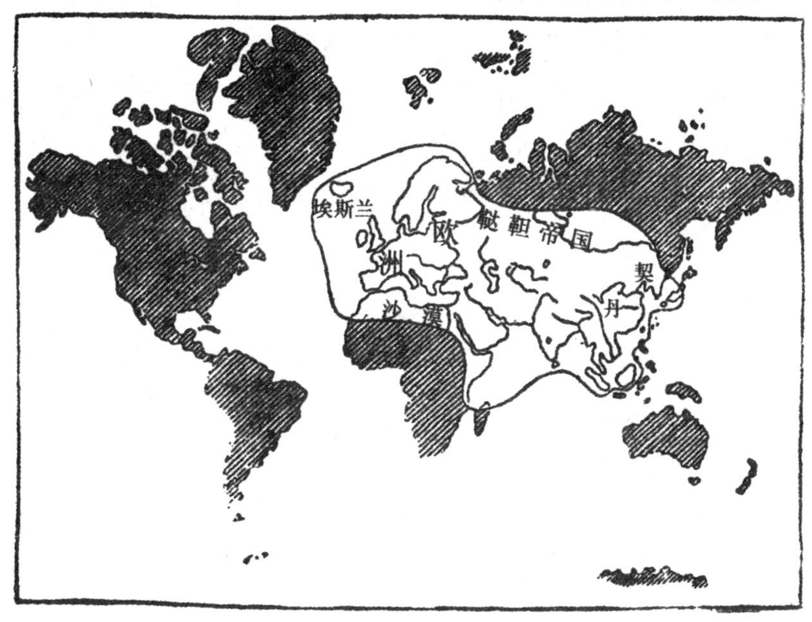

航海家亨利王子时所知之世界

造船是很要些金钱的，于是他就拿出他自己的私囊来供给。因为很远地离开海岸在大海上航行，是要一种航海知识的，于是亨利王子就设了一个水手学校；搜集了许多的书籍、表及地图；训练了许多老练的水手，与大海上的危险角斗；然后按着当时的最好的计划，去驶行。当1460年他去世的时候，留下一大队有能力的水手，继续他热心发起的大事业。

对于海上的旧迷信 有一件最困难的事情横阻着有勇敢精神的探险的人们，使他们变志，这便是谈各种可笑的故事以附会海上的危险。最聪明的航海家也不甚知道大海中的情形；没知识的水手就把闲谈信以为真。有人说大海中住着一种可怕的妖怪，其大可以一口吞下一艘船；直向南方去的海里都是滚热的；没有人能由这滚水里过去还活着的；非洲西海岸都是些荒凉地方，只有死神在这里等着迎接倒霉的破船的水手。这些话都由风说传为事实。

虽说有些很有学问的航海家相信地球是圆的；但一群一队的顽固人都硬说是平的，要是有人冒着险老向远处航行，定要掉到无底的深沟里去。这些无根据的说话，只有由水手们渐渐地扩大航行的范围，才知道全是假的。

葡萄牙水手的成绩 许多的航路都是葡萄牙人开创的。在14世纪的中叶，他们就发现了加那列（Canary）、马得拉（Madeira）及亚速尔（Azores）等群岛，沿非洲海岸，冒险下去，直到了一个名叫维尔德角（Cape Verde）——绿角——的地方。

后来有个能力顶大的葡萄牙水手迪亚士（Partholomew Diaz），沿非洲西岸直航下去，竟于1487年绕过南端。他很喜欢这次航行成功。国王把这非洲南端起名好望角（Cape of Good

Hope），这个名字现在仍是使用的。及至迪亚士由这 1.3 万英里的长途归来以后，说他没有遇见海中的妖怪，滚热的海水，这些都是谣言，于是别的水手都加增了勇气。

二、哥伦布

一个大胆的计划　葡萄牙水手的意外成功，激起了一个由热那亚来的意大利水手；这人也是命里注定要享永久的荣誉的，这便是哥伦布。当他 14 岁时，他便开始了海上的漂泊生活。后来以冒险事业流落到葡萄牙。这是他事业上的一个转机，他确从里斯本的航海家学了许多知识，跟随着直下非洲西岸的航行也是在他的理想中的。还有一件事情是我们都知道的，就是他于 1473 年娶了一个葡萄牙水手的女儿。这位水手藏有许多地图和航海图，这种可贵的收藏后来落入哥伦布之手。

哥伦布又有一本马可·波罗的游记；他在这书上不仅读到东方意外的财富，并知道有个“大海”在中国的疆域以外。由深心研究的结果，他绘出一幅图来，以为地球是圆的，不像一般人所想的是个平的。这个“大海”便是大西洋的一部分。[1] 于是哥伦布就断定向西直航上 4000 英里——五六星期的航程——便可到位列在中国沿岸的日本（Zipango，即 Japan）。

斐迪南和伊萨伯拉帮助哥伦布　虽说有硬头皮的商人急于想寻一条新路，但实在也不愿意在没把握的冒险事业上拿金钱担小心。因此哥伦布的这次远行预备金钱，就很费了些时间。他请于葡萄牙王，但是没结果。于是他就折向西班牙斐迪南王和伊萨伯拉王后

[1]　在哥伦布前十几年的希腊学者，早就说过地球是圆的，不是平的。自然这也应该知道。

（Ferdinand and lsabella）。王后因为想把东方的异教徒收容在旧教会的势力底下，所以对此事很觉有兴味。于是哥伦布大部借着她的帮助，才能得到所需要的金钱、人及船，去作他的胆大的试验。他选了三个大小适中的小船，预备在他所希望达到的秘密国里游弋海岸，并侦探河流。在1492年8月，一切都预备好了。哥伦布由西班牙的巴罗斯(Palos)海港起艇，在茫茫的海上过他的有兴趣的行程。

哥伦布横渡大西洋 以下的故事都是人所共知的了——一天一天地横过无人影的大海；怎样的随着哥伦布的人都发生恐怕；怎样的有些人求他折转回去；怎样的他坚持着他的信仰和勇气，而别的人都很失望了。美国诗人密勒（Joaquin Miller）描写这个船长在船上的失望与决胜交战图，有几句道：

我的人们一天一天地反抗起了；
我的人们变成可怕的灰白与孱弱了。
结实的男儿想着家；
带盐的浪花洗刷着他的黑色的颊。
若是明朝我们只看见海，再看不见什么；
请教勇敢的船长啊，对我们该说什么？什么？
唉！到了明朝，你们该说：“前进！前进！前进！进！”

哥伦布于圣萨尔瓦多尔登陆（1492年10月12日） 直向前去了，后来于10月12日，才偿了他们的渴望，瞧见一个奇怪的海岸——巴哈马（Bahama）群岛之一。斐迪南·哥伦布（Ferdinand Columbus）——哥伦布的儿子——在他父亲的传记上记载这般人的登陆情形道：

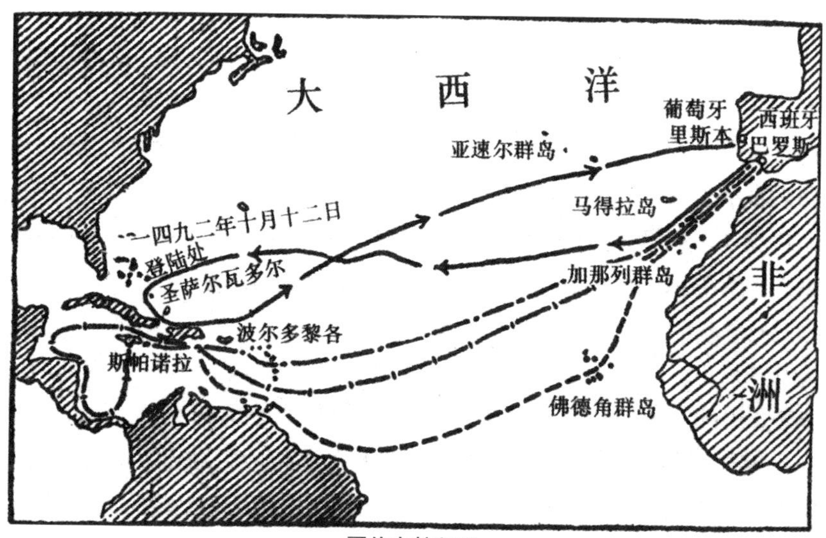

哥伦布航程图

全体同伴都跪在海滨向着地很高兴的接吻，致谢他们托福经过长途的航程，由从来没人走过的海上过来，并且很高兴的发现了人所未知的陆地。

哥伦布把这个岛叫做圣萨尔瓦多尔（San Salvador）——“圣救主”的意思——并宣布这是西班牙王的领土。于是他在这里的各岛中巡游了几周，又在别处发现了海地（Haiti）及古巴（Cuba）；但他到底没找出他要找的金银玉石的库藏，也没找出东方奇怪的城市，他便回去了。第二次的航行也是同样的失意。

三、达伽马、威斯浦奇、巴尔博亚、麦哲伦

达伽马由海道到印度（1497） 有一个葡萄牙的水手达伽马（Vasco da Gama）更使哥伦布苦痛了。这人于1497年，绕好望角，

横过印度洋，直到印度洋海岸的科利库特（Calicut）（洋布 calico 就是由此得名的），装载些香料、丝和别种欧洲人所切盼的货物带回去了。1499 年，船返欧洲，葡萄牙王向西班牙王及王后通信，过火的夸张达伽马的成功。

一个久望通印度的水路从此开通了。这种成功的消息大大激动了西班牙的水手。于是哥伦布再作两次航行，横过大西洋，想找出黄金的印度，但是到底没有结果。于是他回来了，失败了，心灰了，于 1506 年，穷困得死了，到死不知道他所发现的是一个新世界。

威斯浦奇记述新世界 西班牙人仍继续的探寻直达东方的道路，并不因哥伦布的失败而受顿挫。他们任用了一个佛罗伦萨人（Florence）威斯浦奇（Amerigo Vespucci）担任这工作。他是顺着现在的南美东岸航行，由中部一直到南端。自他这一次远行回来以后（1504），他写信给在意大利的朋友，说道："我们已经发现的可以叫做新世界了。"航海家于是断定哥伦布并没到亚洲。不过到了阻隔着去到印度的一个广漠大陆的沿岸罢了。为着崇拜这个受西班牙王雇用的意大利人起见，就把"亚美利加"（America）这字给这块新陆地用了。

巴尔博亚发现太平洋 西班牙即刻就开放了这个大陆。中部海岸早于 1508 年由品吞（Pinzon）从事探险，这位是跟随哥伦布作第一次航行的人。后五年，即 1513 年，有位名为巴尔博亚（Balboa）的人冲过池泽与林丛，越地峡，直向西爬上山去，于 9 月 25 日竟望见太平洋的水发射银光。

麦哲伦的船环航地球（1519—1522） 于是人们都朝着两个方向进行。有些人去找绕越大陆达到印度的路，有些人只在大陆上探险。在第一类人中有葡萄牙水手麦哲伦（Magellan）是最著名的，因为第一个越过大西洋直航太平洋的人就是他。

1519年，这个强有力的船长，奉西班牙王命，向新世界出发。他顺着南美海岸，冲过南端上的海峡——这海峡现在还用着他的名字——于是在广大的太平洋上张起帆来，不承想美洲与印度的中间还横摊着那么大的水面。他勇猛的前进，过了一周又一周，直胜过哥伦布第一次航行的勇敢和毅力。他拼命的与饥渴战争，后来才到了现在称为菲律宾（Philippines）的群岛上。在这岛上他与土人战争，被土人所杀。

于是麦哲伦的水手乘着一艘叫做维多利亚（Victoria）的好船，离开这里而去。过印度洋，绕好望角，于1522年9月6日，在里斯本港上岸。由此地球环航成了事实，在航海的历史上实添了一桩最可记忆的事迹。

四、西班牙的征伐——西班牙人仍继续的探险

墨西哥，科尔特斯的征服地　大约麦哲伦正在他的航程中的时候，有一个西班牙的兵士叫科尔特斯（Cortes）的，带着一小队人，发现了墨西哥（Mexico）帝国。墨西哥的土人是种地的，种着很丰富的五谷。他们有的是平坦的大路，沿着大路有很大的家庭商业。绘画和写字——也是他们很重要的发明。治理人民的国王及贵族都聚积了很多的金银宝石，这是给西班牙人掠夺的。他们以枪剑对付墨西哥人，夺去墨人的都城墨西哥城（1521）。一个人口稠密，富于贵重矿产的大区域不久全变成他们的了。

西班牙的传教士即刻向墨西哥去，使地方的人们归奉旧教。在各地方建起教堂。一个西班牙的民政司也成立了，当时人都称为“新

西班牙”——宗教、政府及人们的习惯都很像旧西班牙。

这个被灭于西班牙的奇怪帝国，在科尔特斯写给本国元首的信上叙述过。在一封信上，他注意记述墨西哥城的奇异和墨西哥王蒙特祖玛（Montszuma）的贵胄生活。在这封信上，他说有个可容六万多商人的公共市场，都是很忙的买卖金银宝饰、铅、黄铜、红铜、锡、木材、宝石、兔子、牧草、药、各种食料、蜜糖、棉线、颜色及陶器。他说，有信异教的僧人住的小教堂，有钱的贵族住的府第，用大理石支柱的露台及花园，满搁着人的模型的博物馆，置着由国王的仆役在全国搜集来的鸟儿的鸟房。

秘鲁——皮萨罗的征服地　正当西班牙人忙着征服墨西哥的时候，他们得到一个消息，说在南方的秘鲁（Peru）那里另有一个大帝国。一个残忍的兵士名叫皮萨罗（Pizarro）的带了不满两百人就找去了。经过了长且险的路程，到了一个各方面都比墨西哥在上的国家，特别富于他们所要抢劫的东西。他们即刻就战败了土人，劫掠庙宇、宫殿以及死人的坟墓，带走了所得着的贵重金属及宝石。算起科尔特斯和皮萨罗在墨西哥与秘鲁所取得的东西，由于赠送的至少值 700 万元（英镑），用武力硬夺的比这数目更多。

向北去探险得利温及德索托　由墨西哥与秘鲁得到的近乎荒诞的财宝，更使别的西班牙人听了心里发火，希望出去大冒险。于是他们折向北去，也不为得利温（De Leon）的无结果的跋涉所挠折——得利温是在 1513 年，向佛罗里达（Florida）去的一个人。又有一个皮萨罗的旧队官名叫德索托（De Soto）的也带了一群人马自古巴出发而去，全身武装，并且着辉煌的衣服，预备见什么皇帝和酋长将他们威吓一下，就可屈服。他们摇旗呐喊，于 1539 年在佛罗里达的沿岸登陆，搜寻可以征服的地方。他们寻着的并不是墨西哥的城市，是可怜的印第安人的村落。呵！他们好痛苦的失望啊！

但是，德索托出发时抱的希望很大，不能就此折回去。他领着一队漂泊的人们，在内地里停留了四年，由林丛与池泽里攒出攒入，每天希望能发现大宝藏。1541年，他到了泛滥的密西西比河（Mississippi），要不是死神打断了他的意志，沉静了他的勇心，他还是向前进的。跟随他的人就在当天晚上把他的尸体沉在他们所发现的大河里，希望不让印第安人看见死人，因为他们告诉过印第安人说，信基督的人是不死的。所剩下的人们，因为少了德索托的强制统驭，赶快都回到西班牙的领地去了。

科罗拉多 正当德索托出去不逢运的时候，同时另有一个西班牙的冒险家科罗拉多（Coronado），由墨西哥去探险美国现在的西南部。他也没有发现像科尔特斯、皮萨罗所发现的城市与宝藏，只有印第安人破烂的庐舍与村庄。这些都不是西班牙的兵士们所要找寻的东西，可是他们给西班牙王得了广大的领土权。

五、法英两国的探险，英西两国间的冲突

法国的探险——韦拉扎诺 西班牙的船从新世界带回来一吨一吨的金银，这种消息不久传到了法王那里。他有一个船长，意大利人韦拉扎诺（Verrazano），的确乘机夺过两艘科尔特斯由墨西哥送回来的装财宝的船。法王心动于这个由“新西班牙”传来的奇事，于1524年给韦拉扎诺预备了一支远征队，令去探险北美东岸，想发现一个西北到东印度的道路。这回远征给法国得了大陆北部的领土权。

卡地亚与张伯伦 再后几年，有个卡地亚（Jacques Cartier）航到圣劳伦斯（St. Lawrence R.），用法王的名义占领河的两岸。但是，

法王正忙于欧洲大陆上的战争及国内的宗教冲突，尚不暇在美洲树起一种有计划的殖民事业。直到1604年，才在阿卡迪亚（Acadia）的皇家埠（Port Royal）上，立起第一个永久的殖民地。再后四年，有个大探险家张伯伦（Champlain）设立魁北克埠（Port of Quebec）。

虽说法国因着发现了航路，确在美洲立起来“新法国”的基础，但这不是法国人的初意。他们也是要找寻到印度去的道路，或是找另一个可供征服的秘鲁，并不是要找肥沃的土地给法国农人耕种。

后来法国的探险家知道去远东的道路是杜绝了，他们才向西去到大陆上，绕大湖（The Great Lakes）的四周一带，仍希望在这里发现出中国的城市与商场。他们的希望没得实现；但是他们在所经过的荒地上的遗迹是我们看得见的。

英国的探险——卡伯特（1497—1498） 英国在西欧各国中是最后一个去向新世界作有计划的探险的。英王亨利七世（Henry VII）确曾由布里斯他尔把一个意大利人卡伯特（John Cabot）打发出去，教他找寻向西达到日本去的路径，因为日本来的货物是英国人看得很有价值的；可是这次旅行没有得到什么重要的东西。卡伯特没有发现望到东方去的道路。他只找见拉布拉多（Labrador）的荒凉的海岸。1497年，他在这里插起英国的国旗，给英国得了一个希望全部占有北美大陆的伏根。亨利七世似乎给过卡伯特十镑金子，以酬他的劳绩。次年，卡伯特又去了，从此就一去不返，毫无影踪。亨利七世的儿子亨利八世对于探险及发现没大兴味，甚至于没有兴味。

德拉克 当亨利八世的女儿，最驰名的伊丽莎白（Elizabeth）女王在位时，英国的冒险事业又重复兴起。在这个时代，英国出了一群有胆的航海家，如德拉克（Drake）、罗利（Raleigh）、夫洛比瑟（Frobisher）与吉尔柏特（Gilbert）等，在所有操英国话的地方，这些人的名字几乎尽人皆知。依这些人的指导，英国的海军从此逐渐兴盛，直到后来预备和既富且强的西班牙冲突，击伤西班牙的财源——美洲。

1577 年，德拉克在普利茅斯（Plymouth）张起帆船，要环绕地球一周——“撩西班牙人的胡子”——这是冲突的起点。德拉克由南美东岸航下去，又顺着西岸上来，也不管他的女王和西班牙王国交甚挚与否，尽性地劫烧沿途的商埠，追捕货船，取一条一条的金银装在他的船上。他顺太平洋岸向极北去，直到了冰把船没了为止。于是他折回来，在离现在圣弗朗西斯科（San Francisco）城不远的一个地方修船——他并没梦想到后来有个操英语的民族的共和国把势力伸在他前面的沙漠上——又向太阳落的地方驶去。他不像麦哲伦的没运气，他领着他的船绕过好望角，于 1580 年 11 月安全到了英国的海面。伊丽莎白一面对西班牙王辩解德拉克的无礼，一面又嘉奖他的忠实仆人，封他为武士。

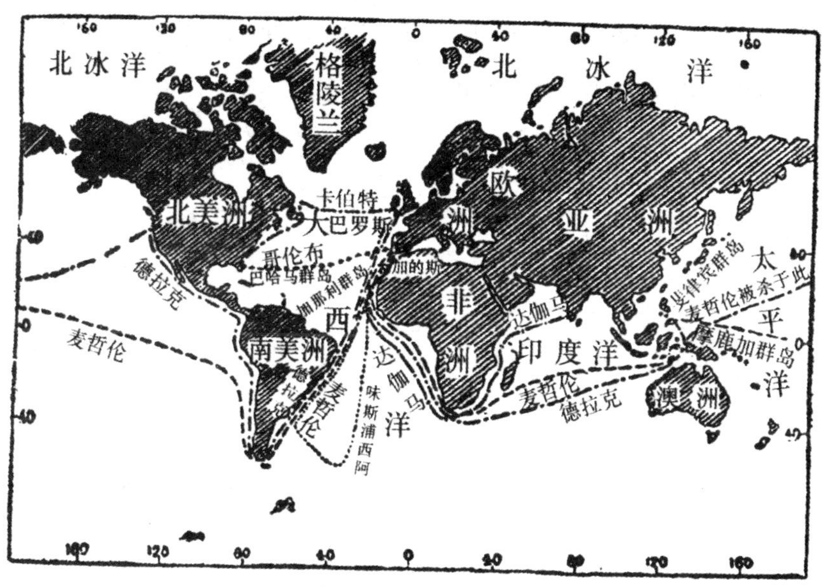

1492 年至 1508 年之大航程图

西班牙无敌舰队的败北 德拉克及他的船队的行为，慢慢地传到了西班牙；西班牙王听得这种消息，非常愤怒。沉毁船只，抢劫财货，掠夺城市与破坏殖民地：这样的故事源源而来，好似永无止日的样子。为着他的太阳不曾落的帝国的光荣与扶助旧教的热心，西班牙王终于决意不再忍受英国人——新教徒——的侮辱了。这次冲突是在海上的，他也承认必在海上冲突。

西班牙人组织一个很大的无敌舰队（Armada）——从来未曾飞扬过海上的一个大联合舰队——要粉碎英国方兴的势力。而伊丽莎白的水手们早就有了预备，他们以西班牙有经验的船长都要惊讶的迅速，去攻无敌舰队，将无敌舰队打成碎片。当时又起了一阵大风，把逃出英国炮火的船只打沉；这好像是上天给英国人增加运气似的。这次不止是一个“大胜仗”，并且是给不列颠帝国（British Empire）作成一条坦途。从此以后，英国能在海外设立殖民地，也能保护住殖民地不让别国人进来。于是像罗利一流有远见的人们，才能安安然然的到在北美的荒凉地上设起一个“新英格兰”来。

第三章
在美洲设立英国的殖民地

招集一队兵士到新世界去探险，这是一件容易的事，只要答应允许这些冒险的人们抢劫金银宝石就可以了。贵族们，尤其是西法两国的贵族们，差不多常随这一群的武士，预备出去探险成功，好受人嘉奖，得到金钱。至于想找个愿意出去在荒凉的地方住家的人们，那又是一番事情了。没有发财的希望引诱着他们，也无心冒险，好教得意时回来受朋友亲戚的艳羡。开辟荒地的急先锋们带着家眷面朝着将落的太阳前进，都知道路途是遥远的，最后的报酬即令是有，也是很微末不可靠的。但是他们不是要发现奇怪的城市，是要自己去建设城市。

作这样的事业，兵士的帮忙是很少的。自然，要防护侨民，抵抗敌人，他们是不可少的；但是要在田地里和树林里下苦，他们是不喜欢的。设立殖民地，组织家庭，养孩子，造成一个国家：这些事是要勤苦的工人及妇女去做的。

一、殖民地的困难及危险

海路上的危险　为什么要找愿意到北美洲居住的男女是困难的，这有几个特别理由。汪洋大海里的危险很够考验最勇敢的人们。情形好一点的时候，海路得走四至八个星期。暴风常常把人们逐得很远，离出航程以外，以至食物和水都用完了。船也很少，并且都是宜于沿海通商，而不宜于走长远的海路的。海盗在海上漂游，常抢劫并击沉没有帮救的商人及旅客的船，一点也不慈悲。

印第安人　这些危险以外，再加上印第安人攻击的危险。这些人或住在树林里，或住在河边上，预备杀人，拷打人及剥人的头皮。

有句话讲得很公道：说当初的时候，土人是很客气地迎接白人，并且如小孩子一般的和气，用介壳及装饰品及毛皮来交换念珠、镜子及各种小小玩具。但是白人常以残忍的行为报他们的厚谊。所以到了有计划地殖民开始的时候，差不多各处的印第安人都害怕，不信任新到的客人了。

在好多地方，英国人能用很低的价钱由印第安人手里买出很大的土地，并且有时候同这些人住下相安无事。但是印第安人所愿卖的土地的数目是有限的。他们要好些地方供他们打猎钓鱼。因为白人所用以维持生计的一英亩地，在印第安人方面就非得一千英亩不可。于是有一件事是很明白的，设使英国的住民充满了印第安人的国家，印第安人就不能继续他们粗野自由的生活。因此就有两条生路摆在印第安人的前面：他们或是变化他们的天性与习惯，和白人一样的在田地里下苦；或是以力战保持他们的猎场。

自然，印第安人确有给白人作过苦工的；但是因为大西洋岸的印第安人的傲气，这件事是当然办不到的。西班牙人在墨西哥及美国西南部一带把多少土人作了奴隶，英国人也想效法他们。但是他们把印第安人作奴隶的制度试验失败了。

真正北美的印第安人是凶横好乱的，不能勉强他们在田地里及矿坑里下苦。他们不爱慢慢地做事。他们常教他们的妇人做一切种谷、种烟、制作品具及日常的家中工作等等劳苦的苦役（drudgery）。他们惯于野外生活，在树林里猎取野味，无论什么人不能差遣他们去做“妇女的工作”。有几个部落，如易洛魁（lroquois）族中的辛尼加人（Senecas），住的是用轻木材树皮与泥建筑的“圆屋”或“长屋”，还有些久居的气象，其余的大部分都喜欢住杨树皮及皮作成的帐幕（wigwam），这个东西是容易搬运的。

没有方法教印第安人采用白种人的生活习惯。那么，要是移居的人慢慢侵迫到打猎的场所，填满了印第安人的国家，当然武装的冲突是不能免的。所以，到新世界去的英国人都知道战争的危险在等着他们。

二、引起美洲殖民的欧洲方面的情形

既然有印第安人的仇视和各种的危险妨害着在新世界下受苦的人们，我们就诧异那些男女为什么愿意离开在旧世界上的家庭，到新世界去受惊骇。要回答这个问题，须知道在欧洲新发生的情形。

由哥伦布那时起到英国在美洲初次有殖民地时止，这期间在西欧各国及英国都发生了很奇异的变化。旧秩序开始破坏了，农人及商人渐渐的都愿舍旧求新，愿在荒凉的地方拿性命去冒险。这一段重要变化的历史不出以下的几个项目：（一）宗教上的变动，（二）农人困苦的增加，（三）由于印刷进步所生的变动，（四）由于西班牙人在美洲取得黄金所生的影响。

宗教上的变动——宗教改革 这些大变动中的第一个变动就是北欧反抗旧教会。大约在1521年时，即哥伦布死后的15年，起了一个争执；结果德意志的大部、丹麦、挪威、瑞典、荷兰及英国全部，都与旧教完全分离。法西两国仍继续效忠于旧教会，但是新教运动也给他们带来许多的困难，丧失了许多的生命才得扑灭。

在这种争执初起的时候，多半是君主及贵族反抗教皇的最高权（supremacy），所以用“反抗派”（protestants）这个字代表他们。往往有一个贵族决定背叛旧信仰，归依反抗派的时候，同时他为他们的人民把信仰决定了，若是有人不赞成变更信仰，这人就很容易的受重罚或逐出国外。

到后来平民也能和贵族一样行事；他们也有了权力给他们决定应信奉的宗教。

英国的反抗派：“正式”教会 在英国方面，亨利八世（1509—1547）与教皇决裂，宣布英国教会独立，他自己作教会的首领。亨利死后几年，英国对于宗教的事务及信仰，都在礼拜的仪式上及基础的教义上用法律规定。于是按照国会的议案组织教会，即所谓“英国教会”或“正式教会”。

清教徒 当亨利的女儿伊丽莎白在位的时候，有些人不满意正式教会。这些人要求廓清教会，扫除由旧教会传下来的仪式，并要求除去礼拜堂上的偶像。这般廓清派，或他们自己所称呼的清教徒（Puritans），并不主张完全推翻正式教会；他们还信奉并保持教主及僧侣对于人民的特权；他们不过想照着他们以为正当的意见去改革教会罢了。

异教派 清教徒之前还没有给政府发生困难。另有一派改革宗教的人出来，不满意仅仅廓清国家教会，并反对他的特权，主张每个宗派都有实行自己的崇拜，选择自己的传道士及职员的权利。这些过激的人叫做异教派（Dissenters）或叛宗者（separatists）。

异教派的区别——长老会、浸礼会、朋友会 异教派不久又分为许多支派。有随从卡尔文（John Calvin）的长老会（Presbyterians），于1540年在日内瓦（Geneva）建立他们的教会。长老会在苏格兰特别盛行，在英格兰也很占势力。另有一派比长老会的人数还多的是浸礼会（Baptists）。著作《天路历程》(Pilgrim's Progress）的班扬（John Bunyan）即是信奉这一派的。他的不朽著作，是他为了宗教上的意见被捕在监狱里作的。

浸礼会在英国传播他的宗旨不久，又有一个一般都称作朋友会（Quakers）的第三派起来了。这是福克思（George Fox）传道的结果，他于1647年前后，宣布他的教义。这个新团体的会员都称作“朋友”，因为他们是亲爱的而互相照顾的。朋友会反对战争及暴动，反对一切宗教的仪式。

虐待新教徒引起许多人离开英国 新教派发生以后，旧派不赞成，不信奉，于是对他们就用虐待的方法。旧教徒把新教徒烤死在火柱上，新教徒也烧死旧教徒。在英国方面正式教会对待清教徒、异教徒和旧教徒都是一样的严厉。詹姆斯一世（James I）于1603年伊丽莎白女王死后即位，是斯图亚特（Stuart）家的第一个王——对于一切异教徒是极不容忍的，并决意要把他们逐出国外。对于清教徒、浸礼会、长老会及朋友会，都是一体的不分别，提出一种残忍的命令。各派的领袖被捕，枷锁拷打及割刖。因为英国的教会与政府合在一起，所以异教徒恨政府和恨教会的虐待都是一样。无怪乎许多人宁愿受新世界上的困苦，不愿受旧世界上的虐待。并且詹姆斯也喜欢放开他们，教他们和平出去。

三、其他的引起美洲殖民的欧洲方面的情形

英国虐待农民　农夫们愿意离开祖国到新世界去，还有别的原因。亨利八世既与罗马教皇决裂，即夺去僧尼的土地——有几百万英亩——赐给他的亲信作产业。这般新地主急于发财，常把产业变为牧场，把农民驱逐出去，令他们受饥或另谋生理。

英国当伊丽莎白的时代，国内充满了被逐出各人生身土地的失业农民。若是因为讨饭的事由被捉去，还得受拘禁、鞭打及烙烤；若是做贼被拿，常常遭受绞刑。监狱充满了，贫民寓所也挤实了。虽说英国的人口在当时是很少的，但很有些人讨论过为过剩人口找出路的方法。农民既逐出家门，又遭受虐待，所以决然出国到各处去尝试各人的命运。

印刷术的进步　当宗教改革正盛及宗教迫害布满各处的时候，又有很大的变化发生。欧洲印刷术约当哥伦布出航前50年便已发明，并且进步很快。在以前手录的时代，书籍不过是少数人的奢侈品，但这时是很贱的，穷人也能备办。

随着新教的发达，穷人读《圣经》也是常事。又各派教会都设立教会学校，教各派所认定的《圣经》与教义，教他们自己的子弟诚心于他们自己的信仰。由旅行记一类的书籍，把世界的知识及发现探险的知识，都传播到很偏远的乡村去了，激起一般很有胆量的人们到外边去寻找自由。

由西班牙领地新来的黄金的供给 由于西班牙的发现及征服，在欧洲流通的金银货币因此增加。这种事实有两个重要的结果：

（一）西欧各地的农奴向来都以劳力及出产偿还地主，这时代以金钱，于是变作出钱的租户，不为农奴。这种变化很像美国南部各邦在废止奴隶以后，以前耕地的奴隶都变作租户一般。出钱的租户是自由的，向城市里或新地方去都可以。

（二）投于殖民地的资本汇聚起来。金银增加及印度航路发现，使一般商人踊跃兴起。敏捷的商人每到东印度一回，运气好时可以得到 10 倍到 15 倍的利益。在这时受钱而不要劳力及出产作租的地主们，都有了余钱投资了。由这一方面说来，当各种原因把人们逐出英国的时候，同时有资本伺候着在新世界发起殖民事业。

四、弗吉尼亚的英国殖民地

公司及资本家势力下的殖民地 无论什么时候要举办一种大事业，必须有现成的劳力和资本，这是我们都知道的。得资本的方法，举其要者，有两种。有些人聚集在一起，各人都拿出些钱，或再加上自己的劳力。这种就叫做组织公司。另一种方法是：有些有钱又有势力的人尽量供给资本，聘请别的人经营事业，受他的监督。像这样的人就叫做资本家。在 17 世纪时，就用这两种方法招集资本与外迁的人，在一起去殖民。

伦敦公司设立詹姆斯市（1607） 英国人在美洲第一个成功的殖民地是由一个公司作成的。这个公司组织的目的就是为殖民，并且受英王詹姆斯一世赐予特许状。凡是英国人所发现的地方，英王自然就有主权；若是不得他用一种赏赐或特许状（charter）的形式允许，什么人也没有居住在里边的权力。

伦敦及普里穆斯两公司所得之地

1606年，詹姆斯一世对于两个公司——伦敦公司（London Co.）、普里穆斯公司（Plymouth Co.）发给一种特许状，以大西洋沿岸南段的大部分给予伦敦公司，以大西洋沿岸北段的大部分给予普里穆斯公司。伦敦公司即刻预备资本，装置船只，招集甘愿冒险的人，向美洲出发。这一队人先到了弗吉尼亚（Virginia）海岸，于1607年在詹姆斯河（James R.）上的詹姆斯市（James Town）地方设立殖民地；所以要这样起名的意思，就是为着崇拜国王。

殖民地人民的困苦："受饿的时代"　詹姆斯市殖民地是弗吉尼亚殖民地的发端。这个地方后来出了如华盛顿（Washington）、杰弗逊（Jefferson）、马狄逊（Madison）、门罗（Monroe）等许多的有名人物，但是这个地方有多少年是视为没有希望的。伦敦公司当初投资作这种尝试时，大概把这种事业看作赚钱的企业。他们希望能发现出金银，希望由肥沃土地里得到报酬。但是他们失败了，搜寻贵重的金矿没有结果，庄稼也不能丰收。

这一伙外来的人多半是为穷所迫而一无所有的懒汉，常常捣乱，不安静。这些人并没有预备熬苦工。当他们有胆量的领袖史密斯(John Smith)受伤回去以后，他们几乎要受饿，甚至于要把这殖民地舍去了。

后来有新来的人和接济都到了的时候，他们的确都上了船了。殖民地的人们因这番的喜悦，遂又着手试验起来，成效比前为好。到后来真知道找不出金银来，于是才决心耕种田地，维持生活。

居民的妻室 第一次向弗吉尼亚移殖的人都没有带家眷，这时也没有妇人到殖民地来过。到了 1619 年，才来了一船妇人，到新世界来冒险。殖民地的人把她们拿去作妻室，用烟叶抵偿她们的路费。

劳力的困难 殖民地的人想给他们大块土地找劳工，引诱女人向美洲来，都是一样的困难的。有许多出身微贱的绅士，和父母都是英国良家的穷小子，划出一大片的产业，但自己不惯受苦，又缺少工人。许多与公司定好合同在殖民地作工的工人，及见土地很宽绰，都不愿遵守契约，自己到内地耕田去了。

引用奴隶（1619） 虽说这“劳工问题”对于绅士们是很烦难的，但是这问题到后来似乎得到解决了。1619 年，有一般黑奴为荷兰的贩奴商人拖出非洲，带到弗吉尼亚，卖给殖民地的人。奴隶买卖不久就在新英格兰（New England）成为以船运为业的人的一种有利益商业，和在英国一样。因此也给殖民地一种丰富的劳工供给。

弗吉尼亚改为皇家行省 因为殖民地的人口增加，住在伦敦城的弗吉尼亚公司，渐渐知道管理 3000 英里外乱杂的殖民地和工人是困难的事情。加以詹姆斯一世的争执又增加了公司的困难，于是英王于1624年，取消特许状，破坏公司，自掌管理权，把殖民地变为“皇家行省”（royal province）。

第一个殖民地的立法机关　但是，对于皇家权势尚有一个重大的障碍。公司先于1619年邀请各殖民地中的中产阶级帮助政府做事，命每区殖民地选出两个公民，与总督及参事会在詹姆斯市开会。这是美洲大陆上第一个“人民”的立法机关。这个会，或叫做“市民议院”（House of Burgesses），直到美国独立时仍继续作弗吉尼亚政府的一部分。这个议会与皇家总督的冲突是很多而很长的，到后来竞争得疲乏了，弗吉尼亚与别的殖民地联合起来，宣布独立，与英国脱离关系。

五、新英格兰的英国人的殖民地

巡礼者的长老　当伦敦公司快要被英王推倒的时候，有一小队英国的男女许在弗吉尼亚居住，这队人就是历史上著名的巡礼者（pilgfims）。这是“异教派”中的一小派，他们这些人与英国教会分离，宣布他们有权力另组一个独立的宗教团体，按照他们自己的良心礼拜上帝。他们的思想行为完全不为英王詹姆斯一世所喜。他很不能容忍他们，所以他们好几百人——著名的斯克鲁伯（Scrooby）也在内——逃往荷兰去了。他们以后离开荷兰到美洲去，又以巡礼者驰名。

巡礼者到了美洲（1620）　这般异教派虽说受荷兰人的宽待，心底里总觉是英国人，得给自己找一个自己的地方。辩论的结果，有些人决定到美洲去，这里有他们同国的人设立了新国家。1620年

7月，有一小队人由荷兰出发，乘坐快安（Speedwell）船，到英国的南安普敦（Southampton）地方，在这里又与其他乘有名的五月花（May .Flower）号船的异教派联合。快安船发现出很破烂的情形，所以全体人都离开船到码头上。直到9月，这些巡礼者才向美洲出航——102个人，同挤在一个小小的五月花船上。

他们想到弗吉尼亚，因为只有这里允许他们居住的；不料风浪把他们赶到科德角（Cod Capeė），到了普里穆斯公司的界限以内，在这里他们并没有居住的权利。他们辩论了好久，后来经过四五周沿岸的踏查，于1620年12月22日，才得在普里穆斯上陆。

五月花盟约 当这般巡礼者还没上岸的时候，先在船舱上开会，一致决定给他们这些人组织一个政府，并要服从这个政府制定的法律。由此他们不要皇家的特许状作他们的指导，他们只凭借“五月花盟约”建设起来的势力。这个盟约就叫做世界上第一个成文的宪法。这般巡礼者因为安宁秩序有了保障，于是于艰阻中成立家业，这样艰阻只有少数美洲史上的先锋队尝受过。

殖民地的先艰难与后成功 他们陷在新英格兰的寒黯的冬天里了。还没到第二年夏天，先死去一半诚心的人。就是到了第二与第三个年头，这般巡礼者还是极其困苦。常常在晚上不晓得第二天早晨什么地方要受伤。但是他们确信上帝必不舍弃像他们那样诚心礼拜上帝的人。到后来他们的收成好了，由英国来的朋友也多了，才把普里穆斯变成很繁盛的住处。

清教徒设立马萨诸塞湾殖民地 马萨诸塞（Massachusetts）和弗吉尼亚一样，也是由组织在英国的商业公司设立的，1629年由英王查理一世（Charles I）颁发特许状，在普里穆斯公司的旧疆域内许与一般冒险家一大块地方，因为该公司没有多大的成就。这个马萨诸塞湾公司（Massachusetts Bay Co.）与设立弗吉尼亚殖民地的伦敦公司是有许多不同的地方。

第一，这个公司是由上流的清教徒组织的；这般人因为不能按他们的意思改革英国教会，才决定来到这里建设他们自己的教会。

第二，马萨诸塞公司并不是设在英国而想建立并统治大西洋那一面的一个殖民地的公司。反过来说，这个公司的人员取得英王所赐他们的特许状，招集别的清教徒，附伴许多工人与奴仆，于1630年，到了马萨诸塞——一千多健儿，共17艘船。依一个富而热心的文司洛普（John Winthrop）的指导，他们在波士顿（Boston）和马萨诸塞湾周围以外的地方设立殖民地。

清教徒移民的性质　清教徒中的领袖，在那时都是有钱的受教育的人。他们的预备，船、供给及器具都比巡礼者或弗吉尼亚人好。并且，在白人中给他们殖民地招集自由的移居人也不甚困难。他们许多的同国人只是十分乐意逃出英王及“正式教会”的虐待，并预备亲手下苦去斫伐森林，为自己和儿子建筑家室。

实在说罢，有许多的奴仆（bond servant），还有几千个奴隶（slave）已经都运到新英格兰来，但是，这里人口的大部分是自由的农夫组成的，他们的妇人都敢忍受辛苦，甘愿用勤劳谋生活。那些少数带到新英格兰的奴仆都用作中等人家的夫役了。非洲奴隶用在沙石的田地里是没有利益的。

威廉与罗得岛　虽说这般清教徒是饱受过虐待的，但他们仍不愿容忍在他们当中不与他们信仰一致的人。无论什么新教派在马萨诸塞发生，是要遭虐待的，派中的人员则被逐到荒凉的内地里去。

1636年，有威廉（Roger William）在撒冷（Salem）宣传不为清教徒所喜悦的宗派，被逐出马萨诸塞。他带了一群信徒向南去，立起普罗维登斯城（Providence）。跟着就有别的殖民地起来，包含罗得岛（Rhode Island）的一处在内。7 年以后，即 1643 年，这个新社会的居民有了能力，由英国议会得到一个特许状，组成一个独立的殖民地——“普罗维登斯殖民地”。以后 20 年，查理二世（Charles Ⅱ）另给罗得岛与普罗维登斯一个新特许状；直到 1843 年，这个特许状还看得和宪法一样。

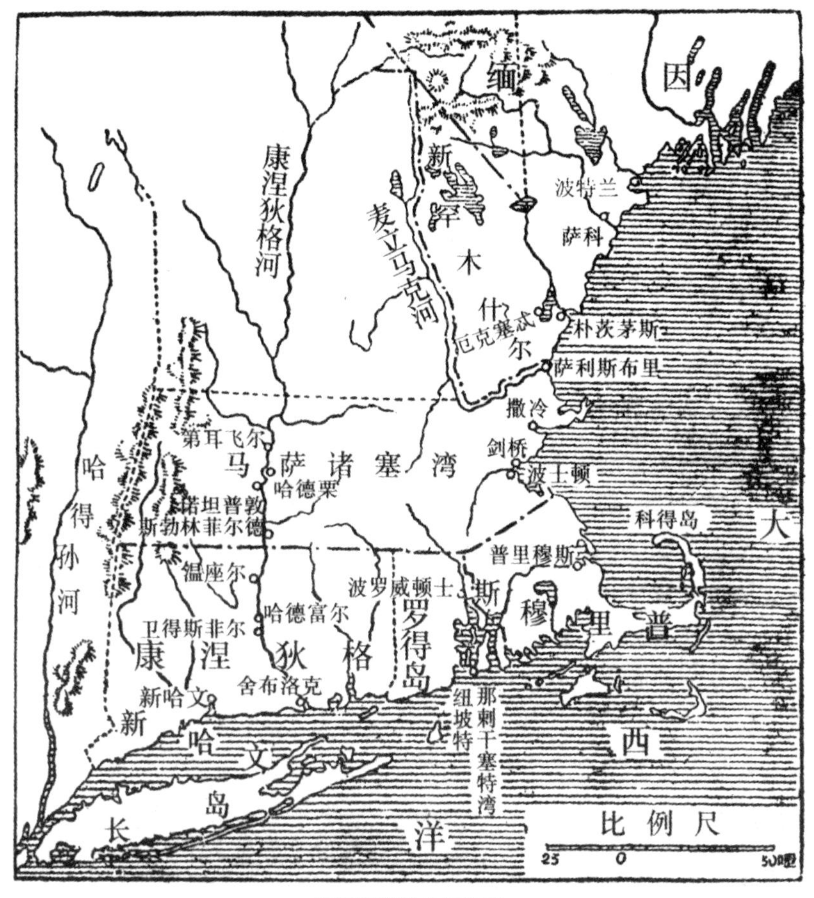

初年新英格兰居留地

康涅狄格与新罕木什尔的兴起　差不多同时，另有一队异派的人不赞成在马萨诸塞的清教徒的法律，也是想找较好一点的地方，就到康涅狄格河（Connecticut）流域去了，在这里设立了哈得富尔（Hartford）、温德尔（Windsar）和威赛尔斯斐尔得（Wethersfield）三个城市。他们也和巡礼者的长老在五月花船上一样，于1639年计划起一个政府，并约定要服从这个政府。呼克尔（Thomas Hooker）是他们重要的领袖。

另一个宗教的领袖达温波尔特（John Davenport）带着一个信徒团体，在波士顿少微逗留，渐不满意清教徒，取水路到长岛（Long I.）的北岸，在这里设立新哈文（New Haven）殖民地（1638）。到1662年依一个新皇家特许状，新哈文与康涅狄格城市合并，合这些城市组成康涅狄格殖民地。

新罕木什尔（New Hampshire）和罗得岛与康涅狄格一样也是由马萨诸塞出来的一个分枝。到1679年，该地自立政府，另成一个殖民地。

新英格兰联盟 普里穆斯、马萨诸塞湾、康涅狄格及新哈文均于1643年，组成一个叫做“新英格兰联盟”（New England Confederation）的联合，但是成立的时间不久。这个团体对于保护居民，对抗印第安人，是有功用的，并且指出达到全殖民地最后联合的道路。

六、马里兰、宾夕法尼亚、德拉瓦、南北卡罗来纳、佐治亚

马里兰的旧教徒 国王能把土地赐给一个公司，也能赐给一个人或几个人。查理一世很接近旧教徒，于1632年，以波多马克河（Potomac）以北的大部地方，赐给一个信旧教的贵族巴尔的摩尔（Lord Baltimore）。马里兰（Maryland）殖民地即设立在这个区域。

我们知道，旧教徒和清教徒在英国都是一样的遭受虐待，所以这般旧教徒很有些想移住到新地方去，在这里可以依着他们先人的旧信仰崇拜上帝。这般人也有好久得享受他们的新自由，不为人搅扰。新教徒怕旧教徒太迫近他们，于是由新英格兰及弗吉尼亚搬到马里兰来，没有多少时候，他们的人数就超过原住的人。因此地主准许一切信奉耶稣教的人完全信教自由。马里兰殖民地直到美国独立以前为止，仍继续由巴尔的摩尔的后裔统治（除过一个很短的时期）。

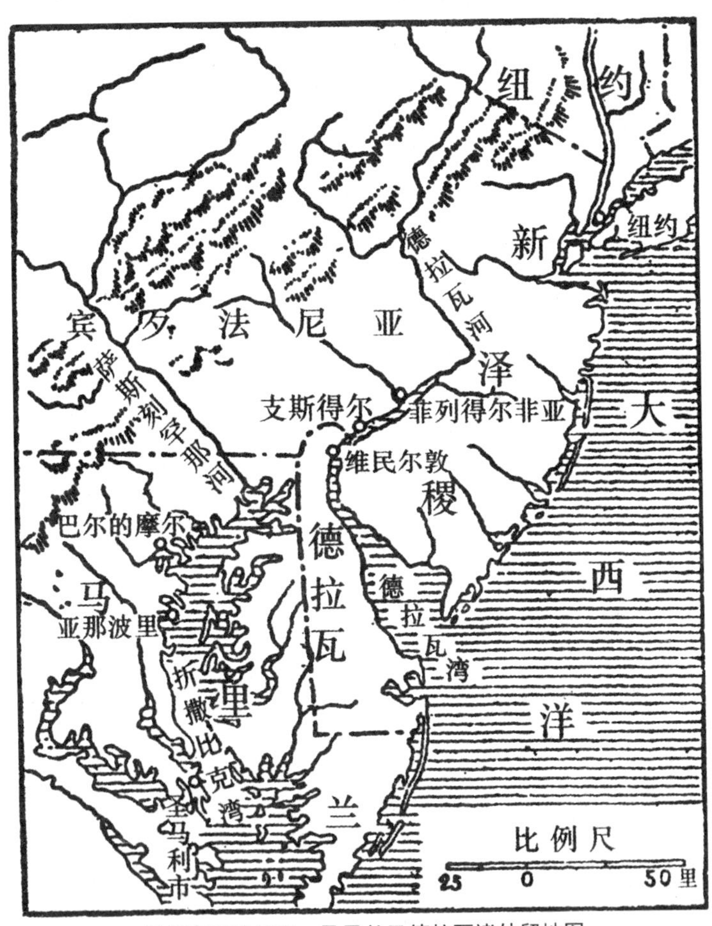

最初宾尼法尼亚、马里兰及德拉瓦诸处留地图

宾夕法尼亚的宾氏与朋友会徒 巴尔的摩尔得到马里兰以后的50年，查理二世以德拉瓦河以西的大部地方，赐给另一个财主——宾氏（William Penn），朋友会的会徒。朋友会徒也和旧教徒及清教徒一样，在英国遭受虐待，在马萨诸塞因为宗教上的意见不同，也有许多人的确被清教徒杀了。所以当宾氏在宾夕法尼亚（Pennsylvania）——宾氏林（Penn' s Woods），这个名词是英王强起的——的新区域，给他们开放出廉价的土地以后，这般朋友会的会徒都很高兴地逃出宗教的干涉。朋友会的人思想都很自由的，他们和财主都一致的欢迎各派的耶稣教徒到他们的领地来。除过朋友会徒以外，许多由爱尔兰北部来的新教徒及以后由德国来的新教徒，都住在宾夕法尼亚。

朋友会徒对于宗教上度量很宽大，同时又是灵敏的商人。不久他们就在德拉瓦河岸上设立起繁盛的菲列得尔菲亚城市。宾氏为得到海岸线起见，于1682年占有德拉瓦河及海湾一带的土地，这里是瑞典人早于1638年移住的。这一块新区域直到1703年仍是宾夕法尼亚的一部分，以后单成一个德拉瓦殖民地，受宾氏家的统治。宾夕法尼亚及德拉瓦两殖民地受宾氏家的统治，直到宣布独立时为止。

南北卡罗来纳也是在财主的势力下移殖的 两个南部的英国殖民地——南北卡罗来纳（Carolina）——也是在财主的辖制下设立起的。1663年，英王查理二世以弗吉尼亚以南至西班牙领地佛罗里达间的一大块地方，授予八个贵族。这几个贵族发送出来一些移民，还有别的居民是由弗吉尼亚还移到这里的。查理斯顿（Charleston）城设立于1680年，当未设立以前的许多年，这里就是很繁盛的海口。

虽说靠近弗吉尼亚带的居民与住在最南部的居民，彼此间没什么关系，但是过了许多年，这两部才分开，各自为一殖民地——南卡罗来纳与北卡罗来纳。财主们常和居民为缴纳租税及出售土地打麻烦。到1729年，南北卡罗来纳为英王夺去。又几年以后，这般财主们才得了一点金钱，作为他们一切权利与土地的代价。从1729年至独立为止，南北卡罗来纳是皇家的行省。

奥格尔托普与佐治亚殖民地（1723） 最后的一个英国殖民地就是设立于最南部的荒凉的佐治亚（Georgia）地方。当英王乔治一世（George I）在位时代，英国有个慈善家奥格尔托普（James Oglethorpe），深表同情于满挤在英国牢狱中可怜的债户，并想在新世界给这般人找个机会。他组织了一个信托局（Board of Trustees），并得英王赐予限定年限的萨凡纳河（R.Savannah）以南的土地。借口这种计划是帮助贫民的，可以教慈善家出钱；预计这种事业是有利的，可以招致企业家投资。奴隶与卖酒在这新地上是禁止的。信托局用尽力量想建设一个富庶的殖民地。

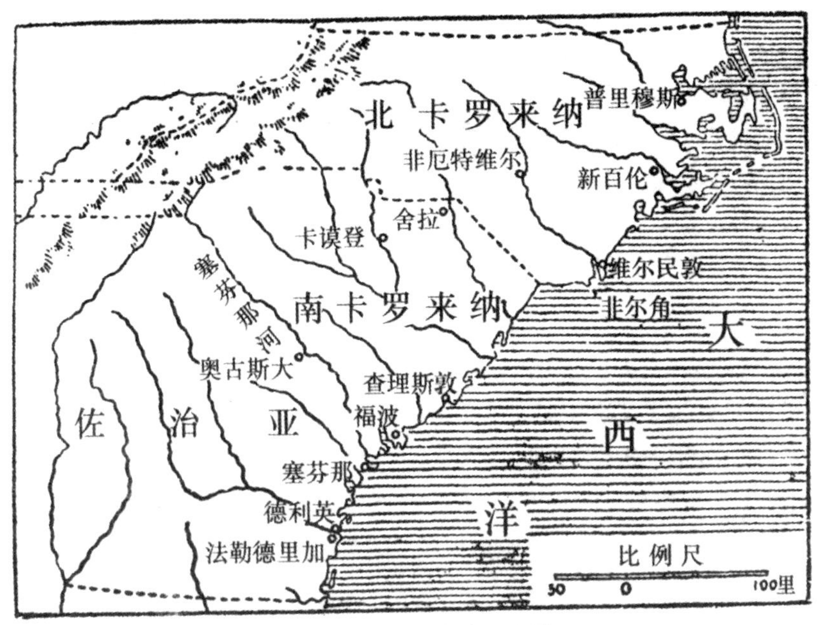

卡罗来纳及佐治亚初年居留地

但是这些带去的囚犯不能够作很好的工人，所以不得不招致另一种住民到新地里来。因为劳工的缺乏，反对奴隶制的法律撤销了，大批的黑奴运来耕地。到1752年，信托局倒闭，把佐治亚交给英王乔治二世。自此以后，直到独立为止，佐治亚是皇家的行省。

七、纽约与新泽西

荷兰人移居新阿姆斯特丹（1623） 在美国有一个地方并不是英国人建设起来的，是荷兰人建设起来的。这一种勤苦的民族，虽说他们反抗西班牙的独立直到1648年还没得到正式的承认，但是他们早能在东印度及美洲发展他们自己的商务及殖民事业。1609年，有个英国人哈得孙（Henry Hudson）受荷兰人的节制，带了一只荷兰船，远远向上航到一个现在即以他的名字命名的大河里，想找一个向西北通远东的路，在那里的人都以香料贸易致富。这事情虽归失败了，但荷兰西印度公司（The Dutch West India Co.）即于数年以后（1623）在曼哈顿岛（I. Manhattan）上设立新阿姆斯特丹（New Amsterdam）根据地。

为引起富人都从事于这个地方——新尼德兰（New Netherlands）——的建设起见，荷兰公司以很大的产业赐给一般“地头”（patroos），希望他们能把住民整队的带来。这般地头拿出钱来偿还渡海男女的路费，供给种籽及耕地器具。因此这般居民都和佃奴一样，紧紧地附着在田主的产业上。

英人夺取荷兰的殖民地 荷兰人只能把他们的殖民地保持50多年。1664年，英荷开战，英国舰队驶入这个殖民地的海湾，逼迫那个“皮子衣及狮子心的老总督”施托伊弗桑特（Peter Stuyvesant）将军新阿姆斯特丹以安城投降。英王查理以新尼德兰给他的兄弟约克公爵（Duke of York），于是这一省就变作“纽约”（New York）。英国人随即大批的杂居在荷兰人间。当1685年法王路易十四（Louis XIV）取缔宗教的时候，国内许多以呼格诺（Huguenots）命名的新教徒也来到这里。他们设立新洛瑟尔（New Rochelle）城，这就是用他们的法国的老家的名字。他们和荷兰人一样，实在是聪明节俭的人民，由他们当中生过许多美国史中的重要人物。1685年，约克公爵作了英王詹姆斯二世，他的殖民地也作了皇家的行省。

新泽西的殖民地　荷兰也有过哈得孙河（Hudson R.）对过西南一带的地方。后来英国人战胜以后，把这个地方赐给贵族卡特里特（Sir George Carteret）及柏克立（Lord Berkeley），以卡特里特为总督。因为他曾在英伦海峡（English Channel）的泽西岛（I. Jersey）上作过总督，所以就把这地方叫做“新泽西”（New Jersey）。以后这个地方出售于朋友会中的财主，1702年变为皇家的行省。当初附属于纽约省，后来（1738）才单设一个皇家总督。

第四章
美洲殖民地上住人

英国殖民的历史，从1607年设立詹姆斯市起，到美国独立为止，大部是整千整百的居民——男的，女的，小孩子——迁移到大西洋的那一面去，渐向内地移动，斫伐森林，建立家室，村落以及城市。他们与印第安人战争，与邻界的法兰西及西班牙人战争，但重要的任务还是改变荒地为熟地及得到下苦工作的人们。

为什么人们向美洲来　我们试推求人们为什么要向这个地方，便可得到几种原因：

（1）自然，有许多迁来的人都是冒险家与企业家，想在美洲发现出一个从速致富的方法。

（2）有许多人是来找一个地方，在这里能够依他们的选择，归依一个教会，并能依他们的良心崇拜上帝。

（3）另有些人是不愿意离开欧洲而被人强带出来的。

（4）大部分来的人是为着别的种种的理由：特别为着想在美洲找个谋生的机会，或要逃出故乡的穷困与落魄，并给自己和子弟成立一个太平的家业。

一、移民的重要原因

用夸大的方法引诱人——地主招工人　公司、地主团及个人有了赐予的土地以后，都很急切地招徕居民，以谋增加他们产业的价值。没有人耕种的土地，和山在月中一样，是没价值的。为吸引工人到新世界去居住起见，地主绘出许多奇形怪状的图画，说明美洲生活的容易与富庶。宾氏得到查理二世的赐予以后，即在英国及欧洲各处贴广告，招收到他新得的荒地里去的迁民。

黄金链、银器皿及作装饰品的宝石这一类荒诞的故事尚流布在人间。过了几时，这些笑话都失了信用，但有许多很引诱人心的安乐故事——一个人能得好几百英亩地，并可以盖房屋——把整千整百的英国、荷兰及德国的农人都引到新世界去了。许多的文章、诗、小册子及传单都印刷出来在各处传布，给那般在旧世界上想逃出奴隶待遇的贫穷的人指明一个在殖民地上有稀奇的机会。

船主的挑拨　船主们即刻也与大地主联合在一起，鼓动向美洲迁居的人。每个过海的旅客必须花费300至500元。载的旅客越多，船主的收入也越多。于是这般船主在各处设立机关，运动人迁居。他们陈设新世界各种出产，给人说明，凡是愿意去的人都能得到那个好地方上的富庶。

希望信教自由　在新英格兰方面或者没有像在中部及南部殖民地的那样努力地引诱人移居。新罕木什尔、马萨诸塞、罗得岛及康涅狄格人的大部分，在独立以前，都是由2.5万或3万个清教徒的后裔组成的，这般人是来讨信教自由的，不单是为找谋生的机会。

清教徒　再没有比清教徒还适宜的肯担任开荒的艰难的人了。他们不喜欢懒惰及做各种不正当的事业。他们对于他们的教会是诚心的，有定期的到会，严守礼拜。他们把演戏看作很坏的事情。到了星期日，父亲们要是正回想着他们生平艰难的责任的时候，把儿子们吓得连个快乐声音都不敢出来。

因为他们对于他们的信仰太热心了，所以不许别的不是他们教会中人投票或参与政治。他们设立学校，学校的儿童一定要读《圣经》及问答教科书。他们的大学教育是为培养传教士、律师及绅士的。

清教徒在美国的思想及文学上都有很大的影响。清教徒的紧迫性质处处流露在美国的诗歌及政治上。在18世纪时，新英格兰出了许多运动独立的领袖：如奥蒂斯（James Otis），第一个出声反对英国政府专制的人；亚当斯（Samuel Adams），在反抗皇家势力时给国人仗胆的人；汉考克（John Hancock），他签押过独立的宣言，他的签押之明显，就是英王乔治也都看得出的。在19世纪前期，新英格兰出的诗人有喜替尼（Whittier）、郎法鲁（Longfellow）、布赖安特（Bryant）；历史家有班克洛夫（Bancroft）、帕克曼（Parkman）、普勒斯科特（Prescot）；运动解放奴隶的有加里孙（Gorrison）、菲里普斯（Phillips）、萨默（Summer）诸人。

朋友会，浸礼会及别的教派　宗教对于殖民事业的影响，除在新英格兰以外，不甚显著，但仍是很有力量的。在新罗智利及纽约都有法国的呼格诺教徒的殖民地。在新泽西长老会教徒是很多的。在德拉瓦及宾夕法尼亚地方有朋友会、门诺会（Mennonites）、浸礼会（Dunkards）、兄弟会（Moravians）及路德派（Lutherans）的教徒，都一个靠一个的住在富庶的地方。

在这些人中，朋友会教徒的人数虽没有清教徒多，但在美国生活中实在很占势力。他们的习惯很严正，很节俭，并很坚强，但在那时他们就承认信教是自由的。他们早允许别的教会中人在宾夕法尼亚的政府发言。他们允许无论什么人进来，只要举动和平。

从苏格兰及爱尔兰采的长老会徒　另有一个重要的宗教分子便是长老会派的苏爱人（Scotch Irish）。许多苏格兰人都是直接由苏格兰到新世界的，尤其是在17世纪中；但是还有许多是取道于爱尔兰的。当17世纪时，克伦威尔（Cromwell）将军及他的部下军士，把大队的爱尔兰人逐出本土，于是许多的苏格兰及英格兰人遂移住在爱尔兰的北部。

这般人在爱尔兰曾盛过一时。后来英国议会制定法律，挫伤他们的毛织工业；他们又与英国教会发生冲突，于是他们大批地跑到美洲来。常有一个全村，或一个教会的牧师与教徒，一齐都搬了去的。据说，在殖民时代，来的至少有20万人；在美国独立战争发动的时候，全人口的1/6是苏爱人。这般人大部住在宾夕法尼亚；弗吉尼亚及南北卡罗来纳的西部，可称为坚苦耐劳的种族；对于信教、工作及战争都是同样的热心。

在马里兰的旧教徒　在马里兰的旧教徒的数目与富力逐渐地增加了。因为别的教派的容忍，他们得以增进殖民的发达。

清教徒在英国当权时迫得许多王党迁出　因为一个稀奇的政变，把以前虐待清教徒或加入虐待党的许多英国人，也逐到美洲居住来了。清教徒起了一个有名誉的革命，推倒君主，于1649年杀了英王查理一世，推戴克伦威尔组织政府。这个时期，有许多的工党，或“骑士党”（Cavaliers），因为恨克伦威尔的专制离开英国，到弗吉尼亚来。他们忠于国王及“英国教会”——弗吉尼亚的正式教会。

二、穷困是移民的一个原因，非志愿的殖民

穷困 要把各教派的人都当做各本国的富人，到美洲来只为得信仰上的自由，那就错了。情形正是相反，这般人多半是为穷困所迫，要到新世界来辛辛苦苦争个立足的地方的。

就移民的全体论，可以无疑的说，有2/3的人到美洲来，并非因为不满意欧洲的教会或政府，是因为想脱逃穷困的折磨，不然就是违反他们的志愿被人送来的。有时候那些以宗教的冲突而来的人，偏要看轻别的人，以为无价值；但是谁能说到美洲来为讨好家业及自由生活的，比较脱离宗教虐待的是不光荣的呢？

非志愿的殖民——奴隶与罪人 违反自己的志愿被人带到这里的人，实是很多。自然也有许多由非洲带出的黑人，卖作奴隶。此外还有欧洲给美洲送出的许多犯罪男女，为的是想让这些人离开本土。

这些人多半是残忍法律和黑暗审判的不幸牺牲者。在18世纪时，常有一个农人，为着在贵族的田上射杀一只兔子，或偷些零碎东西，就被处死；一个有学问的人，为批评君主，是要遭终身放逐的，这都是平常的事了。这些以犯罪被迁的罪人，比起以良心鼓励而来的人，实在都是一样的善良百姓，这是无可疑惑的。

强劫迁移的人 在这些违反自己的意愿而来的人中，有一些男的，女的，小孩子，姑娘，或在街上受人拐骗，或被没仁心的亲属卖掉。据说，当时单由英国一国拐出去的人每年不下一万。艺术家、织工、铁匠、木匠，以及别的有手艺的工人，都是用这种方法运来的。

还有许多姑娘，被强抢到美洲来，卖给殖民地的人作妻室，作家中的苦力。英国国会也公然说：“没有些白色的奴隶，殖民事业是不能维持的”。

有限制的仆役 在美洲的英国殖民地里所住的一个最大而单纯的白人阶级——或者比自由的清教徒及“骑士党”加起来的人数还要多——大概是约定给主人作一定年限的工作以交换偿还过海来的旅费的“白奴”（white servant）组成的。这种有限制的奴仆（bond servant），和奴隶不一样的地方，大概在他们供职的期限普通以四五年到七年或十年，并不是终身。妇人也是和男子一样的价钱出卖，赤着足在田地里和男子作工。还有些人在欧洲都受过了穷困的折磨，喜欢卖自己几年，为的是在新地方得个开新纪元的机会。

在殖民时代及19世纪里的好多年，有限制的白奴制是很平常的。实行这种制度直行到有了自由的土人，足能供上田地里及店铺里增加不已的男女工人需要的时候才止。

这种制度与殖民地的基础是一同开始的。住在波士顿及四围的中等阶级清教徒，随带着许多有限制的奴仆。白奴制在弗吉尼亚殖民地的初年，推行很广，并且是劳工供给的源泉，与黑奴对抗了多年。后来黑奴胜了，因为黑奴比白奴容易得，少麻烦，期限是终身的，并不是一定几年的。在南北卡罗来纳、马里兰及新泽西移居的先锋队，也带了很多的仆役来。在有些地方可以找出一个主人管着60多个仆役的事情。

宾氏为鼓励宾夕法尼亚的殖民起见，凡是迁移的人能带一个或几个奴仆一同来时，便予以特别利益。因为朋友会的人都不喜欢黑奴制，所以白奴制成为一个解救招工困难的方法。据说，在1707年到1784年间，迁到宾夕法尼亚的2/3的人——特别是德国来的人——

是有限制的奴仆。当时报纸上满载着广告道："新到一批可意的男女仆役廉价出售"——这是由1728年的菲列得尔菲亚的一个报纸上摘来的。

奴仆的艰苦 这种奴隶也和黑奴一样，拥挤在载他们来的船上。船主的利益全靠群聚在船板上人的头数。英国为使殖民地都尽快地住上人，殖民地的人都急于得着工人，所以这种在船上过于拥挤的情形一点不为人讨厌。移居的人在路上带着养活自己的食物，这是很平常；要是因为没有风或风大在路上多耽搁了，许多人就要饥渴而死。登陆以后，奴仆的命运全靠着他的造化，能否投得一个好主人。有些找到好主人，受宽大的待遇；有些挨打，负过量的工作。

由各方面说来，这种制度是残忍的；但是也使成千成万的穷人得了机会，由英格兰、苏格兰、爱尔兰及欧洲到了美洲。到了一定年期届满以后，这般奴仆都住在自己的田里，在自由公民中得到他们的地位。

美洲殖民地是一个民族的"销金锅" 有人把20世纪美国叫做"销金锅"（Melting Pot），在这个销金锅里，世界上各种族及民族的各种类别与情形都熔成一个民族。当殖民的时候，虽说迁居的人大部是英伦诸岛来的，但美洲那时就是一个熔炉，差不多各种教派都是成立的。荷兰人、法国人、瑞典人、德国人与英伦诸岛人都混合在一起。大部分来的人都是不带金银——只有坚强的心和志愿，在什么地方找见机会就在什么地方工作。

有些著作家总是要隐藏这么多美国人的微贱的出身，好像把真实情形告诉人是害羞的事。但是我们宁可把这些真情当做一个显明的证据，以明这般来到美洲可怜下贱的人性质上的尊荣与价值，而一个自治民族的大国家所以能够建设起来，也是靠着他们啊。

第五章 欧洲列强间关于北美洲的竞争

前两章所说的主要事项是英国人在美洲殖民的情形，但是不可因此遂以为别的欧洲国家在这时都不知道新世界发现出的利益。说到探险的事业，法国人一点不比英国人落后；只因缺乏移居的人，所以不能把“新法兰西”作成“新英格兰”那么强。西班牙当时忙于在西南部劝化土人和殖民。而当美国未独立以前，俄国人早在西北部得到插足的地方。

一、法国的探险及殖民

法国的水手和他们的对手一样，很艰苦勇敢的离开布列塔尼（Brittany）与诺曼底（Normandy）海岸，渡过海峡。当第一个英国的殖民地成立以前，早有100艘或不止100艘法国渔船每年在纽芬兰（Newfoundland）海岸一带打鱼。法国的探险家早巳开始找一个由大湖及江河去到西海岸的路径。我们在前边说过，詹姆斯市设立后一年，巡礼者登陆前20年，张伯伦率领法国人远在圣劳伦斯河上设立一个魁北克埠。1642年，康内克的告特刚刚设立了以后，法国人远在圣劳伦斯河上设立蒙特利尔（Montreal）。

法国人探险大湖及密西西比河　依这几处圣劳伦斯流域上优势的地点，法国人向内地进迫，初则要找到中国的路，后来变为探险这个广漠无垠的内陆区域。那些初期的开路人都很实心的想在老远的内地里寻见中国人，所以他们都带着预备和东方人交易的特别货物，并穿上受东方人接待的特别衣服。他们探险出大湖的地方来了。他们在苏圣马利（Sault Sainte Made）立过十字架。1673年，有两个最有名的探险家：一个是马凯特（Marquette），他是耶稣社（Jesuit）的教士；一个是若雷（Joliet）；同着到了密西西比河的上游。这两个冒险家及少数的随从溜下密西西比，经过现在圣路易斯（St.Louis）地方，直达河口，竟到知道这大河是流到墨西哥湾，大约在佛罗里达角以西，加利福尼亚海（Califomia S.）以东入海，方才决然而止。

萨利在密西西比流域的成绩　马凯特及若雷下密西西比河，作可堪纪念的航行以后，复由陆上回去。后9年，另有探险家萨利（La Salle）完全航下伊利诺斯（Illinois）河及密西西比河，以到墨西哥湾。他以法王路易十四的名义，占有这个肥沃流域的远近，并为尊崇法王起见，即把这地方称作路易斯安那（Louisiana）。有一个萨利的属吏寄回去一个报告，叙述这地方道：

> 在这个盆地上有的是谷田、含笑的牧场、桑与葡萄藤，及树林里边结的各种各样茂盘的果子。有伟大的松林，给造船事业一个用不尽的供给；有蕴蓄着的铅矿，可以生出两种矿物，静候着人来开采。海狸很少，但是水牛、熊、狼及鹿却很多。只皮商一项每年可以出产两万个“伊噶斯”（Ecus）（约合现在

20 万美金）。若训练土人，使能养蚕，只这种生产就可供一宗有价值的商业。

这种有名誉的航游密西西比以后数年，萨利带领一队人想在河口居住。因为计算错了，迷失了河口，向西漂到得克萨斯（Texas）沿岸，在这里被他的胆怯的同伴刺死了。

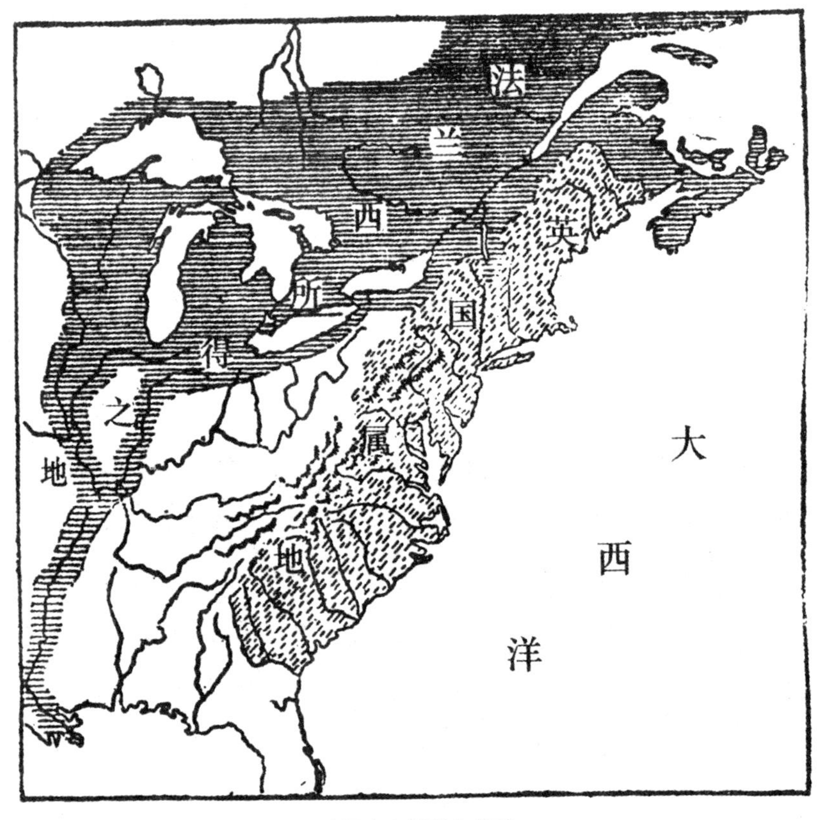

法国人之探险与商战

法国人设立新奥尔良（1718）及圣路易斯 另有一个法国军人代伯维尔（Pierre le Moyne d' Iberville）不因萨利的失败受挫，带领一队武装的兵士，于 1698 年由法国出发，在墨西哥湾的拜罗克司（Biloxs）地方立起殖民地。20年后，即1718年，路易斯安那总督邦威尔(Jean Baptise Le Moyne De Bienville)在新奥尔良(New Orleans）设立殖民地。

法国殖民地经过开创的困难以后，于是发达得迅速。新奥尔良依邦威尔的指导，日见繁荣，别的殖民地的城市没有能赶得上的。现在在新奥尔良各处尚能找出往时的遗迹来。街道很窄的法国市场，筑在高地上的墓地——恐怕筑在平地上的很浅的坟墓被水湮灌——法国名词的街道，法国的新闻纸及法国遗留下的人种等等都可证明这般先驱者的成绩。在18世纪时，他们是很热心的努力，想在美洲树起一个宏阔的法兰西的基础。

法国人依新奥尔良作根据，沿密西西比河向上移殖，联络由北而下的同国人。旧教会的耶稣社的教士由宗教势力中心点的魁北克向各处荒地里深入。法国的猎商在大湖的周围及西北一带其他挑选的地点，设立一个埠站又一个埠站。1762年，有一个法国商人的公司得到在密苏里河（Missouri R.）上与土人通商的垄断权。再两年以后，他们设立圣路易斯，就在现在的地位上筑起一所房屋和四个货栈。在西北各处收集的皮货都屯积在这里，预备运出河去，发往欧洲。

二、英法殖民政策的异点

法国政府的政策　仅领有一个区域和用居民实在地占据，完全是两件事情。法政府对于管理美国殖民地所采取的政策，实际上并不能帮助成立起一个繁盛的领域。

（1）法王是信奉旧教的，自1685年以后，对于国内的新教徒丝毫不能容忍，也不让他们出去到美洲设立殖民地。他们在国内被迫受虐待，有的变了旧教徒，有的逃向英国、普鲁士或美洲的英国殖民地去。

（2）新法兰西的殖民事业是受政府严厉地约束的。法王自己拿出很多的钱来供给探险，并不十分依赖企业家。

（3）就是已经移住到新世界去的法国人，也不许自己管理自己的事业，处处要紧守国王的法律，服从国王所派出的总督。

（4）就使法国殖民政府是很宽大的，但在当时也很难得到足够的愿意到荒地里去的男女；因为路易十四自 1643 年即位到 1715 年逝世，在欧洲大陆上从事于很靡费而流血的战争，想为他及他的家族多得些土地。本来许多可以在海外建设殖民地的勤苦农人，都死在西班牙、德国、荷兰及法国的战场上了。

英国政府的政策：对于政治比较得独立 英国自 1629 年（马萨诸塞湾公司成立的那一年）直到 1660 年查理二世复位为止，受国王与国会竞争的结果，国内情形很是混乱。国内既是这样困难，英国的执政也就没有闲暇向外边多招惹麻烦。所以英国殖民地少受本国政府的干涉。每个殖民地都赶快成立了一个小小的议会或立法机关，制定约束自己团体的法律。虽说没把全体的成年男子都算作立法机关的人员并允许投票，但至少有一些人准在自己的政府里占一位子。在两个殖民地——康涅狄格与罗得岛——并在马萨诸塞的初年，选举人对于总督和议员是一样的选举的。

但是当 1660 年查理二世即位以后，英国政府因采取一种政策，很像法王对待他的领土所采取的一样。国会制定法律，干涉殖民地的贸易及航海。1686 年，有一个很强横的总督安德罗斯（Sir Edmund Andros）受命到殖民地来，要订立章程，征收几个北部殖民地的赋税，并不预征他们的同意。1629年，所给马萨诸塞的特许撤销了，新英格兰全部都统摄在高压的情态底下。

1685年詹姆斯二世即位以后，看来很像要发生困难似的，因为他是旧教徒，对于新教的殖民地不表示同情的；但是他不久即为人民逐出英国，这便是1688年的“光荣革命”（Glorious Revolution）了。1691年，马萨诸塞又得了一个新特许状，恢复以前安德罗斯撤销的权利，但仍不得选举总督，总督从此以后是由英王派充的。殖民地的人即刻逐出安德罗斯，脱离英政府的干涉，开一个新的自由时期。

英国殖民地的人对于信教都很自由的　事实上公司及私人（财主）在美洲殖民地上所占的面积太大了，因此信教自由及移民率亦帮着增高。私人或公司当做卖地以获厚利的生意时，只细心考问居民是否是一个好工人，并不问他是新教徒还是旧教徒。

英法势力的比较　因为这种种理由，到150年探险殖民地的末期时，法国在新世界人数不到10万，而英国已有100多万。但是论到各本国，法国有三倍于英国的人口与富力，在海上的权力也很大。虽然法国人在美洲的人数很少，但他们也有驾于英国殖民地以上的优势。他们固守着魁北克及别的地方，所以英国人的人数多是无用的。他们与许多的土人联合，约土人帮助他们战争。还有一层，他们习于服从长官的命令，不生问题，不受殖民地间相互猜忌的烦恼。

三、英法间的冲突

殖民地间初期的战争　英法间为争霸权，最后必起冲突，这是老早就很明显的。有两次战争——英王威廉（William）时的（1689—

1697）及女王安（Anne）时的（1701—1713）——都没有得到最后的结果。1716 年，英国侵犯俄亥俄（Ohio）地方的法国事业。在这一年，弗吉尼亚的总督奏呈国王说：若使法国人把加拿大（Canada）的埠站与路易斯安那的殖民地联合起来，“他们便可任意取无论哪一块殖民地了”。30 年后，英王乔治战争（1744—1748）时，又不能有多大的解决。在此三次战争中，英国人在女王时的战争中夺取了皇家埠与阿加底亚，算作唯一重要悠久的结果。阿加底亚改名诺法斯科细亚（Nova Scotia），城市名安纳波利斯（Annapolis）。

与美洲的法国人及土人的战争（1754—1763）——华盛顿的西征 英国人知道，若使他们想做俄亥俄及圣劳伦斯流域的主人，他们须得对于战争出很大的力气。法国人受本国有能力的政治家的指导，渐渐设起要塞及埠站，预备固守这些地方。他们也知道大法兰西的安危全借将来的战争。这种种事实适足以鼓动起创造英国帝国的人坚决的行动，因为他们已经看清了这个荒凉黑暗的世界的价值了。

1749 年，英王乔治战争方毕，伦敦商人与弗吉尼亚的企业家合组“俄亥俄公司”（Ohio Co.），想占据阿利盖尼山（Alleghany）以外的殖民地。于是法人决意固守俄亥俄流域以为己有，到必要时不惜诉之武力。弗吉尼亚总督听得法人前进，于 1754 年打发一个少年将官——华盛顿带领一小队人出去，教他保全并守护度昱要塞（Port Duquerne）[在现在匹兹堡（Pittsburg）城的地位上]

当华盛顿到了以后，已经知道法人守御的很好了。弗吉尼亚的军队即刻迫退于大草场（Great Meadows）上的必须要塞（Port Necessity），最后以敌势过优，只好投降。

布拉多克的战败 英国人最后一次和法国人在北美的战争时，运气很坏。以后多年，他们仍是不利。1755 年，由英国派来一个强有力的正式军队，归布拉多克（Braddock）将军节制。这个军队帮同华盛顿及少数的弗吉尼亚兵士，去抢夺度垦要塞。不怕有华盛顿警告——他是知道法国人及土人善于由后面树林及山坡里攻击，一个一个地零袭敌人，但布拉多克不听，摇旗呐喊地到了荒疆，这才大错特错了。他中了敌人的埋伏，几乎全军覆没。他受了致命伤。当把他拖开那地方时，犹听他呢喃地说：“谁能料想这事”，“我们知道了下一回怎样地对付他们。”只有华盛顿的勇敢而敏捷的措施，拯救了退却的军队，不至于全体破灭。有人报告英政府说：华盛顿当时“勇敢得真好像爱弹丸飕飕的声音似的”。

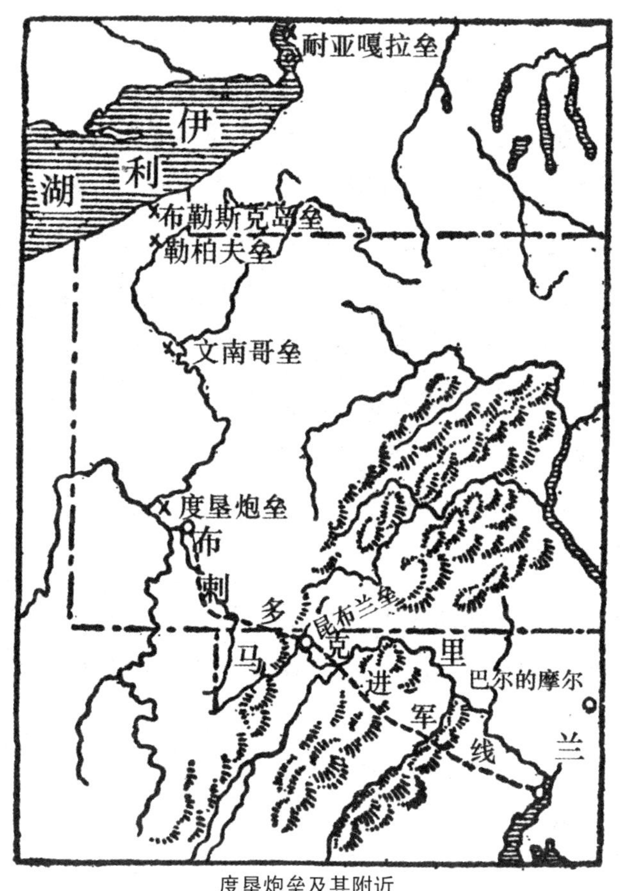

度垦炮垒及其附近

七年战争（1756—1763） 后来七年战争在欧洲爆发了，不久全世界也随着卷入漩涡。英普两国为争霸权反对法奥西三国；在东方，则英法两国为争印度的主权开战；在北美方面，两个对手为争加拿大及密西西比河流域，决行最后的恶战。幸而英国方面有个有远见的政治家庇得（William Pitt）作首相。他早梦想到一个横霸全球的大英帝国，他也知道这种梦想只有拿人、钱、船三样东西可以成功。他不全靠在美洲殖民地的英国人抵制这地方的法国人，他由英国抽调一大部正式军队，要把法国的险要一概夺来。加以有些美洲殖民地的人给他帮助，他竟把他的大计划居然做成功了。不多几时，“无论由什么地方吹来的风都给英国人带着消息说：仗打胜了，要塞夺了，多少省份都加入帝国的版图了”。

乌尔弗夺魁北克 在北美大陆上最有名的战争就是夺取魁北克。在1759年9月的一个黑暗的夜里，英军将领乌尔弗（Wolfe）带领一队勇健的枪手，乘坐小船，沿河岸匍匐而前，直抵法国城市所在的高地底下，发现一个良好的登陆地。这些人寂静地站成一长排，爬上登岸的斜坡，到了魁北克前面的平地上。法将梦坎哥总（Montcalm）——乌尔弗在信上给他母亲说这人是一个“好战的老匹夫”——早晨起来，看见英军整队前进，大为吃惊。他的部下即刻勇敢的应战，但是到了晚上全队人都被打败了，领袖受了致命之伤，躺在地下。

外科医生告诉梦坎哥总说：几点钟后，就要死了。他回答道：那是我愿意的。又加一语道：“幸而我不活着，眼见魁北克城投降。”在英军方面胜利也加了一个悲哀，因为他们的主将也受了重伤。乌尔弗听说法军弃战地逃遁，他发了一个最后的命令道：截住他们！回头才顾到自己说：“呵，可赞美的上帝呵！我要平和的死了。”

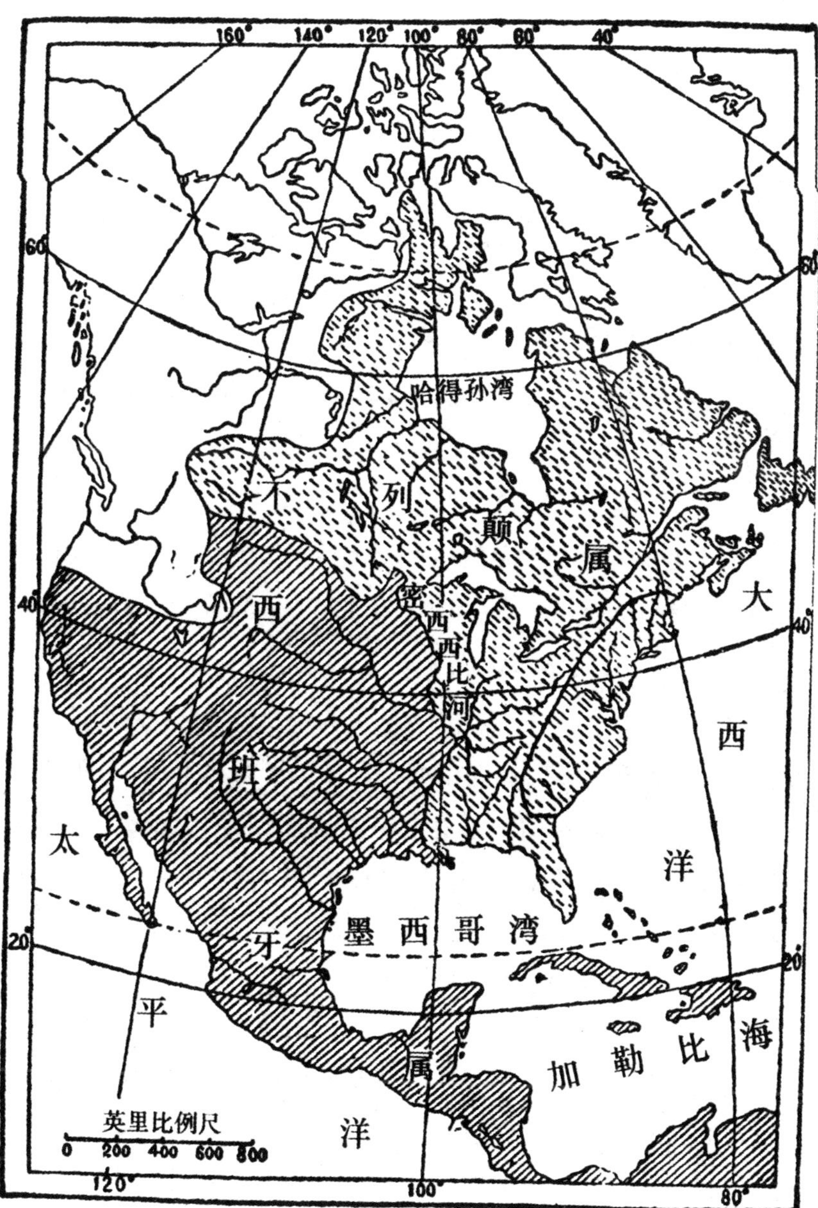

1763 年欧洲诸国在美洲之属地及 1763 年以前英国在美洲所有之属地图

于是别人代理乌尔弗进行他细心作起的事业。以后蒙特利尔也落到英军手中。加拿大的命运是注定了。新法兰西成了大英帝国的一部分。

巴黎和约战争的结束 后来欧洲方面和平了结。按照1763年的巴黎和约条文，北美洲的命运发生了很大的变化。重要的条文是：

（1）英国由法国得到全部加拿大及密西西比河以东除过新奥尔良四周地方以外的区域，给法人只剩下纽芬兰沿岸的两个小岛，预备给他们的渔户晒鱼。

（2）英国由西班牙取得佛罗里达区域。

（3）因为西班牙失去这个地方，由法国给她所遗留下的路易斯安那区域作为慰藉。不多几时，西班牙的国旗就飘扬于新奥尔良地方。

巴黎和约对于英国殖民地的影响 论到英国在美洲的殖民地，巴黎和约是很有意思的。法王的势力打破了，加拿大地方的信教自由才能成立，才能对于信新教的居民和冒险家一体开放。法国人与土人的结合，因此告一终结；土人侵略英国殖民地的西偏因此须得谨慎；英国的先锋队由沿海平原向肥沃的俄亥俄地方冲进，才得安全。

由此说来，巴黎和约是给英语民族在北美大陆上预备了一个发达迅速的道路；但是，这也不尽然。在这个和约上还有深一层的意思。这个意思被一个聪明的法国人维格兹（Vergennes）参透了，他听见新法兰西的衰替以后，曾宣言道：

> 英国早晚要后悔祛除了使她的殖民地人生气的唯一的障碍。这些殖民地不再要她保护了；她要叫他们分担他们曾经帮她的忙时分担过的捐助；但是他们就要拿断绝一切的关系报答她了。

四、路易斯安那及西南部的西班牙人，西北部的俄国人

西班牙治理路易斯安那区域　由七年战争，决定了密西西比河以东全部北美的命运。可是路易斯安那以西及西南部［现在为得克萨斯、新墨西哥（New Mexico）、亚利桑那（Arizona）及太平洋沿岸各邦所分据的地方］的将来尚未决定。1763 年以后，这些地方的大部分名义上是属于西班牙的，但西班牙实在占据的倒很少。在路易斯安那的各商埠都以西班牙的官吏替代了法国的官吏，以墨西哥城作民政司的驻址。新奥尔良与庞恰特棱湖（L.Pontchartrain）以运河连起了；城市的街道上也筑起沟渠，驻起警察；邻近各地的甘蔗种植也逐渐恢复，但是人口仍是停滞不进。

只有圣路易斯在西班牙的治下逐渐发达。许多的法国人当英国人把他们以前的区域占据了以后，都由伊里诺斯越过密西西比河。这些先驱中有些人经营了很可注意的皮货贸易，还有些人开密苏里的铅矿，但大部分的人是住下开垦肥沃的土地的。西班牙的官吏都知道在西南部再没有可供征服的“墨西哥与秘鲁帝国”，于是都在密西西比河沿岸各埠上过平淡无味的生活。

西南部的西班牙僧人及住民　西班牙的军人在包括现在亚利桑那，新墨西哥、科罗拉多（Colorado）及加利福尼亚各州的地方上找不出多大的兴趣；但是西班牙的僧人反要找点宗教的事业做。在很早的时候，他们发现了一个把土人变作耶稣信徒的机会。所以他们到各方面去讲说福音，在荒郊建设教堂。1630 年，西班牙的僧人在西南部一共建了 90 个教会，领洗了 8.6 万土人。他们设一个教堂，

即教兵士来守护，强迫信教的土人在田地里作笨工。西班牙人长于灌田与种谷，教士人极力改进他们的田地。他们又教导土人画壁画，在银及铁上雕刻。

为什么西班牙人殖民西南部不成功 跟随僧人摇摆的西班牙人并不是勤苦的工人、农夫、木匠及艺术家。他们都是抢了秘鲁和墨西哥帝国库藏的人的子孙，并不愿意坚忍耐劳的工作。这般好逸贪懒的军人虽作了这块大土地的地主，实际上并无心耕田与开荒。

有几个西班牙的总督想设立繁盛的殖民地。他们知道少数的军人和僧侣不能造成一个国家的；但是在这广漠的区域内有很严重的障碍。殖民地距祖国太远，并且在西班牙没有过像英国逐清教徒，法国逐新教徒那样的；宗教战争。再说，加利福尼亚及得克萨斯虽有些肥沃的土地，但是西南部的大部分是沙漠及山脉的不毛地方。科罗拉多的沙漠，新墨西哥及亚利桑那的干燥高原，及得克萨斯的无雨的区域都不足招请西班牙的贵族或农夫来。他们宁愿老住在家里。

西班牙殖民地的弱点 1800年时候，在以前是西班牙领地而现在括到美国的疆域内的地方上，只有1.8万白人。新墨西哥的圣大非（Senta Fé）设立于1605年，得克萨斯韵圣安多尼俄（San Atonio）设立于1718年；加利福尼亚圣迭戈（San Diego）设立于1769年，旧金山设立于1776年；这些都是很小的村落。由墨西哥湾迤西及迤北到太平洋岸，在好些地点有西班牙人的教堂与商埠。有些西班牙的商船不时的来往于加利福尼亚的沿岸，给教堂运送供给，交换面粉、银、皮及别种属于住民或土人收集的东西，并带回去。

西北部的俄国人 当18世纪时，虽说太平洋岸距人远，但西班牙也不是独占这一方的利益的。俄国人到得也很早。大彼得帝

（Peter the Great）听见欧洲人谈论新世界的事，也派出远征队。依1728年的一次远征的结果，一个受雇于彼得的丹麦人白令（Utus Bering），把他的名字加在分划北美与亚洲的海峡上。

俄国皮商在18世纪中是很活动的，除过游弋太平洋岸以外，他们还深入于内地。俄国人看待太平洋北部出产獭群的价值，也和西班牙人对于墨西哥与秘鲁的黄金一样。他们在阿拉斯加（Alaska）的西特加（Sitka）设立了一个埠站。因为这里不能生长五谷，他们强从加利福尼亚的西班牙殖民地里取粮食，也不管这是违反西班牙法律的事情与否。当俄国人这种活动的消息传到英国以后，英国人于是也要冒险到太平洋岸上去，对于大发财源的皮货商也想参加。所以，就是在美国独立以前，经营商业的人即想到与西班牙冲突，夺取“远西”（Far West）的地方。但是，太平洋岸归于操英语的人民治理的时期还早着哩，到了1867年，美国才把阿拉斯加由俄国人手里买过来。

以上五章的撮要（探险、移居及殖民）

一 旧世界的背景。

甲 我们对于旧世界的负债。

乙 欧洲15世纪时的情形。

1. 东欧与西欧间的不同。

2. 欧洲社会上的阶级：农夫、工匠、商旅、僧侣、贵族及君主。

3. 商业发达；通亚洲的海路。

二 初期的探险与征伐。

甲 意大利人与葡萄牙人的探险。

乙 哥伦布、达伽马、威斯浦奇、巴尔博亚、麦哲伦。

丙 西班牙在南北美的征服。

丁 初期的法国人探险。

戊 初期的英国人探险。

己 英西两国间的竞争。

三 殖民地的移居与发达。

甲 引起美洲殖民的欧洲情形。

1. 宗教变化。

2. 虐待农人。

3. 印刷术发达。

4. 由西班牙领地新增的金的供给。

乙 英国殖民地。

1. 第一次移居殖民地的是英国人。

子 弗吉尼亚。

丑 新英格兰殖民地：普里穆斯、马萨诸塞湾、康涅狄格，新罕木什尔。

寅 马里兰、宾夕法尼亚，南北卡罗来纳、佐治亚。

2. 变作英国殖民地的别种殖民地：纽约、新泽西、德拉瓦。

3. 英国殖民地的人民的种类。

子 为讨信教自由的移民。

丑 为救出穷困的移民。

寅 非志愿的移民——奴隶与犯人。

卯 有限制的奴仆。

丙 法国的移民与殖民地。

1. 魁北克、新奥尔良及圣路易斯的殖民地。

丁 英法两国间争霸的冲突。

1. 英法两国间殖民政策的不同。

2. 三个初期的殖民地的战争。

3. 最后的决斗：美洲的法国人与土人联合的战争，欧洲的七年战争。

4. 巴黎和约及其结果。

戊　在路易斯安那及西南部的西班牙殖民地。

己　西北部的俄人殖民地。

四　可以与以上几个问题联起来记忆的重要名词：

探险家：哥伦布、达伽马、麦哲伦、巴尔博亚、德索托、科罗拉多、韦拉扎诺、卡地亚、张伯伦、马凯特、萨利、哈得孙、卡伯特、罗利。

殖民的先驱：史密司、威廉、呼克尔。

地主与总督：宾、巴尔的摩尔、柏克立、奥格尔托普、斯塔维萨、安德罗斯。

军人：华盛顿、布拉道克、乌尔弗、梦坎哥总。

重要的年代：1492、1497、1498、1519—1522、1588、1607、1619、1620、1754、1763。

探险、移居及殖民时代的英国君主。

亨利七世，1485—1509。

亨利八世，1509—1547。

爱德华六世，1547—1553。

马利，1553—1558。

伊丽莎白，1558—1603。

詹姆斯一世，1603—1625。

查理一世，1625—1649。

清教徒革命与克伦威尔，1649—1660。

查理二世，1660—1685。

詹姆斯二世，1685—1688。

威廉与马利，1689—1694。

威廉三世，1694—1702。

安，1702—1714。

乔治一世，1714—1727。

乔治二世，1727—1760。

乔治三世，1760—1820。

第六章
美国独立前的生活、劳动与自由

英国政治家的希望从来没有高过在1763年2月10日这一天，这一天正是收束法国联合印第安人战争的和约批准及盖印的时期。乔治三世宣言说："英国从未缔过这样的和约。"他的一个大臣又说："国家永没有看见过这样光荣的战争，这样胜利的和约。"又有一个书面发表道："这个和约维持英国的海权、利益、安全、均衡与尊荣。"

他们很可以高兴了。西班牙受了屈，法兰西受了屈，由恒河（Ganges R.）到密西西比河，英国国旗得意地飘摇在帝国领土之上，这是庇得所曾想到的。再没什么事情了，剩下的就是把这些广泛的领地和母国联得紧紧的，用陆海军紧防法西两国再生野心。这种事业要召请爱国的英国人做的，并且是不容易的，但是他们把北美殖民地的人民却置之度外。

一、人民和他们的职业：耕田

自由和自立的精神 由大西洋沿岸小小居民，竟发达成了一个国家。这大多数的白人都不是奴隶的佃户，耕种屈服在王权下的封建地主的田地。他们有自己所耕的土地，常以自由与独立傲人，即使不是地主的人也自信能有得到家业的希望。

再者，他们对于政治上的技能也不是全不谙练的。各殖民地都有一个代议制的议会，由有资产的人选举出来，预备争取民众的利益，反对国王的干涉。

美洲到处设立商务，收集田园、森林及铁场的生产，交换英国及欧洲大陆的制造品。在新英格兰的造船厂里能听见锯子与锤子的响声，因为快利的帆船要在这里修起来，去走遍海上寻商业的。这样活泼勤苦而富于工商业的人民，早预备下了与英国帝国谈判紧紧联合的条件。

殖民地的人口 当独立战争发动的时候，殖民地的人口总计起来约有300万，比较现在的标准并不算多，但已超过当时英国人口的1/3了。他们大概是紧沿着大西洋岸的平原居住着的，大多数人的确不出沿岸五六十英里以内。有几处地方的边界向内伸得很远。马萨诸塞，罗得岛、康涅狄格、德拉瓦、新泽西及马里兰，都已经探险出来，有了很稀疏的住民，差不多可以赶上现在的疆界。在纽约方面，住民已扩展到哈得孙流域，越过奥尔巴尼（Albany），把奥尔巴尼变成一个重要的城市；并且向西远至于斯克奈塔第（Schenectady）及小瀑布（Little Falls）地方，设起商埠。可是匹兹堡虽已有了二三百人口的小村落，而宾夕法尼亚的疆界并没有越过哈立斯堡（Harrisbury）。

在另一方面，弗吉尼亚人侵占西边的土地，是很活跃的，他们已溯河而上，到阿巴拉契亚（Appalachians）山下的小邱。苏爱人与宾夕法尼亚的德国人已有了很多的数目占据申南多亚（Shenadoah）河的肥沃流域。勇敢的先锋队迈向田纳西（Tennessee）与肯塔基（Kentucky）的荒郊里，在土人当中冒险。1769年，有大猎商逢氏（Daniel Boone）同少数的朋友，早由北卡罗来纳的家乡起身，经过昆布兰峡道（Cumberland Cap），到了肯塔基的青草（Blue Grass）区域，带回来山那面还有稀奇的乡国的消息。南北卡罗来纳与佐治亚人住的地方，比邻居弗吉尼亚人还靠近海岸；但是，他们细微的疆界慢慢地移入高地了，南北卡罗来纳的西部都有了很好住人的地方。

耕田是主要的职业 第一须记得美洲人自立的基础是在廉价的土地及完全的小田制上。人民的9/10是以土地为生活的。农夫与他们的家族差不多能生产出他们所用的一切东西。食料都是由田地里或邻近的树林里及河流里来的。斫伐木材可以供建筑的材料之用，房屋仓库都是很廉价的很快的由邻人帮忙建筑起来。人们之间一个帮助一个做活，在当时叫做“帮工”（swapping work）。用手推磨子舂粮食，或用水力。茶、咖啡、糖及盐都是由城市买来的唯一的东西。糖是由北部出的槭浆制成的，盐是由海水中取得的。铁货与器具是必要买的，但各处设有铁厂，以供这个需要。

男女幼童经过勤苦，才能得生活的意义，过上安全独立的生活。常有一对青年男女只用一些钱作土地的代价，再用“一支枪，一些火药与子弹，几件器具及一把犁”，这是当时的一个著作家说的。

还有许多人不出地价，溜入荒野地方去，向土人手中购买或违法强夺。

土地所有权的意义 这种土地上大批人数的雇佣，对于美洲殖民地的将来有很深的意义。欧洲农人也从事于耕田，但是与美洲农人的生活状况是大不相同的。我们都知道欧洲农人或是佃奴，对于地主有服从纳租义务，或是耕田的苦力，为工资作工，完全享有耕地的人是很少的。在殖民地就不一样，南部的田园里有奴隶，哈得孙河沿岸的地里有租户，许多殖民地上用奴仆，这都是实在的情形。但是，在世界上无论什么地方都没有像美洲殖民地这样多的自由有家的农人。

设立马萨诸塞的人给每个来到这里的冒险家 50 英亩地。这种完全以小块土地给于住民的成例，在新英格兰是很普通的，因此在这里也鼓动起迁来的人。在纽约则有领有大块土地的贵族，这多是在荷兰人时代成立的，或是以后由英国国王让与的。这种土地专有制很妨害殖民地的发展，直到 18 世纪中叶以后，摩和克（Mohawk）流域才按着分给小块土地于农人的原则开放。宾氏在宾夕法尼亚想立大地主制度，打算一批卖去 5000 英亩，然后要求长期的租金，但是要得这类租户却不容易，于是宾氏及大业主不得不将土地分成小块，卖于自由民或已经期满的奴隶。

在南部的各殖民地里虽说大产业制度盛行于沿海，但不宜于奴隶制的断断续续的高地早被一般农人占据了，他们用些许钱就买几块地方。

在殖民地中，很有过为争移居的人竞争的。新泽西的第一任总督，对于有一枝手枪、弹药及六个月的粮食的，每人至少给 150 英亩地，此外还有给土地于每个仆役或奴隶的。

有土地与自由 造成美国独立的是有土地的公民及“受损失的

农民”。杰弗逊说过：自己有土地，能自食其力的人，才有独立的精神，这是共和国生命之所寄啊。

有勇气反对君主贵族的人，是来自这般自由农人的家庭的。他们不为地主所屈，他们不给有土地的贵族出捐，他们爱惜自己所有的及所耕的土地。他们用劳力换来的出产，是决意要保护的。于是荷锄的人们，屈服在多年的压制底下，从此一旦挺起肩膊，赤着头向太阳，深吸自由的空气，诚心诚意的听人讲说君主是人类自由的公敌了。

美国独立要说真是商人发端的话，一定得说是农人作成的。他们拿枪上前敌去，他们的老婆及孩子都因为习惯劳苦与独立，能经理田地、铸造枪弹、织布及预备供给。这是由土地的关系生出的事实。我们以后还要在本书上时常说到这一点。

二、工艺、造船、商业、城市、旅行

工艺的发端　人们都很忙的清除田地及耕种田地，但并没看轻了工艺，不过依现在这种大工业时代的眼光看来，他们的成就似乎很大罢了。美国各种大企业都发端于独立以前。苎麻、亚麻、棉及毛的出产都很丰富。1776以前，织业就很像样的发生。苏爱人在新罕木什尔及南部殖民地里做得很好的麻布，棉纱纺织与别的工艺都能保持均衡。但是，也没有大的城市工厂，同我们现在在马萨诸塞及南卡罗来纳所见的一样。织业散在各处人们的家里，大半由妇女们担任。

家庭工艺　虽说现在很容易注意到工厂中大群的妇女及孩子，但必不要忘了他们早就肩着重担子。在殖民时代，实际上一切的粗布都是他们在家里用纺捶车及织布机做成的，只有细织物是舶来的。18世纪初年，家庭工艺就很兴盛，纽约皇家总督从这一点看出这是独立的种子。他说：

> 他们这些人早就很不愿服从政府了。若使他们一旦能自己做衣服穿，并且很舒服，而且是同样的美丽，不须英国的帮助时候，他们即刻就要实行他们蕴蓄在胸中的计画。你要是看清楚这个地方住的是什么样的人民，这件事实并不算奇怪的。

英国国会于是通过“毛物案”（Woolen Act），禁止毛物由殖民地输出，并禁止由一个殖民地运到另一个殖民地去卖。因此又把英商把持美洲的商务延长了50多年。

铁工业　铁业在独立以前也有了很好的萌芽。佐治亚以外，好像各殖民地里都有铁厂、熔炉、铸造场、轧床、铁钉丝厂及铁器、铁链、铁锚、铣铁与条铁等工厂，差不多在无论哪个耕区都能找出。虽说有英政府的法令，抑制美洲的铁业，但是关于铁的出口贸易早已有些发达了。

造船业　在殖民地各种专门工业之中，以造船业为最重要的。据说，在美洲造成的第一艘船是布罗克船长（Captain Block）于17世纪时在曼哈顿造的。17世纪的中叶，凡是沿新英格兰海岸只要有良港的地方，都设有造船所。几年以内，纽约就成为造船业的重要中心。沿哈得孙流域以北到波基普西（Poughkeepsie）及奥尔巴尼，造船厂中工人每达数百人。在独立期中，马萨诸塞埠号称为铁业领袖。南部各殖民地也造船，但以出产造船的材料——“船料仓库”——苎麻、柏胶及柏松等著名，实际上造船并不重要。殖民地造成的船的总吨数，在1769还赶不上近世的一个小海船，但是已给殖民地的人们一种海权的滋味了。他们知道他们所有的造船材料是很丰富的。他们游弋海上，搜寻有利益的商业，得了经验。他们好像方出巢的小鸟，试试他们的翅膀，高兴他们还有些力量。

商贾 商业与运输业，即刻追随着农工业，在各良港及各小城市发展起来了。由南部各处来的烟叶、米及造船的材料，由中部各殖民地来的木材、粮食及咸肉，由新英格兰来的面粉、咸鱼、糖酒及鞋，都带到西印度、英国及欧洲去，又带回来很好的东西，分配给殖民地的人民。一吨又一吨的咸鱼，尤其是鳘鱼，按月地送到法国及西班牙。新英格兰的出产运到西印度去交换甘蔗、蜜及颜料；蜜又做成糖酒，把糖酒运到非洲沿岸去交换奴隶，奴隶又运到南部各殖民地及西印度。即就是一般生在运输便利的地方的船户及商贾都发达了。有几个城市也因此兴盛。

重要的城市 1763年，殖民地中最大的城市菲列得尔菲亚只有约2.5万人，称为极盛。纽约、波士顿、巴尔的摩尔、查理斯顿、哈得富尔、普罗维登斯及诺福克（Norfolk）等都算主要城市，不过依我们现在的标准还是才发生的乡村。在这些城市里和在南部的各大殖民地的一样，有几个富商及地主的豪华住宅。有些中等人家的商人效法英国的绅士，坐马车，戴卷起的假发。他们的妻子穿起丝、绸、绒与缎，在人前夸耀起来了。

美洲殖民地的旅行 因为路途偏僻及内地旅行的危险，所以城市的位置多半限于各良港。在殖民时代，那般离开家上路的人的困难我们现在差不多不能想像的。由沿海一个城市到一个城市去旅行，常是要用小帆船的。在康涅狄格、哈得孙、德拉瓦、波多马克及詹姆斯各大河流里用大桅船航行，在小河流里用手推的小船是普通的事。新英格兰的各河流不便于向内地远航，结果，在这一方面的建筑道路，比较在别的各殖民地都要进步。

在独立以前，那个很有名的海滨路（Shore Road）——由波士顿，过普罗维登斯、新伦敦（New London）及新哈文到纽约城——已经通了。又有一条走向内地的路：由波士顿，过迈德费尔德（Medfield）、哈得富尔及力赤飞德（Litehfield），到纽约。但这些都不过是宽阔的土路，一到多雨的时期便泥泞难走。定期赶站的马车队似乎在1732年于波士顿与纽约间，1756年于纽约与菲列得尔菲亚间都设立过。至于南部有能驶入殖民地内部的河流，旅行多半取水路，把建筑道路的事业看得很轻。各大城市间的大道以外，有轮车是少见的。旅行这些地方须得骑马，货物也由马转运。

三、南北殖民地间政府的不同

新英格兰的情形　旅行的困难，隔断了各地间的交通，使各地的生活呈一种特别的现象——在当时称为“省风”（Provincialism）。另因别种原因，以致有几个区域生出大大的不同来，其中如土性及气候对于殖民的方法可生出极大的差异。新英格兰的冬季是长而冷的，这里边没有平畴沃野包围着深而可航的河流。像南部使用奴隶的大块田制，在这里是不适用的。加以土人也是很滋事，尤其是在马萨诸塞及康涅狄格的土人。

因为这种理由，或者还有别的理由，新英格兰的边疆是设立一种人口稠密的“城市”（town）小区域借此前进，并不像弗吉尼亚之用大块产业急剧的扩充。这时的一个城市不但中心包括一个村落，还有四周围的田地。这是和印第安纳（Indiana）及别的中西部各州的“城市制”相似的。但是，有一个重要的异点是：疆界并不像西部城市的那样规矩，西部城市每个是平平正正的六个英里的见方。所以在马萨诸塞、罗得岛、康涅狄格及新罕木什尔各殖民地的情形是：城市就是地方政府的单位或极小的区域，殖民地就是各城市的集合。

新英格兰的地方自治城市议会 在这里的每一个小城市都有一个城市议会管理，在这个议会中凡是有投票权的人都能讨论并决定他们所应当做的事情。在城市议会里，各种对于人民重要的事情如建筑房屋的大小，所造的房顶的形式，设立一条道路，以及别种同样的琐碎事情，都得经议会决定的。征收居民赋税的多寡也得取投票人的同意。他们选举区务委员、警官、牧牛员、守圈员、巡栏员及畜猪员等各种行政官吏。

城市议会是一个小小的“行政及政治的学校”，新英格兰人在里边学习管理地方事务的方法。他们并不要派下来的皇家官吏告诉他们做什么，怎样做；他们是自己留心自己的事业。有市政厅上的辩论，养成他们讨论赋税及选举官吏等政治问题的习惯。凡是惯于处理公共事务的人民是不表同情于君主的干涉的。

新英格兰的别种独立的精神 新英格兰的教会也是有贡献于政治自由的精神的。每一个小城市里有自行结合的独立教会，这个教会是由内部自行管理的。教会里的人选举牧师，执行合于他们教会的事务。他们只听他们所喜欢的讲道，不许传道人告诉他们一定得信什么及做什么。教士都是有学问的人，在城市里是有势力的人，但是他们并不是主人。新英格兰内地住的大半是不满意各旧区的市民，他们不喜欢传教士的讲道，管公众的事情，干涉他们的思想言论，所以这地方独立的精神更因之大增。对于政府及教会的批评常是很激烈的。有时女人也加入其中，反对城市的长老与牧师。

哈钦孙（Anne Hutchinson）就是一个要求信仰她所安的权力，

反对传教士干涉市政及别种不属于教会事业的行为的人。那般惯于任意办事的执政与选民很怕这种“巾帼英雄”(unwomanly)的举动。于是以毁谤执政及政府的罪名把她逐出马萨诸塞。她到罗得岛上去设立泡喀塞(Pocasset 即 Powtucket)城市。

知道了这种市政及教会事务辩论的情形，当然不奇怪新英格兰的人民对于他们的权利是很重视的。

中部殖民地的较大的政治单位 在纽约因有荷兰人所引用的田地制度，使哈得孙流域的许多城市政府与新英格兰有很大不同。有些大产业——实际上有附带几千嗽地的一个全村的——被一个有钱的地主占有了。但是大概说来，纽约是效法旧英格兰(Old England)的，设成许多的县(county)，新泽西、德拉瓦与宾夕法尼亚也是一样的。因此县就变成了一个重要的政治单位，但中部各殖民地同时又维持城市。城市里行使地方议会及选举制，于是独立精神又得一种滋养了。

“县”是南部的单位 至于南部，这里有广大的流域与和暖的气候，用奴隶来种植广大的田园是可能的，居民扩展大块产业是很快的。所以占地的面积较新英格兰大，而定居人口倒很稀少，因此，县在南部是地方政府的重要单位。县长、法官及别种县吏都不出自选举的，而由总督派充。但是，南部人民也有他们殖民地的议会，对于保护权利也是同北部一样的热心。田主作领袖，内地的小农夫慷慨的拿出血与钱来赞助美洲的利益。

四、南北政府的类似

言语宗教及法律的差异很小 虽说在殖民地中有种种偏向分裂的异点，但也有许多的东西帮助他们团结一气。（一）他们有公共的言语文字。（二）虽说他们分作多少教派，但差不多全是新教。（三）由新罕木什尔到佐治亚通用一种法律——英国的习惯法，只有一些地方是经立法机关修改的。陪审制及一些宗教自由在各处都找得见。（四）最后而重要的一点就是政府形式的类似。无论殖民地是皇家的、公司的或财主的，都有一个由有财产的人选举出来的议会。这个议会有制定法律的职务，不得他的同意不能征收赋税。投票权是有限制的，但各殖民地仍产生一大部的人参与政治。对于制定法律及征收赋税，他们总想他们是重要的分子。

殖民地的“代议制”政府 在殖民的初期，每个殖民地只不过是一个简单的屯地或社会，这时地方的事情就由一般能在政府发言的人管理。后来有些殖民地加大了，投票人势难聚集在一处的，“全民”议会势不能不代以“代议制”议会了，这种议会是由各城市、各产业或县代表组织而成的。这样的一个代议机关，在弗吉尼亚早于1619年召集了。独立以前，各殖民地早有了民选的议会。

宾夕法尼亚及佐治亚而外，各殖民地的立法机关都是两院制。在新英格兰各地，除新罕木什尔以外，两院都是由选举出来的。在纽约、新泽西、新罕木什尔、弗吉尼亚及南北卡罗来纳各地，上院是由英王委派的“总督参事会”组成的。

投票权上的限制 一大部的成年居民没有权选举殖民地议会的

代议人，只有有财产的人及纳税的人能够投票。一个人除非有一定数目的土地以外，否则在弗吉尼亚不能投票；除非有一定数目的土地或别种有定值的财产以外，否则在马萨诸塞也不能投票。还有法律上常规定选举人或官吏一定得信某种教派。

只有有财产的人才能投票的这种观念，是由英国带来的。只有少数很彻底的人主张不要财产及宗教的限制，使所有的人一律得有选举票。

据说，有 1/4 的白色成年男子在殖民地的政府里没有分子，因为他们没有一定量的财产。更奇怪的是，没有一半，并且常去一半还很远的，投票人是认真享受这种权利的。

限制的选举权产出了一个“治者阶级”　选举权的限制与忽视，于是各殖民地中等人家与活动的人，几乎就组成了一个少数的“治者阶级”（governing class）。例如，在南部只有有钱的田主，是唯一有旅行及参与政治的闲暇及工具的人；由这般人统治南部的各殖民地，尤其是弗吉尼亚。在宾夕法尼亚，属朋友会的商人及地主是有权的。在纽约，住在哈得孙流域的封建大地主，纽约城的富商及船户，都是政治上的领袖。在新英格兰，由教士、律师和商人组成一个所谓“天生的贵族”（natural aristocracy），但组成一个大多数的自由农民在政治生活上，尤其是在城市议会上，也是活动的。在独立以前，有些公共的事情除外的人很不满意他们的地位；独立达到以后，这般人开始要求在政府中能参与末议。

皇家总督与代议制议会间的冲突　那般在选举殖民地众议院的议员有发言权及参与选举的人，都是很强横的争持可以按照他们的方法管理殖民地的事务的权力。他们要按他们的意思制定法律，征收赋税，但是，在进行上有很多困难。罗得岛与康涅狄格以外，没有一个殖民地的总督是民选人。在新罕木什尔、马萨诸塞、纽约、新泽西、弗吉尼亚以及其他南部各殖民地的总督，都是由国王任命的；在财主势力下的各殖民地——马里兰、宾夕法尼亚及德拉瓦，是财主自己执行总督的司务，或选别人代理。总督与人民议会间常常有激烈的冲突。在这些冲突中人民常是活泼泼地有兴趣的。他们知道由反对英王的总督能达到他们的目的。他们常常对于一切赋税都不投票，直等到总督答应他们所要求的一些利益为止。在殖民地政府及城市议会里的争执之中，殖民地的人民正在预备着发展并拥护他们的完全独立。

五、殖民地的教育撮要

在殖民时代，没有普及的公立学校制度；在美洲人的生活中，没有几本重要的书籍，没有能把销路由新罕木什尔扩充到佐治亚的报纸与杂志。在波士顿、哈得富尔、纽约、菲列得尔菲亚、查勒士敦以及一些别的城市中，的确是有过报纸的，但是篇幅很小，只有邻近的数百个读者。

初等教育的宗教气味很强　英国殖民地早在义务的公立学校观念在欧洲未发生以前就设立起了，但美洲的各教派的一个主要的要求，是有权拿他们奉以为真理的教义教育他们的全体青年。因为要教子弟们对于父兄的信仰不要游移起见，于是各教派的人都很注意教青年读书，学习教义问答及研究《圣经》。结果，有许多教授读书、写字、算术及宗教的学校发生了，新英格兰尤其是这样。

专门学校　在殖民时代，高等学校很少，并且也是要计划增进各教派的利益的：在新英格兰的哈佛（Harvard）与耶鲁（Yale），是清教徒的专门学校；圣公会各专门学校，则有纽约英王所立的［即现在的哥伦比亚大学（Columbia University）］和弗吉尼亚的威廉（William）及马利（Mary）；新泽西专门学校（College of New Jersey），即现在的普林斯顿大学（Princeton），是受长老会庇荫的；宾夕法尼亚独立的大学是富兰克林（Benjamin Franklin）设立的。在南部小学及专门学校还没有怎样普遍。中等人家的地主给子弟请塾师，并且把子弟送到英国去完成他们的教育。

提要：预备独立的美洲　若是一想到当初的固陋，我们便不能不诧异何以美洲人反抗屈服西班牙及法兰西的强国的独立是很可能的。（一）有旅行与交通的困难，使联合殖民地并把殖民地拢在一起，是不容易的。（二）路途遥远，使征调军队并迅速集合在军略上的地点，是困难的，因此常令很好的计划失败。（三）工商业落后的情形，要费爱国者的心血，去募集金钱及军队的供给。

但也有胜利的要素。（一）人民在城市及殖民地的立法机关习熟了大规模的自治政府，自信有行政的能力。（二）他们知道能修治起与那个海上的船一样大一样快的船，于是大起胆来和大英国冲突。（三）他们有的是耕种自己田地的农人，教育及讨论的自由，是任何欧洲国家赶不上的，就是独立的精神与自由的生活比海那一面的民族也强得多。美洲人预备反对君主、将相及贵族，并给最高尚的民主主义预备路径。限制及错误是不免的，但全世界已经都瞻视他们了。人民的生活和劳动中都充满了这种力量。

第七章
美国独立的原因

法国人联合印第安人战争的结果，在美洲开了一个新时期。直到那个时候，英国殖民地的人才得理他们的事情并享受很大的自由。的确有许多限制他们商务的法律由英国国会通过了，但没有实行。当17世纪时的大部分，各殖民地的基础除佐治亚以外都奠定了，那时英国国内正闹革命。1649年，杀了他们的国王查理一世，1688年，赶走了他们的国王詹姆斯二世。18世纪的初年及以后多年，英国卷入欧洲的战争，国力耗费殆尽，而政治家的兴趣也都吸引到其中去了。

一、英国开始干涉殖民地的商务

1763年以后，英国政府的地位远胜于前，能使殖民地的人民就范。西班牙的势力已经缩得很小，在新世界不能作有力的对抗，法国已经全被逐出北美大陆以外了。加之这时候英国国内太平，政府不怕再起革命，英国海军在海上很占优势，英王乔治三世的大位也就安如磐石。

英国的帝国政策　换一句话说，斯时已经到了要实行所谓“帝国的殖民政策”的时候了。所谓帝国的殖民政策，就是要维持英国的商务在英国人的手中，屏斥荷兰、法国、西班牙及其余一切的国家，不让他们用无论什么方法得到利益。也就是要建设英国的海权，增加英国的海军，使能继续的“执海上的牛耳”。这个大帝国政策引起英国政府渐渐地干涉殖民地人民的事情，借此想强固大英帝国，扩充英国的商务，使之遍满在全世界上。

无道理的法律　英国不是在1763年陡然采取这种政策的。在以前好多时，就要行一大批的以下各种法律：

（1）航运法（Navigation Laws）。这种法律是规定一切造于亚洲、非洲及美洲的生产品，只能用英国船输入英国或英国的殖民地，并且欧洲送到殖民地去的货物也只能用英国船或先把货物送到英国去，否则一概不许。

（2）贸易法（Trade Laws）。要殖民地的人把烟叶和别的出产只能卖给英国商人，至于在别处能否得到较好的价钱，那是不管的。

（3）禁止制造条例（Acts of Forbidding Manufactures）。为强迫殖民地的人买英国的制造品起见，禁止美洲以输出于邻近城市及殖民地或海外为目的的一些制造品，如皮帽、钢及毛货之类。

乔治三世的倔强　乔治三世即位于1760年，他在政府很是专横，他的见解很为执拗。制定国会，而国会只是几千人的代表，所制的法律遂致酿成他与美国人以兵戎相见的局势，大多数的人在政府是没有发言权的。因为用贿赂及别的方法，乔治三世在国会中常能得大多数人同意他的计划。国会完全是代表英国的一个小而有势力的“帝国主义”党说话，这党人死心的要把殖民地附属于母国，用殖民地的贸易给英国的工商人谋利益。

1763年以后的严申旧法令及实行新法令 虽说有许多的贸易法早就载在纸上了，但并没有严格的实行。但是，1763年以后，英国与世界各国修好，也有预备严防偷漏的船，于是实行去做联合美洲殖民地与母国的事业。北美洲的英国疆域已经加大了，得用许多的军队去防护。常有人说法国和西班牙要恢复他们的失地的危险。于是英国政府要在殖民地里维持一个很大的军队，并要殖民地的住民担负防御费的一部分，以为这是很正当的。

英国政府的新政策 英国想在殖民地强固帝国的势力，所用的种种方法如下：

（1）实行上边所说的贸易法与航运法，并有船常常搜寻沿海漏税的事情，不教违法的货物带到殖民地来。偷漏的人归在一种"海军"审判厅审判，不用陪审官。因为发现偷漏的人若在普通审判厅审判，四邻充当陪审官的人不去举发当事人所犯的罪恶，所以才这样办。

（2）别种惹起烦难的原因，便是1763年的英王命令，不许殖民地的人到西部去买土人的土地，或不得英国政府的允许住在那里。美洲人认为这是限制他们自由来去和居住的权利。

（3）除英国西印度以外，无论在什么地方买的甘蔗及蜂蜜都抽收一种旧税，此外于1765年，对于法西葡各国输入殖民地的货物，又加征一种特别税。

（4）1765年，殖民地许多新闻纸及印刷物上都得贴印花税。在美国史上这是第一次的英国政府直接给住民加征的"国内"税。因为一切新税都不为应当纳税的人所喜，所以这种税也遭人怒恨。在条文上规定印花价值的等级，由一便士（penny）到几镑（pound）。新闻纸、月份牌、纸牌、契据、执照及专门学校证书上都须贴用。

二、殖民地对于无代议士纳税的反抗

弗吉尼亚对子印花条例的反对 虽说由印花税所收的金钱都用在殖民地的防卫上了，但美洲人对于税总是反对的，因为这是由远在3000英里外没有他们的代表的伦敦国会制定的，没经过他们的同意，这是不能容受的。在弗吉尼亚的市民议院里亨利（Patrick Henry）以很激烈的言词反对印花税。由于他的善辩感动了议员，宣布那种法律无效，并宣言他们殖民地的人民是有些不能削夺的“权利”的，包括制定税则及民选代表议会的权利在内。

印花条例会议 北部马萨诸塞的人心也被印花税激动了。在这里是亚当斯（Samuel Adams）作领袖的。奥蒂斯（James otis）是“一个火焰”，很利辩地攻击英国政策的非法与不直，并且他自己也投身在暴动之中。由下议院提议，召集各殖民地派代表在纽约市举行会议。有九个殖民地遵命来集，有名的“印花条例会议”（Stamp Act Congress）遂于1765年10月在纽约市开会。

由这个会议通过了许多的决定，确认印花条例及别种干涉殖民地商务的法律为无效，并宣言殖民地的人民只能由他们选出在他们议会的代表征收合法的赋税。并加一句说，殖民地的人民，因为自然的限制，不能向远在英国的国会选出代表的。这些决定就是反抗英国的干涉，也就是宣告殖民地的人民不能忍受英国国会的征收赋税了。

殖民地人所表示的别种的不赞成 那般反对印花税的人并不限于通过一些决定就完事。在许多大城市里，有暴徒聚集在街上嚷着说：

要把印花票塞入那经售人的喉咙里。把许多经售人的房屋都抢了。在菲列得尔菲亚有一张文书刚贴上英国政府所定的印花，就被当众烧了，表示人民对于赋税不赞成的意见。在另一个城市里，还有一个经售印花票的人被人捉住了，强迫他大声叫：“为自由，为财产，不要印花票。”

殖民地人除过反对与暴动以外，又采取一种给英国商人更危险的计划。他们一致“抵制”（boycott）英国货，即是不向英国商人买东西。这种所谓“一致的不用舶来品的手段”给英国商人很大的损害，使他们不得不自行屈服。

印花条例取消城市条例通过 因为这种捣乱的结果，英国国会决意放弃它的计划，并于1766年，取消那种不正当的法律。殖民地的人听见此消息，都很高兴；但他们高兴得太早了，因为这种取消并不是英国政府想放弃干涉殖民地工商业的政策，正相反，当英国国会宣告印花税无效的时候，就有一个好像是美洲人的朋友的庇得公然的说：“我们可以干涉他们的商务，约束他们的制造，行使无论什么权力，只要我们不由他们的钱包里拿出钱来而不得他们的同意就得了。”

次年，即1767，英国国会通过三种重要的法律，即所谓“城市条例”，这都是使殖民地人很激怒的。第一个是：命令纽约议会不出英军驻防费时，不得再做什么事情。另一个是：在波士顿商埠设立一个官厅，监视贸易法的实行。第三个是：对于玻璃、红白铅、纸、茶及颜料等抽一种小税。同时有一个“声明的议案”又通过了，声明国会有干涉殖民地“一切事情”的权力。

由印花条例所激动的感情又全激动了。马萨诸塞及宾夕法尼亚都对这种法律表示反抗，殖民地的商人重新抵制英货。从前迫英国政府取消印花条例的猛烈方法，又想用来迫英国政府放弃贸易法及航运法的实行，但这一次殖民地反抗的人是猜想错了。

波士顿的流血　为执行“城市条例”而在殖民地所惹起的暴动，情形和执行印花条例时一样。由英国来的军队要执行条例的时候，满街的暴徒都非笑他们。1768 年 10 月，马萨诸塞的皇家总督叹惋道：“一般平民很激怒的谈论，要以死拥护他们的自由，并演说及印布那最违法的事情。”

1770 年 3 月 5 日晚上，有一群人聚在波士顿的街上，开始毁骂执行条例的兵士，并且用种种的浑名嘲笑他们。后来有一般青年孩子开始抛掷雪球及石子，兵士还枪，杀了五个人，受伤的在半打以上，于是事情更坏了。这种“波士顿的流血”激起了由新罕木什尔到佐治亚各处的人民。

茶税——波士顿的“茶叶党”　1770 年，英国国会取消由“城市条例”所加的一切赋税，只剩下海磅茶叶征收三个便士的小税。所以要坚持这税的目的，为要给殖民地的人表示英国国会仍有向他们征税的权力，并不须取得他们的同意。有这种办法才生出偷漏的人由荷兰运茶叶进口，不纳赋税，并用违法的方法向波士顿运送几千磅的茶叶。别的沿海的商埠也是一样的。于是英国政府为帮助东印度公司卖去存在伦敦的大批茶叶，以特别低的运费让公司把茶叶运到美洲去。因此公司能以廉价出货，就是偷漏荷兰茶叶的波士顿商人也赶不上的。公司茶叶是用正当的方法纳足赋税运进来的。

商人对于茶叶上加收三便士的小税尚不十分怀恨，所恨的乃在英政府给东印度公司以特别恩典。他们恐怕从此生出一个与他们有害的很大的专卖权。因为受这种危险的激动，有一群人扮作印第安人，于 1773 年 12 月上了装载劣货的船，把茶叶尽投到波士顿的海湾。

一年以后，在安纳波利斯(Annapolis)地方，有派格斯狄亚特船(Peggy Stewart）所载的茶叶由主人自行烧毁，以平人民的怒气。

殖民地的人以反抗受罚　英国政府并不为殖民地的人这种示威举动所屈服，反采取一种最严厉的手段。（一）解散了几个殖民地的议会，强迫议员回家去静候国家的召集。（二）通过“波士顿商埠案”，封锁波士顿商埠，破坏一切聚会在此地的海上商务。（三）给马萨诸塞的总督——这是国王任命的——一种权力，教他把当执行法律时刺杀官吏的案犯送到英国或另一个殖民地去审理。（四）禁止马萨诸塞的人民不得总督的同意，不得自开城市会议，但选举官吏的会议不在内。

三、危机到了

第一次大陆会议（1774）　美洲人对付英国政府的这种强硬手段用了一个大会议，这会议是由佐治亚以外各殖民地的代表组织成的，在1774年9月5日，开会于菲列得尔菲亚的卡篷特的大议事厅（Carpenter's Hall）。这个国民会议和1765的“印花条例会议”一样，是马萨诸塞的下议院召集的，有56个代表到会。

这会议做了两桩重要的事情：提出一个宣言，述说殖民地人民的苦痛及权利；反抗英货，组织一个大规模的抵制会。

（1）在这权利宣言上，反抗英政府最近的无道理的法律。这宣言上说：殖民地有权利征收赋税；制定内部的法律，平和集会；向政府请愿，陈述他们的苦痛；在和平的时候，不用常备军，欢迎陪审制度。

（2）在抵制外货的协定上，规定英国货不得输入或发售。并由

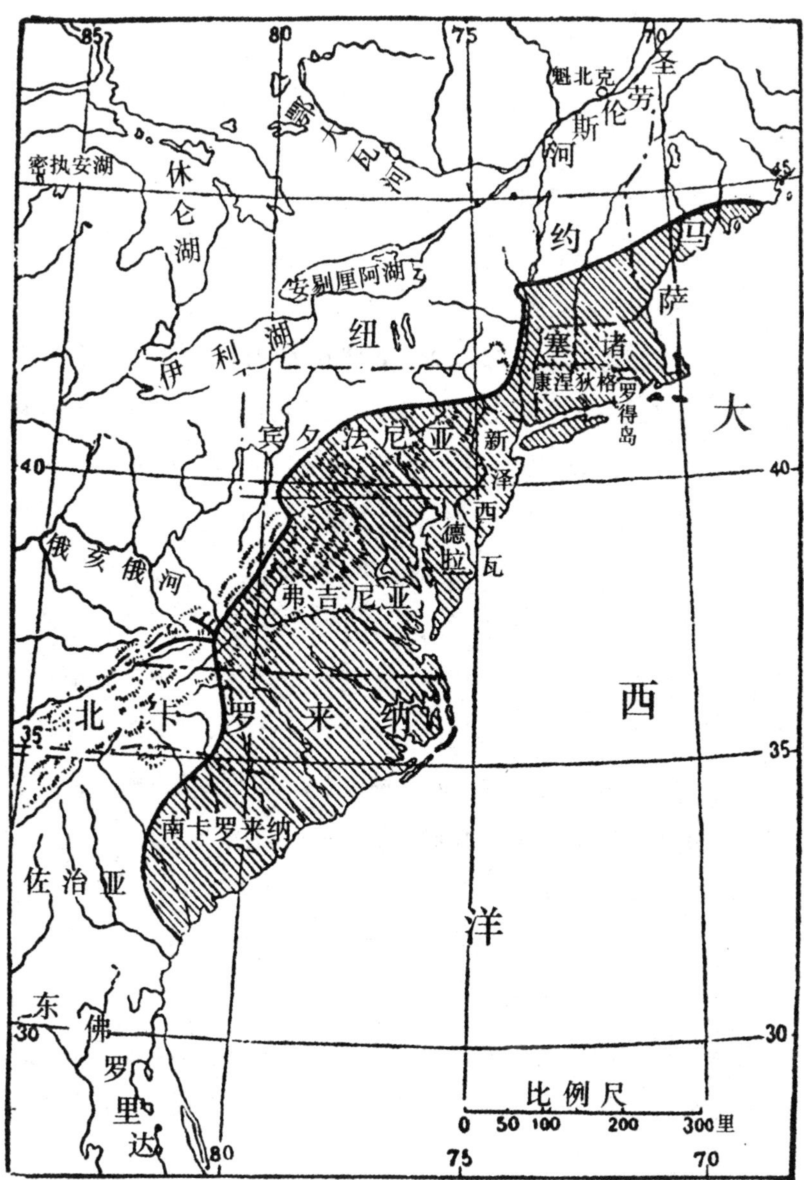

将近革命时各殖民地及居留地疆域图（参照第六章第一节所附只地图）

每城、每市及每县人民选出的委员会执行抵制。许多的商人都因为出售英货违反了这种协定，被人涂着煤胶并贴上羽毛，以示羞辱。

未散会以前，大陆会议又决定次年在菲列得尔菲亚召开第二次会议。

各地委员会的互通声气 革命党人的委员会在各城、市、县及殖民地都成立了，单以反抗英国为方针。各委员会能互通声气，维持革命的精神，为设立政府作有价值的帮助。

美洲人坚持到底 1774年以后，虽说英国政府不退让，但那般最有决心的美洲人决定冲突到底已是很明显的了。设使不废除那种徒利英国工商，强大英国帝国的政策，他们是不能退让的。他们的凭借是：能建造和无论哪个航行海上的船一样大一样快的大船；他们的商人已经到欧洲及亚洲各方通商去了；他们有伟大的天然富源；他们能产棉与麻，给自己做成布匹。所以他们不愿意看见远隔大洋，徒为英国谋利益的国会制定法律，限制他们的事业，割断他们经商的机会。

像这样有胆量，又有这样的工商业及广土供人支配的美洲殖民地的人，决不能久受英国政府那样干涉他们的法律。他们打算收他们自己用苦力得来的报酬。有些人站在代表英国工商阶级的英国政府方面，有些人站在美洲殖民地的方面。于是生死关头到了，两方面都不想听受请求与谈判，只得诉诸武力。

美洲人的英国朋友 在英国有几个很露头角的人，如庇得、柏克（Burke）及福克思（Fox）之流，大声疾呼，以反对英国对待美洲殖民地人的手段。

庇得——茶坦姆的伯爵 这些人中的第一个是庇得，为茶坦姆的伯爵（Carl of Chatham）。当七年战争的时候，英王的领土依他的指导扩大了。当反对印花条例的消息传到英国时，他已卧病在床：但他宣言道：若使我能爬到或有人送我到上议院去，我可以在那里讲讲我对于美洲事情的意见与心事。他果然到了。他很热烈地痛快地责备那般实行并拥护印花条例的祸首道：

> 对这个可以大大地损伤300万海外忠勇人民的自由问题，我不能不说一句话。美洲人民在“威斯敏斯特”（Westminster）——国会——名实上既无有代表，按照法律，宪法与公理都不能使之服从这一国无论什么关于钱财（赋税）的法令……美洲人是英国人的后裔……既是人民，当然得有普通的代议权利，决不能不得他们的同意强取他们的赋税……美洲的平民在他们的议会里都有代表。他们既有了这种宪法上的权利，然后才拿出他们的金钱。若使他们不得享受这个，便是奴隶……有人对我们说，美洲人是倔强的；美洲人差不多公然地反叛了。我很高兴美洲人已经反抗了。

十年以后，茶坦姆伯爵又以要求赶快调开驻波士顿的英国军队之见震动上议院。他又陈述一种调和的政策，警告政府，谓美洲人联合的势力是不可侮的，他说道：

> 要恢复美洲人对于我们的感情，不是取消一纸空文所能办得到的；你们必须取消他们的恐惧与怨怒，才能希望得他们的爱情与喜乐。调一队武装的军队驻在波士顿，侮辱他们，拿一列仇敌排在他们的跟前激怒他们，这样的办法即使能以武力屈服他们，也是靠不住的。以他们那样的联结，你们决不能强制他们就你们的无价值的屈服条件，这是比明白还明白的了。

柏克 当庇得以无碍的辩才，在上议院陈述和平的办法时，有一个很著名的演说家柏克，以他的天才与胆量，在下议院努力地挫折顽固政府的精神。两种演说辞，在英国文学中算是很华丽典赡的名作，他在《美洲征税论》（American Taxation）和《对美洲人的调和政策》（Conciliation with America）这两篇名作中发表了他对于公道宽厚的政略之陈请。

他历述美洲殖民地的兴起，谓殖民地是由小小的村落与屯集逐渐发达以至于繁荣的殖民地与大国的。他赞扬英国人民在院外的勇敢与胜利。他不以这些人为异国人与仇敌，反视为同国的兄弟。他夸奖他们的自由精神。于是他严厉的警告那般对于征税及抑制的政策负责任的人们，谓如用苛刻与强硬的手段，那是要迫得美洲人与帝国破裂的。他忍不住的向那些主张国会对于殖民地的人有权征税的人们说：

> 我所问的，并不是你们是否有权使你们的人民遭殃，而是如使他们幸福是否不是你们的利益。并不是律师告诉我这样做，实在是人道、天理与公道告诉我必须这样做的。

但是主张强硬对待的人在国会里及英王乔治的御前会议里都胜出了。贵族格罗威尔（Lord Grower）听了庇得的平和与调停的辩论以后喊道：“我的贵族们！让美洲人讨论他们天赋神权罢！他们做人和公民的权罢！他们由上帝与自然赋予的权利罢！我是主张采用这种办法的。”贵族们反对一切公道与合理的主张，他们把他们的希望交给武力了。他们不甚了解置在他们前面的任务。

美洲人不尽团结 英国本国的人对于对待殖民地的人应采取的

政策既分为两派，同时美洲人也不是全体一致的反对祖国。有些美洲人是急躁的，主张从速反抗，不少宽假，甚至于到了为他们自由而战的情态。有些人单不赞成英国政府的手段，以提出抗议及向英王请愿就算满足的。

各地方都有些很可注意的人民，他们以反对贸易条例及印花税是下等流氓及没价值的人所做的事情，可加以违抗君主的罪。这般人把美洲民主政府发展看作可畏的。有一个新英格兰的教士祷告着说：康涅狄格的妖怪般的人民宪法，可以用减少投票人的权利的方法变更的。他欢迎英王与国会能用一种方法把所有的殖民地都变成同一形式的政府；他想见正式教会正有权力管辖所有的殖民地；并想见一切受特许状的政府都得直接的依赖国王。许多这一类的人民到底是忠于国王的，后来革命党人把这般人叫做“王党”（Todes）。他们有许多都失去了财产，被逐出国。

第八章
美国独立战争

一、冲突的开始

列克星顿与康科特（1775年4月19日）革命战争的第一枪于1775年开放了。戴奇（Gage）将军当时是驻波士顿大队英军的领袖，他于这年4月派出一队人向康科特（Concord），想破坏美洲人存在这里的军需。当英军在深夜里出发的时候，做梦也想不到他们的结果。他们很秘密地安排，以为这是一件很容易的事，并不料住在波士顿的爱国者是很敏捷的，很机警的。悬在老北教堂（North Church）的塔上的灯笼照射在远近，表示英军要来了，里维尔（Paul Revere）在英军的前面奔驰，惊起农人！

里维尔彻夜地跑；
他那可怕的告警声彻夜地
传到了各个中部的村庄与田园——

是抵抗的叫声，不是怕的叫声，
是黑暗中的声音，敲门的声音，
回响不断的声音！

4月19日早晨，英军到了去康科特路上的列克星顿(Lexington)，在这里发现了聚在绿林里的一队美洲自愿兵——即所谓“幾微兵”（Minutemen），因为他们预备接到幾微的消息以后即刻出去保护他们的家乡，故得此名。英军司令官命他们解散，他们不肯。于是开枪了，有几个畿微兵被杀，也有几个带伤的。“绿林里躺着死了的白发老翁与青春少年，草地上染红了‘死难兄弟的无辜的血’。”

英军乘胜开到康科特，破坏军需库，毁了几个房屋，预备回去。在这时四乡的人都兴奋起来了。大人与小孩子，或结队或单人，都向康科特到波士顿去的路上跑。在距村很近的康科特桥上“炮火连天”地响了，表示这是一场大战。这些人沿途由篱笆、树及石墙的后边向撤退的英军击射，直到疲败的受伤的残部英军被庇护在查勒士敦的战舰上的炮火底下为止。于是独立的战争并没有事前的准备就开始了，发动于英人向康科特的进军，而畿微军则先起来应战。

举国兴起了　要是一流了血，调停就比什么还要困难。列克星顿与康科特之战的前几月，殖民地驻英国的代表富兰克林曾对美洲人的朋友庇得说：“我没有听得哪一个人有想着分裂的表示。”在战争前一年的10月里，华盛顿写信给人说：“美洲有思想的人没有想到独立这样的东西。”但是，在1775年4月19日以后，舆论的潮流大改变了。这一日的消息如野火一般地传遍了马萨诸塞、新罕木什尔、罗得岛、康涅狄格，上至哈得孙流域，下至沿海各地，纽约、菲列得尔菲亚、巴尔的摩尔、查理斯顿、塞芬那诸地。

新英格兰各处的幾微兵都带了来福枪和火药匣，取径各种大道小道上聚合在波士顿。几日之间，驻在城内的英国军队全被包围。中部及南部各处的爱国志士都预备拿战争兑换自由。亨利（Patrick Henry）在弗吉尼亚已经对他的乡人说：

> 第二次扫荡北部的风潮要把那炮火连天的声音带入我们的耳鼓了。我们的同胞已经上了战场。我们为什么还静静地待在这里呢？……难道贵重的生命和甜蜜的安乐，非要用锁链与奴隶的价值去买不行吗？全能的上帝呵！不许那个罢！我不管别的人要怎么样；至于我——请还我自由罢！否则教我死好了。

几礼拜以后，第二次大陆会议——各殖民地都有代表——开会于菲得尔菲亚。重大的事业摆在会议的前面。会议宣告独立，调集军队，与欧洲列强定条约，并维持战争到底。战争的段落这已开始的长期战争，为明白起见，可以分作以下的几个段落：

（1）北部的战争。

（2）中部各殖民地的战争。

（3）南部的战争。

虽说各部的战事常是同时进行的，但还是分部说明为好。

二、北部的战争及宣布独立

围攻波士顿　这种不正式的战争始于康科特，终于闭塞英军于波士顿，你们要是把图一看，便知道这时的波士顿只限于一区地方，差不多是一个岛，只有一条窄的沙堤与大陆接连。向北就是查勒士敦半岛，岛上有布利兹山（Breed’s Hill）及邦刻山（Bunker Hill）两个高地。向南另有一个半岛，这里有达彻斯特（Dorchester）

高地俯视波士顿城。英军固守这个联结城市与大陆的窄堤。因为义勇军由各处来会合，美军的数目渐渐多了，并依沃伦（Joseph Warren）将军指挥，占领了查勒士敦半岛上的两个高地。

邦刻山的战役（1775年6月17日）　6月17日，才见他们忙碌地守护查勒士敦的一个高地，英军即刻对于“叛徒”进攻。英军曾两次攻上高地，都被美军可怕的炮火逐回去了。后来有第三次拼命地前进，才得战胜，因为这时那般美军勇士的火药都用完了，只得拼命地跑。于是有名的邦刻山的战役结束，英军得胜了，但给他们一个可怕的牺牲，使他们不想再得这样的胜利。

华盛顿作元帅　邦刻山的战争以前，菲列得尔菲亚的大陆会议举弗吉尼亚人华盛顿作美军的首领。他是布拉多克出征中的一个很重要的分子，以后不久又成为世界上一个很有名的大将。1775年7月3日，他在康桥公地（Cambridge Common）正式就职。他以谨慎的有斟酌的态度，准备不熟的无训练的队伍，去对抗英国的官兵，作严厉的战争。他第一所需要的是供给，尤其是火药。

波士顿及其附近

阿伦占据皇家头与泰昆得洛加　关于这一层，他很得阿伦（Ethan

Allen）与他的“青山少年”（Green Mountain Boys）的帮助。1775年5月，列克星顿及康科特的战事方毕，阿伦与他的同党攻陷了张伯伦湖（Champlain L.）西岸上的皇家头（Crown Point）与泰昆得洛加要塞（Ticonderoga Fort），得了很多的军需品，包有所希望的火药与大炮在内。

英军弃波士顿　因此华盛顿得了许多很有用的军需品，预备在次年之初作战。他占据了波士顿以南的达彻斯特高地，于是完全把英军堵塞在陆上了。英军见这种绝命的形势，即预备船只，于1776年3月，窜入哈黎法克斯（Halifax），给美军留下地方。

魁北克出征　当华盛顿正预备波士顿的大攻击时，一场北部的大紊乱加给美军了。美军以为在加拿大的法国人必定很愿意脱离英国的羁绊，遂于1775年岁暮，预备了两队人，侵入加拿大。一队是归亚诺尔特（Benedict Arnold）带领，取道缅因（Maine）野地到魁北克。又一队归蒙特哥美利（Montgomery）带领，经过张伯伦湖地方，向圣劳伦斯河开进，由此再顺流而下，与亚诺尔特会合。深冬的一天正凛冽地刮着风雪，美军攻击驻防的英军，但是大遭失败。蒙特哥美利被杀，亚诺尔特受了重伤，军队损失很大。总计起这一回的出征，至少损失美军5000人，并且使骚动加拿大的革命从此完全绝望。

宣布独立（1776年7月4日）　不怕有加拿大的失败，但波士顿的英军败退尚足以镇住美洲人心，菲列得尔菲亚的大会议于是决定对英国独立。当战争初起时，有许多领袖都对祖国表示尽忠，希望好感情终能回复过来。但是，一经流血以后，勇敢的气概一致决定了独立，战争到底。这是一个危险的办法。有许多美洲人不想割弃对英王乔治的忠谊，并预备反抗大陆会议的宣布独立。还有，美军若使战败了，那般宣布独立的人即刻要被认作叛徒处死，这点是无疑的。

佩恩的论文　所以有很大胆量的人，才肯办这种大事。为激动国人赞助独立的热潮起见，佩恩（Thomas Paine）于1776年1月，刊布他的名文《常识》（Common Sense）。这种小册子卖出去很多，给酒楼与茶馆中人诵读，因为这里是人民聚谈迫在眼前的战事的地方。佩恩激动国人的注意，说：

> 武力是解决争执的最后凭借……日光底下再没有比这个还有价值的事业了。这不是一城、一县、一省或一国的事业，这是一个全大陆——至少是1/8的有住民的地球上的事业……哦！你们是爱人类的；你们是不仅敢于反对暴政的，并且是敢于反对行暴政的暴君的。起来罢！旧世界上每个地方都被强梁者蹂躏了。环地球上的自由都已被人赶走了。亚洲与非洲早驱逐了她。欧洲把她当做异乡人。英国已给她以“逐客”的警告了！哦！把亡命人留下罢！即刻给人类预备个避难所罢！

这是明明白白号召英雄起来的号筒。

杰弗逊的手笔——宣言签字　会议中的领袖都激于佩恩鼓动起来的热潮，不受卑鄙的畏惧的挫折，即刻同意弗吉尼亚代表的动议，废止对于英王的忠谊。这种宣言的起草委给一个弗吉尼亚的青年杰弗逊，杰弗逊即刻就做成了。他的草稿提出议会以后，引起了一场激烈地辩论。有些人是畏怯的，有些人以为这种计划是不高明的。但是终于1776年7月4日，经过稍微地修改，就决定采用这个草稿。于是美国独立的佳音由议事厅上的老钟庄严地宣传于全世界了，由送信人带上宣言的册子到各处去分散。

这种真实不朽的文章只用几个简单的字，举出最高的原则是：凡人生来都是平等的，政府的根本大权都是由被治者的同意取得的。这是美国将来的预言——比无论哪个国家都完善及自由的国家的预言。这种原则可以使出征的军士高兴去牺牲他们的性命，都说："照这样建设及奉崇的国家才是永垂天壤的啊！"

三、中部各殖民地的战争及法国联盟

长岛与白原的战役 英军退出波士顿以后，华盛顿即刻率领大军进驻纽约，因为这里显然是敌人迟早要攻击的地方。1776 年 8 月，英军于长岛着陆。一时英军形势很顺利，即截美军为两部，一部被捕，一部被迫过河，退于纽约市。华盛顿述这时的情形道："我军地位实属不利。堵截我一队援军……使大部军人丧气，心中充满了愁惧失意之情。"再由这个城市向北退于白原（White Plains），在这里对抗英军，又败绩了。这时独立事业的前途好像十分黑暗。许多义勇军都以为全无希望，散回家去。菲列得尔菲亚的会议因之心神俱震。代表们因为这里是英军最希望的地方，于是把战争的全权交付华盛顿，都离开菲列得尔菲亚转向他处。

由新泽西撤退特伦顿与普林斯顿的战胜（1776 年） 华盛顿的部队都相率解体，左右的人差不多都心胆俱丧，但他仍坚持不屈。纽约失利以后，他立即率了一支军队，过哈得孙河，向南退却，经新泽西，进了宾夕法尼亚。在这里休养了多时，他又作一番勇猛地攻击。有此一役才恢复了美国人的希望。由特伦顿（Trenton）过河，不几里地方，有一队"厄斯人"(Hessians)的军队——由厄斯(Hesse)来的德国兵，被主人雇于乔治三世，受英军指挥打美国人的。1776

年耶稣圣诞节晚上，华盛顿及他的部下于风雪中出发，踏冰过德拉瓦河，次晨特伦顿英军为之大惊，莫知所措，因即俘获了1000多人。华盛顿遗下着火的营灶，以惑乱来援特伦顿驻军的英军，他即南向普林斯顿（Princeton）进军，沿途又打败了几队英军。

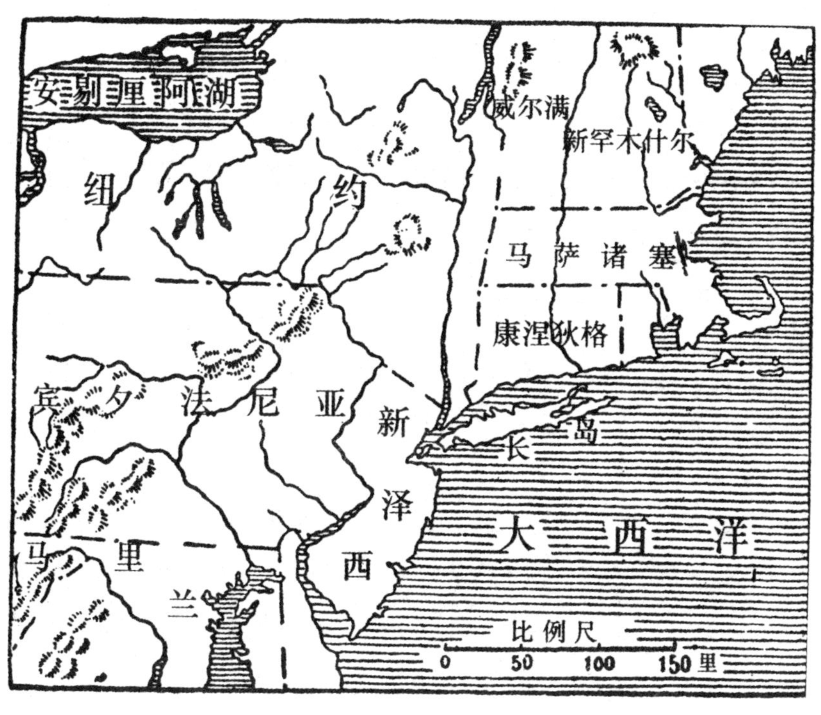

北部革命战争图

这些战绩很使一般爱国志士为之奋发。厄斯俘虏在欢呼声中由菲列得尔菲亚的街上开过去了。

布蓝狄威因及泽曼坦市的战败——英军夺取菲列得尔菲亚（1777年）　此后战事暂时停顿。后来又有英将豪氏（Howe）将军预备用一支军队由海道夺取菲列得尔菲亚的消息。华盛顿即刻作防止菲列得尔菲亚失陷的计划，但他的努力完全失败了。在布蓝狄威因（Brandywine）及泽曼坦市（Germantown）两个战役中美军都大大的败绩，菲列得尔菲亚城即于1777年夏为英军所陷。

福革流域的冬天（1777—1778） 接着的这一年冬天，在独立战争史上叫做“最黑暗的时期”。华盛顿带着败兵向北撤退，入了福革（Forge）流域，即在这里驻下营垒。他们在这个愁惨冬天的艰难是不能用言语形容的。士兵着的是破烂不堪的衣服，并时常受饿。许多人没有鞋及毡毯，除最粗陋的食物以外，也很少有别的东西。拉法夷脱（Lafayette）是一个法国青年，越海来献身于美国自由的事业。他述福革流域的情形道：

> 不幸的兵士没有什么东西；没有外套、帽子与衬衣，也没有鞋；他们的足与腿都冻成黑的了……军中常终日没有吃的。官长与兵士的坚忍，全是一件英明其妙的事。

仅剩下一个不死的为公道的信心与华盛顿的智谋及才能，维系着残军。但是，他们仍预备作战，不怕困难。他们依施托伊本（Baron Steuben）的指导，照常操练，于是战斗力渐渐地大起来了。施托伊本是德国的一个军官，来给美国人帮忙的。

柏圭因的出征，柏林敦与萨拉托加（1777） 当宾夕法尼亚的美军战争不利的时候，在北部很有些对于收束战争有影响的获胜。英将所认为好的战略是截断新英格兰与各地的联络。1777年6月，英军派遣柏圭因（Burgoyne）将军南下，取道张伯伦湖，以到哈得孙河的会口上，想占据奥尔巴尼，随后再与纽约的豪氏联合。柏圭因军先是很顺利，夺取了泰昆得洛加，即折向哈得孙流域。至是困难才来了。有一队派出去在威尔满（Vermont）收集供给的队伍，在柏林敦（Bennington）地方被斯塔克（Stark）将军所率一般号称“青山少年”的威尔满人所败而被虏了。因此英军的粮草为之大减。柏圭因知道被美军围住，南部的救兵又毫无音息，遂于1777年10月17日，在萨拉托加(Saratoga)地方投降了美军。美军将领盖次(Gates)将军在接受荣誉的时候，已代理了实际上获胜的斯开勒（Schuyler）将军。

与法国联盟（1778）　柏圭因的战败与投降，给了独立战争一个转机。先是1776年12月，以富兰克林为首的巴黎的美国代表团曾要求法国政府帮助，许多自由派的人，也就是给法国预备以后不久的大革命的人，深表同情于美国的事业，并以温语与勇气慰藉富兰克林。但法王路易十六是谨慎的。他自然是不愿意帮助新世界成立一个共和国的。他不过想削减英国的权势，并侮轻英国，报复25年以前在印度及北美破坏法国帝国的仇恨罢了。

后来他见美洲殖民地的人很强，很有得胜的把握，他才与他们缔结同盟。1778年2月，他与美国缔约，约定供给那少年的交战国家的人、钱、船及粮食。这种帮助并不是很合时的。但相信若没有法国的帮助，英国的权力未必不能在美洲回复，一般爱国的志士未必不受叛徒们的处罚。我们敢断言法国的帮助是战胜的保证，这战胜在未得帮助以前很是可疑的。

英军弃去菲列得尔菲亚——蒙穆斯的战役（1778年6月28日）当英军听得法美两国联盟以后，于是决意弃去菲列得尔菲亚，集中势力于纽约。当英军正向北去时，被华盛顿击败于蒙穆斯(Monmouth)。要不是美军中有利将军（Charles Lee）的谋叛发生，英军定遭大败。但是，这次战役对于战胜仍很有影响，并使北部的战争一时终止。有此一役，才使华盛顿能注意到目前的大事：整饬军队及收集供给。这是一件很丧气的事业，没有信心、胆量及毅力的人是不能对付的。

亚诺尔特的谋叛　在华盛顿的种种困难上又加了一个勇敢的信赖的军官亚诺尔特的谋叛。亚诺尔特在魁北克及萨拉拗口的战役上都很有功绩，他以为他应得的超迁总要过于他实际上所得的。他对

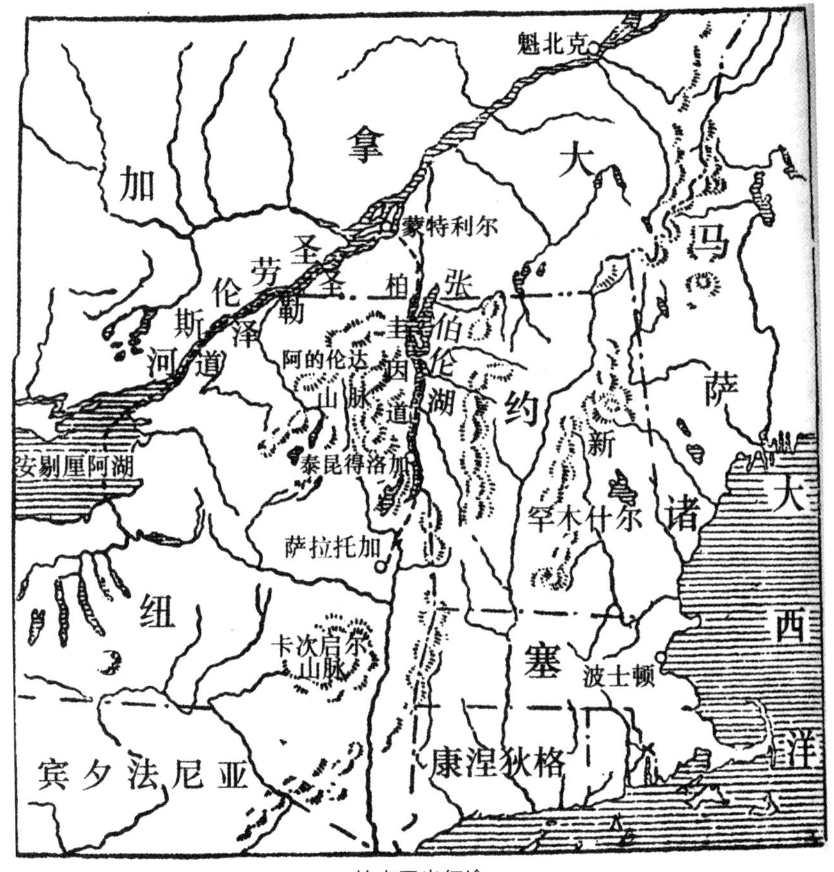

柏圭因出征途

于这种不公允的报酬是不高兴的，于是决定卖国。1780年9月，他与英军商量，以他势力所及的西部地方投降。英军中的安德烈（Major Andre）受命办理这种交涉。他在回向英军防线的途中，在塔立坦（Tarrytown）为美军所捕，那致命的公文即在他的靴中被发现。他即刻以谋叛论死，因为华盛顿极力反对饶赦的。亚诺尔特听得他的

谋叛行为暴露，即逃到哈得孙河上的一个英国船上去。以后常受人轻视，死在伦敦，当时依他的请求，仍着他旧日在美国的制服。

四、南部的海上战争与西部战争

南部反抗英国列克星顿与邦刻山的战役，依习惯上常占美国独立史中的很高的位置，但不要忘了南部各殖民地反抗英国的政策，和马萨诸塞是一样的具有勇气。在南卡罗来纳的查理斯顿地方，接到印花条例的消息以后，志士党即刻就结合起来，后来又很快地起来反抗茶税。

先是 1771 年时，有几个北卡罗来纳的人因反抗英国官吏被处死刑。当列克星顿的战役前约一月时，亨利在弗吉尼亚就招呼他的同乡执戈而起。1775 年 5 月，北卡罗来纳的梅格棱堡（Mecklenburg）县里有一群志士宣布独立，声明从此以后脱离英国一切军事及民事的权力。在福革流域，布蓝狄威因及蒙坦斯各战役中，南部的人与北部的人是并驾齐驱的。虽说波士顿、纽约及菲列得尔菲亚各大要地以通海很易，是英军所特别注意的，但英军对于南部也并没轻视过。实际上英军在波士顿的撤退、萨拉拗口的战败与菲列得尔菲亚的弃城，使英王乔治三世对于南部反愈加重视。

英军夺取塞芬那与查理斯顿 1776 年，英国舰队攻击南卡罗来纳的查理斯顿，想由这里上陆，占据城市，但没有结果。自此次失败以后两年，英军才取了塞芬那。1780 年，英军又攻查理斯顿，这一次是由陆上进军因而得胜的，英军战胜以后，甚形得意，克林顿（clinton）将军回纽约去了，留康华理（Cornwallis）代他削平并固守南部。

康华理与格麟及拉法夷脱对峙 起初康华理是很占优势的。他在卡姆登战胜了盖次所领的美军，不怕有皇家山（King's Mountain）与考篷兹（Cowpens）地方的大损失，而卡罗来纳亦几乎被他征服了。他于1781年战败格麟（Nathanael Greene）于北卡罗来纳的季尔斐得（Guilford）；但因将士伤亡过大，所以不敢去占

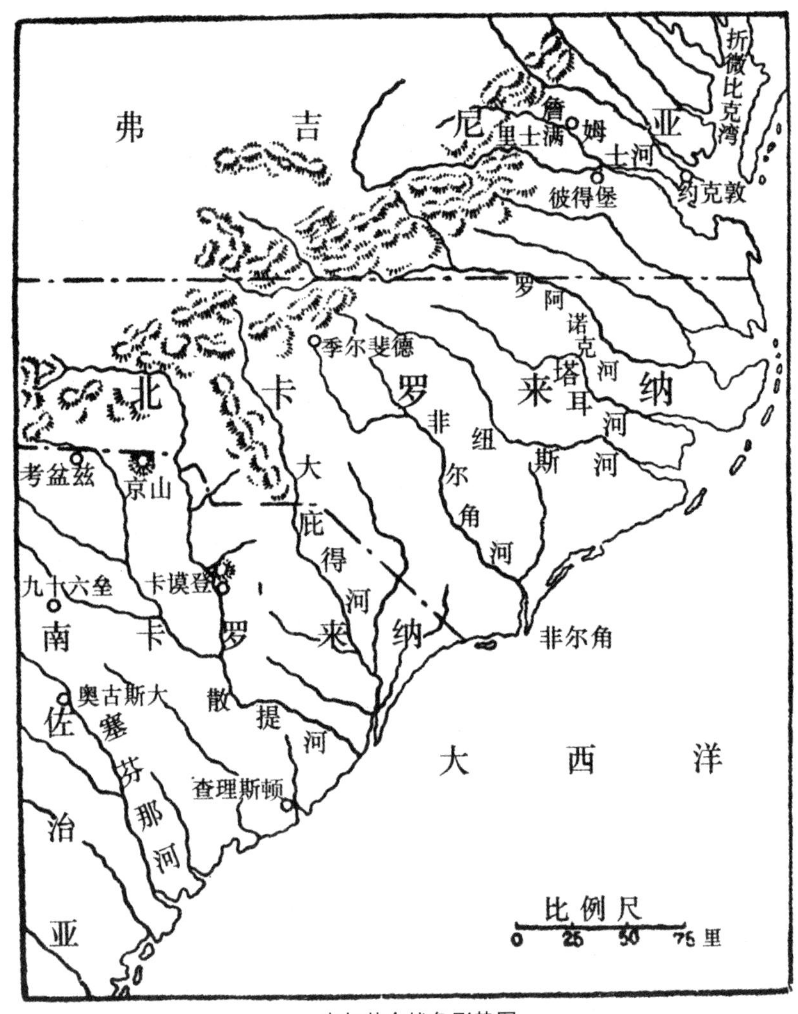

南部革命战争形势图

领内地。康华理紧沿着海岸向北进行。1781年，到了弗吉尼亚，攻击驻在这里的拉法夷脱所领的美军。英将对人说他们要向这里捉拿那个“小孩子”——“小孩子”就是他们称拉法夷脱的浑名。

约克市之围康华理投降　当康华理冒昧地进到弗吉尼亚，并屯驻在约克河(York)与詹姆斯(James)河间半岛上的约克市(Yorktown)时，他没有料到法军与美军在这时紧密联合起来的计划。法国先派罗桑波（Rochambeau）率领一大队陆军在纽约附近与华盛顿军联合，即刻又派格拉斯（De Grasse）带一队坚强的舰队向美洲进发。当康华理北进的消息传给华盛顿以后，他即带法美两军向南，对抗这种新来的危险，一面还终日里佯作攻打纽约英军的计划。同时法国舰队又由海上把康华理堵塞住了。

因这次联合出兵的结果，康华理完全被围在约克市。1781年10月19日，他不得已只得投降。当英军前进缴械的时候，群众中有用老腔调戏着说：“世事颠倒了！”这是完全不错的。英国在美国的势力从此永远告终，乔治的军人们虽仍扼守着纽约市与查理斯顿终是无效的。

统观爱国军的战绩，我们找不出美国人得过多少胜利。英军是为长途行军及供给缺乏所困，并非战斗力不佳。后来他们看见美国有法国正式军队及舰队的帮助，才决意不战了。

海上战争——琼斯的大功　独立战争中主要的战场是沿海，但有两部分的战争必不可轻视，第一个就是海上战争，有荷兰和西班牙联合法国对英宣战，并以他们的海军对抗英国的海上势力。大陆会议自己本没有附属的正式海军，后来把全权授于私船，教这些船改作战船，抢劫搅乱英国的商务。有一个有名的船长琼斯（John Paul Jones）在法国海口上修置起几个大船，游弋于英格兰及苏格兰沿岸一带，想在这里破坏所发现的英船。1779年，他以旗船里卡尔德（Bonhomme Richard）敌对英国的炮舰西拉庇斯（Scraps），经过拼命地激战，竟把这炮舰捕获了。这种琼斯及其他领袖——如巴列（John Barry）船长也是同样有名誉的——海上的勇敢行为很可以激动美国的志士，但他们对于最后成功的助力总不算大。

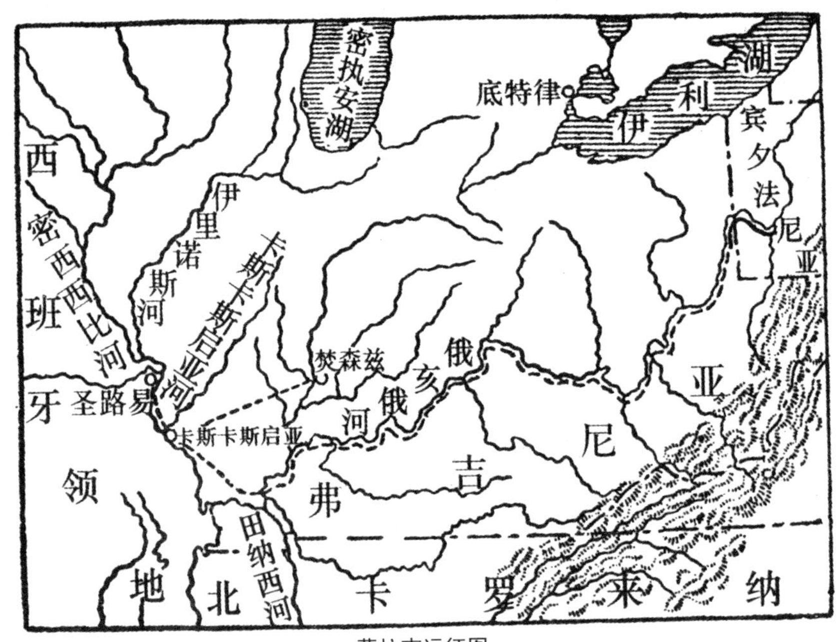

葛拉克远征图

在西北方面的葛拉克　当琼斯正在海上活动的时候，另有一个弗吉尼亚的青年葛拉克（George Rogers Clark）在阿利根尼山的那一面活动。他因有多年在山外的探险经验，很知道这地方的价值。当战事发生以后，他决意给美国取得这个地方，破坏英国在这地方的商埠。后来他由弗吉尼亚政府得到一些帮助，随同一小队持来福枪的枪手，向下一直走到俄亥俄河与田纳西河（Tennessee R.）的会口，又向北到了卡斯卡斯启亚（Kaskaskia）。他既夺了这个商埠，又把四围的地方都巩固好了才打回来，经过伊里诺斯的泽地，到印第安那的英国商埠文新尼斯（Vincennes），又很容易的把这地方夺取过来。当讲和的时机到时，西北的大地方已经给美国占据好了。法国人下种，英国人收获，却给美国人拿来搁在仓库里。

五、讲和条约，美国事业成功的理由

巴黎条约（1783） 自约克市战胜以后，差不多还用了两年的光阴才完成讲和的谈判。富兰克林、亚当斯及哲氏（John Jay）同于1781年受命往巴黎和英国代表讨论结束的条件，直到1783年9月，才决定了一纸和约。系这个和约，13个联邦的独立方得英国的承认，新国家的疆界也在这和约上指定。和约上规定的美国疆界是：由大西洋伸展到密西西比河，由大湖以下到北纬31°。加拿大仍为英国保有；因为西班牙也联合起法军与英国宣战，于是佛罗里达就给予西班牙，由此美国得到富厚的遗产，在世界的独立国中占一地位。

华盛顿 在和平结束的那一年，华盛顿卸去大元帅的职务，退处于维农山（Mount Vernon）中美丽的家庭，希望度他舒服的余生。他担负民事及军事的任务至是已历30多年了。1751年时，他才19岁，就在弗吉尼亚军中受命到一个防地去，在西部的对法国的战争时，他是很能干很有荣誉的；他又当过弗吉尼亚议会的议员。当独立战争发动以后，他当选为出席大陆会议的代表，从此以后忙于指挥爱国军的事业。

在世界史上负他那样重大责任的人，就有也是很少的。他要计划，并率军在疆场上作战，尽一个大将的职务。但他所做的事情尚不止此。自从大陆会议解散以后，他不得不去自己招收军队，维持一般心思不定的义勇军与志愿军，募集金钱，收集供给，安慰兵士并给他们教训，以身作则，还要和他们受不须受的冤气。因此他只得撇开军务，去指导并领袖会议，处理民事了。他败于长岛、白原、布蓝狄威因及泽曼坦，都不曾气馁。别人都没希望了，他的胆量及信仰仍坚持着爱国的事业不放手。他是革命军中的精神所寄。

战胜以后，他想在家里过和平的幸福，这是不足怪的。但他并没有得着休息，他即刻就被人召去帮国家草创宪法。以后作了两任总统，服务八年。1797 年，他刚卸下民事的责任，不几月又被召去指挥军队，准备与法国决裂。当 1799 年他去世以后，举国人都异口同声地说：他是“战争中的第一人，和平中的第一人，国人心目中的第一人”。

外国名人的帮助 美国人常常纪念服务革命军中帮助他们的外国朋友。由法国来的有拉法夷脱；由波兰来的有科修斯古（Kosciuszko）；由巴伐利亚（Bavaria）来的有卡尔柏（De Kalb）；由普鲁士来的有施托伊本。

革命中文官的力量——富兰克林 战地上冒险的兵士与军官们的勇气固然可钦佩，但是，也须加一句话：光荣的成功不完全是他们的。对于这位在外的有能力的并给美国得到了法国与荷兰的帮助的代表，须得赔大大的信仰心。富兰克林先是菲列得尔菲亚的印字匠，后来全世界都知道他是一个外交家，深入的思想家与科学家，并且深得欧洲政治家的信任。

莫理斯 有一个给军队募集金钱与供给的公民也不能忘记。莫理斯（Robert Morris）是宾夕法尼亚的爱国理财家。他用尽了他的能力，日夜的劳于募款，偿还差不多要破产的政府的支票。有人说公民的努力不常是有效的，但须记得他们的利源很微，而他们的负担已经是很严重了。大陆会议与各邦的政府都看见不能如数的得到金钱，才发行许多的纸币。这种纸币不过是一种还钱的契约，于是价值即刻低落，到后来一元值几分还算是顶好的。像这种没价值的纸币都被农夫与商人们拿去，交换出供给品来，单依赖将来有一个独立的政府能履行他的契约。

妇女的功绩 妇女们也尽了她们的责任。她们制造军需品，把她们的铅锡锅及烹饪器变作了枪弹；她们纺织、缝衣服及服务于医院，她们耕田，收谷，让男子上战场上去；她们向军中运输供给品，常受性命上的危险。她们依从华盛顿的请求，拿出金银、宝贝及器皿来熔化了铸成货币；她们帮军队逐户地筹钱，她们冒险在英军前面作逃民，但没有几个人在敌军里做过事情。

妇女们的精神，可以在一个当时的菲列得尔菲亚的妇人给一个军中朋友的一封信上表现出来：

> 我已经在我的桌上及家中节留下各种虚浮的费用；从去年圣诞节起，我已经不用茶了；自从你们在列克星顿战败以后，我不曾买过一顶新帽子及一套长衣；我以前不曾做过的事情现在学着做了——打结，做美国毛的长袜子……我愿意你相信这是我一切的美国姊妹的热情。她们已经牺牲了开会、结群娱乐、喝茶及修饰，而聚精会神专注于这个大陆上各种人都激励的爱国大事业了。

维持军队 爱国志士们为维持国家的军队，是承受了很大困难的。当独立开始的时候，军队是志愿兵组织的，期限只有几个月；后来到需要很急的时候，他们大部分都回家了。大陆会议是一般不懂战争又忌讳扩大军队的人组织的。到了祸事临前的时候，志愿兵的制度已经破坏。什么改良的方法都不能做，于是才顺从华盛顿的要求，设立正式的常备军，这种军队是为战争征集的，按照一定的标准给以金钱与土地。因为各邦的忌刻及志愿军不愿意长期服务的关系，这种计划只实行了一部分。当独立战争期中，从来没有过完备的有训练的军队及必要的军需。设使实际上从事于革命事业的人，一半是正式的军队，战事很可以缩短几年。华盛顿自己说：

> 教兵士都深知当军的任务是需些时候的……希望新招的未训练的兵士和久经训练的兵士一样的服务，这是和希望永没做过或永不愿遇见的事情一样。

王党　加之那时常有内乱，以致那般爱国志士的事业更形困难。我们曾说过，当战争期间，很有些忠于英王及祖国的美国人。一有机会，他们即向英军帮助，出金钱及供给。当华盛顿和他那般健儿正在福革流域挨冻受饿的时候，纽约及菲列得尔菲亚的王党与英国军官饮酒，会食。他们尽力破坏美国的事业，讥骂革命党人为“下流的政客”及“讼棍的律师”。而这般革命党人却正想在北美建立一个新国家。

实在说来，内乱和革命是同时并起的，两党间自然要发生很大恶感。爱国的人深恨这般忠于乔治的王党，于是夺取他们的财产，逮捕了许多人并把他们逐出国外。

战事终止，美国脱离英国的羁绊，但那时国家是分裂的、衰弱的、贫穷的。秩序须得回复；许多冤案须得平理，损失须得赔偿，庄田、家室及商务须得建设，负债须得偿还。当1783年，最后的讲和消息传遍各处以后，有一个重大的责任横列在美国人民的前面。国人既喜幸革命的成功，兴奋起将采的信仰，于是又负担国家的新任务。

第九章
美国宪法

爱国志士们一方面正忙于战争问题，一方面也想给各邦及新国家设立永久的政府。在宣布独立以前不多时，大陆会议的确劝告过几个殖民地，教他们设立自己的政府。当会议选出委员起草独立宣言时，并另选出一个委员，起草各邦永久联合的计划。

这是一件困难的事情。殖民地的人正从事可怖的战争，想脱离英国的羁绊，哪里有心情另设立一个强有力的政府，来仿效英国国会的成例，强加干涉他们的地方事情。在全部的革命战争期间，没有能统治各邦的有力的中央政府。若使有这样的政府，军队及供给可以来得容易，战事也可以早结束了。各邦都是吝惜地方的自由，并且是互相猜忌的，大陆会议除对于外交以外，没有多大的权力。

一、联盟约章及第一次的各邦宪法

1781年的联盟约章　有这种畏惧一个强有力的中央政府的心理，使会议代表徘徊了多少时候，不敢通过委员会所拟定名为“联盟约章”（Articles of Confederation）的联合计划。迟至1777年，这计划方才商妥。当送到各邦去审查批准，各邦又费了多时地辩论，才得同意。1781年，这种计划全体通过，即日实行。

约章的弱点　这样算是一桩大胜利。但联盟约章的不满意，不久也就发现了。其中重要的弱点如下：

（1）没有一个有权执行会议所定法律，使之遍及全美国的总统。

（2）会议是代表各邦的，并不是直接代表人民的。不担心每一邦能给会议里派两个到七个的代表，但只有一张投票权，实情就是，如德拉瓦的小邦和弗吉尼亚的大邦是有一样的权力的。

（3）会议没有权力直接募集金钱与军队，只能教各邦出各邦的分子。各邦因此常常拒绝会议的要求。结果，中央政府组织军队人每不足，又不能收到应付战争公债利息的足数金钱。会议对于各邦公民的个人不能直接抽捐及征税。

（4）会议没有权力限制各邦间或对外国的商务，所以商业、制造及贸易全听各邦政府及外国摆布。这一邦可以对于由那一邦来的货物抽税。若使外国对美国的商人定出一种不公允的法律，会议也没有权力对待，只能说空话。

（5）约章对于各邦的限制很少，各邦的立法院都是独立的。

有几邦的新宪法　爱国志士们一面正计划各邦的联合，一面又进行各邦宪法的起草。在康内克的告特和罗得岛两处，这本不算困难问题，因为在这里所要做的只是由旧特许状中去了王的名字，依旧选举议会的议员、邦长以及其他官吏。有些总督就是财主的殖民地，如宾夕法尼亚、马里兰、德拉瓦等处，又有些总督由国王派的殖民地，如新罕木什尔、马萨诸塞、纽约、新泽西及马里兰以南各殖民地等处，都须完全计划出一个新政府。所以革命党人都在这些邦中起草成文宪法，设立他们所希望的政府组织。

第一次各邦宪法的条文　这些新政府组织中最有兴趣的特点，当宣布独立的那一年或以后在有几邦中就发现了，列举于下：

（1）因为怕了皇家及财主的总督，差不多各邦的宪法起草人都决定要教邦长服从议会的命令。只有纽约及马萨诸塞两处的邦长是由人民选举的。普通都是由议会选举，并不给很大的权力。只有马萨诸塞一邦的邦长有唯一否决议会所定的法律的权力。

（2）除宾夕法尼亚及佐治亚以外，各邦立法机关都是用两院组织成的：参议院，这是代替旧日的殖民地参事会的，众议院或下议院，这是脱胎于殖民地众议院的。

（3）这些第一次的宪法，常规定只有一定价值的财产，或信仰某种宗教的，可以当选为官吏。例如，北卡罗来纳及马萨诸塞的邦长，须有值 1000 镑的财产，马里兰的邦长 5000 镑，南卡罗来纳的邦长 10000 镑。

（4）差不多各邦都把选举权限于有一定价值的财产或纳税的人。许多人都不满意这种剥夺选举权的规定。没过几年，白色的成人选举权运动就传布各处了。许多有名望的女子也不满意。1776 年 3 月，亚当斯夫人（Mrs Abigoil Adams），即以前述及之亚当斯的夫人，给她的出席大陆会议的丈夫写信，教他用他的势力主张妇女平权。两年以后，即1778年，科宾夫人（Mrs Corbin），即弗吉尼亚利氏（Richard HenryLee）的妹子，递她要求选举权的请愿书。但是，只有新泽西一邦把这种权能给予妇女，不过几年以后又为议会所撤回。

二、联盟政府宪法会议

渐不满人意的政府　虽然有许多人，或许是大多数人，很满足于联盟约章，但是有些团体，尤其是沿海各城市的，都完全是不满意的。

（1）凡是想有一个对内强大对外能为他国重视的中央政府的人，都要求改造。

（2）有些是政府欠他们钱的人都不满意，因为他们的公债票得不着利息，并且还本的机会也一天比一天少了。

（3）制造家是很愁惨的，因为没有保护税保护他们的小规模的制造业，抵制英国的竞争。在独立以后，英国的竞争是很厉害的。

（4）商人是不满意的，因为英国制定法律反对他们，美国政府毫不能报复英国，使英国屈服。

（5）资本家是很吃亏的，因为各邦议会发行纸币太多，使债户得用跌价的纸币还债。马萨诸塞的确有一个真正的内乱闹起来了，因为债主收没的抵押品太多，又把债户的许多田地夺去了。有些农人拥戴社兹（Daniel Shays）起来作乱，几乎把邦政府推翻了，后来用极辣的手段才得了事。我们共和国的初年和别的许多共和国的确一样，是十分多难的。

要求一个较有力的政府　依联盟约章成立的美国政府将有瓦解的危险。有些人很庄重地讨论起来，以为要选出一位有能力的国王从事于组织使内外都畏服的政府，此外如华盛顿、汉密尔顿（Alexander Hamilton）及麦迪逊等人，则主张另外建设一个新政府。华盛顿在一个私人的通信上曾说，若是他们还继续的依赖这“饥疲欲死、百务俱废、步步颠蹶的政府”，只好眼看着天下纷纷大乱了。但他对于举他作国王的提议，却严词拒绝。

1787年的条例 联盟约章时代美国政府所做的一件大事，就是在阿利根尼山以西预备殖民地。这个地方是沿海各邦都想要求的，后来全归给联盟政府了，言明须给大家谋利益，以后并得设立新邦。

1784年，杰弗逊在会议里提出西部政府的组织计划。1787年，会议通过著名的“西北条例”（Northwest ordinance），这就是预备在那地方实行的政府组织计划。上面规定：（一）在相当的时期以内西北区域必须设邦；（二）这些地方必须永久禁止奴隶；（三）这里所有的居民必须享有信教的自由。另有一个重要的法律是在1785年通过的。在这上面规定每一个有36区（1区是640英亩）地的城市必须取出一区土地来作为城市学校的维持费。

宪法会议（1787） “西北条例”通过的前一年，有五邦的代表在亚那波里会议讨论通商及改组国家政府的事情。因为到的代表太少，决定不讨论什么重大的变更。会议结果只请求大陆会议召集第二次会议，以修改联盟约章为唯一显明的宗旨。

大陆会议允许了这种请求，并请各邦于1787年2月，派代表到菲列得尔菲亚集会。除罗得岛以外，各邦都答应选派代表前来。会议开后，才发现了国家许多最有能力的人都在里边：纽约的汉密尔顿；弗吉尼亚的华盛顿、麦迪逊、伦道夫（Randolph）；德拉瓦的李德（George Read）；马萨诸塞的罗佛斯金（Rufus King）、格里（Elbridge Gerry）；康涅狄格的签名《独立宣言》的谢尔曼

（Roger Sherman）；宾夕法尼亚的莫理斯、富兰克林、威尔逊（James Wilson）；南卡罗来纳的平克尼将军（Charles Coateworth Pinckney）；北卡罗来纳的达维将军（General Davie）都来了。而杰弗逊那时作美国的公使到巴黎去了，不是代表。宪法会议由1787年5月到9月闭门开会，经过了许多激烈辩论，常有破裂的危险，于是一个新政府的计划——美国宪法——才通过了。

三、宪法与宪法的施行

宪法中的妥协　会议中主要的争执是在大邦对于小邦，北部商业邦对于南部农业邦及奴隶邦，主张赋大权于人民的人对于主张限制的人诸端。

大邦与小邦间的妥协　小邦如康涅狄格、德拉瓦及新泽西等都不愿牺牲议会中的平等投票权；大邦如弗吉尼亚及马萨诸塞等又决意不让平等的权利给小邦。因此一个死生关头到了，似乎没有方法解决。到后来才议决各邦在国会中的一院——参议院——可以是平等的，至于在下议院，即“代议院”（house of representatives），须按人口的数目为比例举出代表。

奴隶的代表　与这个问题有关联的争执是：以人口为比例出赋税及代表的各邦的奴隶，应否算作国民。结果，按照一个旧方法议决，奴隶的3/5是算数的。

商业与奴隶贸易　第三个大冲突点是在商业上的。北部各邦想把整顿贸易的权力给予国会。南部各邦则很怕制定了的法律与北部的船主及制造家发生利益，而损害南部的农夫及地主，推翻奴隶贸易。经过许多争执以后，才议决国会有干涉国外及各邦相互间通商的权力，但在1808年以前，决不得取消奴隶贸易。随后又规定总统可以与外国缔结条约——自然包括商务条约在内：但必须得参议院2/3的票数批准。

选举国会议员与联邦官吏的问题 关于人民在政府里直接应有怎样的权力这个问题，在会议里也起了不少的辩论。有些人以为人民对于政府的关系以小为妙，并且差不多全体的人都承认选举权过于普遍是一件危险的事情。辩论的结果，会议中人才协定：

（一）直接由人民选举的政府部分，只限于代议机关——选民资格和各邦议会的下院所规定的一样；

（二）参议员不得由人民直接选举，应由各邦议会选举；

（三）总统须由总统选举人（elector）选举的，总统选举人的选举法与邦议员的选举法一样；

（四）大理院有废止国会中违反宪法的议案之权，大理院的法官是由总统及参议员选充的。

宪法与联盟约章的比较 就政府组织上说，宪法对于联盟约章的重要修正如下：

（1）约章并不规定行政机关，把法律的执行付托给联邦会议和各邦的善意。宪法上规定一个总统，管理联邦法律的执行，并监视法律的实行。

（2）约章上的会议是一院制，会议中每邦只有一个投票权。宪法上规定为两院，如上边所说。

（3）依约章没有联邦司法制度，解决人民间及各邦相互间因宪法及联邦法律所发生的争执。宪法上规定一个大理院及国会认为必要时得增设的各种联邦法院。

（4）约章须得各邦全体的同意才得修改，但宪法有国会2/3的同意票，或一个国民会议，再有各邦的 3/4 的批准就可以修改的。

国会的四种重要权力　虽然这种政府含着制定法律的两院国会，执行的一个总统及管理解释的一个司法机关，但宪法上特许国会对于几种重要的事情有制定全国法律的权力。在这种许与国会的新权力中有四种是特别重要的，列举于下：

（一）规定赋税的征收，不须请求各邦政府的辅助，

（二）直接募集及给养陆海军，不须求各邦的允诺；

（三）得管理与外国及各邦相互间的贸易及营业，

（四）为处理一切对于实行宪法所赋予的职权起见，得施行各种必要及正当的事项。

因此联邦政府得到了对内对外均有势力的必须的权力。可以征收金钱，偿还债务，可以保护美国的制造与贸易，可以防卫国家，抵抗外侮，可以制止内乱，如发现于马萨诸塞的。除过以上给予联邦政府的这些大权以外，新宪法还禁止各邦发行纸币及做别种紊乱商务的事情。

宪法施行上的争执　1787 年 9 月，菲列得尔菲亚会议竣事，并公布新政府的组织于全国。但是批准还是留着的一件大事。会议先已议决允许各邦人民选出决定是否赞同宪法的会议，并规定有九邦的批准时，新联邦政府必须成立。

当这次选举通知发出以后，即刻就发生了政治上很激烈的竞争。农人与债户在反对批准的一面似乎是很重要的。他们宣称各邦将有失去自由的危险，联邦政府要变为专制的了。拥护宪法的人多半是来自城市的，这些城市都是贸易与金钱的中心。他们反驳的意见是：因为政府的懦弱，共和国将有十分的衰亡之险。汉密尔顿、麦迪逊等在报纸上作了许多重要的文章，维护宪法。这些文章以后集为《联

邦党人》（The Federalist）——无论在哪一国都当做一种最伟大的政治著作。华盛顿给各处的朋友写信，要求他们帮助宪法批准。

选举 新泽西、德拉瓦及佐治亚三邦或少有反对，或没有反对，就赶快的把宪法批准了。其余各邦中都发生激烈的政争。即在纽约、马萨诸塞及弗吉尼亚三个领袖邦中，争得尤其热烈。纽约邦反对宪法的人占会议代表的大多数。其余两邦几乎陷于没有结果。纽约只赞同另召集一个会议修改宪法。弗吉尼亚、马萨诸塞及其他各邦都要求加以重要的修改。经过极辛苦的努力，才于1788年的夏天，得到法定的邦数批准，使新政府得以实现。罗得岛及北卡罗来纳当初是完全反对宪法的。后来见到脱离联邦以后，他们的地位也是危险的，才决定加入了。

这次选举是很可惊异的。只有1/4的白人参与这次选举，其余的人或是受选举权上财产的限制，或是自己不注意这事。

华盛顿当选第一任总统（1789） 在纽约、波士顿及菲列得尔菲亚等城里，接到有法定的邦数批准宪法的消息以后，击钟，鸣炮，并在各街上开大会。各地方都赞成（华盛顿"最前的，最后的，最好的"）可以依宪法作总统。因此他并没有一张不同意票就当选了，1789年的春天，他在纽约城宣誓就职，这个举国纷争的新政府至是才走上他的大路。

以上四章的撮要（独立战争及建设新国家）

一 独立前的殖民地的情形。

甲 殖民地致胜的要素。

1. 独立及自立的精神的发达。

2. 人口增加。

3. 农业进步。

4. 制造业的发端。

子　家庭工业。

丑　铁工业。

寅　造船业。

5. 商业发达。

6. 重要的城市。

乙　南北殖民地间的差异。

1. 地面与气候的差异及其影响于社会生活与习惯的差异。

2. 新英格兰的地方自治：城市是行政的单位。

3. 中部各殖民地的行政单位较大。

4. 南部的单位是县。

丙　南北殖民地间的同点。

1. 言语、宗教及法律的差异很小。

2. 代议政府是普遍于各殖民地的。

丁　殖民地的教育。

二　美国独立的原因。

甲　英国想干涉美洲的商务。

1. 七年战争以后英国实行背谬的法律。

2. 英国别种的背谬政策。

子　限制向西部扩展的命令。

丑　印花税。

乙　殖民地对于“不出代议士纳税”的反抗。

1. 亨利的演说。

2. 印花条例会议。

3. 取消印花条例。

丙 城市条例通过后的更激烈地反抗。

1. 波士顿的流血。

2. 波士顿的茶党。

3. 第一次大陆会议。

丁 英国人中的美洲朋友：庇得与柏克。

三 独立战争。

甲 战争的发端。

1. 列克星顿与康科特。

2. 第二次大陆会议。

乙 北部的战争。

1. 围攻波士顿及邦刻山战役。

2. 华盛顿指挥军事。

3. 皇家头与泰昆得洛加。

4. 英军弃波士顿。

5. 魁北克出征。

丙《独立宣言》。

丁 中部各邦的战争。

1. 英军占领纽约城。

2. 华盛顿败退新泽西。

3. 特伦顿与普林斯顿的战争。

4. 英军占领菲列得尔菲亚。

5. 福革流域的冬天。

6. 柏圭因的出征：柏林敦与萨拉托加。

戊 法国联盟。

己 南部战争。

1. 塞芬那与查理斯顿城的失陷。

2. 康华理在南部的战争。

子 卡姆登。

丑 皇家山与考篷兹。

寅 季尔斐得。

3. 约克市的围城与康华理投降。

庚 海上战争：琼斯与巴列。

辛 密西西比流域的战争：葛拉克出征与夺取文新尼斯。

壬 巴黎和约。

癸 美国战胜的几种原因。

1. 华盛顿的品行、技能及领袖才能。

2. 富兰克林的外交手段。

3. 莫理斯为战争募款的功劳。

4. 妇女的功绩。

四 1781 及 1789 年间的“危急时期”：宪法。

甲 革命期的大陆会议时代的政府。

乙 联盟约章的拟议（1777）及通过（1781）。

丙 各邦新宪法及其重要的条文。

丁 联盟约章时代的政府。

1. 举国人不满意：社兹叛乱。

2. 1787 年的条例是联盟政府的最重要的法令。

戊 宪法会议。

己 宪法。

1. 宪法中的妥协。

子 大邦与小邦间的妥协。

丑 比例人口出代表时奴隶的计算问题。

寅 商业与奴隶贸易问题。

卯 人民直接参政的问题。

2. 宪法与联盟约章的比较。

3. 国会的四个重要权力。

庚 宪法施行。

辛 华盛顿当选第一任总统。

重要的人名：

政治家：

美国的	英国的
亨利	庇得
亚当斯	柏克
奥蒂斯	
富兰克林	
莫理斯	
杰弗逊	
麦迪逊	
汉密尔顿	

海陆军领袖：

美国的	英国的
华盛顿	豪氏
格麟	康华理
盖次	法国的
斯开勒	拉法夷脱
琼斯	罗桑波

重要的年代：

1765；1775；1776 年 7 月 4 日；1777；1778；1781；1783；1787；1789。

第十章
第一次政治上的大冲突

一、新政府履新

当联邦政府于1789年履新的时候，库藏空虚，国债积累，军队瓦解。这些困难问题都摆在华盛顿、华盛顿的顾问及国会的前面。征收国税，组织政府各部，设立大理院与别种联邦法庭，制定国家的币制系统及整顿对外国的关系，都是刻不容缓。还有解释那般依“危及各邦与人民的自由”的意见来反抗宪法施行的人的畏心，也是需要的。

宪法第一次的修正 反对宪法的人所持的第一个反对点，就是宪法上没有明白的规定保护个人的自由及各邦的权利。为应付这种反对起见，第一届国会即通过了一批宪法修正案，其中的十条即刻由各邦批准，成为国家法律的一部分。这些新条文上规定：议会不能制定干涉信教、言论、出版、集会及向政府请愿的自由的法律；凡属由联邦官吏告发的重大案件均由大陪审官（grand jury）起诉，并实行陪审制度，保证那种人所担心的各邦的及人民的权利。1798年所通过的第十一章的修正案也是以同一精神拟定的。这次修正案是想防止联邦法庭受理人民所提反对各邦的案件。

汉密尔顿的计划　但是，所有这些对于权利的拥护在恢复国家秩序上的效力都是很小的。这事是要理财家来的，华盛顿即选中了汉密尔顿（第一任的财政总长）。汉密尔顿给新政府所作的计划全见于他给国会的有价值的报告中。

（1）新政府整顿战时公债汉密尔顿的计划第一步是：联邦新政府必须收回一切大陆会议在革命时为维持战争所发行的证券、债票以及别种有价的契约。他要求政府把所有的国债打在一起，另出一种新公债，约定将来还清，并在未清偿以前利息之时。这种办法就叫做“定期有利换债法”（funding the debt）。

汉密尔顿的计划第二步是：联邦政府必须承受有几邦因维持战争所发行的公债，就是，把这些公债取来加在旧有的国债上，用同一的方法换债。汉密尔顿宣称，政府以名誉的关系，必须用足价偿还全部的公债，然后可以恢复国内外的信用。

这种计划特别受议会中南部议员的攻击。他们指责许多公债是被投机家用几分钱一元收买去了。这般反对派的人以为，这种计划对于原来借钱或卖物于政府的人是很不公道的，投机家只拿一二十分钱买来的证券就可换取一元现金，这对于纳税的人也是不公道的。又有些反对的人以为，有些国会的议员自己拿着或用投机的手段收买这种跌价的纸币，现在是想因这种计划得利的。

反对承受各邦公债的人说：这种办法是削夺各邦的权力增加中央政府的权力，好教持债票的人仰承中央政府偿还他们的公债的本利。农人们也怕拿着债票的人变作了一个财阀，教他们把他们土地上所生产的东西给这般人赔利益。

南北妥协 因为承受各邦公债的反抗力非常强硬，议会为此好久没有办法。若使南部的国会议员不赞成汉密尔顿的计划，恐怕有些北部的人就要破坏联邦。形势到了这般险恶的地步，于是国务总理杰弗逊才依允汉密尔顿的请求，设宴请各方面的首领聚会，商量一种妥协的办法。结果，约定南部在国会的议员极力帮助通过这种计划，而北部的议员，对于在波多马克河岸设立美国新都的一条法律，须得赞成，以为交换。

为交换宾夕法尼亚赞成公债案起见，又协定都会在未迁于波多马克的华盛顿新城以前，先在菲列得尔菲亚设立十年，作为这次“交易”的一部分。这种协定都写在文书上了。都会于 1790 年由纽约迁于菲列得尔菲亚，1800 年，再迁于华盛顿。经过这番交易以后，所争执的全部公债，才由国会换作新债。

（2）联邦银行汉密尔顿的第二个计划是：主张设立一个联邦大银行，并付以发行货币的特权。在各部营商的美国商人都抱怨各邦纸币及货币的种类太多，又因城市不同而变更价值。他们希望能得一种有一致价值的货币，可以通行于朴次茅斯（Portsmouth）、新罕木什尔以至塞芬那及佐治亚各处。

这种银行制度在国会里也遭受激烈地攻击。农人与地主都认这是制造“财阀”的计划的另一部分。不怕有他们的反对，这银行于 1791 年依然成立，分行立即遍设于各要城。

保护税 汉密尔顿的第二个计划是对于由外国输入于美国的制造品，要抽一种特别税或“保护税”（protective tariff）。他说：在这种货物上若不加税，美国方才发生的小工厂企业家因不能用同样的廉价出售货物的关系，决不能与英国成立多年的企业竞争。

保护税特别受南部国会议员严重的批评。他们认为这种税一定是由农人纳的。他们说：设使没有保护税，农人们能把麦，谷、棉及别种出产品在外国去卖，交换廉价的制造品回来，要是有这税以后，他们要在所买的欧洲货物上加增价钱。虽有这种批评，但这第一次的国税法仍由第一届的国会通过了，一半是要保护美国的制造品的——至少在入口货上征收一种折中税。

汉密尔顿的计划遭受猛烈的反对　第一，这种大计划受到许多人猛烈地反对，是很显然的；第二，最强硬的反对是由农业区域来的，尤其是南部的。这种计划的赞助者都在波士顿、普罗维登斯、哈得富尔、纽约、菲列得尔菲亚及查理斯顿等大城市中。汉密尔顿用很灵活的处置，在国会里取得足数的同意票，实行这种法律。但这种法律就是通过了以后，反对的人仍坚持着他们的意见。

后来华盛顿时的国务总理杰弗逊也公然与汉密尔顿的政敌联合了。杰弗逊曾赞助过整顿公债的计划，但他很反对银行。他虽是对于政府直言无讳的指责，但他那时尚在华盛顿白宫内供职。1793 年，他辞去职务以后，隐居于弗吉尼亚的别墅，在这里被奉为反对汉密尔顿计划诸人的领袖。

谷酒叛乱　反对政府的一个武装叛乱于 1794 年爆发了，即所谓谷酒叛乱（Whisky Rebellion）。因为要应付大公债的利息及政府的经费，政府在谷酒上加征一种小税。这种税很使宾夕法尼亚、弗吉尼亚及北卡罗来纳等邦的西部农人气恨，因为他们多半是以谷制酒为生的。当政府给酒上加税时，农人气恨这种办法。在宾夕法尼亚有些人抢烧收税人的房屋，恰和 30 年前革命党人抢劫那般派出来征收印花税的英国经理一样。华盛顿和汉密尔顿赶快调动军队，并没有流许多血就把乱事平息。因这件事惹起了许多农人的批评，都说联邦政府比以前严厉得多了。

两个大政党的兴起 因为有这种种的争执，才发生了两个大政党。有些赞成汉密尔顿的计划——实在就是联邦新政府的计划——的称为“联邦党人”（federalist）。有些反对的就称为“非联邦党人”（antifederalist），或“共和党人”（republican）。联邦党被人指为与英国表同情的——即“帝制党人”（monarchist）。因此非联邦党用共和党的简单名称，表示他们恨一切帝制臭味的东西。

（1）联邦党的政策汉密尔顿是联邦党的领袖，也深信要造成强有力的中央政府，并且用政府的势力保护工商业，对抗外国的竞争。他打算在美洲建设一个和农业国家一样的工业国家。

（2）非联邦党的政策杰弗逊是非联邦党的领袖。他想强大各邦而不强大联邦政府的势力。他信须有许多有土地的独立农民的自由政府，国家才能永垂不朽。他又很有斟酌地给他所说的“有土地的利益”作辩护者。他反对把美国变为工业国，因为他相信“大城市中的暴徒，真正加给政府的担负，恰和疮痛加给人的体力上的负担是一样”。汉密尔顿与杰弗逊间的冲突因此就成了两种政治理想上的冲突。

二、与欧洲的关系

法国革命（1789） 当美国发生政党分裂的时候，欧洲也发生了重大的事情。当华盛顿在1789年第一次就职以后的几个礼拜，法国国王迫得召集了一个国民议会。三年以后，法国起了一个民众暴动，并成立一个共和国。后来国王及王后——路易十六（Louis XVI）及马利（Marie Antoinnette）——都被杀了。市民及农民推倒帝制、贵族及僧侣。他们给他们的政府制定宪法，宣布震撼欧洲君主的自由原则。于是曾经帮过美国革命党的法国人在精神上与大西洋这一面的新共和国联合了。同时英法两国间发生了一个战争，除中间少有停顿以外，兵连祸结，直延长到1815年拿破仑（Napoleon）最后失败的时候为止。

美国的共和党人赞成法国革命，对于法国向英国宣战深加称许。他们并不忘法国当美国独立的黑暗时期所曾帮助过的恩惠。

对英国的困难　美国联邦党人虽想不加入欧洲的战争，但美国在外的商务实把国家卷入重大的困难之中。英国宣言要夺取运向法国口岸的美国出产品，并从事于载运法国货物的美国船。美国提出抗议，以为只有军用品才可以劫夺，像“用自由船运自由货”的美国船，决不能只因船上偶然有法国的货物遂加以豪夺。不怕美国有这样的抗议，英国仍继续的捉拿美国的商船，并在捉拿商船与货物以外，还逮捕在船上发现的英国生的水手。

中立与哲氏条约　英国方面的这种行为，美国自然为之大哗。虽说美国是中立的，但那般与法国表达同情的共和党人很敬重法国驻美的代表吉奈（Genet），并侮辱英国的公使。共和党人要求对英国宣战，不然，对于美国出产品、船及人的被捕至少得有一种报复。

但是，华盛顿与汉密尔顿均怕第二次与英国开战得不了胜利，并要扰乱用十分辛苦得来的定期有利公债、银行及保护税，他们并认那些与法国革命党同情的美国人都是些危险分子，想推翻新成立的美国政府。华盛顿请法国召回吉奈，因为他在美国的行为不慎。他并布告美国的绝对中立，派大法官哲氏（John Jay）到英国去谈判条约，解决两国间发生的争执事件。

哲氏努力的谈判达成一种条约，在这种条约上给美国得的利益实在很少。英国允许撤退在美国西北部各埠的军队，这种军队是从革命终局以后驻在这里的。此外又应允了一点让步，但在大海上逮捕美国的货物与水手仍是不停的。华盛顿因为极力主张中立，加之以不满人意的哲氏条约，于是在这时得罪了许多人，但他终能保持国家没加入战争。

亚当斯当选为总统　在这激烈的政党竞争期中，第三任的总统选举期到了。华盛顿已在1792年第二次当选总统了。许多人劝他于1796年接受第三任总统。在理论上他虽不能反对接受，但他已厌烦了公务，又不喜欢那些互相倾轧的政党。因此他拒绝第三次当选。

联邦党人考虑了以后，推选马萨诸塞的亚当斯作候补人。共和党人自然趋向他们认定的领袖杰弗逊。接着的这一次政治竞争实在是很野蛮的，两党彼此互相诽薄。亚当斯仅以三张的多数票当选，杰弗逊以次多数当选为副总统。

华盛顿在未解职以前作他的“临别赠言”。他警告国人须尽力地免去受欧洲各国纷争的纠缠，并鼓励国人要避忌国内分党的恶德。

对法国的困难　由于一件简单的事情，华盛顿的后继者亚当斯能使联邦党有几月的满意期。法国共和国的主要行政官所组织的执政政府（directory）很恨美国的哲氏条约，不再希望美国可以联合法国对英国宣战。执政政府因此不承认美国公使，静候美国政府的“道歉”。于是亚当斯向法国派了三个有名望的人作特别公使。他们到了以后，法国政府即刻要求他们对过去的行为谢罪、赔款，并向法国纳贡，以为继续友谊的代价。亚当斯总统告诉国会这种要求的消息，但不指出作此种行动的法国人的名字，只说他们是甲、乙、丙三位先生（因此有“甲乙丙会议”的名词）。

这种污辱的消息使共和党人也仇恨法国，遂与联邦党联合起来高呼："宁出几百万去防卫，不出一分钱来纳贡。"

法国和英国一样，也劫夺美国与欧洲各国的商务，因此美国觉得不得不预备报复。在这急剧的热情中，菲列得尔菲亚的霍普金森（Joseph Hopkinson）作《伟哉哥伦比亚》（Hail，Columbia）的爱国歌。海上的战事的确开始了。有特拉克斯坦（Thomas Truxton）带领美国船"灿星"（Constellation），对抗法国船，很有成绩，受到国人的称许。这种不正式的战争继续到1800年，才与拿破仑缔约结束；拿破仑当时是法国第一任的执政（consul）。

客籍法与谋乱法 联邦党人设使稍为小心一点，1800年的选举，还可以战胜共和党人，但因受了压倒法国的影响，他们在政治上做出一些荒谬的事情。他们于1798年，通过两种重要的法律，即所谓客籍法（alien laws）及谋乱法（sedition laws）。（一）客籍法是：给总统一种权力，可以驱逐无论哪个不容于美国政府的客籍人出境。这种法律虽没有实行，是很使那般新迁入美国的法国人及爱尔兰人生气。（二）谋乱法是严格实行了的，规定：无论哪个人，要是猛烈地攻击美国政府或政府的官吏，一经判明以后，定要处以监禁与罚金之刑。

不久，有几个共和党报纸的主笔被判监禁，或迫出罚金。政治集会以外的人，要是指责总统或国会，即予逮捕，送到监狱里去。杰弗逊及他同党的人因此都大怒起来，反抗那种法律，说这种法律是专制的手段，想压迫美国的出版与言论自由。

肯塔基与弗吉尼亚的议决 杰弗逊即刻准备了一种议案，宣布客籍法与谋乱法无效。这议案是肯塔基（Kentucky）的议会通过的，当时成为有名的"肯塔基议决案"。除宣布这两种法律无效，并认这种法律是违反美国宪法以外，肯塔基议决案中又揭出一条原则：

谓宪法是各邦间的契约与合同，和股东的契约与合同一样，若使国会违反合同上的条文，无论哪一邦都能判决的。肯塔基又进一步宣言道：无论哪一邦都能强制他的人民不服从一种不合宪法的联邦法律：这就是要取消这种法律。这便是那种“取消”（nullification）的原则了，关于这个，我们在以后还可说的。同时杰弗逊的朋友麦迪逊提出一种较和平的议案，由弗吉尼亚的议会通过了。

北部有几邦的议会则回复以为这种取消的原则是错误的，只有美国大理院有判决关于联邦政府与各邦间争执的最后权力。

杰弗逊当选为总统　正在争执客籍法与谋乱法及对英法两国交涉的期中。1800 年的选举到了。国会的联邦党人开党员“预选会”（caucus），再推选亚当斯作总统，共和党又推出杰弗逊作总统，纽约的柏耳（Aaron Burr）作副总统。在这一回的竞争中，两方面都有许多激烈及气愤的事情。联邦党极力竞争，但终于失败。不过后来在计算选举票时，发现杰弗逊与柏耳各得了 73 票，同应当选为总统。

因为同票的结果，把总统的选举又交付众议院决定，在这里左右大局的势力是操在联邦党人的手里。柏耳屡有作总统的希望，但是汉密尔顿多方尽力，众议院的联邦党人到底把票投给杰弗逊了。

于是曾经指导新政府渡过开国困难的华盛顿、汉密尔顿及亚当斯的大政党失势了。但是，在美国的大理院里仍住着一位大法官马沙尔（John Marshall），他早是一位联邦党中的领袖。

第十一章
美国领土的扩张

一、农人党执政

杰弗逊当选的消息传出以后，同党都互相庆贺，以为久经盼望的“大革命”至此来到了。联邦党——沿海的商人、制造家及资本家所领率的政党——失了势力。共和党人执政，党魁首先奖励农业。

杰弗逊党的国内政策　1801 年 3 月 4 日，杰弗逊就任总统，他是在新都会华盛顿就职的第一人。他推倒华盛顿及亚当斯以来所用亲到议会陈述的惯例，改用文书，自此相沿成为习惯，直到 1913 年威尔逊（Wilson）总统始又恢复华盛顿所创的旧例。

共和党人于是进行他们的改革。他们反对国家大公债，并即刻着手清还，毫不迟疑。他们不赞成商业，并且不赞成有一个为保护商业的大海军。因此，他们减少战船的数目。他们反对国税或生产税，并从速取消这种税，农人因此大为满意。他们指责联邦政府经费过重。为要减少这种担负，于是裁减军队，罢免许多联邦官吏。共和党遂扫荡了一切类似帝制的“非美国”（Unamerican）的东西，注意他们认为是国家永久利益的农业。

1790 年所辟领土疆域图

此时的美国，不是一个靠近海岸，目注欧洲，想去懋迁有无，仿效欧洲那种豪华的生活及政府理想的小美国了。这时是一个大美国，目光已西注于丰富的流域及肥沃的土地。这里能养活几百万工人作工，可以完全不睬旧世界的君主、卿相及贵族。联邦党把西部和西南部的发展当做是可怕的；而共和党则喜欢给农人和地主开放荒地。

未来发展的希望多半在农业 和杰弗逊一样的怕工业城市发达的那般人，都很有把握的希望美国常常大部分是一个农业国，只有那般富于想像力的人，才敢描画出一个未来的时代，这时代的人口要比华盛顿就职时的人口大30倍。只有那般作梦的人，才幻想到一个未来的时期，在这时期中一切的林、池、旷野及溪谷的广大地面，都要密布起居民，就连闻水声狼啸的荒野都要立起城市。

土地的丰富 当革命告终的时候，西北部地方——包括现在的俄亥俄、印第安那、伊里诺斯、密执安（Michigan）、威斯康星（Wisconsin）及明尼苏达（Minnesota）的一部分——白人不到5000，其中许多是法国人，住在法国盛时所设立的屯地里。南至肯塔基及田纳西，在1790年白人大约只有10万。这般人都是勇敢耐劳的先锋，由弗吉尼亚及南北卡罗来纳过山来的，在荒地里到处屯垦起来。故当19世纪初年，紧接着原有13邦以西就有无数的土地，好像令美国闹土地荒的人民能满意100年似的。

路易斯安那地方——拿破仑出头干涉 说也奇怪，当杰弗逊到任不久，就有谈论购买大批土地的事情——由密西西比河扩展到落基山（Rocky Mountains）一带广大的路易斯安那区域。这个大区域里虽说住的是法国人，但在七年战争结局以后，归入西班牙了。法国的探险家如若雷、马凯特及萨利等都初次渡过密西西比流域，作远距离的旅行。法国的先锋队曾在新奥尔良、圣路易以及近河的许多地方设立过屯地。就巴吞鲁日（Baton Rouge）、伊柏微尔（Iberville）、吉拉尔道角（Cape Girardeau）以及别的城市的名称看来，都可表示这地方的主权曾属过法国的。虽然这地方于1763

年全让于西班牙，西班牙差不多把持了40年，但是后来有一个转机，使这地方又暂时仍归原主。

1800年，拿破仑以战胜的军队扫荡了西欧全部，于是梦想一个海外殖民的新法帝国。他迫胁西班牙签押一种密约，把路易斯安那割给法国。又乘各国未发现他这种新计划以前，先作种种布置，以向新奥尔良运送军队。

西部人民渴望路易斯安那地方 同时美国西部的人民也决定要占有路易斯安那地方。革命以后，有些美国人已越过密西西比河，发现可以居住的沃土。那般在肯塔基及田纳西山地的人民，也想到西部去多找些肥沃的平地。

还有别种理由可以解释边境美国人为什么要贪图密西西比河的西岸。农人们栽种麦谷，腌制肉腿，拿这种东西向东部交换制造品及现款。但是过阿巴拉契亚山的长途是很艰困讨厌的，运费又很高。只有下密西西比河绕大西洋岸，是到东部唯一容易的路。布匹、钉子及别的制造品是可以带过山的，但是像粮食及肉类这样体积庞大的物品，只得由水路上转运。

在密西西比河的河口上站着一个外国势力。这股外国势力看见美国人民向西发展，自然发生疑惧，想在路上设法阻碍。华盛顿总统在1795年由西班牙得到的权利，在1802年忽又取消。而路易斯安那割让给拿破仑的消息也突然传到了，他的军队是全世界所恐惧的。美国东海岸上的人本不睬边民对于谷物及腌肉的嚣嚣议论，但不能不看看在他们后门上的法兰西帝国的危险。

危急的时机 于是全国骚动了。宣战的呼声传遍了西部边界，阻止法军在新奥尔良登陆的远征队也组织就绪，要求采取紧急坚决的行动的请愿书弄得杰弗逊总统应接不暇。后来还是美国的造化好，

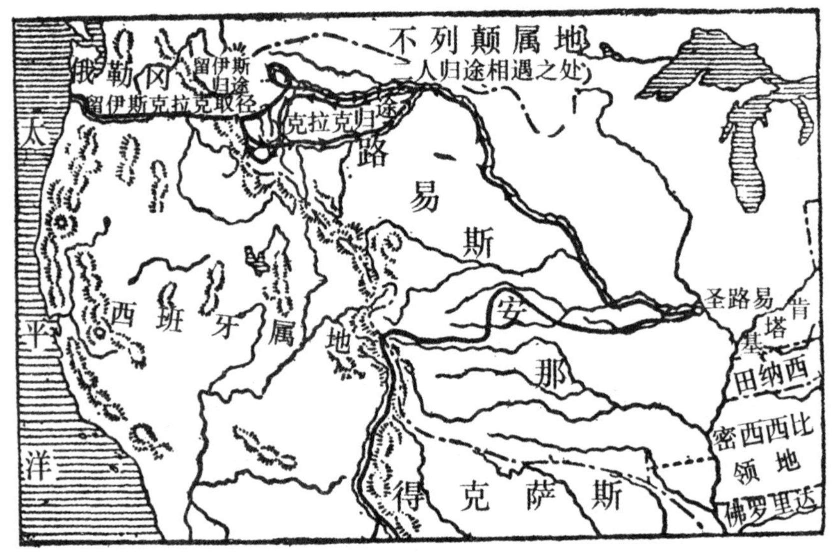

留伊斯克拉克及派克诸人探获地狱图

拿破仑对于殖民事业忽然变了心事。欧洲的战争只停了几个月，又复开始。所以拿破仑不能用足量的人来占领路易斯安那。他知道若使英国在海上的霸权依然存在，要想占领路易斯安那这个地方实是很蠢的事情。因为国家的命运只在此一举，所以美国政府一方面努力活动的时机到了。

二、购买路易斯安那及新疆域的探险

购买路易斯安那（1803）　杰弗逊对于这件事的重要十分留心。他决意要和拿破仑开展特别谈判，想个办法解决。于是他派门罗（James Monroe）到巴黎去，付以200万元收买新奥尔良与西佛罗里达的全权。但是，实际上给美国取得路易斯安那的却是立温斯敦（Robert Livingston）。他是美国驻法国的公使。门罗未到以前，他先向拿破仑进言，劝他顶好把这地方卖了，否则早晚要被英国夺去。

拿破仑深知路易斯安那是要失去的，于是忽然于 1803 年 4 月 11 日，提出愿以 1500 万元出卖这全部地方的意见。西法两国人都指斥他为卖国，但他既拿定了主意，是什么都不顾的。美国代表虽没有受总统委托购买这么多的地方，并费这么多的金钱，但购买条约确于 4 月 30 日草成，并即签字。

购买的反响　当这个消息到了美国以后，人们都很诧异，尤其诧异的是杰弗逊自己。他本来想用 200 万元收买西佛罗里达与新奥尔良的，现在只要需用七倍于他所愿出的价钱，而广漠无际的一片荒地就可变成美国的了。但是即刻就有人起来反对这件事情的全局。杰弗逊的政敌，尤其是新英格兰的联邦党人，痛诋这种计划，并因为此约必须经参议院同意，于是又要求美国参议院反对这次与拿破仑定的条约。

杰弗逊的决心　杰弗逊自己先是很无主见，他很怀疑联邦政府有购买新土地的权力，因为在宪法上并没有增加土地的规定。他又不愿再加重国家的公债。在另一方面，南部及西部的民意似乎主张购买的，他的左右又劝他行使职权，缔结购买土地条约。最后他才决定缔订此约是不错的。参议院即刻批准。1803 年 12 月，法国国旗由旧政府的房顶上［即在现在新奥尔良的约克孙市场（Jackson Square）地方］取下，悬起美国国旗，表示哥鲁那多、苏多、马凯特及萨利等处的土地已经变作美国的了。

新疆域的范围　因此，美国的面积——这时住民还很稀少——增加了一倍。购买的界限虽说有些不确定，但可断言路易斯安那地方是包括现在的阿肯色（Arkansas）、密苏里（Missouri）、衣阿华（lowa）、俄克拉何马（oklahoma）、堪萨斯（Kansas）、内布拉斯加（Nebraska）、南达科他（Dakota）各邦、及路易斯安那、明尼苏达、北达科他、科罗拉多（Colorado）、蒙大拿（Montana）、怀俄明（Wyoming）各邦的大部分。在东海岸上的“小美国人”认为永没住人希望的荒地，在100年以内都住满人了，并且价值在70亿以上——差不多500倍于偿给拿破仑的价值。于是有远大眼光的人的信仰方才证实了。

留伊斯与克拉克的远征（1804—1806） 杰弗逊即刻着手开辟路易斯安那地方。他委派一个探险新区域的远征队，要发现这地方的富源，打开一条横过大陆到太平洋岸的商路——在购买路易斯安那以前，国会早委派过一个远征队。

后来他由国会取得了测量的允许，选他的两个秘书作队长：一个是留伊斯（Meriwether Lewis），他是只有30岁的青年，曾经过军中事务及边地上的生活；一个是克拉克（William Clark），他是路易斯维（Louisville）的人，有边地上的经验。

留伊斯与克拉克到太平洋岸 他们即刻组成一队勇敢的冒险家，并采用正式的训练，预备远行。其中有的是木匠，有的是铁匠，有的是打猎的老手，要给大家打野味吃，还有厨子和制糖的人。这些人终日的打靶、操练，预备练成好身手，去上冒险的路。后来预备妥帖了，于1804年5月，由他们在圣路易斯对岸的营中出发，乘三只船，每只船长55英尺，上有帆桨。他们上溯密苏里河的急湍的浅流，时时留心避过沙档及倒树枝，慢慢前进。不怕有土人仇视的艰难与危险，他们竟经过了现在的南北达科他地方，勇往直前。于1805年6月，到了蒙大拿中部密苏里河的大瀑布（Great Falls）。

有一个印第安人的少妇萨克加威（Sacajawea）很尽心的指导探险队沿着密苏里河上游前进。全队人于1805年11月到了哥伦比亚河（Columbia R.）河口。他们在这里留的时间很长，为观察这地方的形势，并预备地图及整顿旅行日记。归途是很容易的。后来于1806年9月，到了圣路易斯，共计费时两年又四个月，绕行8000英里。这种冒险的成功公布以后，东部的人才知道有个广大的领土等着争先恐后的人们来呢。

派克的探险　与留伊斯及克拉克远西出征同年的有个海军大尉派克（Zebulon M.Pike）带领一个远征队，上溯密西西比河到李赤湖（Leach L.），距加拿大的边界不远。他这回远行回来以后，又出去调查红河（Red R.）的发源。当时红河是路易斯安那与西班牙领土的交界。他直向西南方，到了阿肯色河，在这里遇见一队披泥人（Pawnee）——印第安族的一种。这种人着外套，戴口衔，裹毛毡——这些东西都是西班牙产的。由这些印第安人，他探知西班牙人已听见他到了，将要捉拿他们全队的人。派克不为这种消息所挠，仍守他的旧路向西，越过一个有名的山峰——后来这山就采用他的名字——直到了落基山西面的斜坡。

他由这里又转而向南，过格兰德河（Rio Grande），不觉到了西班牙的地界。他在此地被捕，送到圣大非去，随后又向南送到墨西哥。后来西班牙人由他的笔记中得知他只是来踏地势的，并没有侵略领土的野心，因此把他送回红河上美国边界去。

由这三次的远征——一次是留伊斯与克拉克的，另两次是派克的——于是北部、远西北部及西部，都可绘出比较以前都精确的地图来。东部预备迁居的人民，都知道在路易斯安那地方有了通商及开垦的机会了。

三、佛罗里达太平洋岸西北部

路易斯安那收买以后，于是“最大的河流”才能直通大海，但密西西比河以东的南部各邦及区域到墨西哥湾的交通，都被佛罗里达半岛隔断了。佛罗里达是属于西班牙的。佛罗里达是向美国偷漏货物的根据地，又是罪人与逃奴的避难地。

佛罗里达问题——美国强占 于是，有一种运动发生了，就是要占领西佛罗里达，并说这地方实在是美国的。又要用别种方法夺取东佛罗里达。

门罗总统命令约克孙将军（G. Andrew Jackson）平西南部土人的扰乱，并追捕盗贼，谓于必要时即使追踪到西班牙地界去也是可以的。约克孙即以此为占据佛罗里达的暗示。他上总统的书说：若使占领这土地是所盼望的，我可于60日以内完成。他没等到复信就发动了。1818年，他实际上已征服了这所可欣羡的地方。

收买佛罗里达 结果，由西班牙让地方于美国，由美国拿出500万元来交给西班牙政府。

1819年2月22日，让与条约签字以后，在密西西比河以东的美国南界，才达到了“天然”的限度。同时两国协定西班牙的墨西哥领地与美国的边界——由萨林河（Saline R.）直向西到太平洋岸画一条界线。

于是，这一世纪还不到25年，美国原有的面积就增加一倍以上。疆界南至墨西哥湾，西至太平洋岸。

争执俄勒冈（Oregon）地方 但是，在太平洋岸美国权利受了英国的干涉。先是1670年，英王查理二世给哈得孙湾公司（Hudson Bay Co.）以特许状，许该公司以加拿大迤西及迤北的辽阔地方。当时该公司确曾派遣过一队猎户、枪手及探险家到荒地里去，绕遍了太平洋岸一带，开通僻遐的地方，搜集毛货到欧洲市场去卖。由1791年到1795年，有一个航海家凡库非（George Vancouver）受英国政府的委任，踏查全部的西海岸，给世界上一个由圣迭戈、加利福尼亚，到阿拉斯加的库克（Cook）湾的沿海图。在胡安·德海峡（Juan De Fuca Strait）以北有一个他环绕过一周的岛，这岛即用了他的名字。美国人民对于“远西北”也是很感兴趣的。当凡库非停止航行的时候，有一个波士顿的船长格雷（Robert Gray）航过合恩角（Cape Horn），沿海岸而上，于1792年发现了一个“西方河流”，他就用他的船名称这河流为“哥伦比亚河”。美国根据格雷和其他船长探险的报告，在太平洋岸上也有正当的要求，这是无疑的。

第十二章
西部广大土地的归结

美国越过独立战争终局后与英国所结的和约上的疆界，西至太平洋岸，南至墨西哥湾，这已于前章中说过了。这一章要说到很离奇动人的故事——勇敢的人们怎样踏查并开辟独立以后尚未住人的几百万英亩地方及由法西两国得来的又几百万英亩地方，怎样发达这些地方成为新邦。

一、准备开辟的西部地方，横渡群山的道路

各旧邦放弃对于西部土地的要求 美国须先解决几种重要的事情，然后才能开辟西部很远的地方。第一，弗吉尼亚、纽约、康涅狄格及马萨诸塞各邦在俄亥俄河以北及阿利根尼山以西的广大地面上，都有权利，所以这几邦都不愿意看见这里有独立的区域及新邦成立。这几邦对于西部土地的权利，是根据于旧日的特许状、国王的特许及与土人的条约。这些东西在各方面是发生争执的，但是各邦都绝不肯让步，都对于各本邦的权利争执得很激烈，几乎有破坏

联邦的危险。后来争执变为放弃，都把土地归给联邦政府，让国会处置这西北部的地方，给全国谋幸福。

西北区域的民政司　于是由国会组织了一个民政司，测量土地，为移住的人预备途径。在 1787 年的条例上，规定由国会委任一个邦长，一个秘书及审判官，又规定区域内自由的男丁若达 5000 人，就准许成立一个由有产业的人选举的地方议会。

这种法律的条文可以发现出两种时代的新精神：一是在这区域内不许有奴隶，一是信仰完全自由。还有一种，就是保留大块的土地作教育经费基金。由这区域后来发生出俄亥俄、印第安那、伊里诺斯、密执安、威斯康星各邦，都依次加入联邦。

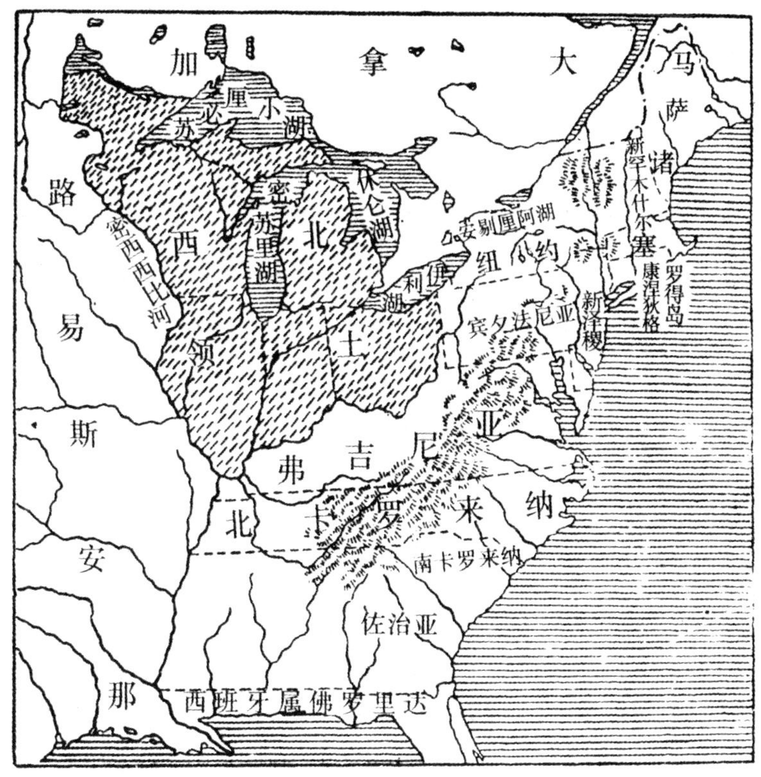

西北领土最后疆界图

俄亥俄河以南的区域　西北条例通过后的三年，即1790年，联邦国会给俄亥俄河以南的区域组织民政司。当时把这个地方的全部认为一个区域，在这区域的人民与河北区域的享受同样权利。有一个重要的例外，就是河南区域内准用奴隶。由这块大领土内发生出田纳西邦，及阿拉巴马（Alabama）与密西西比二邦的一部，都许加入联邦了。

通西部的阻碍与门户　给荒地规定政府是一件事情，教移住的人能安然到这里去却是另一件事情。在我们这个时候，有一个人晚上离开纽约市，第二天早晨醒来就过了阿利根尼山了。教他想像那昔年的旅行情形，实在是件难事。除过几个地点以外，“自然”给东西旅行的人们安排了极大的阻碍。

横渡阿巴拉契亚障壁有三条较少困难的道路，这是通中西部很重要的门户：

（1）在北部，纽约有一个长平的地带，直通俄亥俄地方，现在的纽约中央铁路（N.Y.Central Road）即由此经过。

（2）在障壁的中部，以俄亥俄河为通西部与南部的门户。一过阿利根尼山，便可坐在木筏上比较舒服地浮到新家里去。在匹兹堡小村落位于阿利根尼山与莫农力口希拉河（Monongahela）的交叉处，为俄亥俄河上的会口。因此这地方自然成为一个聚散点；东部的旅客至此结束，西部的旅客由此出发。

（3）再向南部，有昆布兰峡道为通西部的门户，许多由南部各邦来的迁民，都由此倾注到西部去了。

旅行的四个时期　旅客与居民到西部地方去的难易，对于迁居的人数与垦殖的方位，是很有影响的。依旅行的方法，历史学家把西部地方的发达分为四个时期，列举如下：

（一）林丛古道时期：由最早的时候起至 18 世纪将完。

（二）河道时期：始于美国独立告成的前后，终于俄亥俄河上发现汽船。

（三）汽船时期：约始于 1810 年，1850 年左右极盛；自 1870 年以后便形衰落。

（四）铁路时期：约始于 1835 年。

美国的史诗（epic）　依这些旅客的方法，千千万万的男女幼童都从东海岸上越过高山，散布各处，他们开辟荒地，满布平原，占据河流与山峡，直抵到太平洋岸上，穷尽了大陆的西边。若使树林、沙漠、平原和溪谷等都能说话，他们可以叙述出过往客人的故事：单人的、成对的、结成大帮的。有的经过无人迹的树林，刻木志路，有的整顿无树木的平原，变成良田，有的在山中搜寻矿产与宝藏；有的忍热忍渴地踱过干燥的沙漠，拿意志和胆量祛除一切的阻碍去冒险，或寻求黄金和自由的家业！

老的，少的，喜的，忧的，自私的，宽宏的，各种族的及各地带的人们，有的步行的，有的骑马的，都经过了广漠的大陆，要找厄尔多拉多（El Dorado）[1]。有些人出去了，胆量大，希望也高，有些人或为土人所杀，或为饥渴所困，死在道旁。有些人既贫困，又卑鄙，也向西去，找黄金与名誉去了。

有数不清的史诗与传奇（romance）可以在美国史的篇幅上摘下来。把“哲孙与金羊毛”（Jason and the Golden Fleece）的故

[1]　厄尔多拉多是个理想的地方，富于黄金，说是 16 世纪时西班牙人在南美洲设立的。

事[1]，尤力西斯（Ulysses）漫游的故事[2]，或别的古代英雄的故事，拿来比较，都算不得稀奇有趣了。我们读犹太人由埃及回归故土的漫游记，或条顿民族（Teutonic）的迁屋，推翻罗马帝国，及树立近世欧洲基础的故事，都很感兴趣，为之神往。我们的西部开荒故事，也是一样的荒诞离奇。我们踪迹印第安人的鸟道，开辟两水间可供转运的陆路，发掘遗物，由故纸堆中找旧报纸、日刊及笔记等东西来翻印，因此我们所发现我们历史上可骇可怡的故事，就是希腊人不管一切要保存的荷马轶事，也不过如此而已。

再看看这故事上有怎样的一个背景呵！旧世界的各小国家，哪个还知道有这么广大的土地？我们有的是又长又宽又深的河流——密西西比河及其支流所包含的水量，比欧洲伏尔加河（Volga）以外一切河流合起来的水量还大，有的是和海一般的湖泽——只大湖一处所含的淡水差不多占全世界淡水的一半，有的是一望无垠的土地，欧洲各王国比此都成一般小园了——只路易斯安那所收买的土地，已包含英、法、德、西、葡、意、挪威、瑞典各国还有余，有的是非常丰富的贵重金屋——把西班牙人抢去的墨西哥与秘鲁两帝国的蕴藏拿来比较，都变为很平常的了。这就是19世纪初年属于我们少年国家的遗产。

---

[1] 在希腊神话里，有金羊毛藏在某圣林中，有龙看守。有国王哲孙想得这东西，舍王位往寻，经过许多奇异的试验，才得到手。

[2] 在希腊神话里，尤力西斯是希腊伊大卡（Ithaca）的国王，多谋善战。荷马（Homer）诗上述他归伊大卡的十年漫游。

二、向西到密西西比河

向西移殖的历史，虽说是一个不可分截的故事，但为便利起见，得分为几部分述说。第一部可称作“向西到密西西比河”。但是这一部尚未完毕，又有一个称作“由密西西比河到太平洋岸”的一部就开始了。这看下面就可知道。

俄亥俄河南地方第一次住民　“向西到密西西比河”的第一部分故事，就包含上边所说的丛林古道时期，即由最早的时候起，到18世纪的末年为止，在这个时期中，移民多半限于俄亥俄河南的区域。这有两种重要的原因：

（1）在独立以后多年，尤其是在1763年法国失去这地方以后，俄亥俄河以北的土地，多半是在印第安人的势力以内。印第安人急于救护他们的围场，因而沿河设伏，抢劫住民，剥他们的头皮。

（2）至于弗吉尼亚与南北卡罗来纳的人民亟于离开家庭，到荒地里去垦殖，这有几种特别的理由：（一）这几邦的土地——尤其是沿东海岸上的——为大地主所据，用奴隶耕种。这些地方的穷人不能与奴工争胜。（二）棉花与烟草破坏地力都很快，因此须得另开新土地。（三）弗吉尼亚与南北卡罗来纳的边界上的人到肯塔基与田纳西去，比较新英格兰的农夫过纽约或宾夕法尼亚入俄亥俄地方去容易。

逢氏　在这第一期向密西西比河活动的先驱者中，逢氏是最有名的。在他的传上另有几百个冒同一危险的人的故事，也经谈到。逢氏早于1769年开始在肯塔基地方探险，在宣布独立以前，他已设起逢斯布罗城（Boonesboro）。至18世纪末，他看见这地方人太多了，他的好动的精神又使他越过密西西比河向密苏里去。他说："若使一个人不能在离他的小屋门口几码以内伐木为薪，尽可以挪动了。"

通过昆布兰峡道的运动 逢氏开通了到肯塔基地方去的路径以后，不久别的人也跟着上去。1769年，开辟通过昆布兰峡道的窄路慢慢变成很好的车路了。独立以后，南部滨海各邦都奖励垦殖西部。1788年，北卡罗来纳于瓦托加（Watauga）河流域开设土地局，以很容易的条件给人土地。每户的家长可以自得640英亩，他的女人百英亩，每个孩子百英亩。每英亩只出十分钱的低价。第二年弗吉尼亚也颁给西部的廉价地。条件只是：于一年以内能建筑起一所房屋，在田地上种下五谷，那所种的土地便是自己的。南卡罗来纳也于1784年招请住民在彻罗基（Cherokee）地方建设家庭。

肯塔基与田纳西 海滨上的居民冲到西部去，想得这些廉价的土地。青绿色的草地即刻就住满人了。肯塔基的人口，在18世纪的末年比原来13邦中的德拉瓦、佐治亚、罗得岛或新罕木什尔各邦的人口都多。当华盛顿作总统的时候，肯塔基与田纳西都许加入联邦。有这种种情形，无怪乎东部的各邦都怕这个"新西部"即刻要把持国政了。

河道时期——俄亥俄河以北的地方之开放 在上边已经说过，河道时期是始于18世纪末期，直到汽船的使用为止。当俄亥俄河南区域住满了居民，设立于1778年的路易斯维尔成为重要的商埠以后，北部区域也发生了重要的事情。华盛顿总统任内，把西北部地方的印第安人曾大大地打败了几次，又于1794年逼迫他们缔订和约。第二年英国退让独立以来占据的沿湖一带地方。于是俄亥俄河上的航路才告安全了。

下俄亥俄河与密西西比河的运动　移居的人民即刻如流水一般地经过匹兹堡了。由东部来的流民，都用车装载家用的物品，驱着牲畜，越山过岭，到了这个城市。在匹兹堡，各种船都能买到——载一两个旅客的轻船，载十多吨的货物、家具、犁、马及牛的木筏。流民的家眷到了河上以后，把一切所有的土货都搁在小小的一个平船上，拿一张印成的指明河道、岩石及落枝的表作指导，即刻溯游而下，在匹兹堡以下及密西西比河口以上无论什么地方随便停住。

在这一世纪的末年，俄亥俄河的岸上满列着繁盛的商埠。中如灰令（Wheeling）设立于1769年，麻里大（Marietta）及辛辛那提（Cincinnati）设立于1788。当印第安人的危险过去以后，这些地方即刻都变繁盛了，成为人民由这里往西北部扩展的中心。

在俄亥俄河上游的流民分为两派：一派由北，一派由南，同会合于俄亥俄、印第安那、伊里诺斯等中部地方。这一般居民不是冒险家，是勤苦成家的人。他们立定地界，建筑居室，组织政府，创造一种荒地里的文明，这种长久而艰难的事业由他们奋斗下去。

经过新奥尔良与东部的通商　因为俄亥俄与密西西比河岸上的人口繁密，于是下新奥尔良，出大西洋，至沿海各城市的贸易自然大大增加了。装载两三吨农产的木筏，溯流到“方兴的城市”去。平底的船到了新奥尔良以后，把货物搬到海船上去，把木筏拆了作木材变卖，操船的人绕陆上回去。

需要一条过山的路　俄亥俄地方的人们虽说能经过新奥尔良卖掉许多出产品，但是不能把制造品带回来。这些东西必须要向俄亥俄河畔诸城市里的商人去买，商人的东西大半由东部越山过来的。这是一种很迟滞而靡费的交易。由菲列得尔菲亚把货物运到匹兹堡，每吨需费125元。再由这里分散到灰令、辛辛那提、路易斯维尔各处。每到春雨绵绵的时期，走旱路的商队常停在泥途中，因此街市上的生意常要闭门多日。

由沿岸起到俄亥俄区域得建筑一条完善的路，这种需要就是在18世纪的末年已经很是显然。经过了一个时期的争辩，国会才于1806年通过一种法律，规定建筑连贯东西的国道。

国道开通 在1811年，第一次的建筑契约照准，几年以内华盛顿与灰令间的快站都开通了。这种国道或称为昆布兰道，发端于昆布兰，过马里兰及宾夕法尼亚，到灰令，由北直行，过俄亥俄、印第安那及伊里诺斯，以达密苏里。这路的极西端并没有由联邦政府修完，因为铁路的运输开始了，遂行中止；但路的东部，在昔日对于移居的人实有很大的利益。

东西部的旅行 跟着运输事业的发达，邮递与行路即刻都快了。当时联邦政府与驿路公司立约，恰和现在与铁路公司立约是一样的。大东邮政（Great Eastern Mail）快车每日由国道两旁的城市起身向东去，一天能走150英里或200英里。1837年，俄亥俄哥伦布城（Columbus）的报纸，自夸能于事实发生以后的38天，印出“英王死，女王维多利亚（Victoria）继位”的消息。但是到1901年维多利亚去世时，同日午后哥伦布的报纸就能发出这消息了！

昆布兰道图

驿路上好像常是拥挤的。参议员，众议员，贩畜的，经商的，赌博的，赶牛的及移住的，都走到一起，谈笑着，说拿破仑在欧洲出征的事情，在客店里吃喝一点，随即很高兴地跑着跟上同行的驿车，要不然还要遇着盗贼哩。驿路上的快车一过，撒下信件及报纸，传送东部老家的消息。沿途的居民都赶快地出来，想听这些新闻，收他们的信件。因此距老家好像并不甚远似的。胆小的人即刻也出去冒险，住民的数目很快的增加了。

俄亥俄于 1810 年，即号称繁盛之邦，有 20 多万居民；印第安那约有 3.5 万人，伊里诺斯 1.2 万人；密执安 5000 人。再不到十年，印第安那及伊里诺斯都许加入联邦。

渡过密西西比河

密苏里及路易斯安那加入联邦　路易斯安那区域及密苏里的沃土，把东部自由的农人和南部带奴隶的地主都吸收去了。向南去有产棉及甘蔗的土地——这地方一半是法国及西班牙的居民早先开辟的——也招请大批带奴隶的地主迁居。新奥尔良成了很好的一个市场，就是最勤苦的居民也想要接触文化。于是下路易斯安那区域，在 1810 年，约有居民 7.5 万人，并要求加入联邦，这也是不足异的。他们声明，“退归土地于联邦政府的条约”上，曾经担保过在相当时期内，允许他们组织邦政府，并享有一切美国公民的权利。

这案提出国会以后，遭东部旧邦的激烈反对；但杰弗逊党在国会里占多数，路易斯安那竟于 1812 年准加入联邦了。以后几年（1821），密苏里以 6.6 万的人口，经过美国史上从来未有的争执，也在各邦中取得一个地位了。

新邦撮要　截至 1821 年终，有九个新邦都许加入大西洋岸的

15邦[1]中：

肯塔基，1792年　　密西西比，1817年

田纳西，1796年　　伊里诺斯，1818年

俄亥俄，1803年　　阿拉巴马，1819年

路易斯安那，1812年　　密苏里，1821年

印第安那，1816年

旧时代的人感情都全映在独立期中有功绩的各邦，无怪乎他们要谈起“旧美国屈服于新美国了”。

三、边地上的人民生活

西部主要的民主精神　当初的居民多半是贫穷的。大多数人除了过山来带在车上的东西以外，实在没有其他有形的财产。很富的人没有几个，并且没有像东部及南部各邦中成为专政分子的那般上流阶级。在边地上个个人都可得若干的田地，并且都是自己家中的主人翁。没有一个人以雇工为名义给另一个人做长期的工作的。自己有土地和家室的农人，对于世事能自由的谈长说短，知道欧洲的君主、贵族以及列强，还有阿利根尼山以外的事情，他们每日的面包无论如何是不能夺去的。在这里的人民有基于同一职业及机会上的真正平等，有我们历史上很少见的自由精神。

先到的农人　实际上，这里的每个家庭对于外界差不多是完全独立的。炉灶是用粗石或木材再覆以泥土作成的，燃料是由邻近树林里所取的。在荷兰式的大炉上或在普通炉火的前面，烤家用的烧饼。

[1]　维尔蒙特本是纽约与新罕木什共有的，于1791许为第14邦。缅因与密苏里同时得到允许。

在茅屋中的一隅设纺车与织机，就在这里打毡毯，织粗布。在地窖里或地穴里，搁着为过冬所储藏的食物。在檐头上或有烟的房间里，挂了火腿与熏肉，还有熏成的家用的小块羊肉。

有一个农人的家里要是需一座新房或是新仓，他的四邻都来了，帮着伐木，树架，房屋作成了开落成会，用污黑的小壶喝酒助兴。有一个女人要是需一床过冬的铺盖，她集合四邻的妇人来开“助缝会”（quilting bee）。在剥玉蜀黍的时候，有“剥苞会”（husking bee），小孩们在这里都非常踊跃。到了斫伐树林及种植的时候，邻人们都来了，砍树，把木材滚成大堆用火烧。“滚大木”（log rollings）在当时的确是社会上一种事实。

这般农人的家庭　年轻人不过19岁都结婚了。一对夫妇结婚的时候，常常来一群邻人给建筑一座很矮小的茅屋；男家父亲给些马牛，女家母亲赔出些杯盘碗碟，年轻人就拿这些粗劣的家用什物创造家业。

儿童常是很多的，也喜帮做零工，或在田间做活。1802年，有个在肯塔基旅行的人说：“在这里找不到不够四五个孩子的家庭。”少后，又有一个在俄亥俄旅行的人对人说：“你过这些地方时，要是到人家一看，你便看见成群的儿童。”在这里没有游手好闲的男女。个个男女及小孩子都极力的工作，帮助家业。许多妇人除任纺织等室内的苦工以外，都在田间帮助丈夫。古谚有：

> 男人的工作两头见太阳；
> 女人的工作永不完。

这句话对于这时的妇人非常适用。

这般农人的生活危险与无趣　在这里人人都得有胆量，不论是男的女的或小孩子。荒地里的生活是寂寞的。到最近的邻居那去，常常须在森林里走一二十英里。本书的一个著者曾知道这时候的一个妇人，这妇人幼时常常骑马穿过树林中有剥皮为志的小径，不计远近的去探病人或办要事，有好几次几乎被老虎吃了。要是遇着长而冷的冬季，常有全家几个月不与外界相接触的。要是有了病人，常是依靠在家中静养，因为找最近的一个医生，常须一日的马程。一家要是死了人，家人用斧砍的木板做一个粗笨的棺材，掩埋死人，除过默默祈祷以外，没有葬仪。全家人都守在树底下或一个空场里看视尸体，怕狼来咆哮。在林肯（Lincoln）的传上也有这样一件很可注意的事情，就是他的母亲于1818年死在印第安那的一个地方，迟了几月他才找到一个牧师在他母亲的坟上说了几句简单的话。

在新地方上的学校 虽说这般农人不完全轻视教育，但是对于文化生活的时间很少。当初曾给学校除出土地，教租卖了作经费，但这种款项很微，使学校的教师常在送儿童入学的人家里“轮饭”（boarding round），以此增补他们或她们的薪金。当初所教的只有“读”、“写”、“算”几种科目。教师常是和学生一般的无知识。“考第一”是青年教师莫大的本领。

校舍是用木材盖的茅房。窗子很小，常常是用油皮或纸糊成的。用斧子把木头刨平，再打紧在地上，这就是地板。没有书桌，一个学生坐一条砍平的木头再加上四条脚的凳子。用一堆火生热，常常熏得儿童要哭。教师有时恨儿童的顽皮，把儿童闭在屋子外边，儿童有时报复教师，拿木片盖在烟囱上，把教师也熏出来。在十二个月中，儿童能受两个月的教育就算有幸了。家里和田间的苦工没有留下多余的时间给他们上学。

这般农人的生活对于政治上的影响 这种生活上的粗笨，自由及平等的情况，对于人民的政治理想很有影响。因为他们都借他们自己的腕力对抗人和猛兽，保护自己，所以他们很少要政府的帮助。政府对于他们的意义，只是多收赋税罢了，所以他们以为政府的干涉越少越好。在极边上住的许多人，实际上都没有政府。他们在地方及人口不多的各邦里所有的事务是很简单的。公共的事务并不难，随便一个有知识的明白人都能办理得了。所需的官吏只不过几个区长，保管土地记录的人和掌理财政的人。

所以这般人以为当官是常可以轮流的，按人轮流办事，为的是要极力的平均责任，并给每人一个得到薪金的机会。这般农人很忌东部的富户，以为这般人的金钱多半是由于在华盛顿的政府中做假公济私的事得来的。这是西部边地上人民的政治理想。我们不久就看见这般人在全国政治上的影响了。

第十三章

困难的外交 1812 年的战争与美洲拉丁民族的关系

开辟荒地当然是重要的，但不是 19 世纪初年美国人民唯一重要的事业。虽然说农人及地主可以由土地里得到每日现成的面包，但不能单靠面包生活。他们须要外来的制造品及别种货物，他们为购买这些东西，必得把田园所产的卖出去。从事这种职业的美国船户差不多航遍了世界上的各商埠。他们的成功全靠着有游行海上与各国通商的权力。若没有这种职业，船得朽烂在码头上，船厂得关门，工商人得赋闲，一吨一吨的火腿、玉蜀黍、棉花、烟草以及土地里的出产，都要在农人和地主们的手里变成无价值的了。

一、欧洲的战争拖累美国的商务

英法封锁西欧沿岸　英法两国彼此都想防止接受美国来的货物。英国于 1806 年决心想饿死法国，宣布封锁由易北（Elbe）河口到布勒斯特（Brest）河口的欧洲海岸。换一句话说，就是警告全世界各国说：英国的战船及改作捕捉敌船用的商船，要捕捉出入这两点中间沿海岸商埠无论属哪一国的船。

因为美国有数百只运货于法国的船，所以这就是破坏美国的对法国贸易，也就是要捉拿许多出入法国口岸的美国船了。英国方面的这种行动很惹起美国的忿恨，因为这种行动是致美国金融于绝命的困难地步的。

拿破仑禁止与英国三岛贸易　虽然，美国人在法国人手里也得不到较好的待遇，因为拿破仑在 1806 年 11 月，也以禁止与英国贸易报答英国的封锁。法国战船可以逮捕出入英国口岸界内的美国船。因为美国与英国的贸易远过于与法国的贸易，所以这是给美国的船户、商人及农民一个致命的打击。这般人的财产随时都可以被拿破仑的战士收没。

美国的抗议无效　自然，美国人对于这种高压的手段要猛力反对。一年以后，英国弛缓严厉的封锁，并宣布允许不带军用品的船到法国去，但这种船须得先到英国海口，领取护照，完纳重税。美国人的这一点利益即刻又遭推翻了，因为几月以后，拿破仑就声明凡服从英国这种命令的无论什么船，于来法国的途中驶入英国海口去，法国的政府要捕拿的。

于是美国的情境很坏了。他们到英国去的船货要受法国的抢夺。到法国去的，要不遵守英国停船与纳税的命令，要受英国的逮捕。要是真要停下纳税，差不多一定要受法国的掠夺。因为这种贸易谋利的几千美国人都受了损失，他们就要求开战——有的对抗法国，有的对抗英国。

杰弗逊是主和的人　杰弗逊自己爱和平，恨战争。差不多在美国没有第二个人比他还热心想免除流血的。其实他八年总统任期以内（1801—1809），所有重要的困难都起源于他的努力维持和平。

他于 1803 年派普勒布尔（Preble）司令出去讨伐抢劫美国商务的地中海海盗，但他不想和英法开战。

停运条例（1807） 正在紧急的时期，杰弗逊采取了一种坏不可言的办法。1806 年，国会通过一种条例，禁止英国货物及商品输入美国。于是杰弗逊采用一种暴烈的手段，就是强迫国会通过一种停运的条例，禁止一切美国船离开口岸。议会承受了他的计划，并在 1807 年 12 月实行这种法律。赞成这种计划的人以为截断美国对于英法的供给，是可以使他们就范的。

结果困难 停运的结果是损害贸易。南部及西部特别受损失，因为他们完全依靠到欧洲去变卖棉花、烟叶及特别出产为生。北部也是很困难。船主都静停在港中，希望政策变更。四万水手中有三万陡然失业。外货的价格增高一倍，木商渔户迫得乞食，农夫只好卖地。

停运条例取消——绝交条例通过（1809） 禁止贸易法令并没得到想使英法就范的结果。只把美国的船主及商人更激怒了，服从这种法律的人都受了损失。许多人不服从，都不顾这种停运条例，把船私放出去，或偷漏货物到加拿大与佛罗里达，再找船运到欧洲。国会不得不注意这种反动。1809 年 2 月，停运法取消，代以绝交法，禁止与英法贸易，只许与欧洲其他国家贸易。因为贸易的大部分是与这两个国家有关系的，所以这种法令补救得也很少。

英国强役美国的水手 除商务上的争执以外，还有别种美国人对于英国忿怒的原因。英国因为急需水手组织海军，所以采用一种方略，要美国船停泊受搜，如在船上找见英国生的水手，就马上带去了。英国主张的原则是：“一次是英国人，必永久是英国人。”——这是美国不承受的原则。要说一个水手是英国生的或美国生的，实在有各方面的困难。他们同操一种语言，并因他们飘荡的生活，很少有户口册可以证明他们是什么地方生的，或属于哪一国的，英国的船长逮去了许多的确是美国的人，也许是他们错逮了。当美国人听见屡次扣留美国船并捕捉美国的公民为英国海军效力以后，他们十分的忿恨。

杰弗逊不当第三任总统　正在这种困难时期，杰弗逊第二任期满了。有几个他的朋友劝他连任一期，但他拒绝说：再选成了习惯，终身的选举就跟着来了。因有他这次拒绝第三任的前例，于是以后继任的总统就成为习惯。

麦迪逊总统（重 1809—1817）　杰弗逊的继任麦迪逊是不宜于在困难的时期作总统的。他的性质爱好和平，他对于民政的兴趣比军事更大。他当过美国宪法起草会议的会员，他也帮助过宪法的批准。他在弗吉尼亚的议会及联邦国会里当过许多任的议员。当汉密尔顿与杰弗逊间的争执过后，他给共和党极力帮忙，因此作了党首，并于 1808 年选作总统。

强役仍旧继续——拆撒比克事件　当麦迪逊于 1809 年 3 月 4 日宣誓就职以后，他知道已经进了水蜂窝了。虽没有正式宣战，但实际上美国与英国的船在大海上已经开了战。两年以前，英国船里帕德号（Leopard）确曾射击过美国的三桅船拆撒比克号（Chesapeake），死 3 人，伤 18 人，捉去四个水手。

愤尚未消，1812 年 5 月，又有一种纷争的事发生。英国的三桅船在纽约港左近，扣留美国船，并捕去几个美国公民，这件事很激动了美国人，就是爱和平的麦迪逊也下令总统（President）舰出发，惩办这种侮辱。总统战舰遥遥望见英国船，就用舷炮开了几炮。

二、1812 年的战争

对英国宣战 由不正式的战争引起了对英国的宣战。在 1811 年 12 月开会的国会里边，有一般叫做“战鹰”（War Hawks）的年轻人，以南卡罗来纳的卡尔浑（John C. Calhoun）与肯塔基的克雷（Henry Clay）为领袖，要求直接对英国宣战。这般人为唤起对于商业上抢夺的注意，鼓动东部，以预定征服加拿大及加拿大以外的土地，激励西部。

就事实上论，拿破仑在他的布告上实在也没有尊重美国的权利，但他没有同样的机会使他的话实现。美国人不忘法国在“独立战争”中的帮助；并且对于昔年的仇敌英国也容易发生忿恨。麦迪逊总统虽说反对寻仇，但他也知道同党人的感情一致主张战争。于是 1812 年 6 月 18 日，他同意了国会的对英国宣战。

美国政府于战争宣言上声明：（一）英国曾挑唆土人袭击过美国边地上的人民，（二）曾以封锁摧残过美国的商务，（三）曾因扣留及搜索美国船，侮辱过美国国旗，（四）曾非法逮捕美国的水手，并强迫在英国战船上服职。

新英格兰反对战争——哈得富尔会议 这次宣战在西部及南部虽说是很赞同的，但新英格兰人不愿意，因为宣战实际上就是破坏他们海上的商务。这次战争对于新英格兰比停运法更利害，因为不怕有那种法律，他们还能偷溜出些货船。战争一开，他们就是想偷漏也不能了，并迫得供给金钱与人去战争，这是他们不赞成的。

有些新英格兰人，因反对联邦政府在他们那里征集军队，几成为叛逆。马萨诸塞的参议院于 1813 年曾议决这次开战是“并没有正当的理由”的。第二年，在康涅狄格的哈得富尔召集了一个会议，决定对联邦宪法提出几条修正，想使南部与西部不能再把持国家。

美国陆军的不幸　不仅国内是自相水火的，对于战争的准备也很坏。所可依赖的大部分是新招而没有训练过的志愿兵及义勇兵，并且不给他们充分的供给。在陆上战争，美军除于战争将终时的新奥尔良战役以外，没取得过大的胜利。虽说攻击过加拿大，并于齐佩瓦（Chippewa）与兰狄兹楞（Lundy's Lane）的战役上得过荣誉，但就全体论，在北部的损失是远过于所得的。他们被英军逐出加拿大，甚至于迫得暂时的让出底特律（Detroit）。

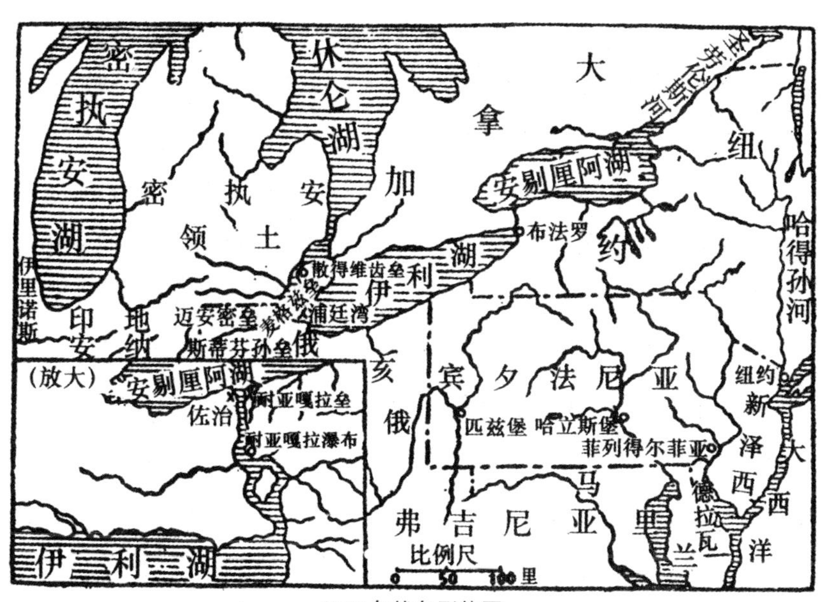

1812 年战争形势图

华盛顿的议事厅被焚　除这些北部的失败以外，美国人又受英军蹂躏国都的耻辱。1814 年 8 月，一队英军乘军舰于拆撒比克湾登陆，即向华盛顿进军，在这里烧毁议事厅、白宫及几处别的公共场所。麦迪逊总统不得已只好远逃。英军于是向巴尔的摩尔前进，尾追着前面无力的美国义勇军。但是，英国舰队终不能攻陷掩护该城市的麦克亨利（McHenry）军港。因此也就不再穷袭。

海军的功绩 但是，陆上的失败一半可用海上无意中的成功相抵消。1813年，培利（oliver Hazard Perry）在伊利湖（Lake Erie）上率一小队美国的战船，击败并虏获英国驻在这里的全舰队——在他的有名的报捷书上说："我们遇见敌人了，敌人都归我们了。"在张伯伦湖上的美军也获胜利。在大海上的三桅船宪法号（Constitution），一般都称为"旧铁甲"，也战胜了许多英船。阿加斯（Argus）船冒险驶进了英伦海峡，破坏了27艘船。在每次战役里，美国水手都显出技能与勇敢来，就是当拆撒比克船被英船霞伦号（Shannon）击伤以后，船上勇敢的美军将领罗凌士（Lawrence）重伤，倒卧将死，犹以大胆的号令鼓励士卒说："不要失了船。"

当这两年半的1812年战争期中，联邦政府委托了50多艘私船御敌，共捕了1300多艘英船，又多半是载运有价值的货物的商船。美军在海上的胜利给英国很大打击。英国自以为他们的海军是无敌的，于是于1814年派出一个大舰队，打断我们的胜利，封锁美国的全部海岸。

约克孙在新奥尔良的战胜（1815） 要不是约克孙将军带兵在新奥尔良得了一个惊人的胜仗，美国人在这次战争中要失败到了极点。他听见英军将到，教军士用土及棉花包堆起壁垒。英军果于1815年2月8日袭美军壁垒，但是大乱而退，损失了2000多人。约克孙只损失了71人。这种显著的胜利使通国的人都大为喜庆，因为这差不多是美国人在战争期中所有的唯一的慰藉。

根脱条约（1814） 这次胜利的下场实在有些可悲。因为在这次战役未交锋以前，即上年的12月中，美国公使遇见英国代表于根脱（Ghent），并签押讲和条约。直到了次年 1 月，这种消息还没到美国。后来当真到了以后，见这条约并未提及美国的水手被捉，商船被搜，对欧洲的商务被破坏及挑唆边地上的土人等事情，人人都为之诧异不置。但两国都已疲于战争而极愿和平。1815 年 6 月，拿破仑在滑铁卢（Waterloo）战败，欧洲战争宣告终结，所以这条约在事实上也不大失机会。从此英国也就不再强役水手，搜船，并把美国运往欧洲的货物充公。

战争对于政治上的影响——银行及保护税　战争的主要影响是在国内的政治上。联邦党在新英格兰不忠的行为，丧失了该党的名誉，并在 1816 年以后，不再推选总统。杰弗逊党人采用联邦党的两种主要政策：他们在旧银行的位置上成立第二次联邦银行，旧银行的合同是于 1811 年期满的，他们于 1816 年的税率案上，采用提高保护税的原则。

三、美洲的西班牙共和国

美洲的拉丁民族脱离西班牙的羁绊　美国外交上的纷扰不因签押根脱和约就算终了。其间又另起了一阵葛藤。当拿破仑战争期中，南美洲的西班牙殖民地都纷纷地宣告独立。在 1810 年到 1825 年间，墨西哥、新格拉那达（New Granada 即现在的哥伦比亚 Colombia）、委内瑞拉（Venezuela）、秘鲁、布宜诺斯艾利斯（Buenos Ayres 即阿根廷 Argentina）、厄瓜多尔（Equador）、智利（chile）以及别的地方，都效法美国 1776 年的成例，宣布他们是自由的共和国。

神圣同盟　西班牙王自然是很不愿意失去殖民地的，但他没有独力征服的能力；因为在拿破仑战争时，西班牙的陆海军都受了损失。他唯一的希望，就在得几个欧洲邻邦君主的帮助，并且这时的情境也是顺利的。1815 年，奥、俄、普各国君主成立一种协定，要在欧洲防止像南美洲发生的这样革命。这协定一般被称为“神圣同盟”（Holy Alliance）。这种帝王的同盟在美国看来无异于君主结合起来，要在各处防范人民执政而已。

美国的自由受了迫害 当 1822 年，俄、奥、普、法各国的代表开会议讨发动于西班牙与意大利的革命时候，美国人以为他们的畏惧当真证实了。俄帝就近想吞北美洲的西海岸，答应派遣军队到西班牙来帮助西班牙士。实际上，当时英国以外各列强都的确愿意帮助西班牙去征服反叛的殖民地。

美国在这时是一个弱小的国家。只在几年以前，才结束了与英国的不利战争，并让英军在北部仍占据很大的区域。若使西班牙的势力依欧洲帝王的干涉恢复回来，一个有力的外国就在西部与南部压迫美国。若是俄帝得达在太平洋沿岸据地的希望，在这一方面又另有一个危险。若是美国被帝王专制的国家包围起来，那共和国的将来就很危险了。

幸而英国不帮助神圣同盟。英国人已经和美洲的拉丁民族(Latin American）共和国造成一种繁盛的商务，并不愿再见西班牙人恢复势力因为怕西班牙的垄断商业是要跟着来的。有了英国方面的这种主张，实在把英国的海军置在欧洲帝王与新世界的中间，大大地拯救了美国人。

门罗主义（1823） 门罗总统（1817—1825）即在这种情形中，遂于 1823 年 12 月 2 日致国会咨文中陈述他所主张，即后来驰名全世界的“门罗主义”（Monroe Doctrine）。他教人注意：在欧洲君主要尝试恢复西班牙在美洲势力的情势底下，将有威胁美洲的危险。

他说：我以为“在他们那一方面无论哪种想在这一半球的哪一部分扩展旧势力的计划，都足以危害我们的和平与安全”。

他又说：对于欧洲列强现有的殖民地及属土，我们本可不管，只是对于这些已经宣布独立的国家，可就不然，他说道：

> 无论欧洲列强是公然的仇视美国或采取其他手段，若是他们要想恃强压迫控制这些已经宣布独立的国家，那是无论如何我们不能坐视不理的。

在他的咨文中，他又论到俄帝于 1821 年所提出的要求由白令海峡（Bering Straits）下至太平洋沿岸一带的北美洲领土权的宣言。门罗总统为要对于这种要求引起注意起见，警告旧世界诸国道：

> 美洲大陆因自来生息于自由与独立之下，自此以后，任何欧洲列强不得视为他日殖民之所。

门罗总统为表明这种主义----这种主义向来是带着他的名字的——采取一种重要的步骤。他向欧洲的列强老实地宣布：（一）美国要帮助并维持美洲拉丁民族共和国的独立，（二）欧洲列强不得在美洲大陆增加土地及领域。依这种主义，美国执行美洲拉丁民族国家保护人的职权，又给欧洲国家一个警告，教他们知道干涉南北美洲的事情不能不牵连到美国。

但是美国人民能对欧洲列强作严厉地反抗的时机还不到呢。自从亚当斯（John Quincy Adams）总统在 1825 年就任，下至南北战争（Civil War）为止，他们尚要集起大家注意，内而发达工业农业，外而发达平和的贸易。

俄帝之不再在西部坚持他的要求，当然是了解了门罗主义无疑的。

友谊的关系与英国媾成了，甚至于废弃大湖上一切的战船及加拿大边疆上所有的要塞。试与莱茵河（Rhine）上的武装监视一比较，这种两大国间公开的边境——昔日是深仇——实是人道中一大成就呢。

以上四章的撮要（新国家的政治及疆域的发展）

一 新政府开幕。

甲 第一次修正案。

乙 汉密尔顿的整顿财政的计划。

丙 对于汉密尔顿的计划的反抗：谷酒反叛。

丁 政党的发达。

戊 对欧洲的关系。

1. 当法国革命时对英国的困难：哲氏条约。

2. 对法国的困难。

子 甲乙丙会议。

丑 对法国不正式的宣战。

己 由法国革命所发生的国内问题：客籍法与谋乱法。

二 新国家的扩张。

甲 杰弗逊党对于西部发展的态度。

乙 收买路易斯安那。

1. 收买的理由。

子 想增加土地及得一自由出墨西哥湾的水路。

丑 法国在西部侵略的危险。

寅 拿破仑甘愿出卖领地。

2. 收买的结果。

子 收买后的批评。

丑 探查新领土的远征队。

丙 佛罗里达的收买。

三 中西部的组织及移殖。

甲 各旧邦退归对于西部土地的权利。

乙 西北部领地的组织：1787 年的条例。

丙 俄亥俄河以南的区域的组织。

丁 通西部的要路及旅行的四个时期。

戊 中西部的移殖。

1. 俄亥俄河以南的区域的移殖。

2. 俄亥俄河以北的区域的移殖。

3. 下俄亥俄河及密西西比河的运动。

4. 国道及其对于移殖上的影响。

己 新邦。

庚 边地上人民的生活。

四 引起 1812 年战争的事情及这次战争。

甲 引起战争的事情。

1. 英法两国间的战争及其在美国商业上的影响。

2. 国会对于救正形势的计划。

3. 子 停运条例及其影响

丑 绝交条例。

3. 美国水手被强役。

4. 拆撒比克事件。

乙 1812 年的战争。

1. 宣战。

2. 新英格兰的态度：哈得富尔会议。

3. 美军在陆上的失败。

4. 海军的成绩。

5. 约克孙在新奥尔良的胜利。

6. 根脱条约。

丙 战争对于政治上的影响。

五 美洲西班牙人的共和国及门罗主义。

甲 西班牙的殖民地独立。

乙 神圣同盟成立，这种同盟对于美国的危险。

丙 门罗主义。

重要人名：

总统：华盛顿（1789—1797），亚当斯（1797—1801）、杰弗逊（1801—1809）、麦迪逊（1809—1817）、门罗（1817—1825）。

政治领袖：汉密尔顿及哲氏。

陆海军的领袖：培利及约克孙，

开路人及探险家：逢氏、留伊斯、克拉克、派克。

欧洲的领袖：拿破仑。

重要的年代：1803、1812、1823。

第十四章

30 年的国内政治
（1815—1845）

从门罗总统任事开始（1817）到泰勒（Tyler）总统的任期告终（1845）为止，国家各部分的财富及势力都大大地增加了。在东北部，工业进步一日千里：在南部及西南部，广漠的荒地都很快地变作大田园，在西部，边疆上的人向前行动，势不可遏，把广大繁富的田地留在后边。这种经济的发达，在政治上生出很显明的表现——使投票人及其领袖都注意于四个重要的问题：（一）保护美国的工业，（二）国内的改进，（三）出售公共土地，（四）第二次联邦银行。在这期未完以前，第五个问题是显然的表现了，便是奴隶制度。

一、保护税

对于保护税问题的关键　为明白这第一个问题——即保护税——起见，须得大概考察宣布独立以来到1812年的战争时工业的历史。当革命发动的时候，殖民地上许多工厂及铸工场已经开始了。当与英国一切的关系已濒形势严重之时，美国人非仰赖于自己的制造不可，否则就要灭亡了。幸而他们有创造力及技能以应付这种情境。旧工业既日渐扩充，新工业也相继成立。到了和平恢复以后，美国人之能自行制造，在高掌远跖如，汉密尔顿等人已洞若观火，换一句话说，即是这时美国的工业和政治一样，能够离开英国而独立了。

英国竞争美国的市场　这时的英国商人及制造家都是很灵活的。因为有七年不能从新世界输入货物，于是毛货、棉布及金属物品都堆积起来了。他们因此很急于出售这种剩余的货品。所以当和平恢复以后，他们减低伦敦售价25%以卖给美国人。他们知道用这种方法不但可推销剩余的货品，还可恢复战时失去的美国贸易。他们的目的达到了。在媾和的次年，输入美国的货物值18，397，335元，输出只值3，746，725元。

要求保护美国的工业　美国制造家因此即刻请政府保护他们，以对抗拿廉价货物赔本卖给美国的外国制造家。这种要求的响应来得很快。即在第一届联邦国会里通过了一种法律，规定数种自外国输入而与美国自造者相竞争的货物须征收微税。

1812年的战争在美国工业上的影响　1812年的战争，对于贸易上与革命战争有同样的影响。虽说有些不顾政府的监视把货物偷漏到美国来，但是由英国来的货物多半隔断了。因此美国人只得自己制造许多货物，并养成购买一切美国货的习惯。铁工厂与织工厂是特别的忙。数百个资本家在这种事业上投资，成千成万的男女工及童工由田间及欧洲吸引到工厂所在的城市里。

伦敦《泰晤士报》说过美国人道：“他们第一次对英国战争使他们独立：第二次的使他们是可怕了。”

英国再向美国市场上推销货物　独立战争结局后所遭遇的同一事实，又再现于1812年战争的结局。英国商人手里有的是剩余的货物，就把这些货物以低廉的价值投入美国的市场。

1816 年，由英国输入的总数涨得比历来都高。美国工厂相继倒闭，经理人大受损失。国内毛价跌落，剩余的“剪毛”都输到英国，许多由西班牙输入的很有价值的美丽诺（Merino）羊都杀了作羊肉，取脂肪。沿海一带铁业制造都息了炉火。在新泽西的莫理斯县(Morris County）的 40 个工厂，只有 5 个未尽毁坏，工厂拍卖，工人散去。肯塔基、列克星顿的袋工业，由于输入的棉袋价格远低于当地所产，因此大受损失。

1816 年的保护税　情势如此，自然又要惹起一种呼吁，要求政府增加保护税率，保护美国的工业，以抵制欧洲的廉价货物。当时纽约、新泽西及宾夕法尼亚的制造家，因为俄亥俄、肯塔基及田纳西诸地的农人所产的毛、大麻及亚麻在有保护的美国市场上出售，要比在英国价钱好些，于是第一步就同这些农民联合起来，第二步因为路易斯安那种甘蔗的人，也不能与古巴及牙买加（Jamaica）来的甘蔗竞争，于是又同他们联合起来。

在新英格兰方面，对于保护税的意见是分歧的。工厂的主人都要求对于工业保护，但是船户不赞成，因为他们希望与英国的贸易多些，这样他们的船就不至于空闲无事，搁在港里。他们恐怕国内工业成立，海上运输也要相随减落。但是，保护的要求很占势，所以 1816 年通过一种增加保护税法，这种法律就连通过 1789 年第一次保护法的国会议员都为之骇然不已。

在昔年农人与地主都以为保护税是给制造家唯一有利的计划。到现在他们有些人才知道这也有给农产物发展国内市场的方法，至少能替代在无论什么时候要被战争堵塞的欧洲贸易的一部分。

一个经济的恐慌结局了这一个投机时期　在 1816 年至 1819 年

间，有一个狂热的投机时期——“狂热的经济状况”。商人借了银行大批款项去经营幻想的计划。制造家受了保护税的激励去扩充工厂，增加出产。公司买起几千英亩一块的土地，并为再多买土地起见去借钱，用财产作担保。农人当了土地去谋着发财。很大的款项都掉在运河及驿路上，连利息也不能还。

一个可厌的恐慌就成了这种狂事的结果。许多人把所有的都失了，监狱里满住了不能还债的人。银行发行很多的纸币，并且流通的纸币的种类也很多，所以顾客问无论什么东西的价钱时，商人必得说：“你拿的是哪一种钱？”

二、政治上的领袖仍集中于东部

门罗与亚当斯的政绩　虽说这种恐慌异常严重，但国家元气终于回复，几年以后并又繁富起来。然而新英格兰及中部各邦工业兴盛很快，就以西部发达这样迅速，海上贸易一时也赶不上沿海各地。

由 1801 年到 1829 年，共有四位总统——杰弗逊、麦迪逊、门罗、亚当斯。这四人全是东部人，都生长于有教化的家庭，都受过遗产的帮助。他们中没有一个人曾经被迫的用手工作。他们都称为共和党，都与人民表同情，但他们都不是起自田间，所以不大知道农人的艰难困苦。

门罗总统（1817—1825）：“感情融洽的时代”　南部及西部的选民和政治家这时尚未有充分的组织去和东部拼命的互争雄长。由 1816 年到 1824 年，他们并没选出候补总统。自 1816 年以后，联邦党完全消灭了，以后这几年就叫做“感情融洽的时代”。

1816 年门罗当选总统的时候，实际上没有人反对过，并且下任的四年又差不多一致地选举他。当他的八年任期中，政治上只有一件事情有将使国家分裂的恐惧。这件事便是对于奴隶制的争执，结果成功“密苏里的妥协”（Missouri Compromise）。

门罗总统于1819年，以侵占及收买的方法，夺取佛罗里达的强硬行动，是得大家称许的。他在1823年的有名咨文，让世界上都知道“门罗主义”，这也很得人赞美的，并在国中声誉也因之大增。

1824年的竞选亚当斯总统　在门罗任期内虽说没有党派分裂的事情，但在1824年选举总统时，有四位名人很激烈的竞争，并且在这一次的竞选中西南部的人也出场了。这次竞争，东部领袖的代表是马萨诸塞的亚当斯，他是美国第二任总统亚当斯的儿子。弗吉尼亚曾继续的出过三位总统，这一次没有重要的候补者。但是南部共有三个人，即是佐治亚的克罗佛尔德（W. H. Crowford），肯塔基的克雷，田纳西的约克孙（Jackson）。竞争结果都相差不远，没有一个人得了大多数，但约克孙为第一。

因为投票分裂的结果，总统选举依宪法规定得交众议院取决；因有许多巧妙的运动，亚当斯当选了。这种事情很使帮助约克孙的人生气，他们以为他的多数票可以使他当选的。当亚当斯委任克雷为国务总理以后，他们还是很忿忿不平。他们即刻对人说：他们已经有一种密约了，约定由克雷帮助亚当斯当选，由亚当斯给克雷一个位置。

“人所共弃的保护税”　亚当斯在任期以内，总不能消除由他当选所引起的多数人的仇视。他和他有声名的父亲一样，是一个固执隐忍的人，不很留意求多数人的同情；他在任期终了后不能得到再选，也和他的父亲是一样的。1828年通过的保护税法案特别增加了他的困难，这法案就叫做“人所同弃的保护税”，因为这次把制造品的税增加到从来未有的高度。南部各邦对这法案是很忿恨的，他们的领袖人物并指斥亚当斯是背叛国家以利新英格兰制造家的人。至是国家分党是很显然的事，所以“感情融洽的时代”就此告终。

南部对于保护税的反对　1828年的保护税法案，被南部各邦指为是有利于北部的“局部立法”。佐治亚、南卡罗来纳、阿拉巴马、弗吉尼亚及北卡罗来纳，都宣布这是违反美国宪法的，并在奥加斯大（Augusta）开会，反对各种带保护性的东西。北部制造家在争执保护税期中，发展了北部的工业。南部一方面完全是务农的。南部的富庶全靠着出售棉花——最多是售于英国，因为英国的纺织与织机确是人间可惊异的妖孽。南部的人没有制造，差不多样样东西都得向人买，所以坚持着要允许他们在英国自由的买东西——因为他们大部出产是在英国销售的。他们又说保护税是提高制造品的价格，买这些货品的农人一定得负担所增加的数目，换一句话说，得对于有工厂的美国资本家负担“捐款”。南部的政治家，如曾经赞成1816年的保护税的卡尔浑，也公然放弃保护的原则，主张与全世界自由贸易。大概说来，争执的过程是在南部的地主与北部的制造家之间，而西部的农人则占着举足轻重的地位。

三、约克孙的民主政治东部人的势力被夺

约克孙当选总统（1828）　因为南部完全不满意于保护税，西部对这问题的意见存有分歧，所以1828年的选举，虽说两方竞争之势均力敌是约克孙的朋友所料想不到的，但亚当斯终为他的可恨的敌人约克孙所败。

约克孙的确是一个“平民中的人物”。他于1767年生于南卡

罗来纳的高地。他的父母是可怜的农人，他生长于艰难困苦之中。幼时至田纳西边地，以勇敢与好事见称。他是军中的勇将，与士卒共艰苦，在地上睡，要是大家没有好吃的东西，他也吃干粮，因此得士卒的爱戴。他的体格很壮健，因此人叫他是“老胡桃树”（Old Hickary）。

所以当1828年他当选以后，一般人都觉得在白宫里边有了他们真正的代表了，相距数百英里的人都来看他就职。据韦白斯特（Daniel Webster）说：“大队的人在白宫里踏翻凳子，打破玻璃，用泥鞋站在绸面的椅子上看平民总统。”他的同党都以为大革命将要来了；所以他们把共和党的旧名词取消，改称为民主党人（Democrats）——表明他们是人民的朋友。

“战利品是胜利者的” 约克孙总统强令联邦党官吏辞职挪出地方给帮他竞争总统的那班人。这是一种新兴的习惯。别的总统对于政见不同的官吏免职的很少，但一遇有缺，他们时常很留心的递补与他们意见表同情的人。

约克孙的手段是把旧雇员一扫而空，给新来的党人队谋位置。这是把一种“包办官吏制度”（Spoil System）公然的大批采用了，各处的人都说这是“战利品是胜利者的”。换一句话说，人们都知道在选举时出力的人，要是胜利了一定有官作。由这种分偷政府官职的办法把政治的风气降低了。政治家指责，诗人嘲笑。卡尔浑认这事是对于国家很大的恶德，罗威尔（James Pussell Lowell）也作诗诋毁这件事情。但是所有的政党都保守着这种习惯下去。

保护税的争执依然进行 未几约克孙卷入于南北部间“人所共弃的保护税”的大争执漩涡中。保护税的争执在这时是很利害的，几乎有破裂联邦的危险。

取消的原则　空谈保护税对于南部地主的影响如何，卡尔浑是不满意的。他进一步说：国会虽有权力征收输入美国货物的海关税以加增收入，但是没有权力偏待国家的某一部分。他又说：美国的宪法不过是各自由邦间的契约，无论哪一邦认联邦法律违背宪法时，就有权力阻止这种法律在本区域内发生效力。这种原则就叫做“取消的原则”。

韦白斯特与嘿因的辩论　关于取消的问题，1830 年参议院中开始辩论，这就是马萨诸塞的参议员韦白斯特与南卡罗来纳的参议员嘿因（Robert Hayne）间的有名的辩论。嘿因用极有力量的辩论，主张卡尔浑的意见，说宪法不过是各自主邦联盟，各邦都可随意退出。

在另一方面，韦白斯特不承认联邦是各邦的联盟，乃是美国人民所制定绝对无上的契约，他说：联邦政府是“由人民组织的，并对于人民负责的”。他完全反对各邦有宣告国会通过的议案为无效的权力。他诘问道：“要是每邦都有权力裁判与他有关系的问题，全体联邦不成了破碎的吗？”凡一邦属于联邦而可不服从联邦法律的学说，毫不犹豫地为之一扫而空。他用几个在美国政治上永垂不朽的字收束他的大演说道：“自由与联合，现在与永久，这是浑然一体，不能分剖的。”有许多人将他的演说辞印出来，分送远近，作为美国民主主义的名文，拿来警惕国人，以反对“取消”与分裂。

约克孙的强硬　但是，南部的政治家是不能以口辩胜的。他们决定不容忍“人所共弃的保护税”，至 1832 年，国会又通过一种惹人激怒的保护税案以后，他们更为坚决。卡尔浑率着南卡罗来纳的人开一个人民代表会议，宣布取消保护税条例，并禁止在南卡罗来纳征收赋税。他们以为约克孙是南部人，必不干涉他们的。

他们没有把他们的总统料着。约克孙回答他们说：联邦一定得维持的，要是需要武力时，我可以派四万人到南卡罗来纳去强制法律实行。他对南卡罗来纳的一个公民说：

> 请把我的忠告说给在你邦内的我的朋友，并教他们不要因反对联邦法律在那里流一点血；否则，我要绞死为首的人，我为执行这种事情起见，我须把我的乎亲搁在我能伸到的第一棵树上。

他实行他的话，派遣军队及战船开向南卡罗来纳。他请求国会增加权力，通过“用武案”（Force Bill），因此他有了强制服从法律的好方法。

“保护税的妥协”克雷的人望 虽然如此，但是有许多不主张“取消”的人，也与南卡罗来纳人表同情，反对保护税。后来，成立一种妥协，南部的领袖都说是大胜利了。约克孙得到维持联邦及实行法律的帮助，但1832年的保护税条例取消以后，另用一种称为“妥协的保护税”法替代。直到1842年为止，依新律，货物的税率减到1816年所定的标准。而周旋于南北部间的这种妥协，肯塔基的克雷实予有大力。

国内改造与公共土地 至是国家稍得苏息，遂可转在别的问题上去。出售联邦政府在西部的土地，及支出政府经费以修路及疏浚运河诸问题，全与保护税有关联，这好像是很奇怪的一件事。东部及南部政治家目前的问题就是：

> 设使政府以高价出售土地，收入必然增加。于是南部要高唱入云的再要求减低保护税。设使以低价或无价分给土地，东部的工人必要大群他徙，工厂主人只好袖手逍遥，并得出大工资；

所以他们仍要增高一点保护税。

历了好些时候，妥协方才告成，准把大批款项费在运河与道路上——国内改造——以连接内地与沿海岸。由这件事情上表现出一个爱国的公共目的。这事也是给东部的制造家开辟商场的。但杰弗逊党虽说当初曾赞成过政府修筑国道的计划，到后来他们的意见变了。麦迪逊与门罗都曾拒绝国会用款于这种事业上的议案，约克孙也是效法这二人的。对于土地与国内改造问题上的冲突，在约克孙任期以后仍继续很久。

约克孙二次当选——联邦银行的争执　当约克孙正忙于南卡罗来纳的取消问题时，这时代政治上第四个重要问题也就接踵而来。1791 年，联邦政府曾给过联邦银行和遍及全国的支行的特许状。1816 年，第二次联邦银行又以同一的条件受了 20 年期间的特许状。自银行成立以后，即遭猛烈地反对，尤其是西部及南部的农人与地主们。他们以为这是一个“有大势力的金钱机关”，与受了保护税利益的制造家联合起来一个鼻孔出气的。

约克孙也是这种见解。他在 1829 年就职以后，未几即对人说他要反对这种银行，他不愿在 1836 年合同期满以再准备展续了。克雷领着一般赞成银行的人攻击约克孙，让国会通过一种展续银行合同的议案。这种法律即刻为约克孙所否决。1832 年选举时，与约克孙竞争总统的克雷又提出一种展续银行的问题，但他被“新奥尔良的英雄”打得大败特败了。

银行的争执未已　约克孙认他第二次的当选是多数人赞成他反对银行的表示。于是他等不到 1836 年银行合同期满，就决定要用别种方法破坏。政府常在银行及其支行存几百万元，这是历来的习惯。银行由这宗款项曾得过很大的利益，能以有利的利率放债。约克孙于 1833 年发出一道命令，说政府一定不再存款于银行，并且从来在银行所存的款项都要赶快的取出来。当新收入征来，约克孙已规定须存于某某等指定的各邦银行里——这些银行都是他朋友的，并有“得宠的银行”之称。

金融的繁盛结局于 1837 年的恐慌 银行破坏以后，就继着 1837 年的大恐慌。企业家失败者达数百人，600 多个银行因此关闭，而工人失业者不知几千。这次恐慌差不多延长了五年。

四、民党

布然与克雷 约克孙第二任期满，努力的奋斗使他的朋友纽约的布然（Martin Van Buren）当选为继任者。可是约克孙的敌人已于 1831 年组织一个新党，就叫做国民共和党（National Republicans），或叫做民党（Whigs）还普遍些——这名字是跟英国昔日极力反抗王权的大政党来的。肯塔基的克雷是党中出色的领袖，很有总统的希望，可是终没有成功。他的政敌太多了，所以他到底没达到他的野心。但是，他的政党于 1840 年及 1848 年继续取得了两个胜利。

哈礼孙及 1840 年的胜利 对于克雷的反对太厉害了，甚至于民党的人在 1840 年也不选他作总统。他们选俄亥俄的哈礼孙（William Henry Harrison）将军作候补人，他是在蒂普卡努（Tippecanoe）的战役打败印第安人（1811），并参与过 1812 年的战争曾著大名的。哈礼孙因为是西部人，所以爱约克孙的人也赞成他。第二次候选的布然受人攻击，说他是个贵族，在白宫里使用过金食具。

当民主党诋毁哈礼孙是一个森林背后的人，他的唯一的希望是木房子及小酒壶的时候，民党反利用这种侮辱。他们拿一个用外边张树狸皮的木房子及一把小酒壶作为选举的标志。虽说他们没揭出党纲，表示他们的主张，但是他们有能力选出哈礼孙将军。

泰勒继哈礼孙的后任 蒂普卡努的英雄并没享受胜利的结果。当民党的人得势以后，他们就采用约克孙所创行的“包办官吏制度”，几千找差使的人都落职了。不满一月，哈礼孙因为他的职务太忙受了伤，陡然死去。副总统弗吉尼亚的泰勒继任——这人距民主党比民党更接近，并当选为民主党的候补人，以吸收南部民主党人的票。

泰勒的不满人意——韦白斯特阿什柏顿条约 泰勒的政绩很少有人赞助。民党的人因他不赞成另设联邦银行，民主党的人因他对于合并得克萨斯（Texas）的事情很慢，直到他的任期终满还没答应，因此两党都不欢喜他。

在他的任期中只有两件重要的事情。1842年通过了一种保护税法，取消1833年以来使北部与南部停战的妥协法案。同年签押一种条约，一方是国务总理韦白斯特，一方是英国的代表勋爵阿什柏顿（Ashburton），解决两国多年间对于嘿因北方边界的争执。美国得了威尔满及纽约以北的加拿大的一小块地方，拿嘿因东北极端的一部分作为交换。

泰勒的政绩很给民党不幸。1844年竞选时，民主党选举田纳西的坡克（James K.Polk）作候补人，得了胜利。在这时得克萨斯合并与奴隶制发达的新问题已与国家觌面相逢，不容回避了。

第十五章
西向太平洋岸

总统的选举，政客的惊慌及政党的幸运，都不能阻遏或转变这向西流徙的潮流。正当韦白斯特与嘿因辩论，及卡尔浑与克雷争执各邦权利与保护税法案的时候，美国国运好像悬在天平上边，但推广边界的先锋队仍然进行不懈以建设西部新领域的基础。

好有力呵！好争胜呵！好不安静呵！
好惊慌呵！好多的变形的军队呵！
许多的人向西活动，
拿着如钢的筋肉，
抵抗着茂林。
听喊声呵——
先驱者的枪声，
砍伐林木声，
车轮声，
好像被阻的军队退却复前进的声：

大声响得和飓风一般。

——密勒（Joaquin Miller）

印第安那及伊里诺斯还未住满，密执安及威斯康星还未开辟，那般不安静的人早向西去了。放荡的人和创家的人，一样的都喜欢远西。在这里有富于冒险的生活，有说不清的田亩等着人耕种。

一、密苏里、阿肯色、衣阿华，美国人在得克萨斯殖民

代表南北两势力的密苏里　密苏里的土地丰肥，冬季和暖，所以大部由南部弗吉尼亚、南北卡罗来纳、肯塔基、田纳西各邦来的先驱者，都到这里来了。在这些居民中又有一些由密西西比河下来的北部人。于是两派的流民会合在一处。

密苏里加入联邦（1821）　迁入密苏里南部的人都是有奴隶的，自然把奴隶也带到新地方去。在1820年，这里居民六万人中有一万是不自由的人。这些人不但是耕田手，而且其中很多是有技能的手艺人，铁匠、木匠及泥水匠。后来到了区域改邦的时候，有奴隶的人与赞成自由的人起了一场争执，妥协的结果是密苏里准加入联邦，使用奴隶。既有了这样的保证，所以大批的地主都来了，可耕的土地即刻就占定了。往年法国的圣路易斯商埠一变而为商业繁盛的城市，西部皮毛商及密西西比河上的汽船贸易俱麇聚于此。

阿肯色——产棉的新邦　密苏里以下便是阿肯色区域，这里有宜于种棉的沃谷，有奴隶的人便相率前去垦辟土地。这般人到后，才知道这地方早被“乱住户”（Squatter）占了一部分。这种乱住户也是刚进来的，他们并没得什么人的允许，也没费力气找政府的

执照，就把土地占了去。他们早越过密西西比河，找荒野的自由生活。其中有许多人的衣服与居住很和邻近的土人拆洛歧族（Cherokees）一样。合乱住户与地主在一起，人口还不很多，但是阿肯色于1836年竟许加入联邦，准许使用奴隶，以与密执安自由邦抗衡。

东部的人开辟衣阿华　密苏里以北即是衣阿华。在这里平原上茂草摆有如大海；树林里满开着野茱萸和野玫瑰的花。农人和农人的家眷多是由新英格兰、纽约、俄亥俄来到这个美丽的地方。他们都喜欢在这里，因为这里的气候与种植差不多和他们旧邦里的老家一样。爱自由的人喜欢这里没有奴工，到处都是农田。1836年，在密西西比河畔设立杜标（Dubuque）、达凡波尔特（Davenport）和柏林敦（Burlington）三个商再后十年，即许加入联邦。这里提倡文化和在旧地方一样，几年以内就成立了几个大学和五个专门学校。

流民伸入远西去了　衣阿华于1846年加入联邦以后，由密西西比河口的路易斯安那到明尼苏达的各邦共联成一个地带。明尼苏达是1858年（即威斯康星加入联邦后的十年）才许加入的。住民于是顺着密苏里河的广大区域活动，再后入了堪萨斯及内布拉斯加地方。路易斯安那的地主及好事的流民更向南进，都被墨西哥得克萨斯的边界拦住。边界以外的土地是肥沃的，适于奴工的，并且大部是没住人的；但是属于外国政府的地方。

得克萨斯依然是异国的土地　路易斯安那的边界，于1803年收买时并没有被规定，所以本区人民想要强占西班牙属以西及以南的土地。但是，当1819年收买佛罗里达的时候，这个起争执的边界问题始告决定，损失了美国西部人所要求的一大部分地方。西南部的人民对于这件事是很愤激的。于是宣言他们一部分的财产已断送给墨西哥人了，他们一定要赶快的取回来。

美国人迁入得克萨斯奥斯丁　幸而他们运气好。墨西哥人于

1810年反叛西班牙。经过几年的战争及纷扰以后，他们也独立了。一个很弱的墨西哥联邦于是成立，把引人贪嗜的得克萨斯也包括在内。于是美国人即行越过边界，沿着由边界到圣安多尼俄去的路上定居下来。

墨西哥人当初并不仇视这种迁民。墨西哥政府还要请人来占领这些无居民的土地。有愿意带一定数目的家眷到得克萨斯去的，还许领很大的区域。在这些迁去的人中有由康内克的告特奥斯丁（Moses Austin），他曾在西部开过铅矿。他在1820年得到特许状，准在贝哈（Bexar）近处招居300个美国人。这种契约由他的儿子继承下去，现在的奥斯丁城就是因他而起名的。

在十年以内美国人越过边界来的已有两万了。墨西哥人很怕，尤其是当美国政府想收买得克萨斯的时候更怕得厉害。

美国与墨西哥人在得克萨斯的轇轕　新来的人和得克萨斯的土人不久就起了争竞。墨西哥人是旧教徒，控诉美国的新教徒对于他们的宗教不表示相当的尊重，美国人也控诉他们不得参与政治。墨西哥人因怕美国人夺去得克萨斯，所以停止殖民的计划，取消许多土地的特许状，给美国来的农具加税，并废止奴隶。

于是已经在得克萨斯的美国人，想带奴隶投入这丰富区域的南部地主，以及打算为自己冒险的西南部流民，都决定无论怎样非得占据得克萨斯不可。许多好战的人都前去帮忙。如以边地人、神枪手及善谈故事著名的田纳西的克洛刻特（Davy Crockett）就是其中一个。佐治亚的布威（James Bowie）也与美国联合起来冲人得克萨斯，这人以发明特别武器“布威刀”著名。像这一类好事的人，屈服在墨西哥政府的势力之下是不能忍受的，他们即刻使人知道他们自己要做主人了。

二、得克萨斯共和国，得克萨斯加入联邦，与墨西哥最后的战争

得克萨斯脱离墨西哥宣布独立阿拉摩豪斯顿大败亚那　虽说美国人只占得克萨斯的人口1/4，但他们也居然反抗墨西哥政府，于1836年开会宣布独立。独立的宣言是56个人签名的：三个墨西哥人，五个由自由邦去的美国人，外由奴隶邦去的有48人。墨西哥总统亚那（Santa Ana）听得这种举动以后，即向北派兵平乱，惩办叛党，阿拉摩（Alamo）旧传教所地方（在现在的圣安多尼俄地位上）的戍兵完全为所歼灭。

防守这个要塞的战士，一直战到最后一人方才罢休；所以此次是美国军事史上最勇敢的一件事情。亚那要求得克萨斯的人投降，要是他们反抗，即要遭受苦痛的处分。阿拉摩的守将答以炮弹，因此墨西哥将官直把所有守军概行杀去，连病在医院的也罹浩劫。

几星期以后，豪斯顿（Sam Houston）将军即投入得克萨斯军中作领袖。他曾参与过1812年的战争，并作过田纳西的邦长。他于1836年4月大败亚那于圣哈辛托（San Jacinto）河畔，墨西哥军统帅亦被俘。

约克孙总统与得克萨斯共和国　墨西哥的势力既破，得克萨斯人遂建立一共和国，以豪斯顿为领袖。他们于是回向美国总统约克孙商议，以为他若得参议院的同意，定可和他们缔定条约，允许这个共和国加入美国联邦作为一邦。但是约克孙对于合并的事很迟疑，直到他于1837年4月去职以后，得克萨斯问题仍未解决。

关于允许得克萨斯入邦的争执　至于这问题的停顿也有很强的理由。美国人对于这次美国人做的事情分为两派意见：一是实利的，

一是正谊的。

马萨诸塞的加礼孙向来是排斥奴隶制并要求奴隶制废止的。他认国人在得克萨斯的这种行为为暴动。他鼓动北部人说：要是得克萨斯加入联邦，北部可以与南部脱离，另组织一个自由国。亚当斯是曾作过1825年到1829年的总统的，也反对合并，他以为得克萨斯革命是有奴隶的人想侵占友邦土地的阴谋。他说合并就是美国想效法欧洲国家，预备采用侵略政策与帝国主义的证据。

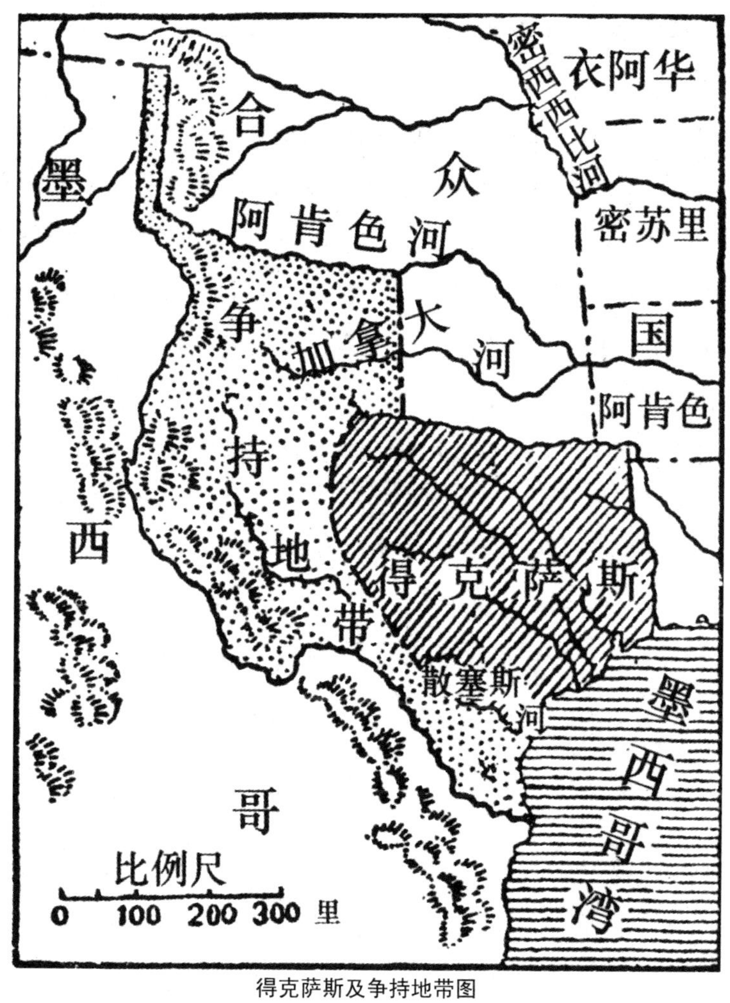

得克萨斯及争持地带图

而在另一方面，南卡罗来纳的大政客卡尔浑给得克萨斯的加入作辩护，说这是为维持联邦起见绝对必需的方法。他说，北部各邦的财富及人口增加得很快，只有这件事情可以给有奴隶的各邦与北部抗衡。

得克萨斯到底加入联邦（1845） 美国政府多时对于合并都没有取公开的步骤。继任约克孙的布然总统是个北部人，并的确是反对奴隶的。在他的任期以内（1837—1841），得克萨斯加入的问题是谈不到的。要是民党总统哈礼孙在时，得克萨斯或者可以早行加入联邦。

哈礼孙就任以后几星期就死了，由副总统泰勒继任。泰勒是由弗吉尼亚出来的，他是实心倾向民主党的，是赞成奴隶制的。他于1844年委任卡尔浑为国务总理，卡尔浑即刻与得克萨斯缔约，允许加入美国联邦。但是，这种条约没得参议院必需的2/3的同意票。

主张合并的人于是发现了其他的方法。他们由两院联合会议解决（在这里只有多数票就可决定），许得克萨斯加入作为一邦。这件事是1845年2月泰勒的继任人坡克总统刚就职时做成的。“合并得克萨斯”，在1844年的选举时成为一个党纲，坡克的胜利就是国人赞成这种计划的表示——坡克是公然赞许合并的。

对墨西哥战争（1846） 得克萨斯合并以后，美墨两国间边界的战争，差不多即刻就起了。得克萨斯人要求顺格兰得河而下迤西及迤南所有的地方。墨西哥人说正当的边界就是馁塞斯河（Nueces R.）及由该河直向北划的一条线。坡克总统采纳了得克萨斯人对于这件事的意见，即派泰罗（Zachary Taylor）将军到格兰得河岸上防守美国的领土。墨西哥人宣言这是侵略他们的土地，向美军开枪，因此美军有死伤。坡克于是声明战争的“责任由墨西哥人自负”，国会也通过战费，维持这种发动了的武装战争。

战争的三部　这次战争分作三部：（一）泰罗在墨西哥北部的作战，击败墨军于蒙得勒（Monterey）及倍那微斯塔（Buena Vista），占领墨西哥这一方面各邦的主要地方。（二）在西部的美国海军将官斯罗特（Sloat）及斯拖克顿（Stockton）受探险家佛利蒙得（John C. Fremont）的帮助，夺获加利福尼亚（California）。卡尼（Kearny）将军由肯塔基的勒温卫斯（Leavenworth）要塞带一队兵士，越岭来坚防新领土。（三）司各脱（Winfield Scott）将军随带大军于委拉克路斯（Vera Cruz）登陆，渐向墨西哥的都城作战。后来与墨西哥人谈判和约不成，攻陷察浦忒拍克（Chapultepec）高地，并攻陷墨西哥国都。

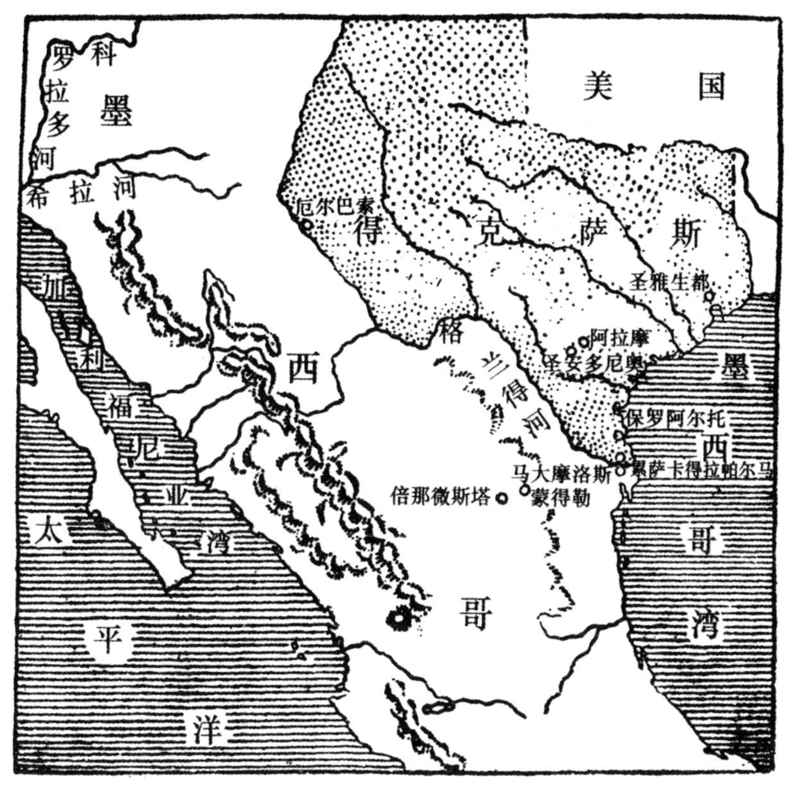

墨西哥战争区域图

和约宣布（1848）战争的结果 各处都战胜了，墨西哥人不得已盟成城下，于1848年的2月2日，缔结和约。他们把加利福尼亚、亚利桑那、新墨西哥以及格兰得河以北及以西的土地，都让与战胜的美国，他们得了1500万元的报酬，并取消了美国人民违反墨西哥政府的要求。由此次战争的结果，给美国增加了523802方英里的面积——比德法两国在欧洲的面积合起来还大。

三、俄勒冈、加利福尼亚、犹他

俄勒冈 正当与墨西哥起轇轕的时候，俄勒冈的边界上与英国也起了争执。美国人要求这个地方，是因为有1792年格雷发现哥伦比亚河以及别的根据；但是关于这地方北界是很不确定的。美国人说俄勒冈的区域一直伸入俄属阿拉斯加的边界，即北纬54° 40′。英国完全不赞成这种要求，并于1818年由两国约定以10年的期限把这个争执的土地作为共管地，留待将来再解决。1828年，这种协定又无期的展限。

皮商、布教士、居民 美国的人民早在俄勒冈地方发生了兴味。留伊斯及克拉克的著名事业早叙述在他们的旅行记中。1811年出版的这种廉价册子早使许多人知道干燥的平原及高峻的山脊以外，还有广大而富于利源的地方。这一年有阿斯忒尔（John Jacob Astor）的猎皮商人在哥伦比亚河口附近阿斯托立亚（Astoria）设立一个屯地。

至1830年，有许多布教士出现于俄勒冈，向印第安人传道。这般布教士，向东去时，遂把这个奇怪地方到处传布出去。1842年，有怀特博士（Dr.Eilijah White）带领一队约120人过山以入俄勒冈。

次年，又有较大的一队人跟着开路人去了。有名的教士怀特曼博士（Dr.Marcus Whitman）对这队人很帮忙，他曾在这远西北部住过，深知当地的情形和去的路向。

边界的争执“北纬 54° 40′ 否则开战”　俄勒冈于是名闻美国通国。各派布教士对于招引居民及劝诱土人改教都是很尽力的。据 1843 年计算，移居者有 875 人经过那有名的“俄勒冈险道”；次年，有 1800 人去了；再次年，有 3000 多人与先到的人联合起来。1843

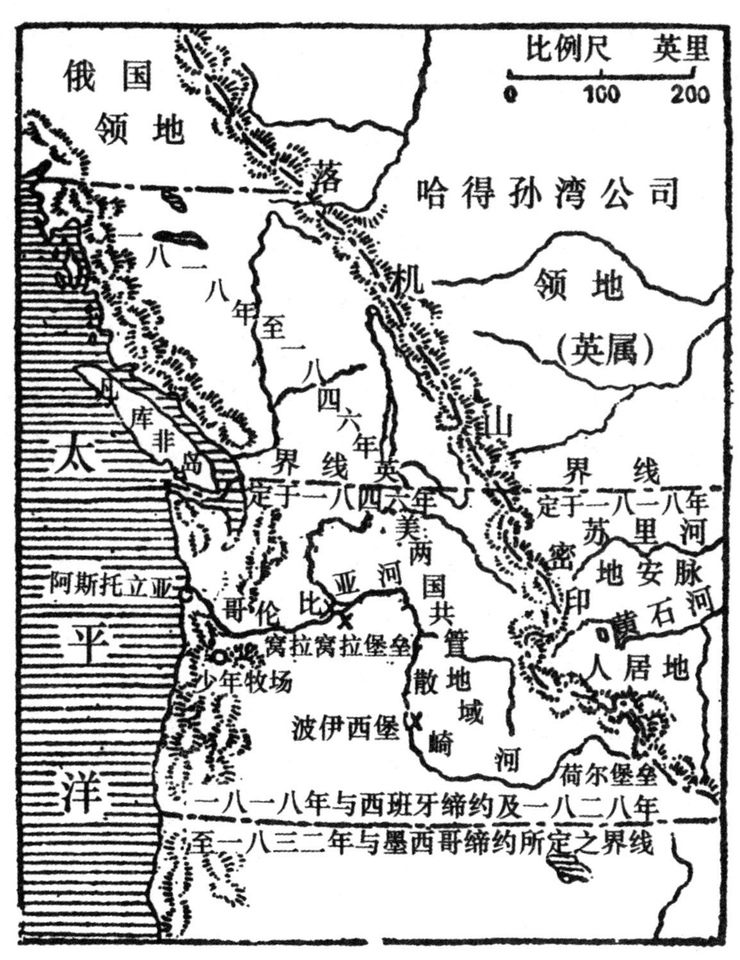

俄勒冈及争持界线图

年，尉拉麦特（Willamette）流域的住民在杨兰奇（“Young’s Ranch”即张埔“Champoeg”）开会，组织地方政府。美国人既已冒险于荒疆，设立政府，自然希望边界问题解决，并希望美国政府帮助与印第安人奋战。

1844 年选举总统，俄勒冈问题与得克萨斯问题并列，政治家也讨论“合并得克萨斯”与“占领俄勒冈”。他们言说，我们得全有俄勒冈。界线当为“北纬 54‘40′，否则开战”（Fifty-Four Forty，or Fight）是这次竞选的口号。但是，坡克总统及其左右都听了人的话，决意要免去与英国的轇轕，于是他们和英国于 1846 年协商，把北纬 49° 以上美国人所要求的土地都让去了。

这次决定许多俄勒冈人虽不满足，但至少也可以了去一切未解决的事件。1848 年，这地方组织正式区域。七年以后，东部及北部的地方分作华盛顿区域，剩下的南部许加入联邦，作为俄勒冈自由邦。

加利福尼亚初年与土人及西班牙人的通商 当墨西哥战争时，加利福尼亚尚未隶属于美国，但是这地方也并不是人所不知道的。许多漂泊好事的美国人早窜到这里，与西班牙人贸易，或与他们住在一起，开垦丰肥的土地。

1812 年战争以后，“盐客”（Yankee）——新英格兰人的称呼——船户大批的绕过合恩角，把金属器皿、枪、军需品、布、毡及皮货等都运送到加利福尼亚去。如 1823 年有库珀（Cooper）驾着罗维尔（Rover）船，装载棉及盐客的细货，由波士顿去到蒙德勒，并领得一张贸易的执照。库珀给他的船上又装载皮货，航到中国，又在中国把他的货物交换成丝茶及别的东西，运回加利福尼亚，就是一个好例。

圣大非险道 正当新英格兰的水手与加利福尼亚开通海上贸易的时候，西部的人又开通了一条陆路。派克——他的远征我们已经叙述过了——于1808年出版的一本书，很使人注意到北部“新西班牙”的富源；这地方，如现在的得克萨斯、墨西哥、亚利桑那及加利福尼亚等地都包括在内。派克也指出由阿肯色河到圣大非去是很容易的。于是商人们带着棉、丝、瓷、玻璃、金属器及军需品，由阿肯色河畔地方不时的越过沙漠向圣大非去，并交换墨西哥人及土人的毡、皮、银及骡子，得了很大的利益。

1825年，国会支出款项，要设一条由富兰克林及密苏里到圣大非去的小路。后来印第盆登斯（Independence）遂成为商队到圣大非去的出发点。有很大的列车，守卫着的军士，按时的载货西去，这些货物都是溯密苏里河而上用船运来的。

这些商队有时候遭印第安人抢劫，把车都踏翻了，或把骡子赶到沙漠里去任意捉拿。有时候风卷起沙来把路盖了，使他们迷道；饥渴而死的人也不少。但因贸易的利益到底很大，所以冒险去赶车及守卫的人总能找得着。

由圣大非到沿海　对圣大非的路成立以后，到沿海去的路只很短的时间就开通了。1829年，有杨氏（Ewing Young）者，由圣大非左近一个屯上走到洛杉矶（Los Angeles），因此到海岸上去的路即刻和到圣大非去的旧路一样的著名了。冒险家及迁居的人都知道路通了，于是大队的人横过沙漠与山岭而去。1847年，在旧金山一个不满2000人的小殖民地上就有400多个美国人。他们拿海湾的名称命名他们的村落，这个僻陋的商屯后来变作一个大都会。

加利福尼亚发现金矿（1848），加利福尼亚加入联邦（1850）　1848年，加利福尼亚萨忒（Sutter）锯木厂的水道萨克拉门托（Sacramento）河流域有金矿发现，许多人都冲上前去了。许多人都得了想金病。旧金山及其他城市的居民都弃了铺子丢了老家，去到产金的区域；船长水手都把船丢到海湾里等着腐朽；欧洲的矿师也越过大西洋，与东部来的美国人联在一处，走上长途，或者绕越合恩角而去；律师、医生及新闻记者都丢开他们的职业，去找金子。据说，在1850年，去到加利福尼亚者有十万余人。1848年，所产金额值500万元；至1849年，值4000万元。

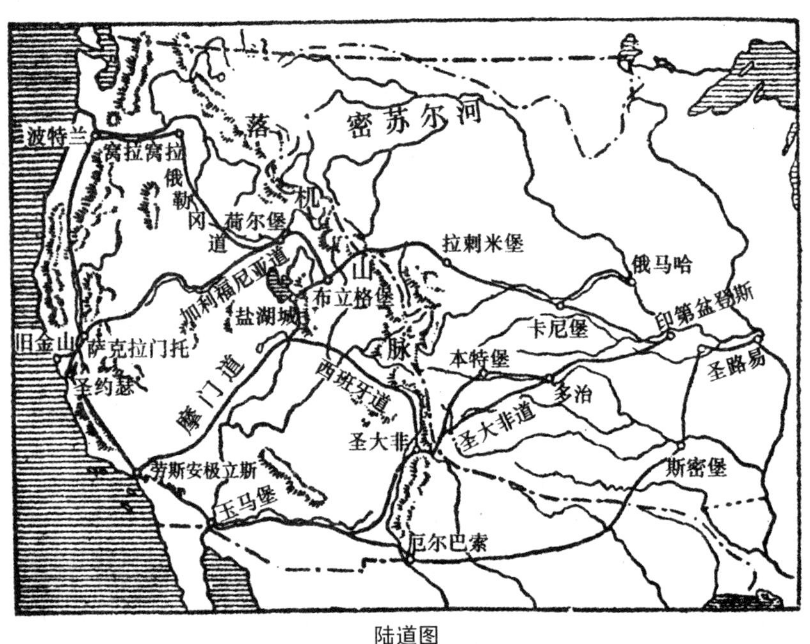

陆道图

因为人口大大的增加，所以衣食日用等物品的价格都涨上天去了。旧金山的洗衣妇人，洗一打开矿人的衣服，能得8元钱。在小小的旅馆住一间很坏的房间，每月须价约7元至14元。

几年以后，地皮上的金子都搜括完了，如河一般的流民又向远处徙去。于是畜牧、种树及制造等事业都恢复了常态。“1849年的狂热”就此烟消火灭。但是奴隶驱逐净尽，这却是受开矿人之赐。至1850年加利福尼亚加入联邦，为一自由邦。

摩门教　正当这种向太平洋岸突进的时期中，介在肥沃的密西西比河流域及海岸间的一片大平原与大沙漠，除一般皮商、猎户及冒险家外，是没人看上的。这是要留下给一派新教徒在这种不毛的荒疆里冒险，并在去加利福尼亚的路上树立一个繁盛的社会，这派教徒就是摩门（Mormon）教徒，或称为“近代的圣徒”（Latter day saints）。这一派是1830年纽约的史密斯（Joseph Smith）所设立的，他宣布他得了上帝的默示，因创此派。

摩门教徒自始即遭受困迫。他们初到俄亥俄，后到密苏里，最后住到伊里诺斯。他们在这里采用多妻制，因此他们四邻的人都很恨他们。

摩门教徒到盐湖——杨氏　他们因为宗教上的信仰觉得受人虐待，决定要到远西去，希望永不见他们的仇人。所以他们的新领袖杨氏（Brigham Young）于1847年率领一队枪手，带着粮秣，出去另找安家的地方。找了多时以后，在犹他（Utah）找着了一处地方。俯临盐湖（Salt L.）流域。于是他回来带他的人们去到沙漠中的安乐天去，远远地离开文明。有一队人出去了，他们带着900辆大车。到了以后，他们即刻就动手开垦，“要使沙漠和玫瑰一样的开花”。他们即刻就做到了。

他们由山上取水以灌沙田。他们建锯木厂、面粉厂、道路、桥梁及运河。他们即刻就得到繁盛的田园及几千头牛。不久摩门教徒的人口就有15000人。加利福尼亚金矿的发现给他们一种机会，使盐湖城（Salt Lake City）成了东西过往贸易的停宿地。摩门教徒陡然发了财，繁富了。他们在他们的邻近地方不久也发现矿产，设起工厂来开采。

犹他区域组织　因为工商业及开矿的发达，这个殖民地进步得很快。摩门教徒在欧洲住有经理及布教士，担保给男女们很好的家业，教他们到美洲这个地方来。杨氏有一次出广告说：

> 我们希望有一队羊毛工人带着机器来，由羊身上取下毛来，变作最好的衣服。……我们希望一队陶匠；我们需要这般人，因为泥已预备好了，只是没有器皿。……我们希望有些人来开起熔炉；煤铁及铸造匠都正待着哩。……我们有一架印字机；无论什么人能到这里来印刷，这对于他自己及教会都有福利的。

因为这样的引诱，有成千勤苦的手艺人——许多都是属于别种教派的——都来到这个特塞勒（Deseret）的新殖民地了（特塞勒是摩门教徒称呼这地方的名字）。到1850年，犹他地方已很繁盛，所以组成美国的一个正式领土。

四、向远西进行的撮要

向远西移居的人民可以分作六种不同的样式：

皮商　在昔年皮商是很有组织的。由大公司派出人员到各处去，与土人贸易，把生皮带到东部的市场。皮毛商为圣路易斯主要的贸易者为时很久，这地方是通西部各路的聚集点。

采矿工人　加利福尼亚的金矿发现以后，采矿工人和探查的人为找贵重的矿产，把落基山脉都跑遍了。这种向加利福尼亚的突进，自然要引起许多沿路繁盛村镇的设立，探险家又以这些地点作中心向各方面去了。

养牛的人　采矿工人、探查的人以及皮毛商等都带消息回去，说有很大的草地上没有什么东西。于是畜牧的人带牛羊出去了。牧人在这种由得克萨斯到蒙大拿的广大平原上任意游来游去，毫无障碍，为时也是很久。

农人　牧人以后就是农人。这种人划土分疆，树栏立栅，在这里作永久的居民。农人常是另一种形式的人，与畜牧的人及采矿工人都不一样。他们不希望陡然的致富，但他们实事求是的知识很丰富，知道只有勤苦与节俭才能得到他们的满足。他们不和采矿工人及畜牧的人一样，他们都带着妻子分担他们的生活及劳苦。

妇人　直到西部进化到一个有住民的农耕时期，妇人才大队的来了，家庭也成立了。那般枪手，当初的采矿工人以及畜牧的人，都没有永久的家庭。在边塞的地方，酒馆和赌场是盛行的，急剧的喧哗是十分平常的事。但是，妇人来了以后，家庭与合法的社会才发达了，文明的行为遂代替了边地上的无秩序——在杜恩（Mark Twain）的《驯服了他》（Roughing It）有很多叙述这事的。妇人不但分担细腻的文化事业，她们在各种田间的生活上也分担劳苦——家门以内及以外的。

传道士与教师　在西部的路上及边地里早就有了。传道士是受了伟大的传教热与得救的福音的鼓动，他们传道以激励人，并劝人向善。他们勇敢的人格，和平的性质以及所说的道理——或者是粗笨而有效力的——都能帮助驯服边地罪人粗野的性欲。循环游行的人，有昔年在伊里诺斯的卡特赖特（Peter Cartwright），他是很热心的奔忙，教人在生活上要谨慎，要勤苦。教堂所在的地方，学校也立起来了，有受聘的教师去点燃文化的明灯。

现在顺着铁轨过西部各邦到太平洋岸旅行的无论什么人，都不能了解半世纪以前坐牛车骡车横渡平原及沙漠的男女们的艰苦。在探险史及冒险史上，到现在仍没有比美国人向西猛进到太平洋岸上更可奇异的，沿着盐湖岸，俄勒冈及圣大非小道，没有普里穆斯及詹姆斯市一类的城市，可使一个小小的远征队和设立美洲的大英帝国基础的一样著名。但是在密西西比河以外，有几千处不载于历史的村落，在这里所做的勇敢与牺牲自己的行为，比较美洲初开时在新英格兰荒寒的沿岸或弗吉尼亚低地不见得不英雄哩。

第十六章 工业革命

西部及西南部的农民人口增加。俄亥俄及密西西比河流域新邦与沿海各邦抗衡，这种事实在美国人民的生活上起了很大的变化。但尤其显著的还是蒸汽及机械使用以后对于制造上及运输上所起的革命。

要是没有蒸汽机及各种机械、铁道、汽船及电报，美国到现在依然是个农业国。要是没有这些发明，像纽约市、芝加哥（Chicago）、菲列得尔菲亚、布法罗（Buffalo）及克利夫兰特（Cleveland）等大城市永远建设不起来；要是没有这些东西，便不能有欧洲人民的大迁徙，美国的商业也不能扩展到世界各处的市场去，在这里买卖制造的货物。要是没有这些东西，资本与劳动的大问题，工厂里男女小孩的雇用，铁道及工业的条例，城市政府，以及各种这类的事情都永不会教很多的人注意。

美国制造工业能离开欧洲独立，也是因有这种奇异的发明。当1812 年联邦政府极需要给军士备毡的时候，可怜在通国不能买出6000 元的货来，遂至不得已允许与敌国作非法的贸易，以得到英国的布给美国的兵士。但是，说也奇怪，当时这样的工业，到后来竟使国家能在商务上独立，还可使美国商人及资本家出去在各处找市场，使美国与欧洲各大国作敌。所以蒸汽与机械破坏了华盛顿及杰弗逊所知道的世界比开辟西部的流民还要利害。

一、棉毛工业机器的发达

英国在工业上是领袖　正当塞边上人由树林里打开一条路到了密西西比河的时候，企业的商人与奇巧的发明家也在店铺里、铁炼所、工厂里及器具房里忙碌着。他们正忙着做纺织的器械，制铁炼钢，用蒸汽赶动机器，顺铁路开车。

在这种事业上美国人自然有求英国人，因为英国在这种事业上是领头的。在18世纪末年，瓦特（James Watt）用蒸汽机转轮已有了成功。克伦普顿（Crompton）、阿克莱特（Arkwright）以及别的人已发明纺机替代手工；卡特赖特（Edmund Cartwright）已发明织布机，能用蒸汽或水力发动。其他英国的发明家已经晓得用煤代柴及木炭来熔铁炼钢。

这些奇异的发明使英国致富，使她的布、铁、钢各工业及差不多一切重要的商品都凌驾各国。英国想使别国不能用这样的花样来和她竞争，所以英国政府禁止人把新机器、新模样及新计划带出国去。

英国技师诱致到美国——斯雷忒　英国人用尽力量也没把秘密保守住。新英格兰伶俐的盐客（Yankees）即刻起来创设机器，他们能把英国的技师招到美国来给他们帮忙。“工艺及制造”等类的会社，在北部各主要的城市都成立了，用很厚的奖金在英国出广告，招奇巧的技师来设置机器。

有一个曾在卡特赖特的纺纱工厂作过工的斯雷忒（Samuel Slater）受了菲列得尔菲亚会社（Philadelphia Society）一张广告的影响，于1789年到美国来了。他和布朗摩西（Moses Brown）订立合同，并在波塔基特河（Pawtucket R.）的瀑布上建设一个完全的纺纱工厂。不久斯雷忒绘出机器的图样，并教导美国的工人怎样使用、运转。1810年，纽约的波尔斯顿（Ballston）就使用蒸汽以转动纺纱机。不久美国机制的棉纱及棉布——特别是质粗的——世人公认为和英国可以并驾齐驱。

纺纱工业的进步 虽然技师们都很尽力，但是他们的进步自始就很慢，因为差不多一切的作法都得用手，此外还得与英国竞争。在1804年，即斯雷忒来美十余年以后，美国才只开了四个纱厂。

正当这时候，英国与拿破仑的战争打得很激烈，因海上运输的破坏减少了英国货物的供给，因此给美国制造家一种很有希望的机会。轰然一声，纺纱业开始了。1807年，有15家纱厂，四年以后，便有87家。

辉特尼发明轧花机 正当聪明的工人设立纺纱机的时候，有一个康涅狄格细心的盐客辉特尼（Eliwhitney）发明一种轧花机——一种由棉花中分出种子的机器。无论谁要是见过由田间的棉茎上摘下的生棉，他便知道棉花纤维中夹满着种子，和蜡一般的紧。以前用一个熟练的黑种妇人，整日才清一两磅棉花。

当青年辉特尼住在南部的时候，曾看见这种清花的方法是很艰难而费力的。他想发明一个机器，能把花由种子中抽出。他于1792年宣告他的方法成功了，这刚是斯雷忒在罗得岛开始建设纺纱的机器以后不久。辉特尼的轧花机不久即改进得很为完备，用原动力发动，一架机器一日能清1000磅净花。全部的纺纱工业于是很快的发达起来，因为他不依赖手工。因此棉的需要很大，地主都没法得到新土地及奴隶来作供给。

棉织工业　纺纱机所出的线当初都用手工织成布；织布机就是在英国，直到19世纪最初的十年，实在使用也不大广。由工厂里取出线来分配给城乡的手织工织成布，又由商人收集起运到市场上去卖。

第一个用原动力的织布机，似至1814年才在美国由罗威尔（Francis Lowell）设立于马萨诸塞的沃尔瑟姆（Waltham）。在他的工厂里，由包中取棉花到织成布，中经洗花、纺纱、织及印的机器，都是用发动力的。至此工作成为很简单的；机器差不多是自动的；妇女及幼年的小孩子都能用来照管；成人只用来作重工，或作修补的事情。

毛工业兴起　自此羊毛工业即刻随着棉业发达。有一个制宽布的毛织工厂——内有洗刷机清整毛线，并有纺机及手织机——于1784年，由斯科飞德兄弟（Schofield Brothers）设立于纽伯里波特立港（Newburyport），后又移于马萨诸塞的皮茨菲尔德（Pittsfield），因为这里富于水力。以后不又有哈萨特（Rowland Hazard）在罗得岛的金士顿（South Kingston）设立一个用原动力发动的织毛布的机器工厂。到1828年，有一个完全的毛织工厂——全厂装制发动机——在这里开工。于是这种工业遂一步一步地脱离了家庭工业。

在中西部总有些老妇人能说出昔年她们怎样的在家里清刷、纺织；怎样的洗刷机顺着小河流的有瀑布的地方立起了；怎样的把毛驮在马背上，或装在车上，有时候到二三十英里路上去洗刷；以后怎样的纺纱机设立了，或者就设在洗刷机的旁边；又怎样的后来来了个铁路，使新英格兰的布来得很容易，很便宜，把这些小机器工厂都倒闭了，蹋在泥中。旧日的上射水轮上都生下了苔藓，小工厂的屋顶也塌了，孩子们都在废址上玩耍。一切无人注意的美国生活上的变化都记载在这种可敬的故迹之上啊。

缝衣机——豪氏及胜家 当纺织机夺取了家庭的布业以后，手缝业依然还在家庭中进行。衣服要用针线“不住地缝”。后来缝衣业的革命也到了。1846年，有个穷人豪氏（Elias Howe）——他在望楼上作了多年苦工，非常艰难，几乎饿死——发明一种缝衣机。以后有胜家（I.M.Singer）用一种分期交款的方法，出售这种奇怪的东西，于是顶穷的人家里也可以得到这种机器了。

1860年，美国有四万多架缝衣机。不久，缝衣机又入了工厂里，使用原动力发动。各种缝成的衣都摆在市场上，要价非常的低——只有手工裁缝所讨的价钱1/4。由1850年到1860年间，缝衣工厂出产额的增加，由4800万元到8000万元。“不住地缝”，至是另改了方法了。

二、铁工业农用机器

铁工业 没有大批钢铁的供给，原动力机器使用是不能十分发达的。美国独立以前，差不多各邦都有小铁矿及炼铁场，用木炭熔化矿砂，取出其中的铁质。独立成功以后，美国冶金场由英国运来许多软煤作熔铁使用，但是，1812年的战争截断了这种供给，东部的宾夕法尼亚的铁厂主人不得不用本地煤了。

当18世纪发明了风箱以后，能使火力加强，硬煤也能使用。后来宾夕法尼亚的煤出产不竭，于是铁工业在这里发达得很快，当时别部小铁场都因而压倒。

西部宾夕法尼亚成为铁工业的中心　宾夕法尼亚的铁工业大发展，是约奥盖尼河（Youghlogheny）流域发现了铁矿以后的事情；这地方的煤铁场早在1790年设立了。15年以后，在法夷脱县（Fayette County）里有五处熔炉，六个制作场。压床与炼钢炉随后就设起了。未几矿坑熔炉即密布于阿利根尼及莫农加希拉两流域地方。匹兹堡当1788年宪法通过的时候，只不过400多个居民，这时成为大城市了。铁矿及熔铁顺流运到匹兹堡，在这里的压床、炼钢炉及铁厂里制成钉、铰、锁、犁、斧、矛、刀、长柄锅、糖锅以及数百种西部农人所用的农具。宾夕法尼亚的铁厂主人向人夸口，以为若使以重税将英国的钢铁排斥出去，他们即刻能供上全美国的需要。

农用机器的进步　既有了这些纺织铁器等等的发明，自然有些奇巧的人要试试改良农具。在美国独立的时候，农人所用的器具不见得比罗马时代所用的高明。犁头和“后庭扳”（Mold Board）都是木制的，很容易受伤或折坏。割禾用镰刀，打禾用连枷，或用牲口践踏。直到18世纪末年，一种英国的打禾机器在有些地方才开始使用，铁犁头也有时候使用。1797年，有一种通身用铁铸成的犁得了专卖权，25年以内，木犁差不多消灭不见，间或有木制的翻扳附在铁制的犁头上。

收获器——麦科密克　巴尔的摩尔的胡舍（obed Hussey）于1833年发明一种割谷机；麦科密克（Cyrus McCormick）于1834年在谢南多厄（Shenandoah）河流域的一个铁匠铺里也制出一种。1846年，麦科密克在辛辛那提开了一个工厂，三年以后，他在芝加哥又设立了一个器械店，这地方是一个生产谷物的中心。他逐年改良他的机器，到后来很为完备，只要有一个人驱一列马于一日所收获的，比五六个使镰的人还要多。当初这种机器只能割，割了后就摔在地下，后来附设了一个收谷扳，教一个小孩子跟随上收集，按时候捆成捆子。以后又发明了自动的收集，1880 年，有自捆机（Self-binder）能同时割捆，最后又发明一种很大的机器，使用许多的马力或蒸汽力，能把割麦与打麦的工作一次做毕。

西部的工业　好些时候，工业的发达多半是限于东部的。按照一个商务专家的计算，美国工厂与家庭的制造额，在 1811 年约有 2 万万元，其中 4/5 是属于宾夕法尼亚、马里兰、弗吉尼亚、纽约、马萨诸塞。但是，山以外的工厂不久也兴起了，特别是在有水力的地方。

肯塔基的皮佛尔克里克（Beaver Creek）在 1821 年已有锯木厂、面粉厂、一个洗刷厂、一个冶铁炉及锻炼场，美兹维尔（Magsville）有一个制绳工厂及许多玻璃厂；在巴里（Paris）有一个纺纱厂。同时有一个旅行家在辛辛那提找见一个铁厂、钉厂、毛棉工厂、一个制革厂、玻璃厂及造船厂——内河的汽船就在这里修造。左近百里的农人都拉麦子，驱猪牛，到辛辛那提来，交换制造的货物或由山外运来的货物。1840 年，有一个参观的人描写道：“我在那里听过赶牛的鞭声咯喳，工厂的唧唧嘈嘈：西部与东部正在会合一堂哩。”

三、运输进步运河发达

改良运输的必要　一切大工业都赖有一个广大的区域供他销售货品。简单的社会是不能消费大工厂的出品的，所以在营业范围以内，常要有人带上货样到各处去散布。因此需要一种迅速地运输及交通的方法，使各地能联结在一起。于是美国企业家即刻起来解决这种问题，不久并作出很惊人的结果。各处成立修路及修浚运河的私人公司。邦政府也来帮助这种事业。联邦政府也曾帮助过人民，修筑昆布兰——距水陆要冲的波多马克不远——到密西西比河流域的国道。

伊利运河（1825）克林顿 昆布兰到西部去的道路开通以后，激起菲列得尔菲亚及纽约市的商人，他们也希望能直接的联结。纽约邦商人领袖请邦政府出来修浚连接哈得孙河与伊利湖的运河。以邦长克林顿（Clinton）的热心指导，该运河遂于1817年开工（即俄亥俄加入联邦以后的14年，印第安那加入联邦以后的一年），在当时这是一件大工程，其困难远过于此时之建筑巴拿马运河。该运河长363英里，虽说沿途大部属于平地，但也有许多的丘陵要开通，许多的河池及溪谷要经过。一般自作聪明的人都说这事是永做不成的，他们称这是“克林顿的渠”，“克林顿的愚事”。

1825年，运河工程竣工。是年秋，伊利湖水流入运河。当时在沿线每5英里距离发一声炮，把这种消息传到纽约市了。克林顿邦长及他的朋友乘坐一队运河船，于11月4日由布法罗出发，向纽约市行进。他们携带一罐水注到大西洋里，表示这是海洋与大湖的永远连接。纽约城里鸣钟、响炮，与哈得孙河上的大典礼同时并举。

运河贸易对于运费的影响，其他的运河 运河的影响是很可惊异的。由车道上转运每百英里的运费为每吨32元，由运河则减为每吨1元了。麦、玉蜀黍、火腿以及其他农产物的运船，都由陆上回绕大湖，浮下运河。布法罗、罗彻斯特（Rochester）及叙拉古（Syracuse）即刻都变为贸易繁华的中心。设置华丽的客船由奥尔巴尼（Albany）向西，作有定期的航行。虽说在运河走得很慢，但是又安全又可靠，并且比较旱道上的车行已快多了。以后又有一条运河接连伊利湖上的克里夫兰特与哥伦波及辛辛那提，向南到俄亥俄河。于是由俄亥俄地方的中心到纽约城开了一条水路的交通。

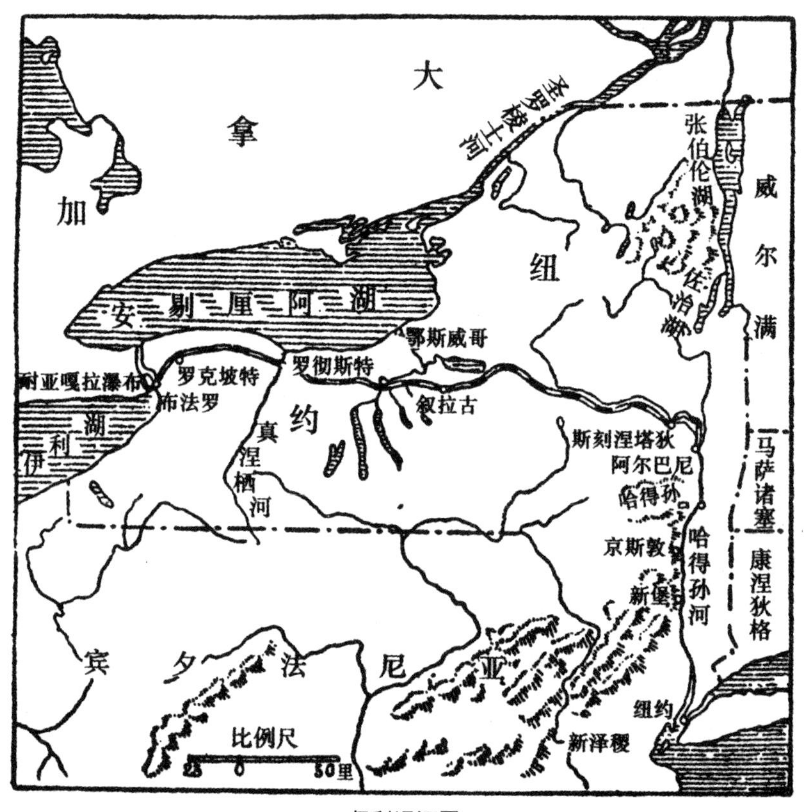

伊利运河图

宾夕法尼亚的运河及转运用的铁轨　菲列得尔菲亚的商人恐怕把对西部的贸易给纽约市商人抢了去，于是也请他们的邦政府建设连接沿海与俄亥俄流域的运河及转运用的铁轨。河流都尽着量使用了，与河连接起的运河也建设起来，作为连续不断的水路交通。运河不能建设的地方即设起铁轨，用车把船及船上的物件起运到最近可通航的河渠。这种工程在建设上及经费上都是很大的，但是能把匹兹堡、辛辛那提、圣路易斯，以及其他在俄亥俄及密西西比两河河畔的商务地方都直接接连起来，因此能使菲列得尔菲亚的商人在西部及西南部扩张他们的商务。装载商货到西部去的船回来都满带着农产物，或匹兹堡地方的煤铁。

四、汽船与铁路

汽船——福尔敦（1807）　当各邦都正狂着计划和修筑运河时，另有一种水上运输的方法发明了，就是汽船。在18世纪的后半期，就有几个发明家研究这问题，想用蒸汽机在河上及海上行船。福尔敦(Robert Fulton)于1807年到底把他有名的汽船克勒芒(Clermont)下水了，由纽约市航到奥尔巴尼——共150英里路，32小时去，30小时回来，来回都有风。1811年，有汽船来往于俄亥俄河。次年，有汽船由匹兹堡到新奥尔良作定期来往的航行。

加快运输的必要　汽船可给运河一种帮助，并不是同运河相竞；因为有了汽船，才使运河上各点间的装货及载客更见便利了。但是说到底，运河的运输还很慢，并且一到冬季常常被冰封锁。运货及载客都比汽船更快的一种方法是急需的。在美国及英国都是许多的发明家很费心思想的想用蒸汽机驶车。

斯蒂芬孙的火车头　一种预备马车行走的石轨路或木路早有了，这种短道，于19世纪初年在英美都是很多的。1814年，有个英国矿工斯蒂芬孙（Stephenson）做成了一个火车头——“哺夫比来”（Puffign Billy），他就用这个在他作工的矿场里轨道上拉车。十年以后，英国北部的斯拖克顿（Stockton）与达林敦（Darlington）间的铁路开通了。

美国的铁路——史蒂芬　美国的发明家对于英国人所做的事情是很留心的；他们自己的理想也很丰富。

新泽西有个史蒂芬（John Stevens），人都称他为“美国铁路的开山祖师”，因为他对于汽车老早就着手试验。他于1811年请求他的邦议院许他建筑一条铁路。人都以他为梦想家，凭照也没领得到。他又请求纽约许他建筑一条通布法罗的铁路，以替代运河，又失败了。于是他又折回新泽西，后于1815年到底得到美国第一次的铁路凭照，准他建筑一条连接德拉瓦尔与刺立坦河（Raritan）的路线。

但是，史蒂芬没能力使人对于他的计划投资。一般自作聪明的人还笑这件事情，史蒂芬不信一钟点会走一二十英里的路程。他们说：一个蒸汽机及一排列车是不能走曲线的。证明这说法是错了。他在霍博肯（Hoboken）筑一条圆轨，开驶车头与列车绕着走。反对铁路的人说这个是不能过山的。赞成铁路的人说他们可以掘地道——“路像窨井一样，平行的掘过丘陵山岳”。

后来各处都修起短距离的路线，也不顾这种的非难。纽约于1826年批准摩和克与哈得孙路（The Mohawk and Hudson），同年马萨诸塞批准由昆血（Quincy）到太德威特（Tidewater）的格兰奈特路（The Granite Railway）。第一条开车的路线是1828年建于宾夕法尼亚洪来斯德（Honesdale）附近的卡邦达尔路（The Crabondale Road）——连接该城与16英里外的煤矿。

初期的铁路 1828年，巴尔的摩尔与俄亥俄铁路公司开始建筑美国第一次真正的大铁路。开工的典礼很盛。当时卡洛尔（Charles Carroll）已93岁，是最后一个签名于《独立宣言》的人，于举行破土礼的时候，说：今日的事情是1776年7月4日以后的唯一重要的大典。巴尔的摩尔与俄亥俄路初用马车，后来采用汽机。库珀（Peter Cooper）的机关车“托木萨木”（Tom Thumb）于1831年在巴尔的摩尔与厄力各脱（Ellicott）工厂间开行，每小时有30英里的速率。

其他地方的铁路公司也是很忙的。在南卡罗来纳有一种叫做“最好的朋友”的机关车，是西方铸造公司（The West Point Foundry Co.）制造的，于1830年在查理斯顿与汉堡（Hambury）间通行，随带五辆货车，每小时的速率由16英里到21英里。1832年，以修运河驰名的克林顿及一部分议员，在奥尔巴尼与斯刻涅塔狄间的铁路上作试验的旅行，两地相隔有17英里，于一小时走到了。他们到了以后就在邦中宴会，并于称贺这件事情的宴席上有过这样的预言：“布法罗铁路呀！我们不久要在犹提喀（Utica）吃早饭，罗彻斯特吃午饭，伊利湖上和朋友们吃晚饭哩！”

铁路的发达迅速 铁路成功证实以后，各处人们即刻都得了建筑铁路的病狂。30年以内，大西洋岸与西部连成一气，共计有现在的波士顿与奥尔巴尼铁路、中央纽约铁路、伊利铁路、宾夕法尼亚铁路、巴尔的摩尔与俄亥俄铁路诸路线。由缅因的波特兰（Portland）到北卡罗来纳的威尔明顿（Wilmington）——相隔有1000英里——也满布上接连起的短路线了。

这种狂热即刻传到西部。底特律与安阿波城（Ann Arbor）间的路线（即现在的中央密执安铁路）于1838年修成。四年以后，就能乘火车由波士顿到布法罗。1852年，就有由东部到芝加哥去的铁路广告。1857年，芝加哥与圣路易接连起来，这就是现在的奥尔顿铁路（The Alton），同年，巴尔的摩尔与俄亥俄铁路的列车也到了圣路易。

在南部，铁路的发展较慢。但是，到1850年，弗吉尼亚的菲特烈堡（Fredericksburg）与北卡罗来纳、威尔明顿、诺福克（Norfolk）与刺里（Raleigh），都有了联络。由查理斯顿并有一条线伸人田纳西东部，并将克斯维尔（Knoxville）与海岸接连起来。塞芬那到佐治亚的中心有铁路接连，由蒙特哥美利及阿拉巴马，到海滨的班萨科拉（Pensacola）也能开通列车。

1850年，联邦国会拨给伊里诺斯一大批土地，为帮助一个公司筑一条由芝加哥通开罗（Cairo）的路线（即现在的中央伊里诺斯铁路），又拨给同样的土地予阿拉巴马及密西西比修铁路。到1860年，中央伊里诺斯铁路、中央密西西比铁路以及接连的支线都相继通车。因此墨西哥湾能与芝加哥联络起来。

转运公司的发达　随着铁路的发达，便是转运公司的成立。1839年，有哈恩斯敦（W.F.Harnsden）在波士顿与纽约间开始转运有价值的包裹，每星期三次，有专人守护。不久，要运的东西太多了，所以不得不用特别车。于是纽约与菲列得尔菲亚都开设转运公司，并于1842年哈得孙河上也设立起转运的机关。

威尔斯（Wells）与法哥（Fargo）于1845年开设向西到辛辛那提、芝加哥及圣路易斯去的转运公司。同年，亚当斯转运公司（The Adams Express Co.）组织成立。七年以后，美国转运公司（The American Express Co.）收买威尔斯与法哥的东部路线，于是开通横过平原与沙漠的转运路线，并取道巴拿马以通太平洋。一磅包裹用40分钱即可由纽约递到太平洋岸去。

转运公司的营业不限于铁路上，还修筑驿站与车站，设立驼运公司，运送邮件及包裹到山野地方去，到文化所能到的地方去。

五、电报海运

电报（1844）摩尔斯　人民对于火车尚未习熟时，一种更奇怪的东西——“感应电报机”——又发明了。试验用电力由铁丝上传送符号的人非常多，但是美国的人才摩尔斯（S.F.B.Morse）把这件送信的事情实地作成功了，而韦尔（Alfred Vail）则是一个帮助他的人。后来他于1838年发现能够传送三英里的路线，他即要求美国政府帮助，因为他是一个穷人，在这种发明上曾忍受了极难堪的困苦。他到底成功了，美国国会于1843年答应了3万元，准许设置华盛顿与巴尔的摩尔间的线，这线于次年完成。这种试验的成功，遂有许多公司组织起来，以接连各处重要的城市。没有多少时候，一个商人可以同日在纽约、芝加哥、圣路易斯及新奥尔良办理各种事务。

大西洋中的海底电线——菲尔德　又一种更可惊人的试验——横渡大西洋的海底电线——于1857年开始了。这在1850年时勒布令(Joln A. Roebling of Trenton,New Jersey)即曾有过这种想法，毛莱（Matthew Maury）也曾有过。毛莱是弗吉尼亚一位著名的科学家，研究过洋流及海底，因此给他一个“海路发现者”的名号。菲尔德（Cyrus W. Field）受联邦政府及英美商人的帮助，于是顺大西洋的洪流设置海底电线，想联结新世界与旧世界。两次海线设置在海中间都断了，每断一次，菲尔德把他的计划改良一次；在1858年，交通居然成功。后来美国总统与维多利亚女皇交换贺辞以后，线又断了；于是菲尔德于失望困苦中极力做他的事业。他永没变志，在1866年，他成立了永久的海底电线交通。

海运美国初期的造船业　汽船的发达虽然可惊，但美国仍靠欧洲的船运货载客，去过大西洋。这并不是因为美国的造船匠及水手比较旧大陆的不伶俐。事实却正相反，他们也是世界上顶有技巧的人，他们又有橡树松木等种种建筑快船的材料，也有大商人。

1812年战争以后隔了多少时候，他们才显出他们的能力。美国船飘扬着国旗驶到世界各处港口；美国船主及水手表示他们的能力，自依力及创造力并不弱于他人。再说，1819年第一个横过大西洋的船（一半使用蒸汽力），就是美国制造的，这船名叫塞芬那。但是海运事业的重要，美国人总没认识；舆论上对于政府帮助的必要也不知觉。

奖励海上运输 在另一方面，英国政府很知道海上运输的价值。1839 年，给堪拿德汽船公司（Cunard Steamship Co.）很多的奖励金，这公司正开始横渡大西洋的航业——这种事业即刻发达得很大。次年，英国政府津贴款项，资助到印度、中国及沿南美西岸各埠去的航业。

美国政府于 1845 年效法英国，提倡航业。在这一年也自贴款项给往来于纽约与布勒门间的海上航业公司（The ocean Steamship Line），及航行纽约与利物浦（Liverpool）的哥林公司（The Collin Line）。三年以后，绕合恩角到加利福尼亚的太平洋邮船公司（The Pacific Mail Line）也得了奖金。这种受政府资助的美国公司支持了好久，有些人梦想美国船有布满海面的时候。

美国海上商务的倒闭 后来有人不满意拿公款给予汽船公司。南部地主都以为他们可以用廉价的英国船运送棉及别的出产。1856 年，美国国会缩减哥林公司的奖励金。1858 年，所有的奖励金都废止了。不久，美国船都售予英国公司，许多海上运输的商务都落到英国人手中。

美国人的技艺及能力都用在发展制造、开矿及修铁路上去。1850 年，工业出产额的价值就赶上农业与园艺。美国显然是生就了的大工业国，不单是杰弗逊所希望的小农业国了。

第十七章
工业革命在美国人生活上所起的大变化

我们方才所说的奇异发明，把美国人的思想、工作、行路、买卖及谋生等日常生活从根本上转变了。这种新机器在国家所起的革命比其他任何东西都利害，比一切政治上政党的选举及竞争合起来还要利害。

因有廉价的土地，于是美国造成一种最大的独立生活的农人阶级，在世界上无论哪个国家都没见过。美国的政治家很自豪地向人称道自由与民主主义，大概就是因为这个。这种大发明在美国也和在欧洲一样，造成百千万工人和市民，并且在美国也生出同样的问题。我们实在可以说蒸汽机把全世界化为一家了。

一、工作情形的变化

分工　手工制造的时候，每个工人能作许多不同的工作。就以旧日的纺织业为例，同一个工人常能整花、纺织及染色，就是能把生材料变成一件完全的布匹。使用机器以后，每个工人都得专精于一件微细的工作，如看守整花机、纺纱机及织布机等。精于全部作业的工人用不上了，于是都换成专家。他在他的执业上非常伶俐，一换在别种机器上就没有用了。

分工的另一结果就是能联合许多的社会。在昔年的时候，每个田庄或每个城市都差不多制造一切所需要的东西。工业革命以后，城市和个人一样，也变成专业——有的出产金属器，有的出产布匹，有的出产靴鞋。每个专业的工业城市于是都不得不依靠别的城市，需要他所不能制造的货物。因此，才提倡起迅速的运输与交通，才成功了很大的城市。并且当一种赖致富盛的工业倒闭时候，也能使一个城市冷落无望。

工厂制度　在昔年用手工作的时候，所用的器具只不过很简单的几件。一个有才智有技能的工人，当完毕学徒业以后，往往给自己能找下职业。他也不需很大的资本就能开设一个织布局、鞋铺及打铁铺，并以妻子们的帮助，他的事业上所需要的劳力常就够了。但是，复杂的机器行使以后，用蒸汽机于同时可以发动数百甚至于数千个机关，因此这种情形渐渐变了。小铺店的工人既不能和机器的大生产竞胜，也不能以同样低的价格出售货物。由这种“工厂制度”于是乃有大批金钱的入股——“资本”——以购买土地，建筑机器厂，办专利等等，几个有地位的工人都变成了工厂的主人。

工资问题　在往年那种制造制度之下，我们都知道的，主人常常就是工人，因此资本与劳力两者都有。在这种情形之下，对于谁应得卖货所得的全部盈余是不生问题的。但是到了工厂发生以后，一部分人是供给资本的，一部分人是供给劳力的，于是不能不发生一个均分盈余的问题。要解决这种问题并给两方都满意，是很难的。于是由现代工厂制度的发达生出了一个复杂的问题——工资问题。

工厂中的妇人——劳力的一种供给 新发明对于妇人的生活及劳动上的影响比在男子的生活及劳动上还要大。机器行使以后，工厂主人都以她们为供给劳力的重要来源，尤其是在新英格兰的纺织业区域。因为农人们都不愿失去他们的雇工，所以要使她们不生畏惧，才在四处贴广告，说大部的新工业都是美国妇人可以做的。要没有她们的帮助，新英格兰的纺织工业不能发达，因为到1850年以后，欧洲的流民才成了劳力的重要来源。

妇人的新境界 当妇女们离了家庭的纺车，管了工厂的纺机的时候，她们还没得着一种工作的新境界；只因机器工业的种类加多，她们才找到新兴的职业。制造家发现出妇人的精巧与专心以后，于是给她们开设新工业。在1820年与1840年间，有百余种不同的工业都给女人开放了，其中有许多的职业是需技巧，而不需蛮力的。例如，靴鞋的制造，在当初就是男子的职业。后来发明家侵入工业，把最费力的上钉与合缝都用机器做，所以有成千的妇人都引去制造靴鞋了。

妇人们一离开旧日的境界以后，都加入商店局所，并不限于工厂。《纽约时报》（New York Times）在1858年极力鼓励妇人加入书记类的职业，因为她们是特别适于这种职业的。

工业与家庭 在纺织及染色等业都在用手工作的时候，妇人们就是工作也多半是在家里。工厂制度发生以来，把她们的职业在火炉旁夺去了，妇人们也得跟上在使用机器的大建筑底下做事业。于是妇人也走出来在大世界上配住男子工作，在一样的工厂，一样的时间，并且一样的受生命及卫生上的危险。

一个家庭常常散处在一个城市里：父亲在一个工厂，母亲在一个工厂，儿子又在一个工厂。结果在家庭的生活上起了大变化：把旧日的母亲和儿子的工作及生活只限于家庭的那种理想完全推翻了。有时候妇人也知道和男子极力地争工。

童工　妇人以外，男女孩子也是当初一种供给劳力的重要源泉。几万小孩都为穷困迫人工厂。工厂由他们维持。也有自私的老子为增加家庭的入款起见，把儿子送到工厂里作工，而在实际上并不是必须的。甚至于大政治家汉密尔顿也以幼年儿童受雇是工厂制度的顶上等的特质。工厂主人只知道他们的劳力是便宜的，就赞同这种意见了。

儿童们在田间在家庭里早已习惯了苦工，所以劳动对于他们也并非新加的。只有工厂里的劳动才是新加的，因为在这里他们的父母都不能看护他们。在他们劳动的时间以内，他们的卫生都不得父母的安排。工厂的机轮由早晨直转到晚上，他们希望维持自己的位置，不得不老等在自己的地方。所以在挨苦的长期历史上，儿童也得占一章了。

劳力的新供给——欧洲的流民爱尔兰人　因为工厂、城市、修运河及筑铁路等事业的发达，工人的需要增加。于是大队的流民开始侵入美洲。在1860年以前，第一种重要的流民就是爱尔兰人。爱尔兰的人民在英国政治底下是很不幸的。他们虽然是旧教徒，但被迫得拿出钱来维持别的教派。他们境内许多的土地都是地主的产业：这般地主居住在英国，征收半饥不饱的农人的佃税。爱尔兰人受伦敦议会的节制，他们没有得到自治，缺少了自己的议会。

1846年，有1/3到一半的居民所赖以为生的马铃薯几乎没有收获，有1/3以上的人们都仰给赈济，还有许多已饿死了。这种饥荒尚未过去，死的或离开爱尔兰的人就有200万，还有许多人到美国来创业。据1850年的统计，在美国的爱尔兰人差不多有100万。

德国人的迁移潮 第二种就是德国人。他们也遭受专制政府的虐待。大陆上的马铃薯与爱尔兰的在同一年都没有好收获，在莱茵河流域及德国南部更是不好。1848 年，德国许多地方发生了反对君主及贵族专制的革命，打算要设立人民的政府。这种民众的努力多半没有结果，革命的领袖都被当局监禁杀戮或放逐了。

大批的德国人于是都横渡大西洋，其中不少特出的人才，如叔尔茨（Carl Schurs）就是一个。1847 年，有一万多人在纽约市登陆。以后几年，数目差不多还是一致的增加。1850 年，印第安那、伊里诺斯、密执安及衣阿华四邦中德国人将近 10 万。德国人都散在西部，不像爱尔兰人多半靠近东部沿海居住。虽然说有许多停住在芝加哥及密尔沃基（Milwaukee）城里，但最初离开美国人而自行成家立业，为独立自给的农人，或者还是多数。

1860 年外来的人口 由别国家过海来的流民也和爱尔兰及德国是一样的。1860 年，在美国有 400 多万生于外国的人，他们大部分是在十年以内迁来的。

二、劳工运动

工资制度 因为工人的数目太多，许多悲惨的事情也随着发生了。工作的时间很长，往往由太阳出来直到太阳落下，所以留不下时间精力做别的事情。要是一个雇主的事业失败了，雇工们因为没有权力处分雇主的财产，只好担受失去应得工资的危险。工资常不能按星期发，甚至于不按月发，并常常给他们发价值不定的纸币，或兑现时折扣很大的储蓄票。工人们为增加报酬及缩短时间起见，要结合、罢工或组织联盟，就要常受罚金和监禁的刑罚。

笨重工作的工资低廉　工资常是很低的。据一个很博识的历史学家说：平常像伐木及提泥灰桶一类工人，每日做12小时的工作，得75分钱，是很有运气的了。一到冬季，有很多人虽每日得37分，甚至于25分，都喜欢工作，实际上当天寒困苦的时候，常常有许多人都预备出去工作，只求有饭吃有房住就得了。在运河及大路这类工程上，每月15元，食住在内，是夏日的通常工资，一到冬季，常常减到5元一月。

妇人工资是更低的，许多的职业都不准她们进去。有些笨妇人都去找缝破衣、装书及做衬衣一类的事做。有儿子的人和寡妇常给人缝衬衣，因为她们能把这种活拿回家去做。这一类的工资是可怜的。虽说当时的生活较现在低，但比较说来，工资实远不如现在。在这种情形之下，穷惨的现象是常见的，尤其是在大城市之中。

工人联合　这便是19世纪初年的情形了。当时有些工人和同情于工人的人，极力地提倡改变这种情形。他们约于1825年就组织工人联合会，置法律的干涉于不顾。新英格兰的女织工及纺纱工组织会社，并要求缩短时间，增加工资。菲列得尔菲亚的机器工人于是要求每日十小时的工作，纽约的造船木匠也起来响应。1828年，菲列得尔菲亚有许多工人决定给自己组织政党，并只选肯帮助工人阶级的要求的人作候补总统。两年以后，纽约奥尔巴尼的工人组织一个政党，并将该城五区中的四区占去了。在各大城市中，新闻纸都是赞助工人的权利的。

工人会社的联盟　当初的工人组织在性质上是地方的。后来铁路建筑成功，旅行是很容易很便宜的了，于是工人组织全国的联盟，或各地联合会的联盟。1852年，有印刷工人联盟；1854年，有制帽工人联盟，1858年，有铁工人联盟，1859年，有机器工人联盟。这种联盟的目的是在联合全国所有一种职业的工人于一起。罢工常常随联合而起。

劳工运动的初期 领袖煽动家及讲演家在国内到处讨论工人的问题。在这般人中顶热心的是个由苏格兰到美国来的妇人来特（Frances Wright），她是在美国的第一个赞助工人权利的人。她演说劳工问题，主张缩短时间，提高工资，改良工人的居室，以及别种许多的改革。在许多城里，因她当众演说的违法被逐了，还有许多城里剥夺她的发言权——人们对于女演说家太害怕了。但是，她的理想种下根了，许多地方都立起“来特宣传会”（Fanny Wright Society），提倡工人的利益。

另有一个改革家亚温（Robert Dale Owen）也主张同一的理想，他是住在印第安那的英国名人，他作过一篇论文题名《国家教育》，主张义务的公立学校制度，与现在全国所行得很相像。他也被一般人认为滋事的人物。许多工人都不认识他的有利于工人的主张。一个纽约印刷工人的委员会曾宣布道：一个外国人给美国人出主意做事情，是一件侮蔑的行为。

本地工与客工间的竞争 外国来的人惯于在美国通行的工资以下作工，所以本地的美国人都认这是一件可恶的事情。在新英格兰方面，农人的女孩都被旧大陆来的男女逐出工厂。到处有爱尔兰人夺取美国人的工作，修路，浚沟渠，排除池沼，以及普通的劳动的事情。

男子普遍的参政权成立以后，客籍人都在政治上有了地位：本地的人才更怕，尤其怕新来的人多半是旧教徒。这种的恐惧太厉害了，甚至于设立起“本地美国人”（Native American）党，并在1858年选出总统候补人。另外还有排斥客籍人作官吏的规定。这一党一般都被称为“一无所知”（Know Nothing）党，因为这一党的开会是秘密的，再有，每向这一党的党员问他们的宗旨时，他们常回答说他们不知道。他们用一种“美国人必须管理美国”的口号，并宣言客籍的人除非他继续在美国居住过21年，不能许以公民权。

三、城市的发达，外国贸易，南部的情形

城市的发达迅速 全新英格兰的工业城市如罗威尔、布洛克吞（Brockton）、波尔威顿士等都似妖魔一般的发达起来了。旧城市也更加繁盛。在1840年，通国有五个一等的城市，按重要的顺序是：纽约、菲列得尔菲亚、巴尔的摩尔、华盛顿、波士顿。纽约在当时号称有30万人，波士顿有9.3万人。

向西去的新城市也正在发达。布法罗是流民向西去的门户——据1835年报告，每日有1200人——并且西部到东部市场去的出产也取道于此。1850年，布法罗的人口有4.2万人。

沿密执安湖一带低湿地方的芝加哥乡村也变成活动的商务中心。1840年，这里有5000居民，住在沿街修筑的木房里边。街上仍长着田禾与荒草。一遇天雨的时候，污泥没胫。但将来伟大的气象已经看见了。几百只帆船汽船运农产物出去，运东部的制造品进来，许多的水手、商贾、匠人及车夫都有了雇主。

底特律与克利夫兰特都变成重要的贸易中心。向北去，有密尔沃基很快的驾于各城之上，这城的人口在1840年就有芝加哥的一半。因为内河的汽船贸易增大，各旧城市如辛辛那提、路易斯维尔及圣路易斯等也继续的繁盛起来。

城市政府的背景 因为城市的发达，一切城市政府的困难问题

都来了，如铺街道、街道的翻修及清除、街灯、消防、警察、公共卫生、运输、居住、收税等——对这种问题要很费心思的。纽约城当有5万人的时候，街道还没有定期的清除。为消防起见，每人要按火炉数目的多少在自己的前厅上备置若干个水桶。一有火警报告的时候，他即刻把这些桶搁在门前阶上，候过来的人送往起火的地方去。第二天他到市政厅上去领他的桶。他可以在这桶上标识他自出心裁的图画。在这里也没有正式的警察。赶车夫及别的工人日间都作过工了，夜间还有当守更的。有时在他们应当巡街的时候，他们实在都回家睡觉去了。1850年，菲列得尔菲亚才有正式组织的警察，三年以后，纽约也设立起统一的警察。

外国贸易 因为工业进步，美国人绝不能限于自给的生活，完全不理外界各处的事情。美国人不能等在家里，静候欧洲的船运来工艺品，交换他们的农产，他们也出去在欧洲及亚洲找市场，去售他们工业上的产品。因此，他们对别的国家发出兴味了。于是美国不是一个“别致”的国家，也成了世界列强之一，也和列国一样地搜寻通商了。1844年，和中国正式缔约。十年以后，再和日本订条约，使这一国也得领受了西方的文化。

进步的意义 随着发明生出来的观念是常常进步的，不能黏滞于“旧的即是好的”那种态度上。要是有个聪明的发明家做出一种新的机器，能制出比旧的更便宜的货物，那旧的就推倒了，不用了，破坏了。要是有个聪明的人发现出一种新的有利益的营业方法，他即改变了他的态度，别人也效法他，否则就要落后。青年一发现别的城市里的工资好，就都迁去了，舍开旧家乡去找新的去了。所以用祖父的农器及用祖母的家具那种旧式的工作情形从根本上废除了。

人们都不能安住在自己生长的村中，都惯在各处活动。乡村与家庭都打破了。再说，由世界上别的地方来的人很多，苏格兰、爱尔兰及日耳曼人都有，所以人民的意见也融合了。狭隘的反对邻邦、反对邻城及反对邻人的忌妒心，都因为常相来往的关系，一齐改正了。

南部不大受工业革命的影响　这种最有特性的——充满着将来的希望的——工业大革命，城市的发达及外国的人口大迁移，大半都限于北部工业进步的地方。1840年，纽约一城的人口比华盛顿以南如里士满（Richmond）、彼得斯堡、查理斯顿、塞芬那及新奥尔良等各重要的城市都多。南部有的是水力和很大的自然矿源，但是都没有开发。这里本有可以与宾夕法尼亚的铁产、新英格兰的棉业纺织相竞争的东西，但是奴隶制流行的时候，欧洲人总不愿迁到南部各邦去，资本也不投向南部的工业上。

还有成千成万的人都离开弗吉尼亚、北卡罗来纳及别的南部各邦，迁住在俄亥俄、印第安那及伊里诺斯的低地去。他们发现这里的土地肥沃，也喜欢逃出旧地方，免得以没有奴隶的人受贵族地主的挟持，使他们脱离穷饿的机会很少。许多小康之家的人，尤其是南部的朋友会徒，都因反对奴隶迁入中西部去了。南部的奴隶制度若不除去，只得常常停滞在农业上，人口不繁，不得与北部比胜。就因为这种农业与工业上利益的不同，于是两部之间才生出激烈地冲突，到底引起了“南北战争”。

前途的观察　在前一章我们想绘出一幅流民西徙的理想图来——喜欢活动的猎皮户、开矿师、牧牛者、平原上人、作先驱的人及种地的人。一个广大的西部就是这般人所开辟占据以去。现在我们给我们自己得绘出一幅由工业革命所产生的新人物图来——商人、发明家、工业界的领袖、铁路业的伟人、真正的企业家、资本家——表示急急忙忙地改良各种机器，设立银行，给工业及铁路业集股，修造工厂及建筑穿树林及过山脊的铁路。有些胆大的领袖率着他们设立大城市，交通僻远荒凉的地方，砍伐树林，开辟矿井及油井——就实际上说来，地球的表面都改了样子了。得了他们的指导，许多仰给工资的工人于是慢慢地组织劳工运动在工业及社会的控制之下，也发出要求的呼声了。

在自由农民和地主之上再加起商人和工人，就有了四个重要的派别。这四派人支配美国数十年来的政治史。这四派人都继续的增加本派的利益。于是政府职务的大部分变为调节这几派人间的差别及不让一派人过于得势。而同时还有一种事业，就是用极高的自由及人道的理想，融洽四派人于一起，作为一种国民，在世界列强间竞争并维持一个地位。

第十八章
美国政治的民主主义的发展

当19世纪的前十年，美国各处都是新时代的景象。由东部来的人民向西蜂拥到密西西比河的流域。由西欧各国来的流民都集汇到美国的海岸，允许加入联邦的新邦一个紧随着一个。在独立时期的旧人民及他们以“真正美国人”自豪的后裔的旁边突出了一个新世纪。新问题辩论起了。新问题——发生于城市的兴起，铁路的建筑，工人数目的增加，工厂制度的发达——都使那般从事于公共事业的人感受困难。殖民时代那种缓步自得的气象丢在脑后了，真好像进行迅速的快车把风丢在后面一样。

一、选举权的竞争

美国当初民主主义的原则　这些生活的、工作的、旅行的及思想的新态度，自然要发生一种政治问题上的激烈讨论。不久就有一般领袖的人物怀疑到许多当初遗留下来的法律，探讨国家的政治是否与祖宗们所揭示的自由大义真正符合。当独立的时候，《独立宣言》

上曾对世界宣布过一些自由及民主主义的大原则：

教没有权参与政治的人纳税便是专制。

政府的一切权力都是由被治者的同意上取得的。

凡人生来都是平等的。

凡人都有如生命、自由及享乐等天赋的权利。

这些原则的施用　这些都是很大的理想，但是在我们第一次邦宪法的制造上及联邦政府的组织上，都没有严格地施用。当独立的时候，有许多美国领袖人物怕平民普通的直接参政，和怕专制君主的干涉是一样的。

汉密尔顿说：社会是分为少数和多数两个阶级的——“有钱有家世的人”和“没有判断或正当决定的多数人”。麦迪逊说：“多数人民专制之在美国，和皇帝之在欧洲，是一样的可怕的。”就是在当时被许多人民都认为有危险的激进派杰弗逊，起初也反对给没有土地的人，到了晚年才信奉男子普遍的参政权。所以第一次的邦宪法及法律，虽说仍建筑在“被治者的同意权”上，但事实上已把许多男子的选举权除外，女子更不用提了，这是不足惊异的。

选举权上的限制　反对男子在政治上权利平等的法律大要如下：

（1）差不多所有各邦中，能投票的男子都是有财产或纳税的人。有几邦中因为财产数量的限制把许多人都除外了。

（2）除穷人没有选举权以外，在第一次的邦宪法上常常规定“只有富人可以作官吏”。因此，财产少的人就是能投票，也选不出一个与自己同类的人来作官吏。

（3）有几邦中限制信奉某种教派的人不得作官吏。

扩大选举权的激战　这样违背革命原则的情形，不能历久不生问题的。于是做小册子的著作人出来了。要求废除在选举权上与作官吏加以财产与宗教限制的声浪也到处听见了。请愿书都预备好了，签名者有成千成万的人。

一个马里兰的文人说：给所有的人，不论贫富，都得开放作官的机会的时期已经到了。在纽约邦中有一张七万人署名的请愿书，递给该邦的议会了，要求男子普遍的参政权。在弗吉尼亚——这里只有地主（“有自由的人”）能投票——有些没有自由的人向1829年的宪法会议里请求可以珍贵的参政权。

赞成参政权的论调 那般赞成开放作官吏的机会及普遍参政的人，都根据简单的人道主义及《独立宣言》的原则——“政府的一切权力都是由被治者的同意上取得的”。他们说：贫民需要选举权自卫及取得有利于他们的法律，正和制造家取得有利于他们的保护税是一样的。他们屡次高呼革命的战声：“什么是‘实在的代议政治’（Virtual Representation），并没有这种东西”，这就是说，没有选举权的人在政府里实在没有代表。“有钱及有家世的人”在道德和智慧上就能垄断一切的理想，是为他们反对的。在政府里并没有发言权的穷人，而说是已受人代表，这种意见是为他们所嘲骂的。他们结论道：没有选举权的人决定得给选举权，给他们选举权不要过分限制，这才是一种比较聪明的办法。除过这种男子普遍参政权——每个成年的男子都有选举权——以外，另有一种激战——主张有许多官吏直接由人民选举。

反对扩张参政权的论调 这般要求增大民权的人处处受那般有特权的人反对。他们以为这种新要求违反美国历来的政治宗旨的——侮蔑那般组织邦宪的人的学识与名誉。像这一类的论调是常常听见的：

并没有真正的男子普遍的参政权的要求——只是少数喜欢胡闹的煽惑家想挑拨是非，多数的人民都是很满意于他们的景况的。我们现在都很幸福及富庶的了；为什么要改革呢？像那般人提出的极端的民主主义，在欧洲凡是试验过的地方都失败了，弄得政府也为所毁坏。贫民没有财产，无所可虑。所以在政治上没有利益同关系的，预言上天有命；世上常常得有穷人。工人要是有了选举权时，他们就会把票卖给雇主并且在政治上要办起事来。给他们选举权和作官，到头只有国破家亡而已。

东部反对男子平等参政权的人，大概都反对西部各邦加入联邦，并反对新邦的人参与联邦政府的政治。

总统选举人的普遍选举 总统选举人的普遍选举，早就有人主张。在美国的宪法上规定总统选举人的选举，概归各邦的议会决定。有时候邦议会议员就决定归他们自己执行选举，常常不得大多数人民的满意。经过了许多的讨论以后，选举人的选举权才直接给予人民。到1832年，除过一邦以外，各邦都通行“总统选举人的普遍选举”。独南卡罗来纳邦的议会仍旧选她自己。

当19世纪的初年，又有人要求美国参议员的普选，参议员向来是由邦议会选举的。为达到这种目的，有一个联邦宪法的修改案早在国会中提出了。但是这案许久不大得人的注意，直到1913年后才予以通过。

逐渐地得到选举权 这种男子普选权的战争在几邦坚持很久，并很激烈。但是，另有几邦里，尤其是西部的，竟很容易地得了胜利了。肯塔基于1792年加入联邦时，即规定男子的普选为条件，田纳西于1792年的邦宪法上规定：凡属自由民曾于选举期前在该邦无论哪一县居住过六个月以上，都准投票，俄亥俄在她的第一次宪法上许地主及别的一切纳过邦税或县税的人，不论多少都可以投票，印第安那于 1816 年给凡属白种的自由男丁都有选举票，两年以后，伊里诺斯也取法印第安那的成例。

东部也有几邦和西部对峙，新罕木什尔、佐治亚及马里兰都早取消了选举权上纳税和财产的限制。

另有几邦，如马萨诸塞、康涅狄格、罗得岛、纽约、弗吉尼亚、北卡罗来纳及南卡罗来纳，仍坚持着财产的限制。直到 1826 年，纽约还不肯舍弃那种旧制度。弗吉尼亚直延长到 1850 年，北卡罗来纳于 1854 年才停了反对白种男丁普选权的战争。

多尔之乱 在罗得岛为要求男子普选权的事件，酿成了公然的违犯法律。在这一邦只有地主可以投票。因此在工业城市发达以后，一般没有土地的工人、书记生、教师及商人，在政府里都没有发言权。多年以来没有自由的人，都极力的要求选举权：但是，地主们回答他们说，我们远祖宗设立的规矩，我们得继续保守的。

1841 年，这般激怒了的无权人民自己召了一个会议，草出了一种给他们选举权的宪法，并举出一个学校的教师多尔（Thomas Dorr）作邦长。该邦的正式政府反对这种叛党，两方面都预备开战。流血的事情到底免了，但多尔及他的许多党人都被捕并处以监禁之刑。

次年，保守派退让了，实际上所有的人都有了选举本邦官吏的权。多尔由监狱里边听见了呼喊胜利的叫声，以后他由监里释放了，法庭上判他到监狱的判词也在记录册上画销“X”。康涅狄格怕这种争执越过边界来，于 1845 年允准男子的普选权。

二、女权竞争

对待妇女的差别　所有这种男子的权利正在要求的时候，妇女也开始要求她们的权利了。妇女们除屈服于穷男子所反对的法律底下以外，还有种种不平的待遇。妇女无论有多少财产，不能投票，不能作官（有些很少的例外）。

妇女不得进大学，不得从事像法律及医药的这种职业，不得进行许多的商务和企业的事情。在许多邦里，凡是出嫁的女子，在她的名义底下全不能登记和使用财产。一个出嫁的女子得了财产或继承财产以后，她的丈夫有权使用这产业收租或任意支配。她的别种财产如宝石、金钱及工资等，她的丈夫都可当做他自己的。

妇女对于差别的反对　许多热心的有思想的妇女，都恨这种种差别。其中领袖的人物于是问道：为什么我们没有权管理我们自己的财产及工资？为什么我们没有机会可以得到高等教育？为什么我们不得从事于种种职业，如法律、医药及传教？为什么我们全不得参与政治——凡属白人，不论贫富、善恶及智愚所要求的政治权利？

当初这种反对都是私下进行的，后来慢慢的张大了，最后新闻纸上及公共的讲坛上也公然发现了。1825年，纽约及邻近各邦都要求男子普选权的时候，来特女士提议选举权必得是无限制的“普遍的”（universal）。

对于女权的非笑　所有这种“女权”上的活动都受了非笑。守旧的人们听说女子在公共场中发言都吓动了。有人说：要是出嫁的女人准登记她的财产，并得管理她所得的金钱，全不交给她的丈夫，或者要是有了选举权，那家庭就要破坏了。

凡属反对男子的平等选举权的论调，都反对给女子以投票权。

第一次女权会议 非笑自然不能阻止这种要求。1848年，以谟特（Lucretia Mott）、来特（Martha C. Wright）、师坦顿（Elizabeth Cady Stanton）及马克林托克（Mary ann Mc Clintock）等人的发起，在纽约的辛尼加瀑布（Seneca falls）地方召集了美国第一次的女权会议。该会议发出了一种重要的“权利宣言”。许多新闻纸对于这种会议及宣言都极力嘲笑，说“内人的执政”（Reignof Petticoats）由此发端了。妇女们并不为这种挨石子、遭侮骂及受监禁的事实所阻挠，仍坚持着她们的要求。

参政运动的速效 这种新运动在数目上及力量上都渐渐地得了胜利。国内顶有能力的妇女都帮助这事；如马萨诸塞的有名的新闻家和论著家佛勒（Margaret Fuller）和奥柏林人，美国第一个高等女子学校的毕业生斯顿（Lucy Stone）。1851年，安东尼（Susan B. Anthony）作了很驰名的领袖，于是她开始她的要求女子参政的54年的事业。

后来重要的男子也帮忙。反对奴隶大家伽利孙及菲力普斯（Wendell Phillips）都给妇女说话。爱默生（Emerson）、惠蒂尔（Whittier）以及别的新英格兰的文人，都赞助她们的要求。远在西部，早有林肯主张那种“凡尽力于国家的人都得分配政权”的原则，当然不会把妇女除外。参政会议在宾夕法尼亚、俄亥俄及印第安那都开过，并于1850年开全国会议，到了九邦的代表，设立了一个全国委员会。

女子参政与奴隶问题 当奴隶与联邦的问题发生以后，乌云笼罩了全国，女子参政问题也进行得很快。参政运动中的领袖，根据《独立宣言》上的美满原则，信奉一切都是自由的；她们自然帮助废止奴隶派攻击奴隶制。她们希望这种自由成功以后，可以得到无限制的普遍参政。她们作了失望的牺牲了。她们眼见解放的奴隶把选举票得到手里，但人家告诉她们，教她们还得等待。

第十九章
19 世纪前半期平民教育的发达

因为工业革命的进步，城市的兴起及民主政治的发达，美国教育上也辟了一个新纪元。在昔殖民时代，许多地方已设立了读书学校和拉丁文法学校，对于开支公款维持学校的办法也有了端绪。但是，大部分的人民（若不包括新英格兰在内，一定是个大多数）不能读也不能写，能进中学和大学的人更是极少数。

在殖民时代，设立学校的理由是为宗教的，并不是为教育的。教儿童读书和写字并不只为知识的本身是好东西，不过为教他们明白他们父母所属的教会的教义。大学的重要目的就是要给教会培养牧师。

一、义务初等学校的发达

低级学校脱离宗教的束缚　学校脱离宗教的束缚，或者要算是19世纪教育运动上一个很重要的步骤。到19世纪的初年，旧日学校把严格的宗教性质都失了一些。有些非宗教的或世俗的科目如数学、历史及地理等都早经添授了，但学校仍受制于宗教的势力之下。但是，在每个教会里教派的发达都是很快的，受公款维持的学校或公家管理的学校要采用某一种教义教授，即刻就发生困难。

对于这种问题有三个可能的解决：每个教会要是能筹下款，可以不避耗费，给自己设立学校；不然可以尽儿童们不读书不识字，或者可以有个教授世俗科目的学校，宗教的教授则留给家庭和礼拜日学校。

人民的迁移能帮助解决这件事情。新来的人未能变作美国公民以前，须得先受教育，这是很容易明白的。除过教授这般外来人怎样读英文及写英文以外，给他们一些关于入籍国家的地理和历史知识，也是必须的。因为这种种理由，昔年盛行于学校的严格的宗教目的，于是变作世俗的目的了。这种变化确始于19世纪的初年，但是他的影响伸张得很慢。

自由学校的发达——昔年普及教育的困难 要是初等教育真实普及了，就是说所有6岁到12岁的儿童都进了学校，学校的地址、建筑、器具及仪器等所费的钱真不少，并且要和教师的薪金一样。就是那般早承认普及教育的需要的人，他们的努力也因经费的缺乏受了阻碍。

依慈善事业维持学校 为要筹经费，计划了几种方法。在纽约以及其他中部各邦的城市里，为群众设立的初等学校，多时候是完全受慈善事业维持的。社会给学校筹款正像今日为孤儿募捐一样。

实际上这类的学校人常称之为“慈善学校”。这类学校自然引起了许多的批评，这种批评的人自信教育是社会对于一切儿童的一种义务。工人特别反对慈善学校，他们对于设立义务的以赋税维持的初等教育有很大的势力。

宗教团体所管辖的学校　有些地方的人民，就全体说，对于采用以赋税维持学校的原则很慢，因此有些颇有资产的教会给穷人的儿童供给初等教育，不论宗派，不收学费，或少收学费。这种学校也有他的不好处。儿童到了这种学校要学供款的教派的教义，因此许多的父母都不愿意。教派管理的这种学校也常想由赋税项下得些补助，因此在各异的教派之中引起了激烈地争执。

以低廉的经费设备初等教育的办法——兰加斯德尔、贝尔的班长制度　有一种巧妙的方法，可以把很少的经费在教育事业上得很大的效果，由英国传了过来。这种方法在英国于19世纪的初年已经采用。学校经费中，支出最大的就是教员薪金。当普及教育在英国很需要的时候（大约与美国同时），有两个人——兰加斯德尔（John Lancaster）及贝尔（Andrew Bell）——想出一种计划，他们自信这种计划可以把那种支出减少到最小限度。他们计划每个学校用一个成年而预备充足的教师管理。这种教师的第一种任务，就是教授一群年长的生徒；等到有了进境以后，便安排他们去管理较小的生徒。他们每日费去一部分时间教授，其余的时间仍继续自己的研究。每一群生徒升了级，都得依次教授年纪较轻的生徒。用这种方法可以得到“生徒教师”（pupil teacher）或班长的不断的供给，除过校舍的供给与维持费及一个教师所给的薪金以外，所费者很少，或者不费。

这种计划称作“兰加斯德尔一贝尔制度”（Lancaster-Bell System），或“班长制度”（Monitorial System），在英国很受欢迎，也是普及教育问题解决的方法。这种制度输入宾夕法尼亚及纽约的学校里，在当时觉得是一种很长足的进步。以有这种制度一切儿童至少可以受些教育：但是，到底还是一种“权宜之计”而已。

要求赋税维持经费　要使人民知道教育本当是一件很大的公共事业，须得自愿地挪出赋税来维持，这实在是一种艰难历久的努力。有钱而没儿童的人民，就要问他们为什么要纳维持别人子女的教育税。但是，教育的需要很切，到底北部的各邦都通过了一种法律，强迫地方团体维持初等义务学校。到1850年，义务学校已普及于通北部与中西部各邦，并有几邦不识字的人的百分数在总人口中几乎和现在一样的低。

义务学校运动中的领袖——梅因与马萨诸塞的振兴教育　在义务学校运动中，有几个男子和妇女是我们都应当纪念的、崇拜的。因为他们有确定义务学校原则的功劳。在这些领袖当中，梅因（Horace Mann）的位置很高。他以马萨诸塞邦教育局秘书的资格周游邦中各处，召人民在城市、村落及乡区集会，劝诱他们，教他们得慷慨地拿出钱来维持公立义务学校。报纸上把这种消息露布到其他各邦，通北部与中西部各邦都请梅因讲演。他不仅告诉纳税的人对于维持学校要慷慨些，并且召集教师，帮助他们组织团体，谋取他们自己职业上的改进。他提倡设立邦立师范学校，以训练公立学校的教师，结果是很好的。至于义务图书馆的发达，他也有鼓吹之功。

巴那德　新英格兰另出了一个大教育家，即巴那德（Henry Barnard）。他在康涅狄格教育局秘书任上服务多年。人们对于他们的学校发生很大的兴味，对于维持教育也更急公好义，这都是他提倡之功。此外，他发行一种杂志，给人民报告重要的消息，教人知道欧洲公共教育的进步迅速。这事纯粹出于他的好义之心，因为他的杂志虽在全国有很大的销路，但永不足抵偿出版费。他差不多全由他自己的款项维持这种出版物，因此把他所撙节来的财产大部分都耗费去了。

克林顿 在公立义务学校逐渐建设的历史上，纽约的克林顿邦长也应得一个重要的位置。他提倡建设完全由赋税维持的义务学校。因他努力的结果，该邦所有的城市都于 1821 年强迫得以公款维持学校。1842 年，另有一个教育家提议纽约城得设一个教育局。又几年以内，该邦的公立义务学校制度也成立了。

尉勒德与来温 在美国的教育进步史上又有两个妇人和巴那德与梅因同占很高的位置。第一个就是尉勒德夫人（Mrs.Emma Willard），她早于 1814 年在威尔满特设立女子学校，后七年，又在纽约的推来（Troy）开设她有名的学校。她给学校作了许多教科书，有的都译成外国文在国外使用。她到各处去解释平民教育的意义，在南部各邦中为召集教师的会议，一年内曾走了 8000 英里路。第二个是来温（Mary Lyon）。她在学校里作了许多年教师，后于 1837 年在马萨诸塞的南哈德烈（South Hadley）设立好里克山女学校（The Mount Holyoke Female Seminary），这学校后来改为好里克山大学。这个学校以教授得法在各处很蒙称许，在“女子”教育上也很能作中坚。来温所有贡献中尤推她给学生提倡俭朴生活，因此减少了教育经费，使得许多的父母都甘愿给自己的儿女作牺牲。

亚温与外特 在平民教育史上对于许多工人领袖及朋友，也须得予以十分的信任。亚温是英国著名的人物，他信教育应不论贫富，乃为一切人所当受的。他旅居美国时，使许多的工人知道为他们的子弟谋教育。外特也是一个重要的领袖，在美国提倡工人阶级的义务学校。工人领袖也在他们的职业协会里以要求议会通过经费实行这些大教育改革家的计划，补足巴那德、梅因诸人之不及。

教师的事业 在梅因及巴那德的名字上一定得加上全国各属数百数千公立学校的教师。在那个时候，教师不都是以自己的职业为重要，并想给人们多尽义务的人；但是，有许多教师确抱着这种意见的。他们涉寒易暑的打算改良学校，要求立法，要使普及教育成为实现的，不是作梦的。他们为求改进他们的事业，因而组织团体，派代表向议会要求人民的学校，又不失机会的教他们的生徒感受优良教育的需要与价值。

西北部公立学校的运动　常人总以为新西部各邦义务学校的进步要比较东部为迅速，因为我们记得在1785年的土地条例上，在西北区域各城市疆土里都划出一部分，以其收入为维持学校之用。此外，对于高等学校还很慷慨的给予土地。按事实上说，这些新邦的教育发达并不迅速。学校土地的价格普通都是不能预定的，等不得有好价钱来就常常出售了。也有以贱租租出很长的期限的，更有（不幸是很多的）以学校土地的卖价与租金另花在别种用途上的。实际上有时候还有入了个人私囊的。因此一种为教育筹划得来很大的基金没有给人民作出最大可能的利益——并且重要的原因还在人民对于这种款项没有相当的注意。

因此，中西部各邦也和在新英格兰一样，须得要求以赋税维持教育经费。此地人民对于子弟能否入学，也和在东部一样，有时似乎不甚注意。因为开辟荒地的粗笨事业，似乎需要腕力与筋肉，并不需要读书与文雅，所以受教育的人也并不多。虽说1816年印第安那实行的邦宪法上，曾规定一种完备的公立学校及大学制度，但是过了30年，这种规定实行的还是很少；以后经过和梅因在马萨诸塞所费的一样的努力才克实行。

印第安那宪法上的规定，在中西部各邦中是很进步的，试看伊里诺斯于1818年通过的宪法，对于教育或公立学校的设立并没有含一个单字，就知道了。实际上，伊里诺斯的初等学校情形是糟透啦，直到19世纪中叶，兴复的潮流才到伊里诺斯。至于密苏里的振兴，还是 1856 年以后的事。

南部的情形 南部当这个时期以前，很少有人提倡义务学校；能有一些进步的不过北卡罗来纳一邦而已。城市商人都依赖私立学校，地主们都雇先生教他们的儿童。南部有许多高级中学校，并以有些顶美观的图书馆夸耀于世。但是许多南部的名人，如耶鲁的卡尔浑都是在北部大学受教育的。高地与山区的白种人都是很可怜的，没钱来办学校。因为这里由欧洲来的流民很少，所以并不和北部一样，要同化外来的人民，很感觉公立义务学校的必要。

二、中学与大学女子教育

中等教育的发展——高级中学 在独立以前，有一种名为高级中学（academy）的新式中学校已经成立了。这种学校与旧日的拉丁文法学校不同。在拉丁文法学校里，希腊文、拉丁文、论理学、数学都是重要的学科。这种学校侧重英文、数学、图画及粗浅科学一类的科目。新起的高级中学不是公立的，也不是靠赋税维持的，但是这种学校比旧日拉丁文法学校的平民气习要深。在拉丁文法学校里预备入大学的青年是很少的。进这种学校的都是过活很好的商人和农人的儿童，这般人能负担学生的学费与食宿费。

这种新制高级中学在独立以后，尤其是在要预备学生入大学以后，数目增加了，并且到后来几乎完全代替了拉丁文法学校。

公立中学的发端 大约在 1820 年，另有一种中学校的要求发生了——要求一种公共管理的学校，给学生多预备生计的学校，给父母供不起新制高级中学学宿膳等重费的学生开放的学校。1821 年，有一个这类的学校设立于波士顿，主事者是该城市的公立学校局。

1825年，有一个有些类似的学校设于纽约城。这就是美国最初的中学校。

当初的中学校并不与低级学校联络，不像现在的中学一样，就是学生不必由第八年级毕业进入中学校。年级制度在当时实在并没人知道的。中学校收取曾完毕过某种学科的学生。学生在这种学校得住四五年，学英文、数学、图画、测量、航海、簿记，以及同样实用的学科。这种学校起初不教拉丁文或其他外国语，也不想给学生预备升入大学。

公立中学校的宗旨传播得很慢。要求赋税维持的战争又得再起了。虽说以赋税要求维持初等学校的人得了胜，仍有许多人以为只有读书、写字、数学、地理及历史这一类初步的学科得受公款的供给，但是到1860年，在北部及中西部各邦的城市里，几已有100所公立中学校，这时新制高级中学仍旧盛行，视为重要的中等学校。

高等教育　当公立学校正成立的时候，大学校也陆续的增加。教会里需要学校给他们培养牧师；但是他们的大学一设立以后，进来的学生对于法律与医学和传教是一样的看待的。

邦立大学的发端　以赋税维持的义务教育意义逐渐推广到中学了，后来更推广到了专门学校及大学。重要的人物于是都信各种教育完全是公开的，要用公款资给的。这种意义早表现于1785年的土地条例上，此例规定西北区域分出的每邦都得给公立专门学校划出一块土地以其收入为学校经费的来源。这种意义在杰弗逊野心的计划里也早已有了征兆，他给弗吉尼亚规划一种大教育制度，包括初等学校、中学校及邦立大学校在内。

南部许多的邦立大学在美国史上都开设的很早：北卡罗来纳设于1795年，佐治亚设于1801年；南卡罗来纳设于1804年。在中西部各邦里，俄亥俄设于1802年，印第安那设于1824年，都是为后来开先路的。第一个名誉很大的邦立大学作为公立学校制度的“顶天石”的，是密执安大学（The University of Michigan），该大学于1817年就声言计划，到1841年才的确成立。

妇女教育 我们以上所谈的教育好像对于男女都是一样的。事实上妇女的教育远不如男子的教育。只有最低级的初等学校才允许女子进去，因此她们所学的不过读写与问答数条罢了。那种文法学校及新制高级中学都是给男孩们预备升学的，预备职业的，对于女子完全拒绝不收。对于女子历来除授以最粗浅的知识以外，都以为再没有什么需要。在19世纪的前半期，有一个顽固的文人说：“女子所要知道的是能计算多少就够了，以预备作了寡妇的时候，好计算买一斗白薯要用多少钱。”当这种意见盛行的时候，无怪大学对于女子是不开放的。

女子高等教育 但是因为女子普遍的觉悟，于是在教育方面发生许多的改革。女子既不得进文法学校、新制高级中学，甚至于几个公立的中学校都不能入，于是都趋于女子新制高级中学及讲习学校（seminary），因此这两种学校设立遍于全国。1833年奥柏林专门学校(Oberlin College)开放妇女亦许入学,这是一件胆大的事情。1847年，斯顿即由此校毕业。我们说过，她是主张女子高等教育及平常参政权的一个重要的人物。1853年，新英格兰著名教育家梅因请女子到俄亥俄的安提阿专门学校（Antioch College）来，并与男子享一样的利益，这时他已作了该校的校长。这些都是特出的例外。到1860年，全国只有四五个专门学校开放许妇女入学，并且她们就是在奥柏林也限于修习几种特选的课程。以公款设立的邦立大学完全拒绝妇女入学。

撮要　至 19 世纪中叶，美国已把对于教育之旧式的和贵族的意见废去，因此不能说普通的人民只需要读书、写字及学算等初级的教育，对于世界最重要的知识也应相当的注重。学问的门户对于一切人不论贫富男女都得开放的。虽说不曾实行，但是这种原则已经代替了那种旧式的观念了。

为实行这种原则起见，须得规定几种标准：

（1）初级学校须得受公款维持，并对于一切的人都得自由开放。

（2）为防止偏僻地方忽视儿童教育起见，得由邦政府帮助并干涉全部的学校。

（3）公立学校不能属于教派的；就是不得受无论何种教会的干涉。

（4）须用公款培养教师。

（5）各邦不得依赖宗教团体或富人的赐予维持青年男女的高等教育，但得设立和公立学校一般自由的专门学校与大学。

三、新闻纸

印刷物的重要要　是人们都得单依学校教育自己，进步实是很慢的。学校是给人求知识的一把钥匙，教他们去读各政党、各教派、各主义及各国体的书籍、报纸、杂志及小册子的。因此，才需打破一教派或一阶级的学术垄断权。只有报纸和书籍可以使一个人成为一国或世界的公民，不单是一个狭隘社会的居民。只有印刷物才把过去及现在的知识都开放给下级的人们了。只有印刷物用不时的讨论各个活问题的方法，才能使数百万人一同思想一同工作的事情实现。要是一般最贤智人的思想只藏于他们的脑子里，并与他们同归于腐朽，那他们就白白的思想了。学校与印刷——这是平民政治的两种重要武器。民主主义的兴起与进步，全视这两种事业的兴起与进步以为断。

殖民时代的印刷物 印刷物的历史与学校的历史是平行的。当初在传播教义的学校里，印刷机是一种重要的帮助。马萨诸塞剑桥(Cambridge)地方的印刷机设起了。次年，在美国出版的第一种书——《湾中圣诗》（Bay PsaLm Book）——出版了。

历久以来，印刷物多半是关于宗教的著作的，但是1690年，波士顿地方出现了一种新闻纸，冠一种很怪的名字，就是《寰宇内外公报》（Public Occurences Both Foreign and Domestic）。但是这种东西，人都以为很可怕的，所以即刻被政府查封。14年以后，第二种报纸名叫《波士顿的新闻书简》（The Boston News Letter）才冒险的出世了，这是美国第一次的正式新闻纸，只有小小四页的篇幅。不几年以内，纽约、菲列得尔菲亚、亚那波里、威廉兹堡（Williamsbury）（属弗吉尼亚）及查理斯顿等地方的周报，也成立了。《马里兰公报》(The Mary land Gazette)成立于1745年。在北美一直继续到现在没有间断没有更名的顶老的新闻纸，算是《新罕木什尔公报》（The New Hampshire Gazette），这报纸是于1756年始刊的。但是，殖民时代的报纸没有一种是日报。直到1784年，第一个日报《美国日知报》（The American Daily Advertiser），才刊行于菲列得尔菲亚。

殖民时代的报纸很是幼稚，并且销路很小。例如，《波士顿新闻书简》每星期只印300张。字母是用手排成的，并且是用手印刷的，一次只印一叶。费极大的力量，每点钟只能印二三百张。报纸上的新闻也很少，因为编辑人的目的只在教各人知道一地方发生的事情，关于国外的事情专靠外国的新闻纸及私人的通信。但是，有时候也有激动人的“热情”，如 1704 年的《波士顿新闻书简》上详述查理斯河上六个海盗受刑便是。

皇家总督反对出版的自由 像这样小的报纸也有很多的读者，结果，殖民地的英国官吏不准他们对于政治上的事情说一句话。例如，在纽约有个署名蔡格尔（Peter Zenger）的新闻记者，因批评总督，于 1735 年受了监禁，想为他辩护的律师都失了律师证。当蔡格尔案开审的时候，有个菲列得尔菲亚来的律师汉密尔顿（Andrew Hamilton）受聘给他辩护。当审判的时候，争执很厉害。汉密尔顿在他给审判官的答辩书中说：“审判官现在所审的事件，不是一个穷记者的问题，也不是纽约一邦的问题，这是自由的问题！”审判官遂于群众欢呼之中把蔡格尔释放，而汉密尔顿以为纽约城争回自由于是备蒙地方的欢迎，款以盛宴。弗吉尼亚的新闻纸似乎也受皇家总督的钳制。在 1766 年，杰弗逊还以为想达公开地讨论与英国所起的争执，不得不找别的报纸，因为旧有的报纸上一点不敢登载总督所不喜悦的事情。

殖民时代的印刷物在革命上的影响 英国的官吏都承认新闻纸可以挑拨公众对于政府不满意的心思。在独立战争以前，反对英国的感情以新闻纸多的地方为最激烈，如波士顿、纽约、菲列得尔菲亚、亚那波里斯、威廉兹堡及查理斯顿就是好例子。热心的少年革命党都在报馆里给国人发表反对英国的议论。这种小新闻纸在咖啡店及音乐馆里传布，分散反抗的新闻于各处，每个城市的新闻家，都由报纸上录出许多的东西，在别的地方发布。他们帮助传达革命运动的消息，并想使各地的人民都知道远处的消息，造成一个一致的国家。所以当时波士顿的皇党对于《马萨诸塞秘探》（Massachusetts Spy）报馆有“反判制造所”之称。

革命以后新闻纸的发达——政党机关报的兴起 独立成功以后，新闻纸的数目随着增加得很快。因为宪法的通过，联邦党与杰弗逊党两大政党的兴起，政党问题的讨论成为最重要的事。汉密尔顿是财政总长，又是联邦党中的重要人物，在他本党的朋友中集款维持《联邦公报》（The United States Gazette），同时杰弗逊即是国务总理，也自己出钱帮助共和党报纸《国民公报》（The National Gazette）。不久，各处的机关报纸都陆续发现，互相非难，并攻击反对派的国家官吏。在辛辛那提城，有一邮政司于1793年初设立《西北边防报》（The Sentinel of the Northwest）。不久，边地上各小城市都有一种某某性质的新闻纸。特种新闻纸，如为工人出版的各种新闻纸，伽利孙为废奴党人出的《自由报》（The Liberator），以及《戒酒报》等，都发生得很多。

19世纪中新闻纸的发达 在这里要记录19世纪前半期新闻纸发达的怪状是不能的，但是，有几种所以发达的理由可以大概地描述于下：

（1）电报及铁路把给新闻纸得消息的方法增速了许多倍。

（2）因为城市增大，人口加多，新闻纸的广告费收入渐渐加多，因此能减少报费。1833年，《纽约太阳报》（The New York Sun）能以一便士一份报的事实轰动新闻界。因此能使街上的人每日看报。在较大的城市里，周报都被日报排除了。

（3）教育普及能使下等人都会读报。

（4）许多具有左右国家势力的报纸也发生了。如1841年格里力（Horace Greeley）开办的《纽约评论》（The New York Tribune），就是这一类中的一个。这个有名报纸出有日刊与周刊，在东部及西部许多的农人都依靠《评论》给他们国家的消息及政治上的意见。

（5）旧式的手刷机，在各大一点的报馆里，于1850年左右，都不用了，而代以蒸汽旋转的迅速机器。一点钟也不止印二三百张了，这时足能印几千张。印工便宜，再加以广告费，使每个人都能以一点钱得就各种的书籍和报纸。

（6）为鼓励读报纸起见，政府规定印刷物的邮费很低，甚至于不到实际的运送费。

四、杂志论文书籍

杂志　虽说有几百万销路的大杂志是属于我们现时的，但是，这种定期出版物的发端，远在革命以前。在18世纪末终以前，如杂志、评论、载记刊、“博物馆”及“知识店”一类的东西至少有40种。这种东西因为比周刊和日刊上的知识都多些，所以能满足一般人的渴望，内包音乐、诗及文学等文章。有时候还有现时政治问题的大讨论。

在昔年杂志中最著名的属《北美评论》（The North American Review），这杂志成立于1815年，直出到现在没有间断。12年以后（1827年），单注意妇女的第一个杂志《妇女杂志》（The Ladies' Magazine）出版了。随着妇女杂志的插画的发展，铜版雕刻的艺术也发达到好处了，这种东西在别的出版物上也可以用。能使杂志销路广的也就是插画。

政治论文　有几种最伟大的美国政治著作是在与英国临开战的时候及宪法成立的时候出现的。潘恩的《常识》与《危急之时》（The Crisis）对于激起对待母国的反抗及鼓动平民政治的思想，都很有力量。关于宪法批准的争执，有汉密尔顿、麦迪逊及哲氏等作了一批的名文，拥护新政府的计划，后来搜订起作成《联邦党人》，用为美国政治的普通教本。在此后的政治著作家中当推喀波浑与韦白斯特，前者是南卡罗来纳来的有名政治家及奴隶制拥护家；后者的《宪法》《联邦》的各种演说辞，在北部流通之广差不多和《联邦党人》一样。

小说的发达——美国初年的小说 美国最早的小说家如布朗（Charles Brown）（1771—1810），是模拟欧洲的格调的。虽然叙事中铺排的是美国的风景，但骨子里仍是旧世界的性质——可笑的绅士与脆腻的妇人。在美国及英国都想不到美洲还有可以供给想像小说的材料。在美国没有过激烈的决斗，没有过义气的武士，没有过城寨中多情的妇人，没有过巨人或饿鬼。美国人的生活是很艰苦的实在，就是富于幻想的人，也想不到拿平常人的事迹可以组织起实在的小说。坡尔定（James K. Paulding）（1779—1860）当发布《塞外人》（The Backwoodsman）的时候，就是想依美国的情境作小说，但是只得了极少的赞许。要创造一种美国派的小说还得要勇气和一种新的技能与想像力哩。

库珀——伊尔文——何桑 约在1830年左右，一般作家不断地描写美国人生活的小说，这些小说在国外及国内都引起很大的注意。1831年，库珀（James Fenimore Cooper）的《侦探者》（The Spy）出版了，这是一种美国革命的小说，继着这种出版的就是他的印第安人冒险的诸小说，这一些小说即刻把他的名誉传到域外，甚至于波斯去了。伊尔文（Washington lrving）也属于这个时代的，他的传奇《李迫大梦》（Rip van Winkle）与《睡洞》（Sleepy Hollow）（译名据林译），早在美国文学里有了不朽的地位，还有普氏（Edgar Allan Poe），他的小说的秘密性与刺激性使他得了一些读者，还有何桑（Nathaniel Hawthorne），他的《寓言集》（Twice Told Tales），《由一个古田庄来的苔藓》（Mosses From an Old Manse）及《红字记》（Scarlet Letter）等使他的名誉远播于国外，还有斯陀（Harriet Beecher Stowe），她的《黑奴吁天录》（Uncle Tom's Cabin）在奴隶的问题上激动了北部的情感。

诗 这个时代的许多诗都是出于新英格兰的。如郎法鲁的《伊瓦吉林》（Evangeline）、《喜阿瓦色》（Hiawatha）及《斯坦底希的求婚》（Courtship of Miles Standish）等，把美国的逸事都收入了。在有些诗中颇可听见改革家的呼声。罗威尔在《比格鲁诗集》（Biglow Papers）上严厉地批评政府，指责不该主张“墨西哥战争”。惠蒂尔（John Greenleaf Whittier）指斥奴隶制度，并宣传废奴的主张与女子参政权。另有些新英格兰的诗人摹拟旧大陆的古典格调。布赖安特（William Cullen Bryant）因他的《说死》（Thanatopsis）得了不朽的荣誉，作这诗的时候他是一个尚不到18岁的青年。南部的普氏于1845年出版《饵食》（Raven），使他的名誉永垂天壤，另有一个有天才的诗人是南卡罗来纳的嘿因（Paul Hamilton Hayne）。

以上六章的撮要（国家的发展）：

一 1815年与1845年间政治上的发展。

甲 这时代政治上重要的问题。

1. 保护税。

2. 国内的开发。

3. 出售公有土地。

4. 联邦银行。

乙 政治上的领袖人物。

1. 门罗与亚当斯的政绩。

2. 约克孙的政绩。

3. 韦白斯特、嘿因、克雷、卡尔浑。

丙 民党的兴起。

1. 1840 年的竞选：哈礼孙与泰勒。

2. 泰勒的不负人望：《阿什柏顿条约》。

二 密西西比河以西疆土的开发。

甲 密苏里、阿肯色、衣阿华。

乙 得克萨斯问题：得克萨斯加入联邦。

三 与墨西哥的战争：原因，战争，和平的条件。

四 远西部地方的开发。

甲 俄勒冈、加利福尼亚、犹他。

乙 远西部活动的撮要。

五 工业革命。

甲 英国在工业先作领袖。

乙 美国制造业的发展。

1. 棉织工业：压棉机。

2. 毛织工业。

3. 缝纫机的发明。

4. 铁工业：在宾夕法尼亚邦中的发展。

丙 农业机器的发达。

丁 运输及交通的方法。

1. 运河。

2. 汽船。

3. 铁路。

4. 转运业。

5. 电报：大西洋海底电线。

6. 海运业。

六 工业革命在美国人生活上的影响。

甲 分工及工人与其器具的分离。

乙 工厂中的妇女、童工。

丙 流民鼓励起劳力的新供给。

丁 劳动运动。

戊 城市的发达。

己 国外贸易。

庚 南部与工业革命。

七 政治的民主主义之发达。

甲 要求男子的普选权。

乙 要求女权。

八 19世纪前半期平民教育的发展。

甲 宗教性质及殖民时代的学校的目的。

乙 学校脱离教会的干涉。

丙 初等义务学校的发达。

丁 中等学校的发达。

戊 高等教育的发达：邦立大学。

己 妇女教育。

庚 新闻纸、杂志、政治论文的发达。

辛 美国初年的小说，美国的诗。

重要的人名：

总统：亚当斯（1825—1829）、约克孙（18291—837）、布然（1837—1841）、哈礼孙与泰勒（1841—1845）、坡克（1845—

1849）。

政治上别的领袖人物：克雷、韦白斯特、卡尔浑。

冒险家：奥斯丁、惠特曼、杨氏。

发明家：斯雷忒、辉特尼、福尔敦、豪氏、麦科密克、摩尔斯。

教育家：梅因、巴那德、克林顿、来温、尉勒德。

劳动界领袖人物：亚温、来特。

著作家：潘恩、库珀、伊尔文、何桑，普氏、布赖安特、郎法鲁、惠蒂尔、罗威尔，斯陀。

军事家：泰罗、司各脱。

重要的年代：1846—1848。

第二十章
南北部间政治上的大冲突

奇异的发明、西部的开辟、工业、教育及民主主义等的进步，使美国将来似乎很有希望，但是，有一块黑云悬挂在地面上，一天比一天地大起来了。“南北战争”的风潮到了。我们所说的进步即是给战争预备路径，因为由这种进步把国家划分成三个不同的部分：即是从事工业的东北部，自由耕种的西部，地主垦殖的南部。

由这种经济上的差异，在联邦政府所采取的政见上，也生出很大的差异来。

（1）南部的地主要求与欧洲自由贸易，因此他们可用棉、米、烟叶及大麻等交换制造品。

（2）东北部的制造家正与此相反，坚持成见，谓政府须得对于输入的货物征一种税，因此他们可以左右美国的市场。

（3）西部自由农人的意见不一致。有时选举的时候，他们给南部投票，有时选举的时候，他们又给东北部投票。到后来他们许多的人都偏向东北部了，一半的原因是北部主张国内的开发及由公有土地里给人民分给自由的土地。

南北部间的反对渐渐与时俱进，日益激烈。后来冲突就发作在奴隶制度上——这是南部势力的源泉。再后来这问题竟放在战场上解决。

一、奴隶制度成为一个国家的问题

宪法上对于奴隶问题以妥协了事　草创宪法的人早知道商业与农业两部间的忌妒。只有一些必要的妥协，才把两部撮合在联邦里。在宪法上虽没有论到奴隶制度，在实际上——我们都知道的——他们都承认：

（一）外来奴隶的输入在1808年以前不得禁止，

（二）有奴隶各邦出众议员的代表得将奴隶的3/5算人人口总数以内，

（三）逃往别邦的奴隶，主人要有正当的要求时，须得退还，

（四）一切条约须得参议员2/3的同意，因此通商条约至少要得南部几个参议员的赞成，不然不能与别国缔结的。

因为在几邦中是有奴隶的，所以制定宪法的人就全没有过问，留这事情给各邦依自己的情形去决定。

反对奴隶的许多元老　有几个制定宪法的爱国元老，都是很坚决地反对奴隶制度，并主张废止，但是，他们以为联邦是很重要的，不得以奴隶的纷争使联邦受了危险。例如，华盛顿不喜欢奴隶制度，并在他的遗嘱上规定他的女人死了以后，他自己的奴隶须得释放。杰弗逊相信奴隶制度是违反一切人类公道的原则的，是不能永久忍受的。他甚至于向弗吉尼亚的议会提案，规定逐渐的解放奴隶。梅逊（George Mason）是美国宪法起草会议中弗吉尼亚的代表，曾以

大胆的言词指斥人类的束缚，说：“奴隶制度足以沮丧技艺与工业的进步。要是劳工都由奴隶去干，穷人即将薄劳工而不为了。奴隶足以阻止白种的移民。各个奴隶的主人都是天生的暴徒。奴隶制度使天上的审判现在人间了。”

北部各邦废止奴隶　当初反对奴隶的人很气壮的，宣告独立以后几年以内，北部各邦就把奴隶废止了。1780 年的马萨诸塞宪法，宣告所有的人生下就是自由的平等的；这就是了结奴隶制度的话。同年，宾夕法尼亚规定逐渐的废止法。纽约于 1809 年宣告所有在这年 7 月 4 日以后的奴隶所生的儿童都是自由的，不过还得当一个长期的学徒罢了。1827 年，该邦议会再扫除奴隶制度最后的遗迹。新罕木什尔、罗得岛、康涅狄格及新泽西各邦，依次效法这几邦的成例。在弗吉尼亚及肯塔基也有人谈到废止的话，并有几个奴隶的主人与 1816 年设立起的“非洲殖民会社”（Africa Colonization Society）联合，帮助自由的黑人回到非洲去设立自由的殖民地。

南部为奴隶制度辩护　但是，自始就有许多人极力反对废止。出席 1787 年宪法会议的南卡罗来纳代表，曾宣言为维持本邦的农业起见，奴隶制度是绝对必要的。他们又极力反对停止奴隶输入。他们的理由是：每年稻地里死的人数过多，地主必须常有一种新供给。所以，说开国的元老都一致地承认奴隶制度是坏的，那就错了。有许多的人，尤其是顶南部的，不但以为奴隶制度是必须的，并且以为奴隶制度对于黑人和地主都是有好处的。

为什么奴隶制度成为一个国家的问题　19 世纪开始几十年内，美国大多数人民对于奴隶制度都不大注意。他们很忙的开辟西部及西南部；随着又发生 1812 年的战争，历时三年，自此以后，保护税的问题、国家银行问题、门罗主义，以及别的政治上重要的问题都纷纷而起。有几个朋友会徒曾向依宪法召集的第一届国会递过请愿书，反对奴隶制度；但是许多人民却完全反对使奴隶制度问题搀入国家政治范围以内。他们一遇有机会讨论这问题的时候，都说这是各邦的问题，让各邦自己去决定。

但是，要把奴隶问题完全屏出国家政治范围以外是不能的，因为无论如何这问题要取下列各种方式发露出来：

（1）每遇一新邦要加入联邦的时候，在国会中自然就发生了这一邦究应作为自由邦还是奴隶邦的问题。

（2）每遇得到新土地或由国会组织新区域的时候，对于奴隶应否禁止或允许的问题也就来了。与这问题连带发生的，就是国会根据宪法是否有权废止或阻止区域内奴隶的争执。

（3）因为国会有全权统治哥伦比亚区域（the district of Columbia），所以废奴党人要求国会在国都地方须得完全废止奴隶。

（4）宪法上规定奴隶逃入别邦时，有主人要求即须交出。自由邦的人民，就是与奴隶远隔着数百里，并不为奴隶烦扰的，也很不喜欢看见奴隶在他们眼前被捉。因此，关于联邦政府究应怎样帮助返还逃奴于故主的事件就发生问题了。

（5）最后一事，极端的废奴党人要求直接释放，也不顾宪法早承认奴隶在南部各邦的存在是合法的。甚至于有些人主张各自由邦可以退出有奴隶的“不神圣的联邦”（unholy union）——这是这些人所用的名词。

1820 年的形势 关于国会在美国所有领域内禁止奴隶的权力问题，早随阿利根尼外土地的民政司发生了，并在那个时候，决定国会是有全权的。在俄亥俄河上游西北区域里，早由 1787 年有名的条例宣布这里是自由的，结果，后来在这一方面成立的各邦都是自由的。

在另一面，俄亥俄河南各区都成了有奴隶的区域。肯塔基本是弗吉尼亚的一部分，于1792年许加入联邦，认为一个奴隶邦。四年以后，田纳西依同一的条件加入联邦。佐治亚与密西西比河间的区域也宣布施行奴隶制，并当阿拉巴马与密西西比两邦加入联邦的时候，奴隶制度仍是存在的。

因此在1820年，美国有11个自由邦，也有11个奴隶邦，今表列如次：

自由邦	**奴隶邦**
威尔满	德拉瓦
新罕木什尔	马里兰
马萨诸塞	弗吉尼亚
康涅狄格	北卡罗来纳
罗得岛	南卡罗来纳
纽约	佐治亚
新泽西	肯塔基
宾夕法尼亚	阿拉巴马
俄亥俄	田纳西
印第安那	密西西比
伊里诺斯	路易斯安那

密苏里妥协（1820）　因此，当1811年密苏里的居民请求有权组邦的时候，情形陡然为之一变。在密苏里地方有许多奴隶，因这地方的土地大半是由南部来的人们占去了，他们都把奴隶携带到来。他们有权利做这种事情是早无问题的。后来他们请求加入联邦时，应认密苏里成一个奴隶邦是当然的事情。但是，在国会里无意中有许多反对奴隶的人，要是他们能够，他们绝对不许奴隶伸到密西西

比河以外。两方都不肯让步，于是一个生死关头到了。

缅因的加入联邦 这种生死关头本可以延长不休的。对于密苏里的加入自然要有国会两院的同意。南部占参议员的一半，对于不行奴隶制而加入联邦，能阻止参议院不得通过。北部有指挥众议院的权力，能使有奴隶的领域无期限地不得加入联邦。但是，正当这个时候，缅因也请求加入联邦。缅因先是马萨诸塞的一部分；这次请求是得该邦的许可的。赞成奴隶的人，除非增一个奴隶邦，是不许新增一个自由邦的。这种争执由一个安协解决了。密苏里准以奴隶邦加入，缅因准以自由邦加入，因此自由奴隶各邦间的平衡又继续下去。

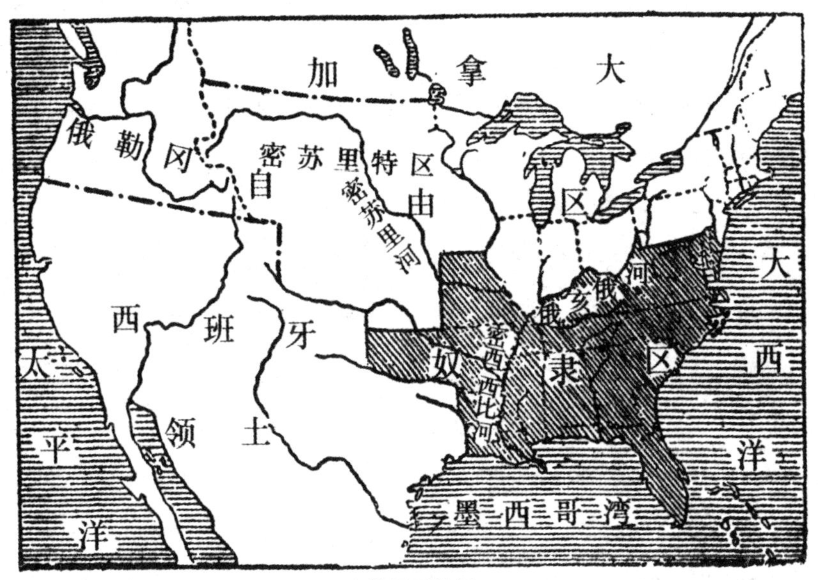

密苏里妥协图

妥协的别种要点 同时又协定路易斯安那区域在北纬36’30，以北的其余部分可以永远是自由的；这就是在此线以南，奴隶制仍继续存在，是可以不言而喻的。这实在是赞成自由的人一个大胜利，因为给自由获得的面积比留给奴隶的面积大着好几倍。并且，国会在属于联邦政府的领域以内能够废止奴隶的原则又得承认。所以就全体说来，虽仍不免有几个人宣言说，多少退让给奴隶制度，实际上就是失败的，但北部总算争胜。两方和平派人士对此都是很满意的。

二、废止的运动

伽利孙与《自由报》 密苏里妥协以后，在国家政治上一时很少听见奴隶的事情，并且许多的人以为这问题是永远解决了的。但是，他们的希望不过是昙花一现而已。过了没有几年，北部有些人开始要求全美国都完全废止奴隶制度。有些人主张逐渐地释放，赔偿奴主的财产，这宗款项至少有一部分以出售公地得价为来源。有些人是很激烈的，很不耐烦的，要求直接的无条件的取消奴隶制度，什么赔偿都没有。在后一派人中有伽利孙，他于1831年在波士顿出版那种有名的报纸，即所谓《自由报》（Liberator）。在这报的顶头上列着一种格言道："吾国即是世界——国人即是全人类。"

反对奴隶派遭受极大的阻力 反对奴隶派的人即刻遭一部分人的痛恨，这般人大部分还是在北部的，不在南部。设使没有奴隶制度存在，无论北部或南部，都很少有人主张这种制度成立，这是无疑义的。但是，到了这个时期，大多数的人对于废止的事都很少兴味，或至于没有兴味。北部的商人及银行家对于一切反对奴隶论都反对，因为他们在南部的商务上投有重大的资本，在南部的土地上有重大的抵押。有些人说北部要是反对奴隶，恐南部要退出联邦，因此已经用极大的力量与牺牲所成立的联邦就要因而破坏了。

伽利孙对于这种议论回答说，有奴隶的主人的联邦是一种罪恶的结合，他宁愿看见联邦的宪法毁坏，不愿再作奴隶国家的人民。

阻止反对奴隶的人挑拨起叛徒，反对伽利孙及他的同仁。他们想当众发表他们意见的时候，常常遭这般人的侮辱。1835年，伽利孙在波士顿的街上被打。两年以后，另一个反对奴隶的领袖在伊里诺斯的亚尔敦被杀，他的印刷机也破碎了，以为攻击奴隶制度的人下一个警告。

反对奴隶的人并不为暴徒所挫折。他们预备书籍、小册子及单张传单，指责奴隶制度的罪恶，并由邮政局把他们的印刷物向南部各处分送。自然，这种东西足够恐吓南部的人民。1831年，弗吉尼亚起了奴隶的叛乱，因此他们的恐惧更增加了。这种叛乱就叫做“纳忒涅的叛乱”（Nattumer's rebellion），在这次有许多白种的男人女人及小孩子都遭凶残的杀戮。南部的人说：实际上这是反对奴隶的人激动了黑奴刺杀主人。因此即要求邮政局不收废止奴隶的文章。

向国会请愿——“箝口法令” 反对奴隶派顶适当的方法就是利用向国会请愿。他们预备在各区域内，在哥伦比亚区域，在南部各邦反抗奴隶制度，并得到几千署名的人。他们把这种请愿书由各方面递到国会。国会中南部的代表说接受这样的请愿书，并要求停止那种成例（奴隶）是侮辱他们的。

1836年，众议院宣告不读这一种请愿书，尽管让反对奴隶派的人转送及呈递。在这种“箝口”（gag）——这是当时的名词——的决定以下，请愿书即使收了，也只投入废纸篓中去。前任总统亚当斯，在当时是国会议员，继续反对请愿书的这种待遇差不多有十年。后来于1844年，这种习惯才行取消。

奴隶发达并不顾到反对 反对奴隶的人尽管反对；有奴隶的人，在国内无论怎样看去，都渐渐地有了势力。纺织的新机器在英国及新英格兰都很增加了棉花的需要，所以要南部的人拿出全力来供给。

在 1793 年，即辉特尼发明轧花机的那一年，由美国送到欧洲去的棉花还不到 20 万磅。三年以内，运输量即增到 300 万磅。到 1850 年，棉花竟占美国出口货总额的一半以上。无怪乎南部的领袖说“棉花即是国王”。

耕地工人的需要也增加了，奴隶的数目也加倍了。1790 年，在美国约有 70 万奴隶；40 年以后，数目涨到 200 万；约在 1860 年，奴隶有 359.4 万，价值在 20 万万元以上。在较老的各邦里，奴隶的主人于是收奴隶到西南部去卖，还有许多也不顾法律的干涉，由非洲偷漏运到这一方来。

奴隶主只占一小部分　在 19 世纪的中叶，南部有奴隶的地方五六个人中大约只有一个白种人。但是，奴隶的主人在蓄奴隶的各邦中的确不到白种成人的 1/4，竟以他们很大的金钱与势力统治南部。这个小阶级对于华盛顿政府的影响是很大的，因为宪法上规定各邦代表的多少是比例各邦的人数的；南部各邦都准拿奴隶的 3/5 算作人口。因此，南部一邦在国会中下院的代表要比较北部同人数的一邦加多。

卡尔浑的拥护奴隶　因为南部地方逐渐由棉业致富，所以南部的领袖对于反对奴隶派的人也逐渐不能忍受。在昔年有许多南部的政治家都说奴隶制度是一个大错，但是新时代的南部人开始给奴隶制度和缓的拥护，也不批评了，也不辩解了。例如，南卡罗来纳的参议员卡尔浑就说奴隶制度并不是罪恶，是美德，“完全的美德”，是白人与黑人间所能存在的唯一可能的关系。他说：我们把奴隶脱开非洲的野蛮，升在南部文明的一种阶级；在他们有病和年老以后，能受有人心的主人的看待，并不常常虐待他们，像工厂的工人一样。在另一方面，他说：近代的工人情景比奴隶还可怜，因为工人须得在工厂里挨长时间短工资的工作，一遇疾病或意外的事情时，就要迫得受饿，并在老年的时候被赶出受死，或住贫民收留所，因为他的雇主看他没有价值了。因此，南部的政治家提出对抗反对奴隶派的问题，指斥北部的工资制度对于工人是更残虐的，远过于南部的奴隶制度。他们更进一步说：不满意的工人对于国家全部是更有危险的，而和平的奴隶却不然了。

三、1850年的妥协

尉尔摩特的条件　所有这一类的争论挑动起联邦两部间的恶感，并当墨西哥战争以后，新得的领域究应如何处分，发生了问题时，国会里对于奴隶事件又破裂了。尉尔摩特（David Wilmot）是众议院中宾夕法尼亚的议员，他于1846年提案，要把一切由墨西哥得来的土地都得作为自由的区域，在这里完全禁止奴隶制度，和那种1787年有名的条例下的西北部区域一样。有奴隶的人对于合并得克萨斯是很出力的，他们不愿意把1848年的条约由墨西哥最后得来的权利让与别人。他们想竭力把这地方变成奴隶区域，并想维持并增加南部在联邦政府的权力。所以，“尉尔摩特但书”（Wilmot Proviso）竟遭受反对。

加利福尼亚请求加入联邦　尉尔摩特但书失败了。1849年，加利福尼亚的人民召集一个会议，通过一种禁止奴隶的宪法，并请求加入联邦。这时候有许多人都很蠢蠢欲动的，想再找着机会来重提旧事。泰罗总统十1850年向国会转送加利福尼亚的请求。他是墨西哥战争中的英雄，曾于1848年当选为民党的候补总统。北部的人大半赞成这种提案，南部的领袖则反对这种提案。

意见的分裂，”本地人的主权” 在这时候全国大概分成五组：

（1）有一小部分激烈的人决定奴隶制度要取消的，并预备继续奋斗，非达到目的不止。

（2）有一小部分南部的人在反一面同等地坚决，并宣言奴隶制度不但是要拥护到底的好东西，还得扩展到西部所有的区域去——或者是全美国。

（3）大部分北部的人都愿意教奴隶制度只限于南部，但决不得扩展到密苏里妥协线以北的区域或加入的新邦去。

（4）一般和平的南部人都怕强行奴隶制度于全部区域要生出南北部间拼命地争执，所以对此事愿以妥协了之。

（5）南北两部间都有一部分人信仰可以许各地方的人民决定他们可否设立奴隶制度。这种最后的计划——特别与道格拉斯（Stephen A. Douglas）的名字有关联——即称为“本地人的主权”（Squatter Sovereignty），因为这种计划要使各领域的居民或本地人决定自己的问题，不受外来的干涉。

1850年的妥协 所有各部间争执的结果，另有一个妥协案于1850年成立，作成妥协的要人是肯塔基的克雷。他说为免去战争起见，各部的人民都得退让一些争点，这是很明显的事。他能够办到下列的各决定：

（一）加利福尼亚得许为自由邦。

（二）哥伦比亚区域内虽仍许奴隶存在，但在这里得废止奴隶买卖。

（三）新墨西哥及犹他区域的人民对于自由与奴隶可以听其自

己选择。

（四）由国会实行一种严格的“奴隶逃匿法”，有这种法律以后，使奴主在北部捕获逃奴并带回家去可以容易些。

对于奴隶逃匿法的反对　这次由各大政治家配合成的大妥协，并不能达到克雷所希望的“诚心联合”，反因此使北部反对奴隶的人比以前更激烈了。他们特别对于奴隶逃匿法不满意。在这种法令未通过以前，奴主要在北部捕获逃奴，须得仰赖地方的长官和警察，并且要取回他们的财产的确是很难的。在1850年的新法令上，规定联邦的官吏对于帮助主人寻找奴隶须得负充分的责任。

北部有许多城市和村落，在这里的人民以前都很少想到奴隶制度的，这时看见了联邦官吏逮捕黑奴，囚索黑奴，并且要解他们返回南部的故主，顺道赶上由街上走，都很深的受了刺激。许多的人以前对于奴隶制度并没意见的，这样或那样都可以的，现在也要起来反对。

“地道”　到后来反对奴隶的人渐渐帮助黑人由南部向加拿大逃去。他们由一个村落到一个村落设起一种道路，即所谓“地道”，并在每一处选择一两可靠的人家作为看守。他们派人到南部去带奴隶到自由的邦里，再于夜间由这种“地道”里带他们走，在白天把他们藏在看守“地道”人家里的地窖或望楼里。

《黑奴吁天录》　正当这种奋斗进行的时候，斯陀女士于1852年印出她有名的小说《黑奴吁天录》，在这本书上她以极流动的文辞表现出奴隶制度的恶德。这本书好像表白许多的主人都是不仁的，许多的奴隶都是和托姆一样的可爱。自然，这本不是著作人的目的。

或者再没有激动北部的东西和这本栩栩欲活的小说一样，一瞬间就销去了好几十万本。又排成戏剧在北部各村落里排演。因是，简直有几百万人向来不惯读刺激性的书籍和新闻纸的，于是都惊疑到：他们还可以长期容忍奴隶制度吗？可是南部的人民也为《黑奴吁天录》一书所激动。他们说这不是真正的描写奴隶制度，这是给南部全体的侮辱。两部间的恶意因此大大地增加了。

反对奴隶的政党 有些很有力量地反对奴隶的人物冒险脱离旧党——民党与民主党——设立新党。1840 年，就是几个这一类的人开一个会议，预选百奈（James C. Berney）作总统，但是在这一年总统选举时，他们的候补人只得到 7000 来票。他们名他们的两组为“自由党”（Liberty Party），并在 1844 年又以百奈为他们的候补总统，得了 6.2 万票。四年后，这般奴隶制度的仇人结合“自由土地党”（Free Land Party），预选纽约的布然作总统，约得 300 万票，其中大部分好像是昔日忠于约克孙的北部民主党人。下一任的总统选举时，自由土地党的势力受了严重的失败，新罕木什尔的赫尔（John P. Hale）是他们的候补总统，大约只得了 1848 年所得的票数一半。

四、密苏里妥协的取消及其结果

民主党中赞助奴隶制度的人 1852 年选举皮尔司（Franklin pierce）作他们候补总统时候，曾决定要把废止奴隶党人的危险设法消除。

堪萨斯、内布拉斯加条例（1854）取消密苏里的妥协 民主党人依道格拉斯的指挥显然自信太过，他们采取赞助奴隶制度的步骤，使北部人为之惊惧不已。1854 年，在一组织堪萨斯及内布拉斯加（Nebraska）区域的条例上，他们取消 1820 年的密苏里妥协；按妥协曾承认在北纬 36° 30′ 以北的路易斯安那区域内得禁止奴隶。

北部的人因此即刻发火了。许多和平的人——民党与民主党都一样——以前都愿教奴隶制度单存留于已经有奴隶各邦之中的，至此都说这次的法令给有奴隶的人张目，表示他们要统治全国，不然就要毁坏全国。北部各城市中都放火烧去道格拉斯的肖像。许多人于是脱离了民党，因为这一党不注意奴隶问题；脱离了民主党，因这一党好像赞助保持奴隶的利益。这般脱离旧党的人要求奴隶的扩展至少在各特别区域内须得停止。

共和党的组成（1854） 所以到了 1854 年，北部组成一个新党，是为共和党（Repubucan Party）。共和党第一次全国会议于 1856 年 6 月在菲列得尔菲亚举行，预选西部的探险家佛利蒙得（John C. Fremont）作总统。这一党宣言说：禁止各特别区域内的奴隶制度及堪萨斯须得许为自由邦，这都是国会的特权与责任。以共和党人的热心，民党因而瓦解，并有许多民主党人不喜欢奴隶制度都加入新党。但是，在1856年竞选时，民主党又得胜利，宾夕法尼亚的布卡南（James Bucharan）当选，他几乎要比佛利蒙得多得 50 万票。

堪萨斯边地上的战争 选举过后，民主党人让堪萨斯的人自己奋斗，解决应否在这里允许奴隶制度的问题。这里的人当真拿起枪刀打起来了。赞助奴隶制度的人由南部，反对奴隶制度的男女由北部，都冲向堪萨斯而去，每一边都想在邦中得胜。结果，即成了一种真正的内乱。全国人的注意都集在“流血的堪萨斯”——认“本地人的主权”为解决奴隶问题原则的这种计划完全失败。南部民主党人希望根据宪法上规定保护随带奴隶到这特别区域内的奴主，要把堪萨斯加入联邦。自由土地党人反对，并在托皮卡（Topeka）地方给他们制定宪法。但是，直到 1861 年，国会不许堪萨斯是自由邦。

司各脱的判决（1857） 赞助奴隶制度的民主党人想使堪萨斯成为奴隶邦的努力虽然失败，但因1857年3月美国大理院的一个判决，他们大得胜利。司各脱（Dred Scott）是密苏里来的一个奴隶，在密苏里妥协线以北的领域内被主人捕获，他向美国大理院要求，说他居住在这种自由的区域以内即是自由的。主席裁判官托尼（Taney）判这一案，宣告国会依据宪法没权力在这个区域内废止奴隶。就是国会要合法的在这地方禁止奴隶制度以前，须得变更宪法，

1854年堪萨斯、内布拉斯加奴区图

还得有各部3/4的对于宪法批准。法院又说密苏里的妥协是不合宪法的，要废除的。南部的领袖及北部与他们表同情的人都欢迎这种判决，因为大理院显然阻止了新共和党的计划，不得以国会的法令在一切区域内废止奴隶制度。反对奴隶的领袖指斥法院，说这不是

东西，不过是奴隶主人的器械罢了。他们宣言国会可以禁止奴隶制度，并不管大理院说的是什么。

林肯与道格拉斯的辩论　就在这个时候，林肯与美国参议院伊里诺斯候补人道格拉斯一连开了几个辩论，很引起全国的注意。林肯主张在各特别区域内的奴隶须得禁止，他极力攻击道格拉斯的“本地人的主权”原则。他诘问道格拉斯说：要依司各脱的判决上说，就是有管辖特别区域最高权力的国会也不能废止奴隶制度，一个特别区域的人民怎样能够废止奴隶制度呢？因此，把道格拉斯弄得无言可对了。但他仍维持他的意见，说：一个特别区域内的人民由非“友谊的”立法可以合法地逐出奴隶。

道格拉斯虽然当选，但他的辩论实在输了。南部主张过激的人物都怀恨于他，因他说一个特别区域内的奴隶可以用民众的活动废止的，这就是把司各脱的判决的结果破坏了。在另一方面，林肯以他的明白动人的言语，站在共和党的这面，反对特别区域内的奴隶，遂成为全国众望之所归。

布朗的侵袭　正当林肯攻击特别区域内的奴隶和废奴党人在各处指责奴隶的时候，有一个强悍决心的人布朗（John Brown）带一队人侵入南部，想激起一个奴隶的叛乱，并想以强暴的手段达到释放的目的。布朗是深恨奴隶制度的，甚至于使他日夜的痛心。当堪萨斯血战时期，他曾使边地的人攻打奴隶主人。又因他胆大与残忍的行为使他成为一个亡命之徒，至有人以重价购他的首级。他于1859年入弗吉尼亚。是年10月，他和一小部人劫夺该邦政府在哈派尔渡(Haper's Ferry)地方的器械局，宣告在这里的奴隶还其自由，并教他们持起军器来争他们的自由。布朗拼命地战争，但终于被获。几个礼拜以后，即宣告他对于弗吉尼亚的谋杀与反叛罪，处以绞刑。

这次侵袭好像静夜里一声警钟，把美国人民的心都提到喉咙边了。南部各地已知奴隶叛乱之可怕，林肯及共和党差不多所有的领袖都指斥布朗这种鲁莽行为恰似疯人的行动。但是南北部间将断的缚绳更见紧张。

五、南北战争前的形势

保护税问题与移住问题　密苏里妥协的取消与司各脱的判决这两件事，在北部虽深受人的仇视：但要多数的人民都赞助废止各特别区域内的奴隶制度或捣乱奴隶制度，是决不可靠的。共和党人要是单以奴隶问题竞选总统，显然是不可能的。还是他们有幸，民主党竟攻击起保护税来了，这是给他们一个机会。

1857年，即司各脱判决的这一年，国会受南部领袖的指挥，决定缩减保护税，很使中部及西部各邦不满意，尤其是宾夕法尼亚及俄亥俄。许多的人民并不注意奴隶制度，但于这种南部地主加给美国工业上的打击无不加以注意。国会想以政府的土地给予有心居住的人民而实际上不要代价的这种提案，也为布卡南总统所否决；因此工人及西部的农人反对民主党的感情都更为加增。南部的人则又恐怕工业上有保护税的鼓励及西部土地可以自由开发以后，北部的工商业邦及自由的农业邦占了上风。

共和党帮助制造家及农人　当共和党人于1860年在芝加哥开第二次全国会议的时候，才知道他们的实力以得有力的新分子补充，为之大增，所谓有力的新分子者：（一）赞成提高保护税的人；（二）自由农人及工人的朋友，这般人是想赶快的开发西部土地的。共和党人在他们的讲坛上宣布反对各特别区内的奴隶制度，赞助保护税及自由的移居。所有这些问题都巧合在一起。要是各特别区域都是自由的，并且自由邦即由这些地方成立，南部人的优势即要从此破坏——在参议院和众议院都是一样。各工业邦的危险也可减少，不怕人攻击他们保护制造业利益的法律。奴隶问题于是卷入别种的问题中了——两种经济组织间的冲突，耕田的南部与制造的北部的冲突。而西部的自由农人则实有举足轻重之势。

林肯，一个田间的儿子　共和党选举总统的时候既到，于是他们兢兢业业的很为留心。必须要得到俄亥俄、印第安那及伊里诺斯三邦。这三邦的南部都满住着由南部来的居民；即使他们不喜欢奴隶制度，他们对于无论怎样主张废止奴隶制度也是极力反对的。在这三邦的其他部分，农人99信仰早是很占优胜。所以要选举一个极力反对奴隶制度的人出来，如纽约邦选出的参议员秀厄德（William H. Seward），他们以为是不合宜的。因此，执事者作了一番有利的选择，他们选举林肯。他本来是一个南部的人，田间的儿子，穷父母养的。他少年时曾在田间及树林里作过工，他不喜欢奴隶制度是人人都知道的；但他不是废奴党人。虽然他愿意教奴隶制度单存在南部，但他坚决主张无条件的禁止各特别区域内的奴隶。关十他的热诚是不能怀疑的。他是一个以简洁著称的演说家与著作家，他用明白简单的言语指挥那般听他的话或读他的文字的人的心理。以林肯作了候补人，才可以把西部的农人得过来，并以讲坛上保护税的党纲，才可以使宾夕法尼亚的大工业邦离了自由贸易的民主党。虽说废奴党人对于候补总统或讲坛是不满意的，但是反对奴隶制度的平和派人很欢迎，只想使这这种制度限制在已经有奴隶的各邦。

民主党之分裂　民主党不能以坚强的战线对抗共和党，自己内部反倒分裂了。他们在实际上分为两党。平和的民主党人预选道格拉斯作候补人，这是主张“本地人的主权”的人。不受妥协的赞助奴隶制度的民主党人，推出肯塔基的布勒垦立治（John C. Breckenridge）作候补人，他们要求须得把奴隶制度认为正当的，并得由全国奉行。有些旧日的民及平和的民主党人选出田纳西的贝尔（John Bell），这一类的党纲是忠于联邦的，对于奴隶制度问题不发言。因为国内这样的分裂，林肯才当选为总统，他的票数仅得总票数 1/3 以上。

第二十一章 南北战争

一、退出联邦

林肯当选的消息传出以后，南部很有决心的领袖即预备教南部各邦脱离联邦。南卡罗来纳首先发动。由邦议会命令人民选出代表，于 1860 年 12 月 17 日，在查理斯顿开会。辩论了几天以后，会议通过一种决定，宣告南卡罗来纳与其余各邦间的联盟已经解散，并说南卡罗来纳要在“地球上自由独立的国家”中占一地位。其他顶远的南部各邦也效法南卡罗来纳的成例。在 1861 年 3 月 4 日以前，即林肯就职的时候，密西西比、佛罗里达、阿拉巴马、佐治亚、路易斯安那及得克萨斯各邦都退出联邦，宣告独立。

南部的领袖对于退出联邦曾以种种的理由宣布他们的运动是合法的：

（一）1783 年与英国的条约上曾承认各邦在名义上是自由的；（二）联盟约章曾公然承认每邦即是一个“主权”；（三）宪法是

由自由与平等各邦间协定制成的，（四）有主权的各邦对于撤销这种协定有一个法律上与道德上的权利。

美国的各联盟邦　上述的七邦为维持他们的独立与自卫起见，恐怕联邦政府终要以武力使他们屈服于美国国旗之下，因于1861年2月4日，派遣代表到阿拉巴马的蒙特哥美利开会，想给他们自己组织一个联盟。代表们起草一种政府的计划，在许多地方和联邦的宪法一样。但是，对于一邦能否退出联盟的问题，并没搁下不问；并且公然宣布每邦是自由的，有主权的，并是独立的。再说，采用的名词即是“美洲联盟邦”（Confederate States of America），因此教世界知道这种联盟的组织不过是独立各邦的一种团结。蒙特哥美利会议并不和1787年的菲列得尔菲亚会议一样，不许在宪法上讨论奴隶制度问题，这会议宣布奴隶制度的保护是联盟一个最初的目的。为使新政府成立起见，密西西比的戴维斯（Jefferson Davis）当选为总统。佐治亚的司蒂芬司（Alexander H. Stephens）为副总统。戴维斯是一个有决断力与胆量的人，他尽他所见到的常常拥护南部的权利。联盟中的人民都以信仰与热诚看他是一个伟大的人物。

北部的意见分歧　在北部，对于有奴隶各邦退出联邦有各种的意见。许多激烈的废奴派人是欢迎的，并宣言他们离开有奴隶的联邦是很可幸的。美国总统布卡南虽以退出各邦的行动为非法；但他温柔地对人说，他没有权力强迫这几邦留在联邦中。司各脱将军是美国陆军的大元帅，他虽然觉得退出联邦是可悲的事情，但他说可以让失迷了的各邦走他们的路去，不必限制。《纽约评论报》的记者格里力公然地表示意见说：南邦有全权给他们自己组织一个联盟。

“克立登腾妥协案”的提出　两方比较和平的人物，尤其是由所谓南北两部间的“毗邻邦”（border states）来的，都极力地归罪于退出联邦，并想配合一种妥协。肯塔基参议员克立登腾（Crittenden）向国会提出一种宪法的修正案，规定：

（一）北纬 36° 30′ 以北的领域须是自由的，所有这线的以南都是奴隶的，

（二）所有以后请求加入联邦的各邦对于他们应否要有奴隶可以由自己决定，

（三）无论哪个奴隶逃到北部，联邦政府须得给奴主归还。

参议员克立登腾的计划为共和党领袖所反对。他们以林肯的赞许协定一种第十三章的宪法修正案，规定凡是限制国会在联邦的无论哪一邦废止奴隶制度或干涉奴隶制度的修正案必不得制定。这案由国会 2/3 的票数通过。当战祸到来的时候，正候着得各邦的批准。第十三章的宪法修正案要是采用，全美国的奴隶制度并不废止，反使在已经有过奴隶的各邦除非自己废止，那奴隶制度是永久存在的。

两方领袖都很坚持　两方重要的领袖都不愿妥协。戴维斯宣言：林肯攻击奴隶制度，实际上即是对于南部的组织宣战，所以两部间的冲突是不可免的。但他即刻加一句说，要是北部不承受他们退出联邦，南部的人民于是“将求助于祖宗的神灵……委信托于上帝及自己的决心与强力，将尽力以拥护权利”。林肯在他一方面回答：“两党都得免去战争；但是一党宁愿战争而不顾国家存亡，则那一党只得也愿以兵戎相见，而不愿使国家灭亡。”南部各邦只有依他们的条件，不然不愿留在联邦之中，共和党的领袖既不受他们的条件，也不让他们公然的脱离联邦。

林肯第一次的就任演说　林肯在他 1861 年 3 月 4 日的就任演说辞上曾宣言：（一）联邦成立比宪法及独立都要在先；（二）要设法使他永存天壤；（三）各邦都得矢忠维持；（四）没有一邦仅以

自己的感情可以有权与联邦脱离的。他又说他愿竭力使联邦法律在所有各邦中实行，他愿拥护及维持联邦。他对南部说过以下的话，以结束他可堪纪念的演说词：

> 我的不满意的国人们，凶险的内乱问题是握在你们的手中，不在我的手中。政府并不愿攻击你们，你们自己要不是甘为戎首，你们哪里会有冲突。天国里并没刊着你们的誓言教你们破坏政府，但是我有最尊严的誓言，教我存救、保护并维持他。我并不愿意格斗，我们本不是仇人，是朋友。我们必须不要作仇人。偏见虽说可以使我们的感情联结紧张，但须不要破坏了才好。记忆中神秘的弦已由各个战场上及各个爱国者的坟墓上，绷到这个大陆上各个生人的心里，各个人家的炉灶上了；要是凭我们良心上的善良天使再把他弹弹，联邦的谐声仍可以洋溢乎人耳的，这的确是可以做得到的。

萨漠忒要塞失陷（1861 年 4 月 14 日）　照就任演词上说，林肯是决心要维持联邦的。但他仍希望这问题能和平解决，并没直接采取强硬的手段，因此许多南部的领袖都以北部的人民是不愿战的。戴维斯总统的确说过北部的人民是不愿战的。要是华盛顿政府不供给粮食给驻在正式政府的萨漠忒要塞（Fort Sumter）——在南卡罗来纳的查理斯顿湾中的一个岛上——的美国军队，那种言语上的争执本可以继续不停的。1861 年 4 月，林肯总统预备派出援兵。他通知南卡罗来纳的邦长，说他决定要给萨漠忒要塞上无异被囚了的联邦官吏帮助。联盟政府中人视这种行为无异宣战，于是查理斯顿要塞驻军即于 1861 年 4 月 12 日开始向萨漠忒要塞轰击。两日以后，联邦政府的将官安得孙（Major Anderson）被迫投降。林肯总统即于4月15日提出可堪纪念的通告，召集7.5万志愿军，出其不意的这种凶厉的战争竟从此开始了！

南部另有几邦退出 当第一声枪弹放出的时候，那般打主意很慢的人也都被迫加入。在南部作中央地带的阿肯色、田纳西、北卡罗来纳及弗吉尼亚各邦，都脱离联邦，与联盟政府联合。但是，诸邦人民意见不一致，尤其是在北卡罗来纳与弗吉尼亚，所以还须领袖人物的坚决行动拖他们脱出联邦。在弗吉尼亚的西部，主张联邦的趋势很强，所以有几县完全反对退出。两年以后，这几县及另外的几县与旧邦断绝关系，另成一邦，即西弗吉尼亚邦。作南部各邦北边地带的马里兰、肯塔基及密苏里各邦也全仗着艰难的努力仍留在联邦之内；但是这里有许多人都想加入联盟政府，其中有的到南部去从军，有的在家和邻近的联邦党人激战。

二、准备战争

南部的优势 当战争初开的时候，南部各邦有几种优势。在林肯就任以前，他们已准备战争几月，并夺获了境内的联邦要塞及兵工厂。他们的政治家统治了多年联邦政府，却并没有给联邦政府树起军力。除军士及粮秣供给以外，南部还有有能力的热心将领，如李将军（Robert F. Lee）、约克孙（Thomas J. Jackson）及约翰斯敦（Joseph E. Johnston）诸人，他们都在西部地方受过很好的训练。他们感于对本邦的忠义，都舍身给联盟邦政府服务。南部各邦以有贵胄主义为之统辖指挥其勇往直前，实是不可轻视的劲敌。

北部的优势 在另一方面，北邦也有许多东西与他们有利的。全国总人口的整数约为3100万。在北部住的有2200万而强，南部人口中还有350万是奴隶。南部成年的白种男子总算起还不到300万，到战争将结局的时候，北部在战地上的军士数目也与此相差不远。国家差不多所有的制造业，如铁钢及军需等重要的工厂，都在北部。所以南部大部分的军用品须得仰给于英国。

北部的财富比南部多许多倍，联邦政府对于借钱维持战争要比较容易点。南部人民的财源大部分依赖在北部及欧洲销售他们的棉花。北部以封锁沿岸与逮捕想出入港口的船只，即刻能使联盟政府出口及入口的贸易毁坏。因这种封锁的结果，出口的棉额在1860年的202，00万元至1861年降为4200万元，至1862年仅得400万元。人、钱及原料，都在北部，北部定要成功的，除非南部能以连续的大胜迅速地震撼到北部去。

两方都自信可胜　各方只想到自己的优势，不想到自己的弱点，遂以很强的信心开战。戴维斯总统以为南方胜利的军队只需很短的时间就可直捣北部的中心是很显然的事。林肯总统的召集7.5万人服军役期限为三月，似乎也含着信任北部政府的胜利是很快的意思。两方的希望都是错了，都即刻知觉自己前面的任务是很重大的。第一次的流血在1861年的4月19日，这时马萨诸塞的第六军团在巴尔的摩尔遭了攻击，杀伤了数人。直到四年以后——1865年4月9日——李将军麾下的联盟军队才于阿坡马托克斯（Appomattox）缴械罢战。

征兵制代替志愿军制　战争发生以后，两方都依赖志愿军作战，不久又都靠召兵。在南部，实际上各个身体健全能荷起军器的白种成年男子都已加入战争。至于北部，因为这里是用抽签法召兵，把许多的人都留在家里，所以有许多人是很占便宜的。1863年联盟政府征兵法上规定，每邦须得出一定数目的军队，至于谁应从军是用抽签决定的。这种征兵法在纽约遭受反对，叛徒起来杀了许多的人。这种法律的一个坏点，就是规定抽签中了可以拿300元钱作为免去军役的代价。因此，有钱的人都能免去军役，拿不出那些钱的穷人不管愿与不愿都得去从军。

北部的战略 所有这次长战中的重要作战与调度，在这里不能详加叙述，就是单按顺序把这些一一指出来，也只使读者的脑筋昏乱而已。再说，这些作战是互有关联的，与两方各要人心胸中的大战略是更有关联的，所以必须拿出这种的关联来叙述。北部策略的重要点大概说来是：

（1）先用联邦军队占据沿边各邦，使不得脱离联邦。

（2）深入密西西比河流域，截断联盟政府为两部。

（3）建起南邦各口岸的海上封锁，截断联盟政府的欧洲供给。

（4）夺获弗吉尼亚的里士满首都，以打击联盟政府的中心。

要是我们按时间的顺序及地理的关系分析这些活动，可以分成下列的段落，以佐记忆：

1861年及1862年的战争

甲 救出沿边各邦

乙 东部的战争

丙 西部的战争

释放奴隶的通告（1863年1月1日）

水上的战争

1863年的战争

甲 东部的战争

乙 西部的战争

1864年及1865年的战争

三、1861 年及 1862 年的战争

联邦军初在东部退却——布尔河的战争（1861 年 7 月 21 日） 联盟军在东部准备得特别好。他们在弗吉尼亚的里士满建立国都，并向这一邦调集强悍的军队，皆属有训练的军士，受有能力的长官指挥。他们给退出的各邦组成一个坚固的前线，还有余力时常进迫联邦政府的首都。

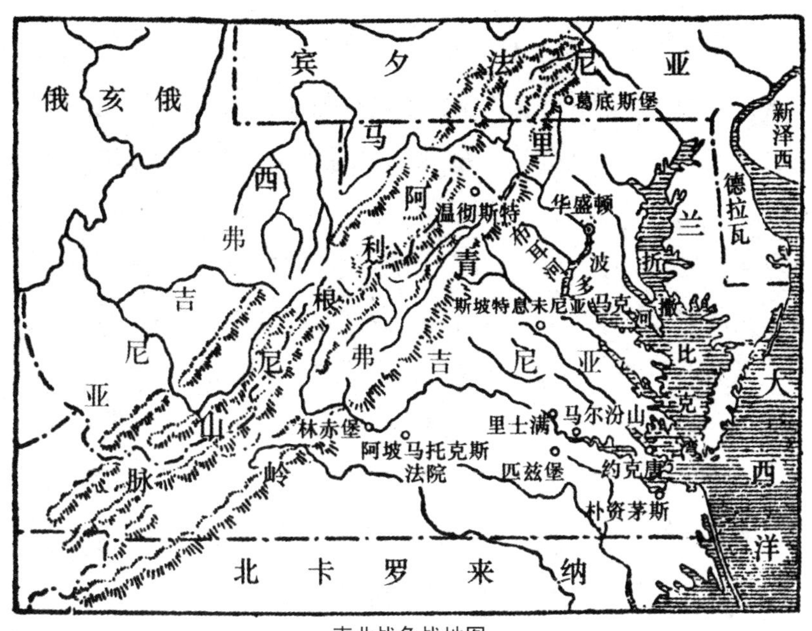

南北战争战地图

林肯总统承认这是大危险，但是顷刻之间无力转变的。南部各邦脱离以后，美国的常备军队为数不多。志愿军征调的时候，所有北邦人都很热心的应募，直到这年仲夏，联邦差不多有 20 万人从军。

要使这些新召而未经训练的部队即刻去对抗弗吉尼亚的军队，这是自招纷乱的；但是这时候全国满罩着直接活动的声浪。“到里士满去！”这是写在旗上喊在街上的口号。

这种嚣声禁止不住的，带领联邦军的马都卫尔将军(G. Mcdowell)被派攻击驻守北弗吉尼亚南部的波勒加德（Beauregard）将军。持重的军事家的预言果真应验了。在布尔河（Bull R.）地方，距华盛顿西南还不到一日的马程，联邦军于数小时的激烈攻击以后完全败绩，被逐溃退。在这次战争中，联盟军约克孙将军很勇武的对抗联邦军的攻击，因此得了一个“石城”（Stonewall）的徽号，后来的人因此都知道他了。

马克里兰无结果的出征　这次纷乱的失败以后，北部的人才深知置在他们前面的任务是很重大的。统帅联邦军队拱卫华盛顿的马克里兰（McClellan）将军受命训练军队，整饬军装，预备作大出征。直到1862年春天，他才准备活动。但在这时他仍很审慎的，因此受各方面严厉的批评，说他是逗留，是动作缓慢。但是，1862年5月，他的军队前进距里士满只有几英里，并且胜利似乎有望。不料七天的战争以后（1862年6月26日至7月2日），使马克里兰不得不退却，一切直接夺获里士满的希望只得放弃。这一年末几，颇普（Pope）将军所率的联邦军队又于第二次布尔河的战役受攻溃退华盛顿城下。

李将军侵略马里兰（1862）——安替旦及菲特烈堡　南部军队的精神这时盛极了，李将军即乘势侵略马里兰。1862年9月，马克里兰以很大的军力攻击李将军的军队，并在安替旦（Antietam）的战役稍获胜利，北部的人即认这是一个战胜，但马克里兰损失的人数比联盟军更多。李将军认这是互有胜负的战争；但他退入弗吉尼亚的军队重新加以组织。设使马克里兰将军作战更热心些，他或许可以加给南部军队一个实在的打击。华盛顿各要人所持的意见既然如此，马克里兰因此免职。

继统其军者为本赛德（Burnside）将军，也是不幸的。1862年12月菲特烈堡一役，他又大大地败绩；他本来是想攻入刺帕罕诺克（Rappahannock）河上菲特烈堡城后马利斯高地（Marye’s Heights）的李将军守地。数千勇敢的军士都不留心的牺牲了，本赛德于失意中舍去他的守地，并由呼克尔（Joseph Hooker）将军作波多马克军中的首领。直到1862年终，东部的战争局面上对于联邦政府好像事事都是失望似的。

西部联邦军的胜利——亨利与多奈尔孙要塞的攻陷 北部军队在西部是很占胜利的。在这一方面有两个将军是真正的天才，即格兰特（Ulysses Simpson Grant）与托马斯（George W. Thomas）；前者是在西典陆军学校毕业，并实在参预过墨西哥战争。到1862年初，这两位将军即把肯塔基确实的收归联邦。1862年2月，格兰特将军受海军大尉佛特（Foote）的炮舰帮助，攻陷了两个联盟军的要塞：一个是田纳西河上的亨利要塞（Fort Henry），一个是昆布兰河上的多奈尔孙要塞（Fort Donelson）。于是开通了一条向南经过田纳西的道路。

竞争密苏里与阿肯色 在密苏里地方两方面都有很强的军力。布来司（Price）将军带的联盟军队受阿肯色的援助，战败来温（Lyon）将军的联邦军于威尔逊溪（Wilson’s Creek），时在1861年8月。但是，几月以后，南部密苏里为联邦所恢复，联盟军迫向南退到阿肯色。联邦军庇山（Pea Rigde）的告捷（1862年3月）实际上决定密西西比河以西的战争。

法剌加特攻陷新奥尔良——示罗及墨佛里斯巴罗的战役 1862

伊里诺斯河
印地安那
斯勃林菲尔德
印地安纳波里
俄亥俄
密苏里
伊里诺斯
辛辛那提
奥尔吞
圣路易
路易斯维
法兰克福
基
肯
塔
开罗
那士维尔
约克孙
田
纳
西
孟斐斯
西兹堡埠
田纳西河
阿
肯
色
斯林科
罗马
佐
亚特兰大
密西西比河
密
西
阿
拉
巴
马
治
大
墨里的安
维克斯堡
黑江
约克孙
阿拉巴玛河
蒙特哥美利
路
易
斯
安
那
西
比
珠河
亚
佛罗里
达
巴盾鲁日
他拉哈西
墨西哥湾

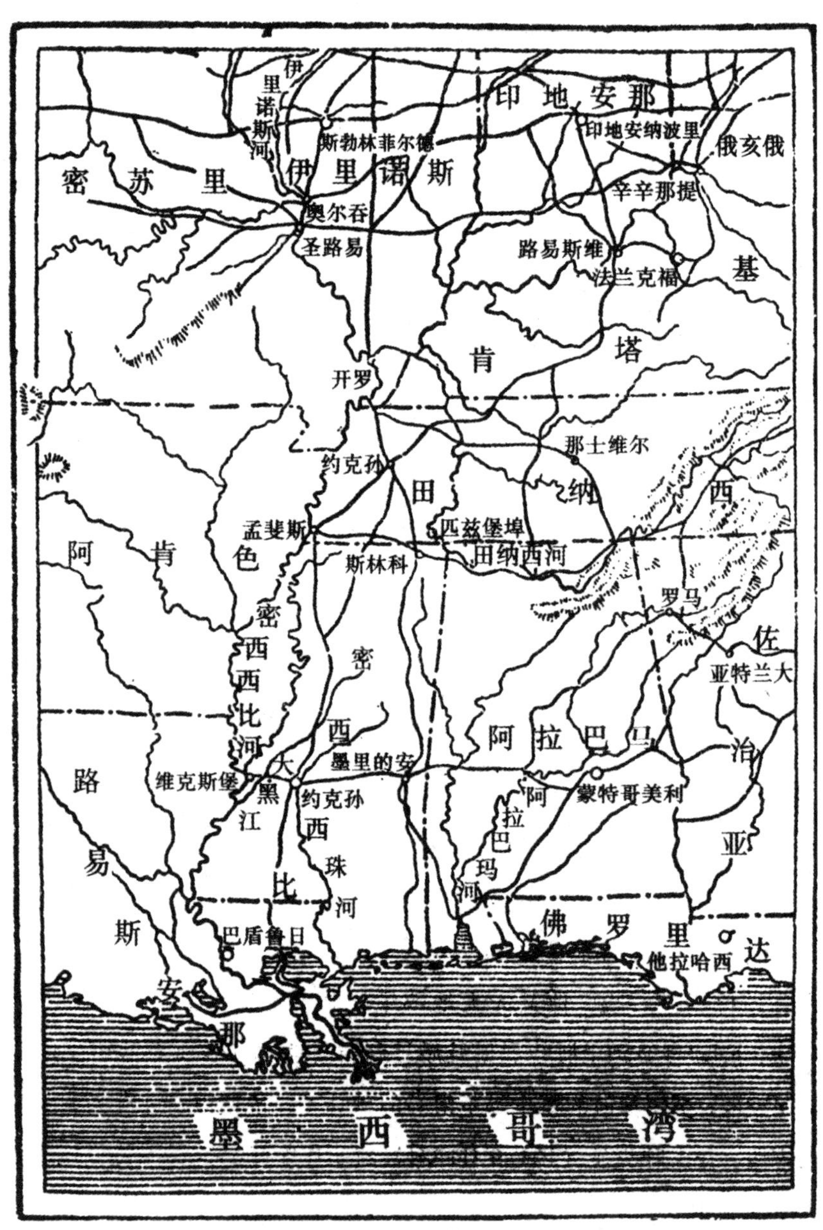

西北战争形势图

年4月，法剌加特（Farragut）舰长驶入密西西比河，轰击河口炮台，破坏联盟军舰队，攻陷新奥尔良城，这种消息把北部震动了。一个月以后，以几个连续的死战，包括示罗（Shiloh）或匹兹堡兰丁（Pittsburg Landing）战役及墨佛里斯巴罗（Murfreesboro）战役在内，西部联邦军已经向下移动战线到了密西西比河的以东。密西西比、阿拉巴马及佐治亚三邦的北界，河以西的战线到1862年年终以前，已向下移到阿肯色河。

四、释放奴隶

南部势力的一个大打击 虽然说有西部的胜利，并且波多马克军可以扼住弗吉尼亚的联盟军是可靠的，但是在这12个月战争之终，联邦政府就是将来能胜也须有极大的努力，这是人人都知道的。北部尽有给南部表同情的人，这般人都叫做“毒蛇”（copperheads），他们不论贵贱都愿意和平。并且各处都有心怯的联邦党人，他们预料战争是失败的，好到极处也不过是一个相持不下。

至1862年夏，显然须要一些勇气以坚定北部人的信心，以新火灌注他们，再给南部势力上一个更有效力的打击。这当然是力口在战略上的一种外交手段了。南部势力的真正源泉即是凭奴隶的忠心给他们耕田，给他们维持内部的秩序，给他们供给战地上的军队。打击奴隶即是打击南部兵力的实在的中心。更有进于此者，废止奴隶制度即是为联邦作战，这本是一种高尚的理想，再引申成为自由的战争，这更是说到北部男女的心上去了。

林肯决定释放奴隶 要干到释放奴隶这一步还得需要些勇敢与信心。理想家早对林肯鼓励这事：从征的将帅因需要工人与兵士，也早要求过，但是都遭拒绝。直到他信任这是拯救联邦一种很重要的战略以后，他才答应赞成废奴党这种坚决的要求。至 1862 年秋，他向上帝发愿，谓马克里兰将军若于安替旦战役制胜弗吉尼亚军时，他一定发出释放奴隶的通告。马克里兰虽没有得大胜，但他的成功都以为是很有利于北部的。弗吉尼亚军可以重伤联邦的国都及长驱以捣北部中心的危险似乎转变了。林肯于是于 1862 年 9 月 22 日宣言，谓联盟各邦若不于 1863 年 1 月 1 日以前退回联邦，他必要宣告这几邦中的奴隶永远自由。联邦政府视这是一种无用地恐吓。但林肯果于 1863 年 1 月 1 日，实行他海陆军大元帅的职权，发出释放奴隶的通告，释放当时联盟军所占各领域内的奴隶。

释放与废止 释放奴隶的宣言普遍都被人解释错了，所以须得特别注意两点。（一）宣言上并不废止奴隶制度，只将对联邦政府交战一部分地方奴隶予以释放或自由。宣言以后，奴隶仍得在那些未退出的各奴隶邦中存在，即是德拉瓦、马里兰、弗吉尼亚、肯塔基及密苏里，还有联邦军占据的田纳西、路易斯安那与弗吉尼亚的一些地方。（二）战争过后，这种奴隶的释放能否存在还是不定的，因为林肯在奴隶制度上没有行政的权力。他以美国陆军大元帅的资格差不多能做一切有利于北部主张的事情，自然这种大权在战争收束了以后不能维持的。所以有些人说：释放奴隶只能继续存在于实际战争的期间而已。因要永久继续下去，于是于 1865 年实行美国宪法第十三章修正案，无论在美国什么地方都废止奴隶制度。

释放奴隶的国外影响 释放奴隶给战争开一个新局面，标榜这是一种反对奴隶的自由战争。欧洲的贵族及上流阶级始终仇笑北部人的主张。据说，英国上院议员的 4/5 及下院的许多议员都和南部表同情，急于看联邦的破裂，成为共和主义的失败。只有少数的英国大人物，如伯来脱（John Bright）等，诚恳的推心置腹于林肯及北部而已。

至于英国一般的人民就不同了。虽然以棉业工厂的倒闭迫得他们受饿，但他们总觉北部是正义，是应该胜利的。释放奴隶以后，他们的这种意见更确定了，他们反对奴隶的感情更以英政府偏袒联盟政府及破坏封锁加大了。法国皇帝拿破仑三世曾几次表示要干涉美国，但英国政府到底迟疑不动。于是拿破仑三世以直接向华盛顿表示有些腼腆，只得即刻打消这种念头。他知道他单独不能成功，并以英国政府不能一致，所以不再想帮助南部，破坏联邦。

林肯　世上从没有担负重大责任及解决困难问题的人能胜过林肯者。他有一个分裂的国家在他后面。许多的北部人民，公然与南部表同情，阻止人与钱的征集，有力地诅咒战争，并且什么事都做的。另有一大部分人，虽然忠于联邦，但是受了战争的纷乱及悲惨的惊惧，常常准备鼓吹讲和，至于代价怎样一概不管。反对的势力是强盛极了，所以1864年的选举，“释放奴隶的大伟人”虽以大多数安然当选，然民主党候补总统马克里兰单在联邦各邦中竟能得180万票。

共和党的政客为竞争政府的位置，维持他们的组织，差不多迫得林肯发狂。民主党人责备他延长战争，乃为要满足军需品制造者及定立合同者的欲望——这般人是以军事供给品为利的。军官的友人们则又因黜陟升迁的事聚责林肯。儿子们因放弃或忽视任务以致宣告死刑，于是他们的父母到处迎着林肯，递求赦的请愿书。他以心地清白、容忍、不竭的毅力及良善的性格，包含了一切，时时打算尽力做他应当做的事情。

五、水上的战争

制海是联邦胜利的锁钥 战前南部所恃的大宗是棉业，这是我们已经说过的。在 1860 年，南部产棉 470 万包，大都售于英国。要是海上的交通能够维持，几百万包的棉花可以交换军需品及他种供给，南部的势力那就不止两倍。实际上战争地方都在南部，联邦的军人与供给都须远自北部的根据地转运，设使南部有枪械、粮食及金钱等充分的帮助，一定能使战争无限制的激烈，或者激烈得使结果大不相同。

战事发生时海军的微弱 为截断南部供给的来源，美国的海军得负重大的任务。设使在战事初发的时候海军军力是很强的，那就可以使战争缩短好几个月。据说，在战争开始的时候，大约只有 13 艘船——8 艘汽船，5 艘帆船——预备在美国的水面上作战。另有些海外的美国船都召回国来。但是，全部海军，统括一些小船在内，总数不过 90 艘，这其中有些还是正修的，有些是废弃不能用的。

封锁 就以这些船林肯总统决定隔断欧洲与南部间的贸易。他早于 1861 年宣言封锁弗吉尼亚到得克萨斯的海岸线。他命令战船沿着这一带的海岸分散，特别加重海口，以停止并逮捕想出入于南部各海口的船只——无论属于联盟政府的、英国的，或别的外国的。

封锁的偷漏 当初有许多的棉花由封锁中偷漏出去，许多的军需品偷漏进来。在英国及南部都造有许多的快汽船，即叫做“封锁的偷漏船”，以为溜出停在沿海以外的美国战船之用。在黑夜，或是遇着暴风骤雨的时候，这种偷漏船满载着棉花或供给，冲出或冲入紧闭的海口，逃出派来逮捕他们的战船。后来美国海军增大，围绕南部海岸的网罗也逐渐的加密，直使“封锁的偷漏船”无技所施，于是这种事业也没利益了。

封锁的成功　据说，在封锁时期中，有 1.5 万多艘船被捕。到战争结局的那年，南部在外国市场上只能发出几千包棉花。国外的战争供给实际上已是隔断了，并且要在国外多借些钱也是不能的。例如，南政府于 1863 年谈判一种 1.5 万元的外国公债，约定以棉花偿还，但是不能发出棉花去。

就是使金钱能够在外国尽量的取得，这也给南部的好处很小，因为并不需要金银，只要金银所能买到的供给品。如南部的一个要人说过：南部并没有战败，不过“窒死”罢了。

封锁人在海上的功业并没激起国人的大注意。这里并没有机会使一般海上的大英雄跳出那般守望者的队里；但是他们在日间夜间，冬天夏天，雨天晴天，都静守住他们的位置，北部的胜利依赖水兵们无间断的毅力，也和兵士的勇敢是一样的。

封锁南方诸港图

截击北部的商务 虽说封锁了，南部在海上仍能维持几个战船及民间缉捕船，以劫掠北部的商务。当战事初发的时候，美国商船与世界各埠都有贸易，并因战事延长，这种贸易自然增加。南部既看见自己的商务被害，于是想在无论什么地方捕获并烧毁北部的商船。南部的一艘毁灭舰于1861年夏天逃出密西西比河口，即于海上横施破坏历几个月。要追踪、捉拿及破坏这一类的船，北部的巡洋舰得很费些力气。

阿拉巴马 另有些海上的贼船在英国口岸修造并装置起来，这是与英国政府有阴谋或是得了默许的，至于违反国际公法与否，一概不顾。其中一艘就是阿拉巴马号（The Alabama），是在利物浦修造的，巡逻海面直有两年，每月破坏两艘到三艘商船，后于1864年6月，卒被岐耳萨治号（Kearsarge）战船捕获，并沉入英伦海峡的海底。后来因为由英国的海口上装置的船破坏了美国许多的船，因此要索英国赔偿重大的损失。

麦立马克与铁甲炮舰（1862） 除封锁海岸与捉捕并劫夺北部商务的贼船以外，美国海军还得对待一种新仇敌。联盟军在弗吉尼亚的朴次茅斯把个名叫麦立马克（Merrimac）的汽船改造成有撞嘴的铁甲船，于是昆布兰号（The Camberland）及国会号（The Congress）两艘破旧的木壳战舰都大受其害。除非有一种新式船能建设起来，这种铁甲妖怪以及别种类似的东西，要把封锁海面的船只扫荡净尽了。

北部人的智巧也不下于南部的人。厄立克孙（John Ericsson）舰长在纽约计划并修造他有名的铁甲炮舰。这种怪船具有一个很小的铁船身，船面上装设一个圆的铁炮台，附两尊炮，能以机器旋转，向各方射击。南部的人称这船是“木筏上‘盐客’的牛酪盒”。这船于1862年春驶下罕普顿（Hampton roads），正是麦立马克开始破坏事业的时候。

3月9日晨，两铁甲舰恶战一场，没有得出最后的结果。铁甲炮舰上的指挥以望塔受了一个炮弹，眼睛一时蒙住，遂即退出战线，麦立马克也大受损伤，退驶到诺福克。双方都以这次战争是胜利的，不过麦立马克号因为当联邦军退出诺福克以后被烧毁，于是破坏商务事业也即刻告终。北部海军又加造这种铁甲舰，并证明这些东西的效用。铁甲舰于是替代木船而兴。

西部河上的炮船　海军他种的重要功绩为：海军大尉佛特破坏田纳西的亨利要塞，法剌加特舰长攻陷新奥尔良；法剌加特与坡尔忒（Porter）舰长协力开通密西西比河；以后几个沿海炮台及泛地的夺获。

六、1863年的战争

东部的新失利——昌塞洛斯维尔　释放奴隶通告发出以后，东西部的战争都进入了重要的新局面。在东部，联邦军仍是不幸。1863年5月，呼克尔将军于昌塞洛斯维尔（Chancellorsville）地方受李将军攻击，大败而特败。联盟军庆胜杯中唯一的痛苦就是丧失了“石城”约克孙，他于这次战役受伤以后，即刻逝世。虽有严格的军事检查，这种失败的消息慢慢地透过北部去了，这时北部的人都为之心魂俱丧。林肯也几乎失望了。

李将军侵略北部　接着便是一阵侵略的大恐慌。昌塞洛斯维尔告捷以后，联盟政府信心很坚，决定想以一击得胜。就令李将军率领有训练有势力的一军，下谢南多厄河流域，越波多马克河，入宾夕法尼亚。戴维斯总统向来深惧战争移入北部腹心是不利的，现在他的深惧实现了。及6月终，李将军的前卫距宾夕法尼亚的邦都只有4英里，深入巴尔的摩尔及华盛顿的背后。菲列得尔菲亚的商业都衰歇了，预备守城。全北部为之大震。林肯受各方面激烈地攻击，罢免了失陷昌塞洛斯维尔的呼克尔，代以米德（Meade）将军，这人曾在波多马克战役显著过勇气与功绩的。

葛底斯堡1863年7月1日～3日 7月1日，两军对垒于葛底斯堡（Gettysburg）小村，李将军有7万人，米德将军有9万人。两军大战历时三天。在第一二天内，南边稍获优势。

匹刻特的著名的袭击 李将军自信胜利是在他的掌握了，于是在第三天下午下令全军前进。碧空在上，七月天的烈日带着浓重的辉黄色垂射下来，于是匹刻特（Pickett）率领1.5万生力的选军，威风凛凛地踱过他们所扼守的山脊，冲下斜坡，遥迎着渡河前来的敌军。联邦军即卧倒于塞米太利冈（Cemetery Ridge）上的前线，静候来攻，同时背后的炮弹如雹霰一般的向匹刻特军射击，倒毙的兵士如镰前青穗一般。匹刻特军上来了。稍后，炮火以外联邦军中又卷起来福枪的烟云。匹刻特军集合起散兵线仍向前进，最后前线上人作一大冲击，高压联邦军的壁垒，好像破浪触在岩岸上激起的浪花一般。曾有瞬刻，匹刻特军把军旗树在敌军的中心，但是他们不能把持得住。他们各方面受了攻击，冲散了，雄盖一世的四散残军于是不得不退回原线。

战胜 这一天过了，死伤者在4万左近。震荡北部的“冲天战潮”一去而不复返。什么都定了，李将军只有退却。要是米德将军善乘机势，穷追南军，他或者就可以结束战争。但是他的军队也重伤了，于是他逗留不进。林肯以前确曾失意的，这时因为有米德的战功，他高兴起来了。从此北部再从事未了的事业，除去躺在葛底斯堡的光荣死者，对于他们竭尽心力所向慕的主张增高热度。

维克斯堡投诚——密西西比河直通海上　正当北部因葛底斯堡的光荣战胜额手称庆之时，又一个联邦军胜利的消息传出了，就是密西西比河上的维克斯堡（Vicksburg）克复。该城的联盟军守将彭伯顿（Pemberton）将军久经重围以后只得投降于格兰特将军，这是7月4日的事。

围城中痛苦之可怕是人所想不到的，城内居民在地洞中住了好多礼拜。他们的粮食逐渐地减少，后来被迫得食骡马的肉。日夜震惊于如雷的炮声、枪弹的呼哨声及地雷的炸裂声中。“无耻的战胜光荣”浸透了险惨、饥饿、龌龊、憎恶与恐怖。联盟军守将感受兵民的苦况只得投降。

维克斯堡投诚以后几日，维克斯堡以下的哈得孙埠（Port Hudson）降于联邦军，以得炮船与联邦军的协力，把联盟政府竟断成两橛。7月16日，一般由圣路易斯来的货船卸货于新奥尔良，林肯并称道这事说：“诸河之祖又得直通海上了。”

奇喀毛加与查大拿加　自葛底斯堡与维克斯堡战胜以后，联邦政府即催促罗斯克兰斯（Rosecrans）将军从事驱逐田纳西的联盟军。他满怀希望地出发了。于是，1863年9月19日，他受布刺格（Bragg）将军所率南部劲兵的攻击，次日“西部大战”，即可怕流血的奇喀毛加（Chickamouga）战役到了，罗斯克兰斯败绩，他这一军败归查大拿加（Chattanooga）。只剩下托马斯将军一军拼命地决斗，才不致使联邦军全部覆亡。于是格兰特将军受命总制西部全军。

以后几个礼拜的战役，战于出云山（Lookout Mountain）（云以上的意思）及查大拿加附近的布教冈（Missionary Ridge），把联盟军逐出田纳西，迫在佐治亚的北部。直到1863年终，战线已经伸入密西西比、阿拉巴马及佐治亚诸邦。

七、1864年及1865年的战争，战争的结局

格兰特受命统率全部联邦军（1864）　联盟政府只剩下了重要的两军：一军归李将军率领，拱卫里士满；别一军在佐治亚的北部，归约翰斯敦率领。格兰特将军于次年（1864）春由西部召回，作全部联邦军的大将，受命攻克联盟政府的首都里士满，以毁灭李将军的弗吉尼亚军队。至于西部委托谢尔曼（Shermon）将军攻约翰斯敦，以长驱直入于佐治亚。

谢尔曼的出征——亚特兰大与军临海上　谢尔曼将军由查大拿加出发，从事他有名的出征。联盟军诸将逐渐地退却，本想使谢尔曼军疲败，然后乘机一举而歼之。戴维斯总统怨约翰斯敦逗留不进，把他免职，代以呼得（Hood），教去攻击谢尔曼。此一举大大的错了。因是谢尔曼打退呼得的攻击军于亚特兰大（Atlanta），又出大军一支由亚特兰大取海道前进，破坏沿途60英里内的桥梁、道路及财产。在1864年耶稣圣诞节的前夕，林肯总统收到谢尔曼将军的一道电报，大为吃惊，原来是献给他的“塞芬那城一座，重炮150尊，许多的军需品及2.5万包棉花的圣诞节礼物”。有些联邦的兵士于途中无谓地劫掠了居民，破坏公私的建筑，在南部人民的心里加增了极大的恶感。

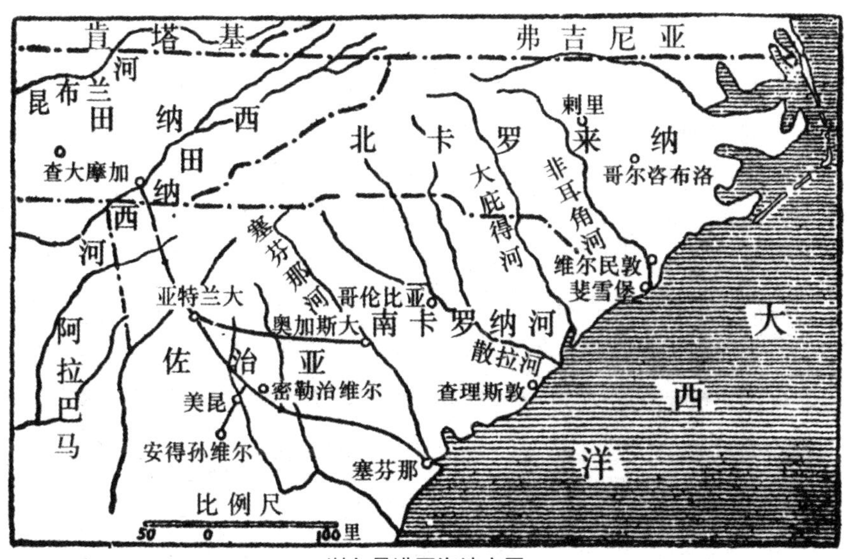

谢尔曼进军海滨之图

在弗吉尼亚的格兰特——荒疆及寒湾的战役　此时格兰特将军为任务所困。李将军的弗吉尼亚军虽不及他的一半，但他有不容易的问题在前面。他是在敌人的国中作战的；李将军的军队熟悉各处的地形，又很强的扼守着各重要的地方。

格兰特深悉这种形势的重心，遂于1864年5月渡拉波丹河（Rapidan），开始前进，经过密林茂草之中。他在这里大受南军的攻击，可怕的“荒疆战役”（Battle of the Wilderness）直过了四天。联邦军的损失很大。还是格兰特调度得法，将他的军队退出危境。他又向左方小心的前进，攻到斯坡特息未尼亚（Spottsylvania）地方，再到了寒湾（Cold Harbor），寒湾是里士满城防卫的一部分。在这里拼命地战了一场，北军仍没得显然的胜利。由荒疆到寒湾这一月的战争，李将军损失1.9万人，格兰特损失的人数几有三倍。

南军疲败了，格兰特自信胜利必要来的。他有比联盟军多两倍多的人，他有无限的供给在他后面，就使损失怎样的大他知道他终要胜的。李将军的损失可当真大了，他无法补充，因为联盟政府已精疲力竭，更无军队可供调遣。封锁也一天紧似一天，灭亡似乎只是时间的问题。

厄力的袭击被阻于薛立敦　李将军还记得两年前曾以进迫华盛顿城的战略，击败过波多马克军，于是命厄力（Early）将军随带一支大军，由谢南多厄河流域急向北部的首都进击。但是格兰特军队很多，可供调遣。他并不舍去对于李将军主军的攻击，只派遣薛立敦（Sheridan）将军率了一分队去邀击厄力。薛立敦败厄力于温彻斯特（Winchester），蜂拥而下，破坏了当前一切东西。据当时的人说：过这地方的乌鸦都得带上粮食，其情状也就可想见了。

格兰特将军于1864年10月18日，接到厄力战败的温彻斯特的消息，他很满意，因为这时他知道联盟军最后一着已用过了。再有谢尔曼将军占据塞芬那，并被他隔断了西南部所有的地方，李将军在这一方面的接济全不能到，弗吉尼亚军须要即时投降，这是不可免的事。既已到了这种绝命的景况，联盟政府的首都才想和林肯总统媾和。1864年11月，南部副总统司蒂芬司与林肯总统及国务总理秀厄德相会于罕普顿路的一个战船上，谈判媾和的条件。林肯要求解散南部的军队，退出各邦仍退归联邦，并废止奴隶制度。联盟政府不承认这里退让，决定战争到底。

李将军降于阿坡马托克斯（1865年4月9日）　北部于是准备最后的攻击，格兰特将军绕里士满以封闭南军。李将军确知他不复能保卫联盟政府国都的安全，遂于1865年4月3日，引军退向西南。4月9日，格兰特蹑及于阿坡马托克斯，并迫他无条件的投降。格兰特于他胜利的时候对于失败者是很宽大的。他不须李将军交出他的宝剑，他并许长官及军士不必交出他们的马匹，他说他们将来归田的时候这些东西都可以用得着的。等到联盟军官长、士卒都宣誓不再用武力反抗联邦以后，这些人都被给予一些很足用的粮食，让他们回家归田去了。以后几天，约翰斯敦所率另一支重要的南部军队在北卡罗来纳投降于谢尔曼将军。南北战争遂于此告终。

林肯被刺（1865 年 4 月 14 日）　全北部的人接到李将军投降的消息以后，很可以想像是怎样的高兴。长期的战事告了终结，多年来憔悴忧伤的”国家至是能够重睹和平。联邦仍克维护不隳，并没有两个并立的“全身武装，结怨于心”的国家，只有一个统一的政府。这应感谢大总统林肯努力任事，至是起而重联分崩离散与互相仇视的人民，但是命已定了，恢复的事业须得留予别人的。1865 年 4 月 14 日的晚上，林肯正在华盛顿福尔德戏院（Ford Theatre）里的座上，为一个伶人蒲士（John Wilkes Booth）所枪击，这人是被南部的失败气得半疯了的。总统受了重伤，即由街上带入私宅，次晨他即在这里死于他的愁惨的家庭与在官的朋友中了。

这种悲哀的消息如烈火一般地传遍全国了，战争最大的愁惨好像棺衣落在地上一般，过于伤心了。许多勇敢的男男女女都牺牲在战争期中，拖累在战争期中，而今，到了和平成功的时候，勇敢的元首已经“冷冰冰地躺下死了”，这是诗人惠特曼说的。北部已经失了他可靠的领袖，南部也失了一个胸中无恶意无狠心的朋友。

八、战争的消耗，妇人与战争

金钱与财产　战争所费的人与金钱究有多少，不能够算得确实的。在 1865 年夏的国债几达 30 万万元，大部分是为战事而募集的。此外还得加上联邦政府国库中的开支，北部各邦各城各镇所费的金钱，公债的利息以及恤金。有人计算政府所有这种经费，由 1861 年 7 月 1 日到 1879 年 6 月 30 日间开销共有 60 万万多元。此外我们还得加上已经偿给和现在仍得偿给的数百万元恤金。

在另一方面，联盟政府的公债被取消了，并没偿还。以数万万计的金钱都已消耗净尽，比这价值更大的财产都被侵入的军队毁坏。南北战争的总消耗，如金钱的费用，财产的毁坏及工资的损失，的确超过 250 万万元，相当于华盛顿就任总统时美国所有财产的 50 倍还多，这是一个可靠的猜测。

人的生命　至于战争中人命的损失更是难以数计。当战争期中，差不多有 200 万人在北军中更迭的服务——于役期限有三月，六月、一年及几年不等。实际从军的数目，以 1865 年 4 月为最高，共有 100 万而强。在这样的一个大军中，死者达 36 万余人——死于战场者 11 万，病伤而死者约 25 万。联盟军中记录不存，这一方面的损失不能得很确的数目，但要是与北军相等的话，南北战争足足损失了 70 万人。这其中如跛伤，永久残废，与因在军中劳苦过度以致夭亡者还不算在内呢。

妇女与战争　在记载男子在战场上英雄的行为与荣耀的牺牲中，美国妇人在战事中的服务也不可忘。西北部所有的农区以及其他许多地方上，妇女代男子执马缰，按犁耙及负生产食粮的责任者，整整四年。

萨漠忒失和以后几日，纽约各重要的妇人聚于桶业协会中，组织救济会，斯开勒女士（Lee Schugler）是这会中的灵魂。由此引起美国卫生委员会的成立，给兵士募集粮食及供给，料理营中卫生事宜，看护病人及伤兵。由大西洋岸到太平洋岸间所开办的卫生大会里，妇女募了几乎 300 万元的救济金。

林肯称道她们的事业说：

> 我从来没有研究过给女人赔好话的法术；但是我可以说，即将自有世界以来的演说家与诗人所说的好话都献给美国的妇女，以答她们在这次战役所做的事业，还不见得公道呢。

许多的妇女都到前线上作看护妇去了，忍受营中及战场上的恐怖和艰苦。她们勇敢的行为可以记载一大册——在枪林弹雨中收集伤兵，在瘟疫流行的地方服务。她们在侦探机关充间谍，在监狱中，在运输的船上，凡是受苦的男子事业所在的地方都有她们。战线的后面有妇人为兵士缝衣、裹伤布、扎绷带、预备愉乐与饮食。差不多在每处地方都有兵士救助会，每星期开会，甚至于每日开会，为前线上的人募金钱，供给及愉乐品。

在南部，妇女们所负的担子是更重的。在这里一大部的白种男子都上了战场，妇女们的责任都是很大的，她们受尽了四围的战争恐怖：田里荒了，家室烧了，供给破坏了，左右都是敌兵，饥饿与愁惨不时的现在她们的面前，但是她们没失望过。南部人的文章上满载着称道妇人的勇敢和功劳的事情。

第二十二章
南部的善后

一、善后的问题

被释放了的人 北部的人民虽遭遇林肯不幸的悲哀，但是奴隶的妖氛终于被他们祛除了，使他们喜欢。他们都回到他们田地里及工厂里故有的职业上去，好像一切事都已解决了似的。但是双方有思想的人都知道打破奴隶的锁链是一件事，给他们在国内人民中谋相当的位置又是一件很复杂的事。数百万被买与被卖绝对服从主人指使的耕田“手”，这时成了自由人了，到什么地方去都全任他们的自由。这是一种奇怪的事情。这事忽然来了——并没有警告或预备。他们站立在那里，是一个穷穷的汉子，空手实心，无助地在一个并不理解的世界中迷失了所要去的路径。联邦政府已经废止了奴隶制度，不能不知道这般被释放了的人的命运。

战败各邦 尚不止此，对于以前联盟的各邦将怎么样？对于联盟政府中的领袖又将怎么样？那般刚搁下反对国家主权的武器的人可以即刻就恢复他们旧日作公民与选举人的势力和权利吗？在这些问题上的意见是大不相同的。

（1）当初林肯的意见是采取宽容的态度。他以为联盟各邦实际上并没脱离联邦，不过他们只想过脱离而又失败罢了。所以他以为可以尽着他们在极短时期内和平的取得他们相当的地位。当北军开始占据退出各邦的时候，他即打算每邦要是有 1/10 的人民宣誓忠顺联邦政府，即刻就让他们重新组织他们的邦政府。要是林肯在世，这些困难问题或许可以这样解决，但是他死非其时，以致这种“改造”的事业都交给别人的手中。

（2）宾夕法尼亚的蒂芬斯（Thaddeus Stevens），马萨诸塞的萨谟涅（Charles Sumner），以及别的共和党领袖都坚执宽大不足以表示政府对待联盟各邦的政策。他们都说：战争是南部人发的，罪孽也得由他们担负。在他们的意思，以为所有南部各邦的恢复都是联邦政府要解决的事情。在他们的意思以为有 1865 年美国宪法修正案废止全国的奴隶制度，即是证明已经自由了的奴隶与主人间的关系，应由联邦政府处理，不归各邦。当国会在 1865 年 12 月开会的时候，共和党领袖拒绝南部各邦的参众议员到会，并以他们的意思从事解决南部的问题。

第十四章的修正案　他们一个初步的办法就是制定一种法律，设立一个奴隶释放局，作为联邦政府的一部，附属机关遍设于南部，即由这些机关给黑奴支配帮助。第二步重要的办法即是另一个联邦宪法修正案——第十四章的——于 1866 年通过并由各邦批准，两年后，遂公布一种法律。

这次修正案规定所有生长或同化于美国的人都是公民。所有关于奴隶是否是美国合宜的公民的问题都由此取消了。这次修正案又切实地宣布各邦不得用无论什么任意非法的方式剥夺黑奴的公民权。这次修正案把所有参赞宪法又从事战争以反抗联邦的人都摈出国会，又禁止偿还由联盟政府或退出各邦所发行的无论什么战争公债。

黑奴参政 第十四章修正案又有一个特点，即是规定若有一邦废止无论哪个成年男子的选举权时，须在国会中减少这一邦的代表。这种规定是计划间接强迫南部各邦及北部仍有奴隶的如俄亥俄等邦给予黑奴以参政权。共和党聪明的政客都赞成这种规定，因为这即是大大增加共和党的投票机会的。另有些共和党人因别种见地鼓励此举，例如萨漠涅，以为白人所享的公民权，如来去自由及买卖自由的权利，都给予一切黑人了。于是他宣言道：要没有投票权选举那般制定法律及实行法律的人，黑人公民权是不值一文钱的，所以参政权须得授予黑人。他没有管到妇人们的公民权。联邦政府根据这种修正案在南部实行强迫参政权，白人与黑人不分。

这样激烈的一个修正案，要不是南部有几邦为返回联邦的缘故才只得批准时，一定得不到各邦 3/4 的赞成。

南部的武装统治 国会于是通过更激烈的“善后条例”，打算解决南部的政治问题。依据这些条例，退出的各邦，除田纳西外，都划归军事区域以内，每邦设一带军队的军事长官，并依据这些条例，在南部几邦中设立起政府，给选举权于所有的男子，不分白种或黑种，只要年在 21 岁以上——除曾参与反抗联邦战争的人。换一句话说，就是少数的白人与大多数新来的黑色选民都得了权，要设立政府，并立时把各邦都正式返回联邦。用这种办法，各邦一一恢复他们昔日的地位，及至 1870 年，全都再行加入联邦。

弹劾约翰孙 各种善后的条例都遭约翰孙（Andrew Johnson）总统严厉地拒绝，他是以副总统于 1865 年继任林肯的。约翰孙是一个田纳西人，他本来反对奴隶制度，但是他不赞成把南部各邦政府都交给黑奴。于是他否决国会通过有关南部问题各重要法律，并在他的公众演说辞上猛烈地攻击国会议员。各种法律都是经过他的否决而后通过了的，并于 1868 年 2 月，众议院决定弹劾他。

按照宪法规定，这种审判要在参议院。经过两月的纠缠，总统才宣告无罪——只有一票的多数。

二、格兰特当选总统，“毡囊党”执政

格兰特当选总统　共和党决定要一个与他们意见一致的总统，于是于 1868 年再于 1872 年预选并决选格兰特将军，他以伟大的战功及战胜的结果使他为全国的英雄。

第十五章的修正案　未几共和党的领袖知道第十四章的修正案所定用减少南部的国会代表为条件，以限制剥夺黑人选举权使他们生畏的规定不能实行。南部白人并不顾这种修正案及善后条例，仍竭力的限制黑奴，不让投票。于是共和党决定得有一种法律以保障黑人的选举权，并于 1869 年通过第十五章的修正案。这次修正案明白规定各邦及联邦政府都不得借“人种、肤色及以前作过奴隶的情事”剥夺任何人的选举权。这案于 1870 年经各邦批准，同时并公布一种法律。

“毡囊党”　执政的纷乱共和党置南部的政府于原先的奴隶及少数未参与联盟政府的人的手中，这种行动并不能解决由战争及释放奴隶所发生的各种问题。不能读及不能写的人及以前永没有过一元钱的人，这时都立在邦议院里要帮助恢复这残破山河的秩序。许多肯牺牲自己及有良心的人都由北部到南部来帮助改造。不幸，跟

他们去了一般匪徒，这些人死心竭力的弄钱，赃物到手即刻就回北部。这般匪徒都知道是“毡囊党”（Carpet Baggers），因为有人说他们除过一个毡囊（一种旧式的行囊）什么都没有带。黑人的领袖及这般毡囊党开出大宗的款项来要建筑各邦的道路、桥梁及工业。这般人都以公款致富，窃取新公债数百万元，还有些事，真是说来都害羞，许多的人由公库中偷出大宗的款子，拿一小部分贿赂黑人，黑议员。因为土地的荒废，邦政府的柔弱与毁坏，南部人民茹痛实在很深。

“三K党” 因此白人都在自己的政府中没有地位，他们决定要把法律拿在他们的手中。有些很坚决的人组织秘密结社［即如有名的“三K党”（Ku Klux Klan）要限制黑奴，拒绝他们投票。这般党人带着面具，穿着白长袍子，夜间骑马行走，警告毡囊党及他们的朋友，不要干涉政府的事。有时候他们把认为仇敌的人涂上煤胶，黏起羽毛或驱逐出去。于是全国俱为残酷的消息所惊动，国会也通过那所谓“戒严法案”，想保护住奴隶的选举权——但是没有用。要把秘密结社祛除了是不能的。他们给奴隶们的心里太恐怖了，甚至于许多的奴隶完全不敢参与选举。因此在南部用暴力恢复了的白人势力，也被法律承认了。

剥夺黑人选举权的法律 到了1890年，南部各邦陆续实行宣布法律，修正宪法及取消黑人的选举权。自然，他们不能说黑人是不当有选举权的。这是第十四章与十五章的宪法修正案所不许的。他们作出一些巧妙的计划，结果没有人能投票的，除非：

（一）他有一定数目的财产；

（二）或是他能读邦宪法的一节，或读给他听使他解释，总要使监选的官吏满意；

（三）或者他在1867年作过选民，或是在这一年或这一年以前有过选举权的人的子孙——有名的“祖父条”（grandfather clause）（已由美国大理院宣告取消了）；

（四）还得永没犯过罪，如打妻、偷盗及以假冒等方法得钱。

有这种种的限制，是很容易看见把黑人的选举权怎样地剥夺了去。他们许多人都没有财产，所以上边所说的第一个条件就把他们的选举权夺了。即使一个黑人幸而足有那法定财产，但他很难读那邦宪法的一节或解释给白人的监选官满意。同时这些规定不能剥夺许多白人的选举权。最穷的或最没知识的白人都能表明他的父亲或他的祖父曾在1867年或这年以前投过票，或者能解释某节宪法使他的“同胞’满意。以所有这些规定的结果，黑人被摈于选举之外，此种情形以在最南的各邦中为特甚，并且白人的势力也即行恢复，变成合法的了。

以上三章的撮要（奴隶问题，南北战争，善后）

一　奴隶成为一个国家的问题。

　甲　宪法上关于奴隶的规定。

　乙　北部各邦的废止奴隶。

　丙　奴隶邦与自由邦间的势力均衡。

二　各邦间引诱战争的事实。

　甲　密苏里妥协。

　乙　废止运动及其领袖。

　丙　南部的棉业发达。

　丁　1850年的妥协。

　1. 加利福尼亚许为自由邦。

　2. 奴隶逃匿法：“地道。”

戊 堪萨斯及内布拉斯加条例。

1. 共和党成立。

2. 堪萨斯的沿边战争。

己 司各脱的判决。

庚 林肯与道格拉斯辩论。

辛 布朗的侵袭。

三 南北战争前政治上的形势。

甲 保护税问题及移居问题。

乙 林肯的兴起。

丙 民主党的分裂。

丁 1860 年的政争：林肯当选。

四 南北战争。

甲 南部七邦的退出及“美洲联盟邦”的组织。

乙 北部的意见分歧：克立腾登妥协的提出。

丙 林肯的第一次就任。

丁 萨漠忒要塞的陷落。

1. 北部兴起

2. 另有四邦加入联盟政府。

戊 准备战争：南部及北部相对的优势。

己 1861 年及 1862 年的战争。

1. 联邦军初在东部退却。

2. 联邦军西部的胜利。

庚 释放奴隶通告。

辛 水上的战争。

壬 1863 年的战争。

1. 东部的再失利。

2. 葛底斯堡战役。

3. 维克斯堡投降。

4. 奇喀毛加与查大拿加战役。

癸 1864 年及 1865 年的战争。

1. 格兰特统率联邦全军。

2. 谢尔曼的前进。

3. 在弗吉尼亚的格兰特。

甲 林肯被刺。

乙 战争的消耗。

丙 妇女与战争。

五 南部的善后。

甲 善后的问题。

乙 宪法第十四章的修正案。

丙 南部的武力统治及其结果。

丁 约翰孙总统与国会间的冲突，约翰孙的弹劾、审劾、释放。

戊 1869 年的竞选：格兰特当选。

己 第十五章的修正案。

庚 “毡囊党”的执政：“三 K 党。”

辛 剥夺黑人选举权的法律。

重要的人名：

总统：泰罗与斐尔摩(Fillmore)(1849—1853)、皮尔司(1853—1857)、布卡南（1857—1861）、林肯（1861—1865）、林肯与约翰孙（1865—1869）、格兰特（1869—1877）。

其他大政客：戴维斯、道格拉斯、伽利孙、佛里蒙得、秀厄德、司蒂芬司、格里力。

海陆军统帅：格兰特、李氏、谢尔曼、马克里兰、“石城”约克孙、薛立敦、约翰斯敦、法剌加特、米德、呼克尔、托马斯、厄力。

重要的年代：1820；1850；1854；1861 年 4 月 14 日；1863 年 1 月 1 日；1863 年 7 月 1 日—3 日；1865 年 4 月 9 日。

第二十三章
南部的新兴

一、南部战后的残废

当北军兵士由战场奏凯而归的时候，他们有的是繁盛的农田与匆忙的工厂候着他们归来。当南军兵士回家的时候，他们所有的是世界历史上的人民从来未有过的一个责任横截着他们。佐治亚的名人格雷迪（Henry W. Grady）描写这种情况最好：

> 让我给你们写出一个联盟军中伤足的兵士罢……他于1865年4月，由阿坡马托克斯转面朝南而去……他到了家了，他有些什么？昔年繁华美丽的家业都哪里去了？……他的家室颓废了，他的田园荒芜了，他的奴隶释放了，他的家畜被杀了，他的仓库虚了，他的商业破坏了，他的金钱无用了……他的佣人在法律上都无）根据了，他的侣伴多死了，别人的重担子都压在他的肩上了。他受战争的摧残，所有的遗产丧失都尽；没有

金钱、信用、雇佣及实质上的训练了；除此之外，还有一个人们所不经心的最大问题横截着他的前面——给他自由了的大群奴隶安插地位。

奴隶的肩负　奴隶的情境这时可怜到极点了。当大战正在进行的时候，奴隶大半仍留在主人的家里，依旧在田间实心地作工。因为他们对主人的忠心，格雷迪曾称赞他们道：

> 我们记着他四年来的忠诚，看守我们的妻子；妻子们的丈夫、父亲这时都争自由去了。要是他肯竞争他的自由，他便公然的发动；要是他粗黑的两手一举，那枷索早可脱掉；崇拜忠义的人对他的独立任事与价值，哪能不以爱情的握手代昔日无意作恶的老拳呢？

战争过了，昔日的奴隶这时都已自由，他们大多数不知道要到什么地方去，生活上多年的习惯不能以一道命令就予以变更，他们仍旧住在他们的旧房里。但是，旧房及土地这时都成为主人所有，除非他们愿作租户或受工资的工人，并没有权住在里边。“租赁”及“工资”这些名词都是他们不知道的。许多人都想像有一个安逸的生活，不知道自由实际上不是懒怠，有一般急躁的人又挑唆他们，说政府可以给他们房子及土地，从此他们就成了他们自己的主人，作工不作工全随着自己的意思。这种残忍无稽之谈流得很广，使他们静候着白得来的土地，既知得不到手，他们的心更加失望，情事从此更坏了。

有一般肯冒险的都变了心，离开旧地方，要到城市里去滋事或作工。他们游散在大小路上，常常的乞食、偷盗。就是到了城市，不得不丛聚在极卑污的地方，住破烂的房子，被热病及别种病症致死了许多。

遍地的饿莩 遍地都是灾劫的情况，联邦政府只得开放仓库给饥民散食，邦议会也支出钱来养活穷人。在佐治亚地方的收成又不好，人们的愁惨更增加了，单在1866年9月的这一月内，就有1.3万人奴隶及3.8万白人都仰给于政府。

二、农业及工业的发达

田制的改造——破坏大产业 在所有这些困苦之中，南部的人民已开始做恢复的事业。第一个横在昔日地主前面的大问题就是怎么样能耕种土地。他们既知道难得牲畜及农具，难使黑奴照旧日的情形工作，只得把自己的产业都分成小块。1860年，南部平均每户有土地335英亩，到1900年，减到140英亩还不足。

租田制的发达 有两种田制因此发生，一种即是租田制。按照这种制度，由地主把产业分成小块，租给黑人。因为黑人没有牲畜、农具及籽种，由地主先为供给，约定谷物出售以后偿还。不到收成的时候，黑人都无以为生的，因此地主须得先垫衣食之费。所以租户在未耕以前，负地主的债，这是常事。收成的一部分归给地主，以作使用土地及农具的报酬。因为黑人是不会读写不会记账的，所以说不出来他到底欠负多少。当他的欠负未清以前，他及他的全家都得留下耕种地主的土地。

独立的黑农 虽说受了重重的枷锁，也有一些能积蓄几许钱的黑人给自己买田耕种，或典田耕种。据1900年的统计，在南部差不多有20万的小块农田都是黑人完全所有去典当的。同时正有十多万户黑人租田，作合伙的耕种。

大小田园上受工资的工人　所余下的黑人则成为大小田园上受工资的工人。旧日的地主或新来购买产业的企业家都能取得资本，从事大规模的农业。因此有些地主以按日的工资雇黑人种田。这种工资，就是地主一点不欠，也常是很微少的。因为衣食等项的垫款，黑人常欠雇主们的债务。由这一种制度，工人依然是被缚在田地上。除非把债还清，是不能移动的。他们常不能——尤其是遇着家中发生疾病或意外的时候不能——还清债务。

棉业贸易的恢复　虽然有这种种的阻碍，南部的农产即刻很迅速的增加。到1879年，产棉的总额约500万包，即等于1860年——南北战争之前——的总额。至1904年，产棉额竟达到可惊人的1370万包。

留待未决的农业问题　虽然，在这战后半世纪中南部田业上的成功并比不上同时期内其他方面的成功。这多半是由于耕地的方法守旧。及至20世纪之初，南部领袖人物方才深知农业是一种科学；无教育的人民，不论黑白，要是死守着腐旧的成法，都不能增多他们的收获；所以田间作工的工人必须要受教育。

南部的工业革命——纺纱业　农业的兴起固然重要，但不算南部唯一的事业，注意力渐渐放在建设工业上了。战争以前，南部的领袖人物都是地主，看不起他们所谓“游民的职业”。无论怎样，要雇奴隶管理复杂的巨大的机器是不合用的，白人又不愿舍弃他们的田业到工厂里作工。

但是，战争以后，常常从北部来的资本家到南部来设起纺纱工厂，尤其是在多山的区域里，这里有煤或水力，并有廉价的白种工人。由1860年到1890年，这40年中南部的纺纱锭子数目增加12倍以上，纺纱工厂的工人增加10倍以上。到1905年，北卡罗来纳、南卡罗来纳及佐治亚三邦的纺纱工厂里有10万左右受工资的工人。

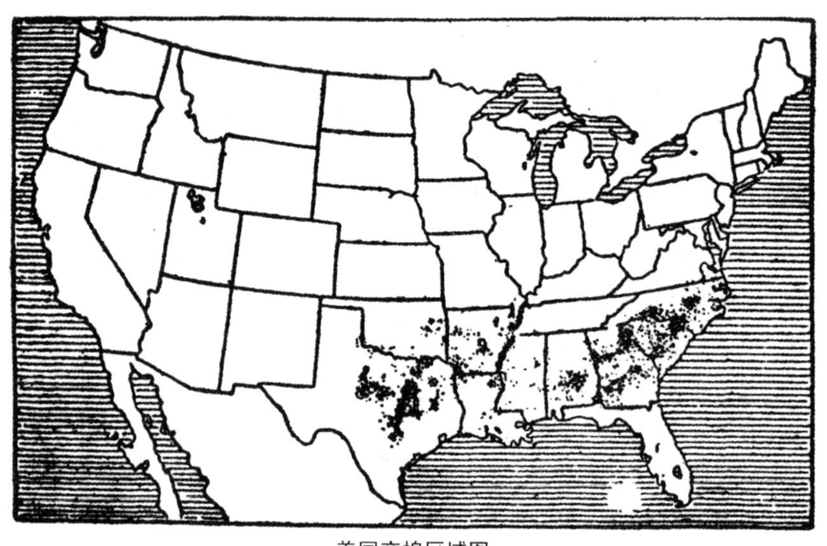

美国产棉区域图

钢铁工业　南部的企业活动并不限于纺纱业。南部富于造船的木材，松林里出产松脂，有造瓦及陶瓷的泥土，大理石坑，作肥料的磷酸盐床，并产铁煤。在1860年以前，南部差不多全向北部买煤，到19世纪之终，竟能将煤输向国外。李将军于阿坡马托克斯投降以后20年中，阿拉巴马及田纳西的钢铁制造家开始把出产品送到南部各处的市场，甚至于到了北部。1880年，阿拉巴马在出产铁铣诸邦中居第十位；1890年，即升到第三位。到1910年，单南部各邦所产的煤铁超过1870年中全美国所产的煤铁了。那斯维尔（Nashville）、查大拿加、亚特兰大、孟斐斯（Memphis）及伯明翰（Birmingham）等于是与北部各城市的制造厂及其他事业遂很忙的竞争起来。伯明翰是一个煤铁的大中心——南部的“匹兹堡”。在1904年及1909年间，南部大西洋岸各邦工人百分数的增加竟大于北英格兰，或中部大西洋岸各邦。

运输业的发达　自然，南部铁路的建筑与工业进步是相辅而行的。曾经北军毁坏了的铁路都修复了——一半是受联邦政府的接济。统计南部的铁路线，在1870年为1.1万英里，到1910年增至6.3万英里。这种增长加增了铁与木材出产的需要。因此四面张贴广告宣传南部的利益，并招请北部的农人下来帮助开发南部的富源。

联邦政府于1879年设立一个河工委员会，开始修筑密西西比河堤，以防洪水泛溢，淹没沿河流域的农田。棉业运输因此大受帮助。河峡都浚深了，刷直了，又设起奇巧的河闸，以清除河口的积沙，使不至于阻碍航行。此举大有帮助于新奥尔良，该城由此变成世界上一个重要的造船场。

及至巴拿马运河一开，南部各埠的造船业大为进步，其中如摩比尔（Mobile）、新奥尔良、加尔维斯敦（Galveston）诸处，尤为特出。

人们生活上的变化——工业中的工资工人　工业及农业上的大演变，大有影响于南部的生活及劳动。（一）需要一种有技艺的工人。白人一到工厂，即刻就结合职业协会，要求增高工资，缩短工作时间，改良工厂中环境，正和多年前北部工人所作为的一样。（二）因此，在另一方面划深了白人与黑人间的鸿沟。白人不许黑人加入他们的协会，或是不许在工厂里攫得较好的位置。（三）工业的发达也给南部吸收了许多欧洲的移民。

新问题的发生　工业的进步摇动了南部许多人，失了他们旧有的生活习惯，并使他们劳思焦虑于久困北部人的许多工业问题：如职业协会，全体人民的教育，铁道与工业的管理，童工的禁止，以及昔日并未苦过南部人的种种事情。

农业的贵族缩小权势　在各种变化中最显著的当是农业贵族权

势的衰替。以先在南部也有过许多独立而繁富的白种农人，他们没有奴隶，也常不喜欢这种制度。但是就大部分说来，他们都是受有权势的地主的指挥与统治。正如一个有知识的南部文人麦斐（Edgar Gardiner Murphy）所说的“平民”道：

> 这般人中多有能投票的……但就全体说，可差得远了；他们须得跟着领路的人走；票是他们可以投的，但是重要位置的候补人都由那“上流”阶级定了。他们及贵族间的努力并没有接近的、亲切的联合。他们中间有许多的都全不识字。

及至奴隶制度废止与昔日的地主都变成了穷人以后，白种的农人及可怜的白种人都在政治上很占势力。他们曾在战场上很勇敢地抗拒侵入的北军，自然不能拒绝他们在南部作领袖，为执政了。当运动推翻联邦政府曾在善后期中设立的黑人的势力时候，所有白人无论贫富都是一致的，此事过后，这般穷人自不甘承受昔日所占的下等地位。有钱的工商阶级兴起以后，更把地主们的势力消灭，因为这种阶级的人不能轻轻被政治上的领袖排除的。于是旧日贵族的势力破坏了，“平白的人民”开始统治南部。

三、种族问题

土地上黑人的情况　自从善后时期起直到现在，黑人的问题老是复杂而困难的留着。当初释放了的奴隶都太穷了，很不容易创业。无怪乎在这一世纪之终，南部的黑人占人口1/3，只有1/40的财产。

白人中意见的分歧　黑人的相当待遇仍是南部的一个大问题，南部的人对这事的意见自然是大不相同。平白的人——农人与工人——的“新民主主义”，对待黑人在各方面都不见得有昔日农业贵族们的宽大。爱和平的人们都信黑人须得有谋好一点的生活及受教育的机会，使他们经商与耕田都可灵巧些。第三种重要的人希望黑人不止能谋下流的生活就算了事，并希望他们成了很聪明的、很繁富的人。这般人都很热心地帮助黑人改进家庭、田间以及工厂中的生活。

黑人中意见的分歧　黑人自己对于尽力帮助他本族的事情，也分出不同的意见。一部分人诅咒加给黑人的限制——拒绝选举权，火车上的隔离，以及别种轻视的表示——要求权利即刻平等。另一部分人想教导黑人怎样的用手用脑工作，怎样得到地位与工资或财产，因此给他们能在社会上得一个独立与自尊的位置。

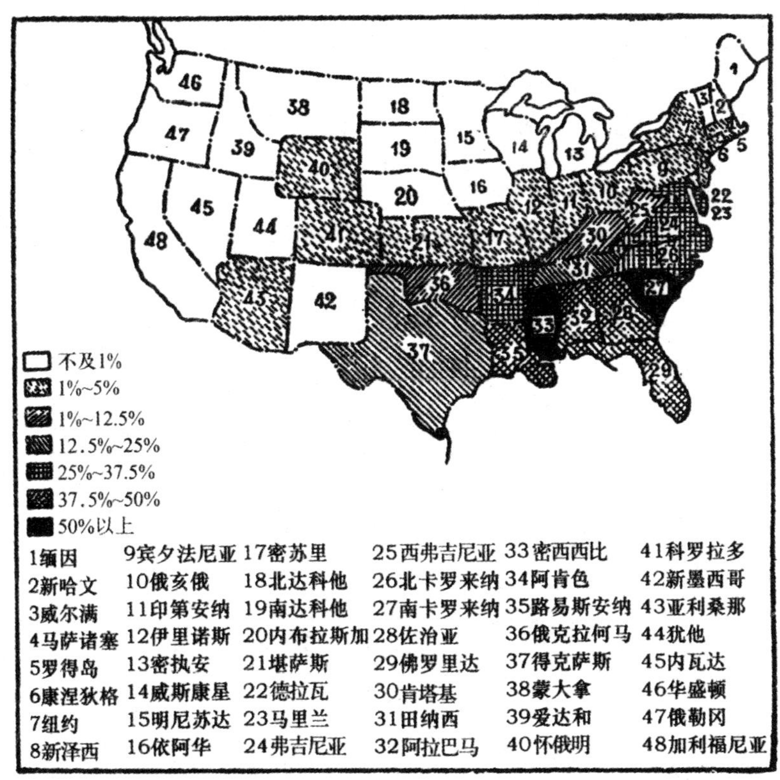

各州全人口中之黑人百分率图

第二十四章
远西部的发达

一、1860 年的“远西部”

在 1860 年，密西西比河以西大部分地方差不多是大西洋沿岸居民所不知道的。自然也有许多轶事曾经宣布过，如金矿发现以后的加利福尼亚大移民，如 1850 年左右开放内华达（Nevada）的喀木斯托克（Camstock）丰富的银矿，如忽然扫荡平地里的印第安人，如胆大的旅客曾冒险跋涉沙漠与高山，到了太平洋岸，都是荦荦大者。但是，能够知道这水牛与野狗畅行无阻的广大区域即刻就会变成繁庶的各邦，只是少数人而已。

接连大西洋与太平洋两洋的铁路没有成立，向西进展的铁路最远只到密苏里的圣约瑟（St. Joseph）。巍巍然在中野的密苏里城与旧金山间，几隔两千英里的山岭险道。这路是长而且险的了。当真胆大的是旅客，他们冒险渡过了沙漠及雪淹了的山道。在这长途上有杀人越货的印第安人。

这地方的地理　在沿边明尼苏达、衣阿华、得克萨斯三邦，与1860年加入的太平洋岸加利福尼亚、俄勒冈两邦中间，有一个广大的区域，差不多等于东部所有各邦的面积。

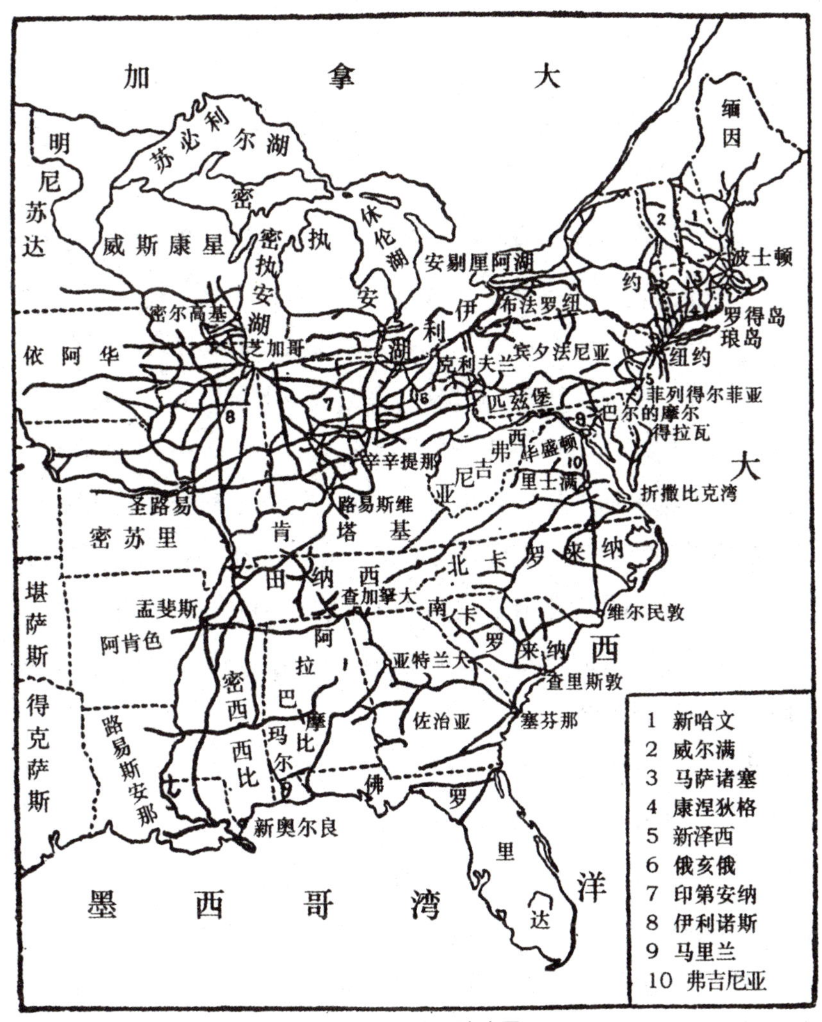

1860年之美国铁路图

这个区域很不像密西西比与密苏里地方丰美肥沃的草原。其间一大部分包含着平原及高原，落雨量很少，植物甚稀，又有数百万英亩的大沙漠，除短草与仙人掌以外什么也不能生。大平原以外就是落基山脉，落基山脉之外高耸着塞拉内华达山脉（Sierra Nevada）。两山脉中颇富于金、银、铜、铅、煤诸矿。

塞拉山脉之外，即是肥沃的太平洋斜坡，大部分受河流的灌溉，其余部分一有灌溉的设施即可耕种。在哥伦比亚、尉拉麦特、萨克刺门托及圣和阿琴（San Joaquin）等河的流域有数百万英亩麦田，与伊里诺斯或密苏里的黑草原，是一样的肥沃。

有一件东西对于开通西部的大地方是重要的，这就是迅速的交通。1860 年，有两个重要的人发起设立有名的“马运公司”。他们买了 600 匹小马，雇了 75 个轻装骑夫。铺设一条旅行路，顺着这路每个人得跑平路 100 英里，山路 50 英里，再由别人接替。因此，继续的接到海岸上。1860 年 4 月 3 日上午，第一次马运公司的骑夫，带布卡南总统给加利福尼亚邦长的一封书，于音乐与欢乐声中，冲出了密苏里的圣约瑟。十日以后，有一个公司的骑夫，疲乏而且灰黑的，在他的小马上带着公文驰入了萨克刺门托。1860 年 12 月，布卡南总统给国会的通牒，自在华盛顿公布了以后还不到九天，就在萨克刺门托刷印出来了！

移居者与探矿者 联邦政府给顶穷的移民规定一种取得土地的容易方法，以为西部人口充实之助。1862 年，国会通过一种移居法，许居民给自己取得土地，差不多不费一钱。依这种法律，任何公民，不论男女，年在 21 岁以上，或任何曾经宣布愿作美国公民的外国人，都可以领取政府领地内的 160 英亩土地，除过几元土地局的特捐以外全不纳租。特别优待南北战争的兵士及水手。

正当移居的人远近寻找容身的土地时候，有一般探矿者，手中拿着十字斧与铲，爬山挖地，搜寻各种贵重的金矿。1860 年左右，他们在内华达、爱达和（1daho）及蒙大拿等处发现金银大矿藏。不久，丰富的铜矿脉又发现了，尤以蒙大拿地方为特多。在犹他发现银矿以后，许多的矿师都侵入这地方来，很使摩门教徒害怕。

二、西部新邦及特别区域

内华达　1861 年，内华达与犹他分离，另成一新区域。这地方大半住的是矿师与摩门教徒。虽说只有四万来居民，但是三年以后也许加入联邦，成为一邦。林肯总统需要一个新邦加入，为使永远废止奴隶的美国宪法第十三章修正案得到 3/4 的批准。

内布拉斯加　1867 年，内布拉斯加许为一邦。这个地方已由 1854 年有名的堪萨斯与内布拉斯加法令组成一个区域，这法令废止了密苏里的妥协线，并诱致起南北的战争。七年以后，这地方缩小了面积，及至加入联邦时，居民只有 6.7 万人。

科罗拉多　内布拉斯加作为一邦以后几年，科罗拉多的人民请求加入联邦。国会曾于 1861 年许以特别区域政府，这时人口中包含着几千个矿工与探矿者，这般人早被克黎布尔（Cripple Creek）与来德佛尔（Leadville）发现的金矿引上派克峰（Pike's Peak）及其邻近。邦都名但维尔（Denver），盖为纪念堪萨斯的邦长而起的，都城创立于 1858 年，当时有几个先到的居民。科罗拉多区域虽然多为高山脉所隔破，但也有广大的高原与许多的流域诱致居民及创家的人，并于 1875 年号称有十几万的人口。次年，科罗拉多列入联邦，有百年纪念邦（Centennial State）的名号。

1876 年的西部区域　一个大部分没人住的宽大地带，把密西西比河流域已经组织就绪的各邦，与远西部诸共和邦隔断了。华盛顿、爱达和、蒙大拿、怀俄明、犹他、亚利桑那、新墨西哥、达科他及印第安区域（Indian Territory）等都仍当做特别区域管理。1870年人口合计不足50万，比康涅狄格小邦的人口还少。新墨西哥居民有9.1万人，犹他有8.6万人，按照道理说都可以在各邦中比立，因为俄勒冈在当时也只有9万人而已。

矿工与牧牛者 就经济革命上言，这个住民稀薄的广大区域，在当时占第二位。先来者——猎皮的、打猎的、探险的——都已经做完了他们的工作。这时矿工很忙地拿着十字斧及铲，牧夫及牧童随着他们的牛群在广大的草原上游来游去，与牛贼和土地公司竞争。凡是可以发现出肥沃土地的去处，都有农人们开创家业。铁路建筑家也侵入了牛王们的势力范围之内。

犹他 在1880年左右，犹他早具有稠密繁盛的社会要素，但是以摩门教徒实行多妻的习惯，以致加入联邦一举也因而迟滞，这种习惯虽有1862年国会通过的法律都禁不了的。1876年，国会通过一种法律，付联邦政府以特权，得没收不停止多妻制的摩门教会的财产。

废除多妻制——犹他许为一邦 这时因为工业及开矿业兴盛的结果，异教的人口在这区域内增加了，后来摩门教徒决定遵守法律，国会于是于1896年许犹他为一邦。

摩门教徒虽说是西部大地中很早的冒险者及创家者，但实际上他们的区域是中部地带内最后一个取得邦权的。因为他们都在远处找家业，所以把以前的边界掉在脑后了。

达科他 向北去，国家的版图早被达科他印第安人（Sioux Indian）残余阻于达科他了，但是黑山（Black Hills）上金矿的发现正表示出印第安人的主权将要牺牲了。矿工及资本家要求给他们把企业的路扫清，饿农夫都集聚起争吞土地了。国会对这地方尚未有所表示，一般开路的先锋早挤在这里把印第安人围住。另有由北部其他各邦来的农夫与挪威人、日耳曼人及加拿大人，都来在达科他沃壤中创造他们的家业。

达科他的居民 依1862年的移居法，任何节俭的人，带上一点金钱，就能在可以谋生的地方给他和他的家眷设立家庭。妇人与男子有同样的权利取得土地。1877年，有个铁路局的广告请人到达科他去，其中有云："要是能的话，可于5月1日来，留出时间选择土地，建筑房屋，到6月1日就可预备开掘草地了。"因此把流民都招引过去。许多的人早于春天离东部海岸，不到降雪的时候就在达科他草地里得了很好的收成，给自己立起很舒服的家庭。

大宗的农田 但是达科他的发达也不全是小农夫与牧牛人的功劳。东部的资本家常常一买1万、2万或5万英亩土地，并供给牲口与农具，租给租户。因此在这肥沃的地方又生出很大的"大宗"（Bonanya）田地。有些住在达科他红河流域上的大农夫，给自己造船载自己的谷物到法哥去——这是北部太平洋铁路上的一个重要水运地点。

南北达科他加入联邦 1885年，达科他议会向美国国会请愿，要求这地方分为两部，并许每部加入联邦。不意要求无效，于是南达科他人民于1885年召集会议，组织宪法，强要加入联邦，不须请求。平和的人到底战胜了。1887年由人民投票主张两部分立，两年以后，南北达科他都许加入了联邦。

华盛顿与蒙大拿 在最西部的海岸上又发生了华盛顿特别区域要求邦权。这地方人口增加可与俄勒冈并驾齐驱。所有富源除丰肥的农田以外，还有些很大的木材，卓识的人民又早料到通海商务的发达迅速。海边繁富的城市，如西特里（Seattle）与大科马（Tacoma）

早已兴起了，南与波特兰及旧金山竞胜。斯波坎（Spokane）在喀斯喀德斯（Cascades）与落基山司成了内地大陆的首都。

在华盛顿与达科他的中间就是蒙大拿的平原与山地，这时候也迅速地住满了猎取金、银、煤、铜及他种矿工与资本家，也和牛羊大王竞争经济上的优胜。这地方的人民也和其他热心西向的人民一样，早夸他们的人口众多，财源茂盛，并要求升邦。1889 年 2 月 22 日，华盛顿、蒙大拿与南北达科他，同时都加入联邦。

爱达和与怀俄明　爱达和与怀俄明两特别区域拿热眼看看四部各邦的成功，才加倍地努力要求取得邦权。他们和其余西北新地进步很快。1890 年 7 月，都许加入联邦。怀俄明的妇女也有选举权，这是 1867 年就给予了的。

印第安特别区域给移民开放了　前进的白人这时又把贪侈的眼睛注在印第安特别区域，这是早于 1834 年隔作印第安人的居留地的。好久的时候，企业家与开荒的人就贪羡印第安特别区域中俄克拉何马地方的土地，常常破坏边线。联邦政府为逐他们离开禁地也讨厌了，才决定贿买土人，给移民开辟这地方，作为俄克拉何马特别区域，时在 1889 年 4 月 22 日正午。

俄克拉何马　许多的人民都尽管靠近的住在边线上，日夜候着收买成功，预备哄然地冲入去得到最好的土地。号声一鸣，表示印第安土地给移民开放了，成群结队的男女们带着家眷，乘车的、骑马的、步行的，都火急地跑上这特别区域。

第一夜就在古斯里（Guthrie）及俄克拉何马市支起帐幕过夜，又十日以后，即现出建筑的房屋，这些城市发生都快得可怕。只一年内，就有了学校、教堂、几家报馆及建筑齐整的商号。特别区域内另有些城市发达之速也是一样，不过其中许多的是实在发达了的，有些是“水上的城市”，不久就倒塌了的。在15年以内，俄克拉何马已有50万以上的人口。1907年，许加入联邦，作为第46邦。这新邦是包括俄克拉何马特别区域及旧印第安那特别区域余留部分的。

亚利桑那、新墨西哥及阿拉斯加 1912年，最后的两个大陆区域，亚利桑那及新墨西哥，都得到邦权了，总共凑成48邦。同年国会又给阿拉斯加规定了一个特别区域议会。但是，阿拉斯加的总督仍和昔日一样，由总统及参议院根据国会的议决委任。阿拉斯加是1867年以720万元向俄国收买来的。该特别区包有59万多英方里，就是比得克萨斯的面积大两倍还多；但是在当初人们都叫做“无价值的冰山”，然而因是把另一个外国——俄国——由我们的肘腋上驱逐了，免得在政治上受她的大危险。收买以后不久，在阿拉斯加发现可惊人的金、银及煤矿，还有渔业与别种利源。人们于是才知道这“冰山’是国家一个有价值的资产。

三、公有土地的问题

处分土地的政策 论到大西部的发展，美国政府处分公有土地也是一件有关全体人民的事情。

当初政府的政策是分给大块的公有土地——有时包括一个很大的整块区域——于私人的公司及投机家，由他们又把所买的土地分成小块，售与实际的农人。同时又采取一种以很低的价值直接售土地于农人的办法。

迟延复迟延，直到了1826年，联邦政府通过新法律，才使穷人也容易在西部取得公有的小块土地。我们都知道，1862年的移居法能使任何人取得160英亩的土地，而实际上不出代价。此外又有一些特别的木材条例及石材条例也通过了，规定凡不宜于农耕的土地可以很低的价钱卖给木材、石材及开矿的公司或个人。又有几千万英亩的土地颁给铁路公司，帮助他们在方兴未艾的西部建造铁路。更有很广大的土地赐给各邦兴办教育。

垄断土地的起源　政府的土地政策帮助数百万东部及旧大陆的男女在西部取得无代价的或廉价的土地。移居法的目的是要鼓励自由农民建设西部，但是土地投机家及公司往往以欺诈的手段取得数百万英亩给真正农人预备的土地，又把这些土地变成使用租户耕种的产业。投机家雇人依移居法取得土地，再把这些土地直接的卖给公司。据说，在20世纪初年，个人及公司共总54个有2500万英亩以上的西部土地——较东部很富丽的七邦的面积还大。他们广大的区域，在大小上说，在价值上说，都远过于欧洲贵族的产业，这常是明明白白违犯联邦的法律得来的。

罗斯福的公有土地委员会　罗斯福（Roosevelt）总统所委任的政府公有土地委员会，经过长期而细心的研究这事以后，谓土地法的结果只是造成土地的垄断，并不能增加真正农人所有的小块土地。该委员会又说：投机家太多了，以前政府的土地不足供他们盘踞，许多的整块土地都受了欺诈的劫夺。

更进一步的揭破　罗斯福总统土地委员会的报告，至1914年得威尔逊总统的工业关系委员会的报告，又补出以下惊人的事实：

（1）大部的产业是由日工耕种的，他们所得的工资异常低少。

（2）有的产业租与小农人，租金之高常使租户有青黄不接之苦。

（3）许多大产业的地主都住在东部或欧洲，除取得最大可能的利益以外，很少见过他们的产业，或在产业上参加过兴味，换一句话说，美国已有了和爱尔兰一样的“寄外地主”（Absentee Landlord）问题了。

（4）这些大产业许多是由经理人经理的，这般人的主要职务就是尽量压榨日工，敲取多量的利益，以使雇主欢喜。

租田制度之风大盛　租地之风不仅行于本来由联邦政府取得的大土地中。这种风气的确在旧日的东部各邦和西部及西南部都一样的风行起来了。在许多邦中，真正有田地的农人逐渐减少，他们的地位被租户占了去。这种事实一部分是由于致富的农人在老年时常退休于城市，把土地租出去；一部分是由于缺乏经营田地的教育机会及训练。不管什么原因，这桩20世纪初年美国人民只29%有土地的事实实在惊人。

19世纪中耕田法的靡费　知道租田制发达的可怕的人太少，无怪乎同样的不知道爱惜土地。有人说：以前到西部去的人都是“耕田如开矿一般”；就是说，他们种植有利益的五谷，把田地里的肥料都吸收净尽——正和矿工由地里把煤取了一样——一见地味稍为薄些就不要了，又向新而肥的地方去。砍伐木材全不合科学的方法，让雨水把地面肥土都冲刷到溪流中去，又送到海里，牺牲了可以生产数百万元的粮食、果实。在远西部里，把草原也常常变得硗确不堪，因为教牛羊任意的由根上嚼断牧草，破坏出水的泉眼。

木材及矿区的管理　在当初并没有随着木材及矿区的处分发生过很精心的政策。铁路及木材公司都许取得很大的面积，任意斫伐木材，垄断很“大的木材利源。在当初的时候，把很大的瀑布都许给公司及个人，有时候为引诱起见，让他们用这种能力转动机器或发电。要是对于公有土地上的水力使用多有一点见识，这种“白煤”很可以给国库收入增出几百万元，还有许多私人所有未经开发的原力也可推广并提高用途。至于由私人与公司以廉价买去的矿区，其价值也可依此类推。

但是，到了20世纪初年，政府极力注意矫正过去行政的结果，并“撙节天然的利源”，以备后日正当使用。

第二十五章
工业的胜利

政府为在南北战争期中维持战场上的军队，要求很大的供给品，如铁、钢、车、棉毛织物、金属器，铁路材料、军器及军需品等类，还有很大的面粉、腌肉及别种农产物的储藏。因为这种过量需要的结果，铁路的建筑，矿坑的开采，工厂的成立，新机器及节省劳力法的发明，都以惊人的速度进步了。只几年以内，田业的价值远不及铁路、工厂、矿坑、城市的官厅建筑及各种工业上的投资。

自从1860年以来，美国工商业上的大进步，是不能在这样一本简略的书上叙述的。但是，有几种“基础的工业”——所以要这样的用字者，是因为他们几为所有别种工业的基础——须得特别论到。这其中是包括铁、钢、铜、煤、油及织物工业。

一、制造业及矿业的发达

钢铁时代　许多文人的确说过现在是一个铁时代，稍一思索便可晓得国家实在怎样的依赖这种工业。没有铁，便没有能联络由东而西、由北而南的铁路。城市中高房的骨架，桥梁的材料，工厂的建筑，各种机器及各种农具都是铁制的。没有铁与钢，美国只能是个农业国，用粗笨的方法耕地，拿大车载运旅客及货物。

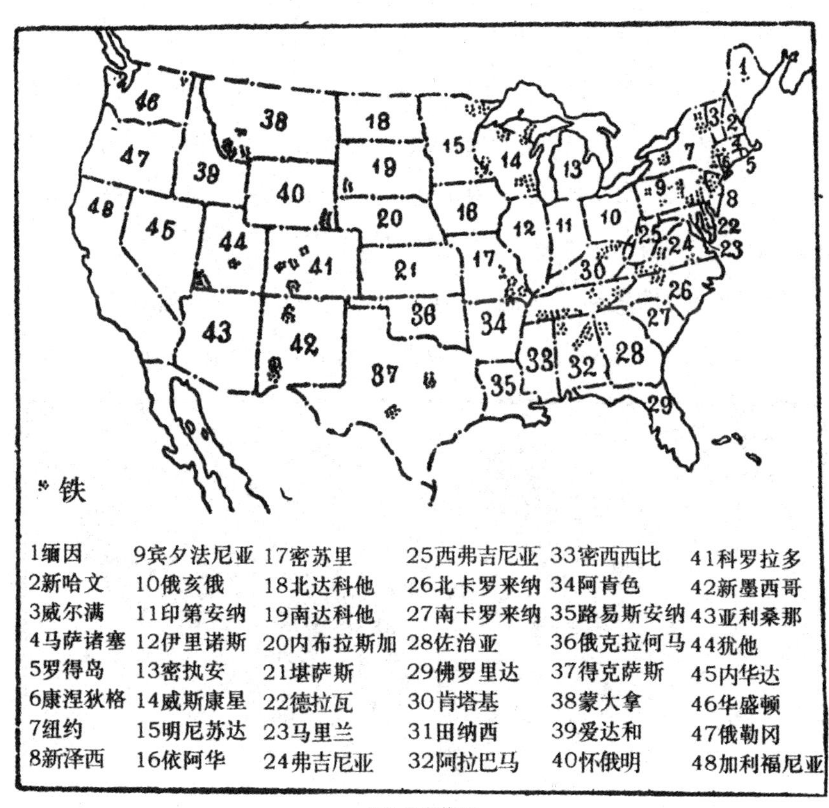

美国铁藏图

依旧依赖于欧洲　由1861年到1865年，枪，机器、铁轨及别种战争原料等很大的需要，给宾夕法尼亚的钢铁工业一个大刺激，该邦就是这种工业的重要区域。工厂厂主与工人都竭尽心力想应付这种需要，但终不能供给国内的市场。1860年以前，美国的铁路公司不能不依赖英国大部的钢轨与车头。自此以后20年，每年有数十万吨铁轨的输入，保护税也不生效力。

新发现及发达之迅速　约1870年的时候，苏必利尔（Superior）

湖地方发现了铁矿，矿砂大概都运到匹兹堡、布法罗、克利夫兰及芝加哥的铁厂里去。南部因为储蓄丰富的铁矿在西弗吉尼亚、田纳西及阿拉巴马都发现了，于是也加入这种风气之中。为铁矿变成铣铁与钢，因此在这些地方的大铁厂都相继成立。

宾夕法尼亚的铁厂也逐渐增加他们的出产。到 1895 年，外来进口的钢轨几乎绝迹，并有几千吨运送出去供给世界的市场。到 20 世纪之初，美国产钢额比英德两国还多，每年由美国输出的钢更超过英国全国工厂所出之数。

他种矿业的发达——油 他种矿源的发达也与钢铁并行。1859 年，煤油发现于宾夕法尼亚，并在战争期中大为政府所利用。宾夕

美国煤藏图

法尼亚的油区即刻满布起起重机与油井。到 1872 年，煤油在美国输出货物中占第四位。制油厂早在宾夕法尼亚的阿利根尼县及俄亥俄的克利夫兰成立，由油矿制作煤油、轻油及别的出产。有名的“美孚煤油公司”（Standardoil Co.）有 250 个制油厂，在 1870 年，只出产总产额的 4%。15 年以内在美国成为领袖的公司，掌握供给量的 15% 左右。油业的发展，由东部到了南部及西部——得克萨斯、俄克拉何马及加利福尼亚，这些地方现在都成为产油很多的区域。

煤　到 1890 年，白煤、轻煤及铁矿出产的年额超过昔年矿工最不近理的梦想。在宾夕法尼亚、俄亥俄、印第安那、伊里诺斯、明尼苏达、阿拉巴马及科罗拉多等地方的新地都是探矿者开发的，昔日的荒凉地方或农田也变成工业和矿业的区域了。

金　由东部地皮上抽出来的财富再加上西部的贵重金属。加利福尼亚的金区早被 1849 年突来的矿工攫夺去了，但是，没有多少时候，探矿的人们冲到内华达、爱达和、蒙大拿及科罗拉多的山脉中去；他们在这里找出库藏，使科尔特斯与皮萨罗在墨西哥及秘鲁所得的好运都视为不足道。

铜　约在苏必利尔湖铁区开发的时候，在这地方又发现了铜矿。1875 年，北部密执安矿区所产的铜矿有 1.6 万多吨——差不多是全国的总产额。几年以后，因为西部——蒙大拿、犹他、亚利桑那及科罗拉多——山脉中发现了新蕴藏，这种出产又大为增加。

纺织工业的发达　棉毛织物的进步也是一样。新英格兰的制造家逐渐增加织机和锭子的数目，尤其是在大中心地方，如曼彻斯特（Manchester）、罗凌士、罗威尔、普罗维登斯（Providence）及瀑布河（Fall river）等处为特多。直到 19 世纪的末年，美国所用棉布 90% 皆属自造，又能输出很大的数量。在 19 世纪末年以前，南部的工厂——多半在南北卡罗来纳——每年即能造出数百万磅的棉纱，与新英格兰竞胜。有人拿地毡为例来计算，美国织布机每年出产的地毡可以绕地球两周。菲列得尔菲亚成了最大的毡业制造中心。

美国工业分配图

工业进步的范围　本书为篇幅所限，不能叙述他种造成人民生活及劳动革命的各种发达，但是我们可以略为揭出这种结果来：在1910年，美国工业的价值比1860年的多过6倍。在1900年，计有15组工业，每组货物出产的年额都超过10万万元。其中包括钢铁、纺织、木材及食料等出产。

矿坑及工厂每年产额的价值比较由大西洋到太平洋间所有农田的产额还大得多。还有，制造业的中心慢慢的向西移动，直到现在遂移至俄亥俄邦。

二、运输的发达

铁路的发达　要不是铁路及运河的建筑迅速，沿海及湖、河的航业进步，这种通国的大革命是不可能的。

在1860年，美国铁路只有3万英里。到1910年，有24.2万英里。当初铁路建筑家自然都注意东部各重要城市间路线的建筑，如波士顿与奥尔巴尼、菲列得尔菲亚与瑞里丁（Reading）、纽约与布法罗等。到1860年，东部的各大城市，如波士顿、纽约及菲列得尔菲亚都以各方的路线与布法罗、底特律（Detroit）、芝加哥、印第安纳波里（Indianapolis）及圣路易斯连接起来，并且建筑铁路的先锋早在密西西比河外进展了100多英里。芝加哥与新奥尔良接连；塞芬那接连亚特兰大、查大拿加、那斯维尔。

第一个横断大陆的铁路（1869）　太平洋联合铁路开通以后，才算是大胜利。企业家早就知道以“横断大陆”线接连国家的需要。1862年，国会授太平洋联合铁路公司特许状，使发行大宗公债，并拨给土地。这线是由两个公司建造的：一个是太平洋联合公司，由内布拉斯加的俄马哈（Omaha）向西修造，一个是中央太平洋公司，受加利福尼亚邦的特许状，由加利福尼亚的萨克拉门托向东修造。1869年，两建筑公司于犹他的俄格登（Ogden）附近接轨，并向世界宣言说“一条永不能断的钢带”把东部与西部绑在一起了。

铁路建造的热狂　当这一条横断大陆的路线正在修筑的时候，在南北部有许多向各方去的短路线也正在动工。各处的人民都向铁路上投资，希望陡然发财。农人及商人沿着新路线收买股票与债票。

城、镇、县及邦都给公司拨土地，付金钱，为取得及彼此对外的联络。

政府补助建筑铁路 当初联邦政府及各邦与地方政府都是一样的给许多铁路帮助大宗经费。国会给铁路公司或支金钱或保证公债，其数达数千万元。此外，又拨给很大的土地。截至1872年，联邦政府给铁路帮助的土地有15500万英亩，差不多等于新英格兰各邦，纽约及宾夕法尼亚合起来的面积，有19邦以同一目的支出的款项达2万万元。自治团体及私人为帮助建筑铁路所集的现金也有数万万元。

有人计算，在1890年，政府给予公司及各邦公有土地凡33774万英亩，以为建筑车路、运河、河工及铁路之用。地皮之大等于美国全面积的1/6，而3倍于法国的面积。

铁路的影响 美国的商务以有这些四通八达的交通路线，因此为之提高。这些路线连接西部平原上的农区与东部的海口，使农人能把出产销售于欧洲市场上，取回旧大陆及东部的制造品。因有这些路线，于是极远极僻的地方殖民事业都鼓励起来，几使国内凡可住人的地方都相继垦辟。搜括地上丰富矿源的矿师及矿工，也以有了这些路线，都能把他们笨重的物品送到国内各处市场上去。各处都因有这些路线，能交通无阻，国家才能成就一个密切的统一。

航运业 政府辅助铁路的时候，并没忽略过美国沿海及大湖上的航业。为对抗国外竞争起见，施行特别保护。在1860年与这一世纪末年之间，航业共扩大了3倍。例如，由波士顿、纽约又到查理斯顿，或由芝加哥到布法罗，从事运货的船主逐渐地增加了他们的事业，至使他们的船以大小、速率及能力论，都可与海上的大船并驾齐驱。但是，海上保护却是没有，所以美国国外贸易船只的吨数逐渐衰落，及至19世纪末年还不到南北战后的一半。到20世纪初年，美国出入口货物十分之几以上都由外国船运送。

这种海运业衰落的影响，使人们时常要求国会须得资助美国的造船及航海事业。这种船只补助金制很受西部及南部人的反对，他们的根据是要以极廉的价格输送货物。但是，沿海各邦极力赞成此事，以为在海运业上可以训练出一批有能力的水手。直到威尔逊总统任内，国会才通过经费，帮助海上航业的建设。

由于工业及运输业发达所生的变化　我们已在第十七章说过的美国生活上的变化，到现在更形重要，更形广大了。以前少数的发明家，至是成了大队，以前几千矿师与工人，现在增为数百万；以前的几个商业大王、资本大王及工业大王，到现在一跃而有几千。在向西去的地方也能听见工厂及矿厂中的汽笛声。当安特塔木及葛底斯堡初立之时，科罗拉多、蒙大拿、犹他及内华达等的平原与山谷中只不过看见天然的手工业；现在这里的铁厂与熔炉中发起火光了，堆起的灰色矿渣几要与山争高了。在林肯的时代，这里走的是转运公司的小马及驿车；现在搭载旅客与货物的列车可以东西驰骋了。

三、工业场中的人物——发明家、企业家、工人

发明家的大贡献　在我们大工业上作工的数百万人中，我们应把发明家搁在前面，他们的人数简直也有数万。要确指出他们的名字也很难，因为在前半世纪的许多发明中——如打字机、锡罐、电话，留声机、气球、无线电、电灯、电车、自获自收的收获机、自动车之类——没有一种是完全由于一个发明家所发明的。

发明家和著作家之至公无私溥利大干实在都是一样。一种需要发生，就有十几个或不止十几个发明家想对付这种需要。他们有时候都不相闻问，住在各国或一国的各部分。他们由其他思想家的成

绩中或学者的著作中搜集理想。他们一点一滴地实验，一点一滴地成功：成绩也一点一滴地增加起来，直到后来方才生出一种异样的机器。

逐渐积聚起来的进步 我们都习知波士顿的贝尔（Alexander Graham Bell）的名字，他是电话发明家。我们也知道，在实际上，他对于人类的贡献的确是根据一百余年来电气上的实验得来的。在贝尔把电话实用以后，另有数百个发明家把这个东西一点一滴地加增、改良，直到1915年，全大陆都组成了密网，纽约市长可以与旧金山市长谈话。

那么，我们今天所用的电话是谁计划的呢？当然是一千余发明家的功绩，他们大半在历史上没有名字，不受崇拜的。电话是什么时候发明的呢？肤浅的人一定说是1876年，因为贝尔这时在几英里长的导线上第一次成功了他的试验，但是，精心的历史学家要说电话的发明一定得含蓄着一百余年的历史，自从人们第一次试验电气起直到最近。

别的发明也是同一道理。说到1878年弧光灯的发明，这是布罗希（Charles H. Brash）的成绩，他是俄亥俄克利夫兰的人，的确是一个大天才。但是，他的成功还借着以前的各种电气试验，又不过是许多发明的见端。我们把电灯、留声机及电车的发明与“蒙洛公园的魔法师”（The Wizard of Menlo Park）爱迪生（Thomas A. Edison）常联结在一起，但是，平心说一句话：爱迪生把许多其他发明家的试验与失败都作了他的帮助，他再加上他自己的理想。我们想着莱特（Wright）兄弟的名字就连带起气球，但是其他许多发明家都加过助力。铝工业及汽油机的完备非到了很高的程度，飞行机不能在实际上应用的。我们一般都联结无线电的发明和意大利天才马可尼（Marconi）的名字在一处，但是他不过是外国及美国许多解决这问题的发明家中之一个。电气工业要不是很进步的，哪能想到不用导线在很大的空间里传送消息呢。

由许多科学家及发明家的努力，人类造出了一个新的世界。科学书籍及杂志都相继出版；科学的教授都加添在大小学校里，数百万人的思想、技巧及希望都加快了；发现及发明的精神深入了国民的生活之中。

爱迪生　有一件关于发明家很有趣很重要的事实，就是这般人大半都是由平常生活中来的，经过困穷、失败与倒运中的奋斗，爱迪生或者可作这些人物中的领袖。可是他是一个最谦逊的人，仍知道征服自然的事业上有许多还没有做哩。他于1847年生于俄亥俄的米兰（Milan）。生平并没进过小学校及专门学校，他是跟他母亲受的教育。他的父母都是穷人。他12岁时，在底特律与密执安的休伦（Port Huron）间的铁路上作售报的童子。他心中常充满着奇异，睁着眼睛，注意来往眼前去的各种事情。他还不到21岁的时候，就作了两三件重要的发明。1869年，他住到东部，开始长期连续的试验，另生出许多的新发明及改良，在这些发明上都联结起他的名字：如白光电灯、留声机、复写版（mineograph）、蓄电池、活动电影等。

企业家的成绩　在一种发明要得传布很广之前，必须有一种有组织的职业大批地制造这些东西。所以我们要继着发明家安排这大队的企业家、商人、制造家及资本家。他们组织公司，招集资本，大批的收罗工业上所需的供给。“工业大王”、“金钱贵族”，有这种种称号的人比昔时的王公还富。这辈当中有些以多攒金钱为重要的目的，也有些想以大工业的组织网罗全国，并发扬在世界各部，给大多数人享受者。

他们也和发明家一样，始于很小的简单的事业，再进而到很大而困难的事业。就以当初修筑铁路的人物作例。他们以为能建筑50英里或100英里的路线就是大成功了。但是，后来有凡特比尔司（Vanderbilts）、谷尔德司（Goulds）及哈里曼司（Harrimans）这一类的人，他们组合数千英里的路线，把横延大陆将逾一半距离都归在一个公司底下。到后来又有了卡内基（Andrew Carnegie）与洛克菲勒（John D.Rockefeller）一类的制造家，他们都始于小事，渐渐地推广到各方面去，以至于成立起很大的职业组合，使用大队的工人，管理大批的原料。美孚煤油公司是一个小天地，有数不清的油井、制油厂、运油管、汽船、货栈以及在美国及世界各处的支店。在暹罗、印度、中国、俄国以及地球上的荒壤僻乡，都可以看见这个大公司的招牌。

再说贝尔电话公司（Bell Telephone Co.），当初有一个经理曾想“以电话连接国内的各个人家、村落及城市”。以这种希望的结果与经理人及雇工的努力，差不多在凡经过人住的地方没有找不出电话来的。

要是没有金融大王摩尔根（J.P.Morgan）的兴起，所有这些也不能有成的，这人有能力凑起数百万，甚至于数十万万元的金钱给大企业投资。金钱势力都集中在城市商业区域内的交易所，银行及“托拉斯”（trust）中间。

劳动家的贡献　还有大队的劳动家，其中有男的，女的，巧的，拙的，用力运用斧铲的，细心练成的科学家、机械家。这是最后，但并不是最不重要的一类人。要不是有各处来的数百万劳工——爱尔兰人、日耳曼人、波兰人、匈牙利人、意大利人、波希米亚人（Bohemians）、捷克人（Csecks）、犹太人、希腊人、斯洛伐克人

（Slovaks）及其余等等——上边所述各种工业永不会生出个小组织来。要没这种劳力的大供给，发明家的成绩及资本家的事业都成就不了什么。

要是没有劳工，“工业大王”都要守着空房，钱柜里也得空着。劳工这一类的人就是“大王”的开矿的，挖煤的，建筑铁路的，呜呜的机械场中的看守的，管理大熔炉的，作铁工的及立起高出云表的大房的人。他们不仅给他作工：他们还住满在工业的中心，他们都是“平白的公民”，国家的命运就依在他们的行为与品性上。

四、工业发达的结果

出口贸易的发达　美国以人民的努力，能在世界一等工业国中占有地位。工厂和矿坑的出产和田地所出的一样，都散布于世界各处。商人寻求新机会想出售货物和投资，和英国人及德国人在墨西哥、中美，南美及东方的竞争。他们把制造的货物运送到欧洲的市场，他的先人以前在这里只当过买主。他们卸在利物浦的钢价要使英国的钢业大王受惊，在昔日这般人只是在美国找顾主的。美国为找市场及有利的投资，所以变成了一个“列强”。

“边疆”不见了　这种进步的又一个重要结果，就是消去“边疆”及僻远的地方。工业大王必须由山顶上眺望他的版图。凡属贵重的金属、石矿、瀑布及秘而未发的地方，都逃不出他的视线。他的伙伴们在大路上、小路上、山路上、沙漠与峡谷中、树林中及海边上各处搜索，为的是变化天然原料，为的是开发天然富源。依他的力量，如血脉一般的铁路散到了各方面。政府也仰赖他的助力，设立起乡村义务邮局，顺着足迹鲜到的小径及农业繁富的区域，收发起邮件。

联邦及各邦政府花费数百万元建筑大路，开通远僻的地方；像这些地方，在30年前，居民历一星期之久还见不着一个生客哩。旧日10英里20英里一抽税的路都不见了，变成延长数百英里的石沙大路。因为边僻地方开通，城市设起，所以人口中心向西移动。当1800年时候，人口中心是在巴尔的摩尔以西的几英里：到1850年，便近了南俄亥俄的边界，1880年，过辛辛那提；1910年近了印第安那的婆罗明敦（Bloomington）。

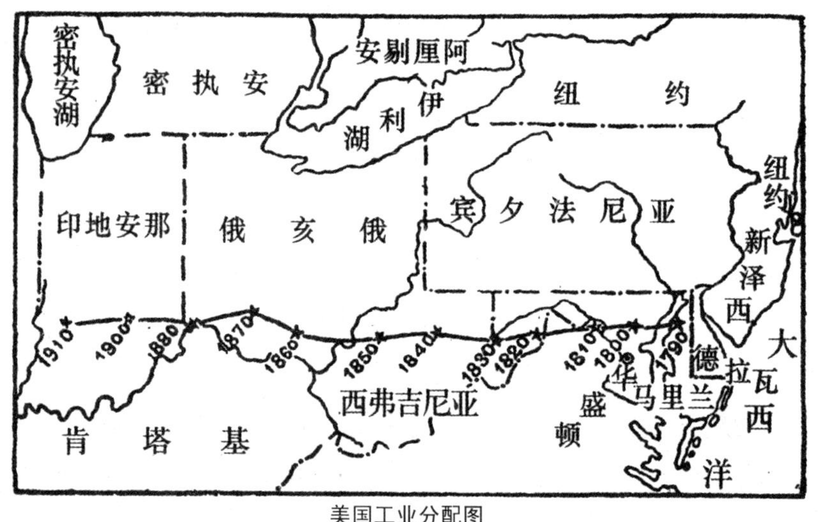

美国工业分配图

工商业凌驾农业 工商业大进步在美国人的生活上生出一种革命来。美国不是杰弗逊所希望的美国了，不是独立有家的农人占势的国家。工人比起农人，每隔十年，数目就要大大的不同。由1860年到19世纪末年，美国总人口增加3倍，同时受工资的工人数目增加5倍，就是，由136万到660万。南北战争发生的时候，选民大多数是农人及地主，到20世纪初年，商人与工人的数目即刻多于农夫及地主。

城市的发达 工业发达，于是城镇居民也逐渐增加。在1860年，美国 1 万人以上的城市人口总数居全人口数 1/6 左右。到 19 世纪之终，比率增加到 1/3。据 1910 年的统计表，2500 人以上的城市人口总数，几占全人口数的一半。例如，在马萨诸塞，2500 人的城市人口总数，得全人口 9/10 以上，在纽约，差不多是 8/10；在宾夕法尼亚，是 6/10。由林肯的第一次就任到麦金莱（Mckinley）的第二次就任，这 40 年中，芝加哥的人口由 11 万涨到 170 万；纽约由 120 万涨到 340 万；旧金山由 5.7 万涨到 34.3 万。

工业发达生出的许多问题　城市里挤满着人是很可怕的，特别由于这些人中多半是可怜的流民，不会说英语，并习于受低工资度生。他们自己不能找工作，只得落在同乡人中的“监工”或“工头”的手中，由他们介绍，也给他们得一部分工资。每一国籍的人们都趋在一处，组织一个个别的团体，极想不与美国的生活接触，好像他们都在旧大陆住着似的。拙工得的工资常低，并且不时的要失业，他们只得挤着住廉价的房屋；他们就是贫穷及疾病的牺牲物。工人们因为要找工作，迫得到处迁移，不得给自己买房屋，他们的 2/3 到 9/10 都永久是租房子住的。

童工及女工　因为在家外工作的妇人及小孩的数目逐年增加，受工资的影响工人的问题于是更加严重起来。在 1870 年，年在 16 岁以上的女子 1/7 是在得工资的事业上作工。到 1900 年，数目增加到 1/5 以上。而在 1900 年，菲列得尔菲亚的妇人约 1/3 是为工资而作工的，并约 1/8 是在工厂里作工的。同时，在马萨诸塞瀑布河的 4.2 万妇人中有 1.8 万人是受工资的工人——约有 1.5 万是在工厂。她们的工资，就虽是与男人做一样的工作，但在许多的职业上工资是很低的。她们作工的时间普通是 10 小时一天，或不止 10 小时，她们的贫穷及苦痛到极点了。

工业恐慌——1873 年的恐慌 美国人陡然很快地建造铁路，开采矿坑，修筑工厂：因为过于猛进，所以每过几年就在商业上发生一个大破产。1873 年，有过一回工业的恐慌。这回恐慌起因，以当时工厂及矿坑等成立得太多，超过出产所适当的需要，所以致此。还有，铁路上所投的资本太多，因此运输事业还不够赔利息，于是数百铁路公司都被迫而破产。其中有些只好减少工人的工资。这样一做，引起了罢工之事，这就是 1877 年宾夕法尼亚铁路上有名的罢工。

1892 年到 1893 年的恐慌 另有一个大恐慌在 1890 年，当商业衰败的时候发生了，数千工人都失业了，在街上踱着钻营事情。又是一个普及全国的罢工。当时有一大群失业的工人，由一号称将军的哥克塞氏（Coxey）领着向华盛顿前进，要求政府救助。在这样商业紊乱的时期，损失实在很大，尤其是作工的人民。失业的人常迫得讨面包，因为作父亲的人都得出去找工作，家庭也破坏了，昔时自爱的及受人尊敬的男女，因为他们是在这种致死的环境之中也变成乞丐及盗贼。

天产物的靡费 工业正以世界历史上无与其匹的迅速发展，同时挤聚在城市里工人的幸福没人注意，国家的天产物也是一样。可取皮用的动物因为打猎可以杀去许多，受了很快的摧残。要是联邦及各邦政府不设立渔业委员会以繁殖水族，维持供给，所有的大渔场也都要毁坏净尽。数百万英亩的森林都很快很靡费地斫伐了去，只取去最好的，并常让这些倒下去以阻碍幼树的发长。伐木人常不留心的遗火，以致延烧林场达数千英亩，损失价值数百万元的木材。开矿也是同样的靡费。为矿业发达迅速起见，采矿公司都采取最好的矿石或最有利的煤脉，留下大部未开的蕴藏在矿井里。

所以在描写工业胜利的时候，我们必不得忘了我们的暗影——

留在将来的重大问题。我们赞叹发明家的聪明，我们惊讶企业家事业的伟大，我们称许工人的技巧与迅速。我们要这样是很对的，但是，我们须记得要由这种工业大革命给几百万各色的美国人造出最良而最幸福的生活，还得要后来几世的人民奋力用他们的思想与勇气，才能有成呢。

第二十六章

移民内徙

一、当初的移民来源

当初共和国的人口 当美国宣布独立以后，除奴隶以外，人口的3/4以上是英国人及英格兰人的后裔。全国各处分散着由其他国家来的居民：宾夕法尼亚的日耳曼人，德拉瓦的瑞典人，纽约的荷兰人，中部殖民地的爱尔兰及威尔士人（Welsh），还有小部分的法国休格诺司教徒在各处地方。设使美国就是屏除了其他外国人，把土地给革命时在这里居住的人民后裔留下，在20世纪初年的总人口，据说可有3500来万，而非不满100万的数目。

在共和国的初年，有许多人对于外国徙来的人，不以好意看待。例如，杰弗逊就想使工人工厂只在欧洲，而不流入美国。所以英格兰及苏格兰人来后差不多有50年，他种民族才得到重要的地位。

爱尔兰人及日耳曼人的来迁 第一次显著地侵入，就是爱尔兰人及日耳曼人的迁入，大约始于19世纪中叶。大部分的爱尔兰人都止在城市，找着作手工的工作，或者去到建造公司去修筑铁路及运河。日耳曼人不然，似乎起初就喜欢农业。其中去到西部买地或入政府给居民开放的土地里的，当为大部分人。

移居法之鼓励移民事业　1860年以后，有几年之间，移民事业曾暂时中止。就是想逃出专制与饥饿的欧洲人，也不愿到从事恶战的国家来。于是，联邦政府决定特别努力，要鼓励精壮的外国人到美国沿海岸来。1862年的移居法，规定凡是宣言愿作公民的外国人，都可在西部不出一钱取得土地。这种法令，也引起数千个本地的工人到西部作农夫去了，因此在工厂里留出空额，诱致欧洲的工人。

移民部的成立　两年以后，即1864年，政府更急于增加劳力的供给，因通过一种法律，承认给由欧洲到美国来的流民先垫工资作路费是合法的。因希望外国人踊跃地进来，又在这法律上规定由总统任命一个移民委员会，管理允许外人入籍及保护新来的人，使不遭遇骗子及盗贼。正如立法的人所预料，阻遏移民的洪流又冲破了。资本家浪人到外国去给矿坑、铁路及工厂招收工人。这些派出去的人，先给工人垫旅费，约定作工几个月，以能偿还这宗垫款为止。依这种办法来的人，并不与18世纪到宾夕法尼亚来的一样。

南北战争刚结束以后的移民——斯堪的纳维亚人　依移民法开放了的西部土地，和一块有力的磁铁一样，把节俭的农人都吸到美国海岸上来了。战争以后有20年，外国流民的大部是爱尔兰及日耳曼人填充的，但是由丹麦、瑞典以及挪威来的居民也很多。当1864年，普鲁士得到奥国的帮助夺去丹麦的什列斯威及好斯敦（Schleswig-Holstein）以后，成千成万丹麦人都逃到美国。斯堪的那维亚人（Scandinavians）在西部得了不偿价的土地，有数千人都在衣阿华、明尼苏达、内布拉斯加及南北达科他住下。他们开发富庶的农田，建筑学校与教堂，设立专门学校。凡是到这里来的居民，再没有比这般北欧来的更有成就了。

中国人 在这个时期，中国人也大批地在西海岸登陆。远在1852年的时候，在加利福尼亚已的确有了2.5万人左右。最初来的多半是家庭仆役、洗衣者及日工。当远西部开始建筑铁路的时候，资本家发现了在中国搜求劳力的供给，于是中国来的流民增加很快。不论什么事招引他们来，他们都满口应允。但是，东方的人惯于承受低工资，所以就把美国本地人的工作夺去了，或以维持地位的关系，迫得他们减少要求。又因为这般人都喜欢住廉价的房屋及设备不讲究的地方，美国人的生活标准也被他们闹坏了。后来美国工人在海岸上住得多了，对中国人发生的恶感也日甚一日。

二、1890年以后移民的变化

由南欧与东欧来的侵入——新民族 移民史上的第二个时期约在1890年开幕。这新时期的第一个表示就是流民的国籍大大改变。由大不列颠、爱尔兰及德国来的数目锐减，由斯堪的那维亚的各国来的比例数也不增加。在1896年，由奥匈联合国、意大利及俄国来的流民，远过于由北欧及西欧来的。到1910年，由南欧及东欧到美国来的移民，占全移民数9/10。数万被暴政逐出俄国及罗马尼亚（Romania）的犹太人，除逃到美国外，实在别无他法。

晚近的移民多住在城里 随着移民国籍的变化，在美国也生出变化来，即是，修正西部土地的自由领取法。在1850年与1860年间，每个迁入美国的流民能领将近400英亩的公地，并且这种公地至少有一半是沃土。但是，到1906年，每个流民通行能领的公地数目降到不足 70 英亩，并且是半土半石的，结果要是不灌溉就没有用处。所以，在这个时期中，由欧洲来的流民白取土地的机会差不多就没有了。

下表是以每十年计算，表明由旧大陆各国到美国的移民比例数：

国　名	年　代				
	1861-1870	1871-1880	1881-1990	1891-1990	1901-1910
	百分数	百分数	百分数	百分数	百分数
奥匈联合国	0.33	2.60	6.70	16.00	24.40
德意志帝国	35.00	25.50	28.00	14.00	39.00
意大利 西西里 萨丁尼亚	0.51	2.00	5.90	18.00	23.30
俄帝国　荷兰	0.02	1.90	4.40	14.00	18.20
英国	38.00				
英格兰		15.60	12.00	6.00	4.40
爱尔兰		15.50	12.00	10.00	3.90
其他余国	26.14	36.90	31.00	22.00	21.90

附注：西西里（Sicily）、萨丁尼亚（Sardinia）、芬兰（Finland）

新来的人都在城市里居住，俄国的犹太人都在纽约、罗彻斯特及芝加哥等一类的大城市里作现成的衣服商。匈牙利人、意大利人、斯洛伐克人及波兰人，都从事开矿及作铁工这一类的笨重事业，这一类是多要体力的。这个时期的移民，都从事于建筑铁路，开发矿产，照看焦煤炉及鼓风炉，做衣服等事，实际上，当时国内制造业大部分的劳力都是由他们供给的。

客籍男女所贡献的劳力很大，很有价值的。有一个近代的文人曾把他们的情形说得很好：

所有屠宰及腌肉工业，由我们供给 85% 的劳力。

开采烟煤矿，我们占 7/10。

所有毛织工厂的工作，我们占 78%。

所有棉工厂的劳工，我们占 9/10。

所有缝衣业中 19/20 是我们做的。

我们制造一半以上的鞋。

我们制造 4/5 的家具。

我们制造一半的领带、袖口、衬衣。

所有 4/5 的革是我们做成的。

我们制作一半的手套。

我们差不多焙制 19/20 的蔗糖。

我们制造烟草（Tobacco）及雪茄（Cigar）烟的一半。

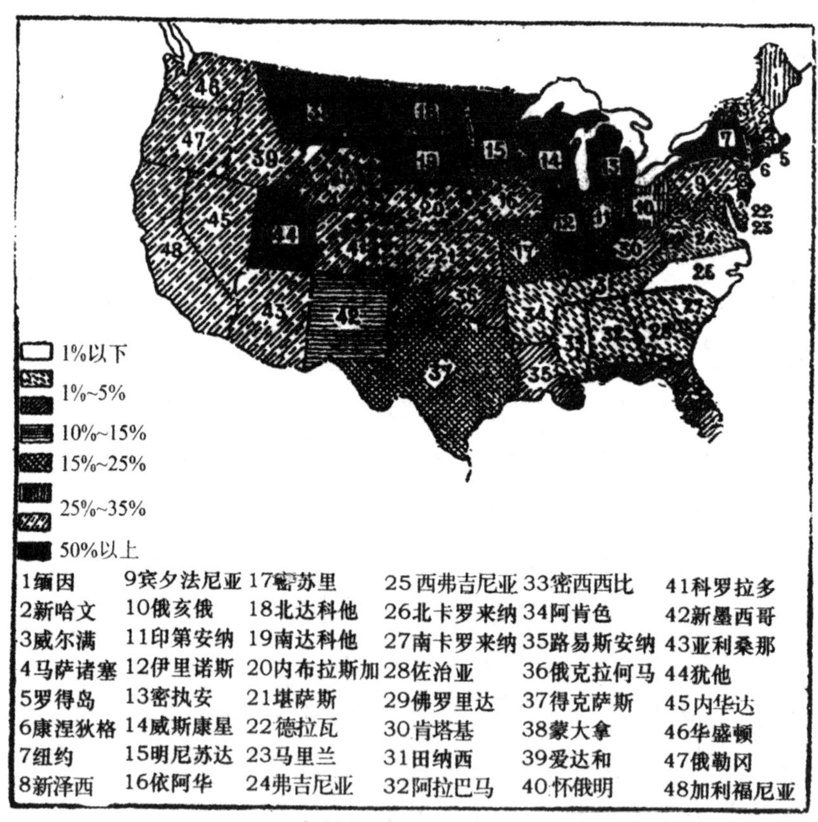

各州诸色白人百分率图

移民数的大增加　移民第一个大变化，是由旅行方法进步而生成的。在昔日旅行是长久的，费钱的，并且很危险，迁居者都希望永远离弃本土，在美国成立长久的家业。但是，这时渡大西洋已很舒服了，费钱又很少，六七天以内就可以横渡重洋，每隔几小时就有开出的船，渡洋过海，是很容易的事。大汽船公司，尤其是主权属于外国，而于他们的举动在美国所生的影响如何漠不之顾的汽船公司，开始迫人迁徙。他们派人到欧洲各僻远地方去鼓吹，用说大谎的方法鼓吹，说每人能积蓄一点钱，就可以迁到“牛奶及蜂蜜的土地”里去。美国的铁路公司因希望路线所过的地方满住起人民，也很尽心协力教欧洲的工人及农人离弃本土，到美国各地方来。

因有种种提倡的结果，每次来的汽船都满载着旅客。在 1907 年，来到美国的有 1，285，349 人。就是在这一年内，由南欧及东欧各国到来的人口等于独立战争时美国白种人口的一半。到 1910 年，美国白种人口总数的 1/3 是生于外国，或者父母是外国人。

晚近移民大部分不是常住的居民　公司汽船来的时候既满载着旅客，所以回去的时候也是一样的热心承揽旅客，充满他们的船舱。他们靠不断的来往发财。运费的低廉能使工人于忙时来，于闲时回去。这种情形，对于美国的人口有很危险的影响。许多把妻子丢在后面到美国来的人，并不是想放弃他们对母国的忠顺，也不想在美国成家。他们唯一的兴趣，是要在这里找一个工作，过了几月或者几年，有些积蓄以后，又走回去。既不愿在这里永住，也就甘受鄙陋的地方，长时间的工作，以及别的对于身体及道德不良的条件。既在这里没有永久的兴趣，也就不管政治的好不好。

三、晚近对于限制移民的努力

赞成和反对限制移民的争执 美国的土著，早就反对给移民大开门户，任其进来。他们的反抗有些是愚的，也有些是聪明的；有些是狭隘而自私的；有些并不是根据对于外国人的恶感，不过是想把美国变成个统一的、修明的、富庶的国家而已。

同时有赞成大开门户的，反对干涉移民。雇主都主张劳力的供给须得是大而易得，要得供给上需要。有些曾逃出虐政的人，如犹太人等，都很着急，不愿意给他们后来的同国人封闭了来路。赞成自由的人，把美国看作给各地被压迫民族的避难所，说这是放弃先年的原则，给移民的途中拦起横木。

但是，反对无限制的移民的声浪逐渐增高。南北战争以前，就发现了对于此事的争执。因工厂、矿坑及铁路主人的要求劳力，这种声浪很弱。几年以后就加强了。美国东西部的本地工人开始要求保护，抵抗工资低廉的外来人在他们当中作工。他们说：实行保护税以保护美国工厂的主人，抵制欧洲的竞争，同时又反对保护美国工人以抵制工资低廉的外国人，这便是私心，这便是非美国人。又有些人说：移民的数目一定不得太大，因为要教外国人学我们的语言，并了解我们的国家，再好好地给她的政治尽力，这是需些时间的。

限制移民的法律 当联邦政府注意这种事情的时候，中国人首当其冲。依1870年的法律，中国人无权入美国籍。1880年，与中国缔结条约，依约，中国人必须屏出美国。又两年以后，第一次的“限制中国人条例”通过了。

国会于1882年讨论全部的移民问题，并通过一种法律，由此罪人（政治犯除外）、疯人、愚钝的人及易受公众攻击的人，都不得到美国来，并且得由载这些人的船主以自费又把他们送回去。

为干涉移民，以后又实行了一些法律。在1885—1887年，禁止订合同输入工人，就是，由1864年的法律所付与的旧例不行了。因此使贩运劳工的大商人不能派人到欧洲招工，以破坏罢工及减少工资。1891年，禁止已有传染病的人及可憎的人到美国。稍后，无政府党人也遭拒绝。1907年与日本协定，屏除日本的工人。1913年，劳工部于华盛顿成立，移民及同化事业的管理，移民法的实行，都归于该部。1917年，国会在威尔逊总统的否决以后，仍通过一种法律，规定移民的教育试验。这种试验，是为要屏除不识字的人，并减少移民的数目而设的。

第二十七章
资本的组合与劳力的组合

一、商业上的竞争引起“托拉斯”的组织

工业上的大“托拉斯”　国家向各方面勇猛的开发，因此商人间的竞争太利害了，许多人都迫得类于破产。例如，油业中有几百个制油厂，各厂都忙得如发狂一般，朝夕从事制油。自然，市场终有滞塞的时候。价格落了，许多的制油厂也就失败了。这种竞争的破坏性上，加以用固定价格或减少生产的方法，使利益可靠的目的，引起了商人组织协定(agreement)或组合(combination)，即所谓“托拉斯”（trust）。用这名词的意思是因为职业的人，习惯上都把自己的产业交与一种由股东选出的“信托人”（trustee）手中，委托经理全部的产业。

美孚油行的事业　在1879年时，克利夫兰、匹兹堡、菲列得尔菲亚以及别的地方的制油者通同规定油价。在1882年，依洛克菲勒的经营，他们组织了一个“托拉斯”，这就是“美孚煤油公司”。

该公司组织的结果，是平均国内各地方的价格，增进分配量，加大股东的股利。

当日加入这组合的人，即刻在其他事业上也着手投资，1879年，其中有个作了河川铁路（The Valley Railroad）的董事；1882年，另有一个当选为芝加哥、密尔沃基及圣保罗铁路的董事，1887年，有第三个和一个吸收了明尼苏达铁公司的组合联合起来，同时，煤油公司的代表又发现于北太平洋，密苏里、堪萨斯与得克萨斯，以及俄亥俄河等铁路上。在其他公司的股东也是一样的情形，后来有20种事业合起来做一种大事业，以美孚煤油公司为中心。

其他“托拉斯”　美孚煤油公司成立以后，几年之内，棉油、亚麻油、铅、糖、谷酒及绳等组合，都组织起了；并且没有多少时候，几个大资本家在制造铁器及毛货的公司里都有了大股份。实际上在19世纪末年，很少有一种重要的工业没有一个大资本的“托拉斯”的。例如，于1899年在新泽西组成的钢业“托拉斯”，在五年以内，有资本1.75万万元。1901年成立的“美国钢业公司”以14万万元的资本领袖一切。

铁路组合　公司联合的趋势在铁路业上也发现了。竞争的路线往往联合在同一公司的底下，操纵载货及搭客的运费：大组合也组织起来，收买由东到西，由北到南的大路线。

到这一世纪的末年，美国所有重要的长路线，差不多是由几个很大的铁路组合所操纵。这些组合在新英格兰的是波士顿与缅因铁路，及纽约、新哈文与哈得富尔铁路；在中部各邦的是纽约中央铁路（范德比尔特路线）及宾夕法尼亚铁路——由沿海伸到芝加哥及密西西比河，由布法罗过堪萨斯城到盐湖的谷尔德路线（Gould Line）及太平洋沿岸铁路：在南部及最西北部的摩尔根山路线（Morgan-Hill Line），由中部密西西比河流域伸到旧金山、波特兰及斯波坎，又由新奥尔良伸到旧金山的哈里曼路线（Harriman Line）。

“工业中的大王” 由“托拉斯”及组合生出许多大财主。卡内基、洛克菲勒、谷尔德及范德比尔特等都发了世界历史上以前所梦想不到的大财源。这才只说出了几个。他们工业上的大组织，再加以数百万的工人，给他们生了严重的责任与大问题。他们资助学校，设立大学，建筑医院与图书馆，供给慈善事业。

二、资本集中的结果

公司与劳工 大公司的发达把雇主与工人的关系从根本上变更了。在昔年工厂是很小的，是一个人的，说到极处，也不过是几个住处不远的人的。这时候在雇主与雇工的中间，常有一种亲切的朋友的关系，主人有时候在工厂里配住他的帮手老实地工作，并认识他们，连他们的小名都知道。后来工厂渐渐的大了，变成公司了——公司的主人常常住在很远的城市里，甚至于住在外国——工厂成为经理人所经理的，雇主与雇工间的亲切关系也断了。于是有些人说公司是“无灵魂”的。就是说，公司是纯粹商业性质的，也就是说公司的主人以雇工要求提高工资或缩短时间要大受困难。

雇工的组织 当雇主正集中工业以停止破坏的竞争时，工人也组织起联合（union）以防止剥夺工资。在战争期中，劳工缺少而工资增高。于是起了一种很强的运动，要联络工人以谋维持高工资的标准。火车机师会成立于1836年。次年，制烟工人、泥水匠等联合也组织起了。1866年，有三四十种不同的职业都组成全国的联合，这些联合的支部遍于全国，在1870年及1871年，开了几个全国的劳工联合会议，并打算造成一个强有力的团体，包括所有各种职业的男女工人在内。

"劳工武士团"　"劳工武士侠义团"（The Moble order of Knights of Labor）担任组织全国大联合的事业，该团是菲列得尔菲亚一般制衣工人于1869年设立的，他们想联合所有的工人于一个团体，不分男女、职业、阶级、肤色及国籍等界限。在15年以内，这个组织有100万以上的人员。

"劳工武士团"的要求是：（一）给所有的工人每日作工八小时，（二）保证工人在工厂及矿坑的卫生及安全的法律，（三）每周以现金偿付工资，（四）由雇主给在业内受伤的工人赔偿损失，（五）设立各邦及全国的劳工部，以及其他改革事宜。"劳工武士团"反对邦政府把囚犯雇给制造家以剥夺无辜人民的工资。他们又反对雇主用合同在欧洲招集大批的移民以减少国内的工资。这团结的格言是："一个人的损失就是全体的事情。"

"劳工武士团"对于全国工人颇有大势力。虽然他们没立起一个新政党，但他们帮助各邦及联邦政府施行几种改革事宜。在几次反对雇主有成功的罢工中，也是由这般"武士"率领着以求增加工资的，但是他们有几次都失败了。于是他们内部起了纷争，全国联合后来因之瓦解。

"美国工人同盟会"　不久，有第二个全国工人的组织，美国工人同盟会（The American Federation of Labor）成立。同盟会发生于1881年，为100余种不同的职业联合同盟，以后5年就采用现在这个名称。同盟会并不像劳工武士团，不想把所有种类不同情境不同的工人作成一个大联合，该会先教各种职业分组男女工人为区域的（local）“小联盟”，又允许每种职业中的分子和他们的雇主开谈判。联盟会只在危急的时候加以干涉。该会不取全体工人的大罢工以帮助某一种职业，或一个地方的工人。

1917 年，美国工人同盟会有纳费的会员 2，359，812 人，该会储蓄的款项已经很多。依该会会长龚勃尔（Samuel Gompers）的指挥，在国内各种工业作工的工资及时间上得了很大的势力。

同盟会在政治上的影响 美国工人同盟会虽没另组政党，但给现存各政党常生影响，取得有利于工人的法律。例如，在 1908 年及 1912 年，龚勃尔请共和党及民主党赞助几种工人所要求的法律。后来共和党不答应，民主党答应了，他即教同盟会会员极力给民主党的候补总统投票。龚勃尔对人夸口说：他们同盟会投票的会员 80% 都把票投给民主党的候选总统。不管这种计算确不确，自 1912 年威尔逊当选以后，民主党的确通过了几种工人同盟会所要求的法律。因此，同盟会能以工人选举权赞助这党，反对那党的威吓手段，达到一些计划。当 1913 年劳工部成立以后，一个同盟会的职员被任为部长，在总统的阁员中得了一个位置。

雇主的组织 正当职业联合数目及权力增加的时候，雇主也组织起来，以抵抗工人的要求，并向舆论上表白他们一方面的实情。有一个雇主协会早于 1825 年在波士顿成立。1872 年，有 400 多个雇主组织了一个全国协会，反对成立每日十小时工作的计划。自此以后，许多其他雇主协会都发生了。1903 年，美国公民工业协会（The Citizen's lndustrial Association）成立，这是几个全国协会的联合。稍后，全国制造家协会（The National Manufacturers' Association）也成立了。这协会派人出去阻碍工人的努力，不使有利于工人不利于雇主的法律成立。

三、大罢工

工业上的冲突——1877 年及 1888 年各种的罢工 雇主及雇工对垒起来，许多靡费而悲惨的战争因此发生。1877 年，有一个宾夕法尼亚铁路及其他路线上吓人的罢工发生，结果包括匹兹堡车站在内，共损坏了数百万元的财产。过后不几年，宾夕法尼亚和漠斯忒德（Homestead）地方的卡内基铁工厂发生了真正的内乱。双方生命上的损失都很大，许多罢工的工人被厂主所雇的平刻顿（Pinkerton）侦探队杀了。1886 年，芝加哥各制造工厂的罢工，引起警察与工人间的激战，结果有草市镇（Haymarket）的大叛乱，把许多的警察炸死了。尤其是在最西部的科罗拉多、爱达和及蒙大拿等地方，矿工与雇主常以工资与时间的问题起冲突。冲突以后，在双方都常有炸毁、暗杀及大不法的事情发生。

1894 年的罢工 1894 年，有一个在这时期内的最可怕的铁路罢工发生。芝加哥的浦尔曼汽车公司（Pullman Car Co.）工人罢工，美国铁路联合（The American Railway Union）为帮助他们，作“同情的罢工”。在这场战争中，财产也破坏了。铁路工人的领袖得布兹（Eugene V. Debs）以不服从法庭命令工人不得干涉公司的事业的训令被捕，后来，克利夫兰总统以伊里诺斯邦长的陈述，派联邦政府的军队到发难的地方，罢工因此失败。

公众及政府一同卷入漩涡 这种罢工向来多被人认为只限于工业上的事情，只与雇主及雇工有关的。这种意见渐渐不能成立。罢工显然把很多的公众和实际战争的人都一样地卷入漩涡。要是铁路不通，矿坑封闭，公众就要受苦，要是秩序紊乱，局外人的生命及财产都要有了危险。

还有许多的问题把联邦政府及邦政府也直接卷入漩涡。罢工发生以后，法庭究应有多大的权力命令工人或禁止工人？究在什么情形之下，可以招集国民军，或联邦政府的军队？被招来的军队究应干什么事情？警察应有怎样的权力，干涉帮助罢工的开会？罢工工人可否允其使其他工人或游说其他工人不作工？工人联合可否有一种权力，不使联合以外的工人在某种工业上作工，并以此维持“闭厂”的手段？

由公众要求一种劳工争执的仲裁　为解决罢工及劳工争执的问题，捉出了许多办法。1900年，组织了一个美国公民联合会（The American Civic Confederation），召集雇主、专门家、慈善家及职业联合于一处。这联合会承认工人组织联合的权利，并想使起于雇主与雇工间的争执成为一个公众的问题。许多以前指责职业联合的人，这时都认这是工业进步所不能免的结果。再说，美国无论哪个雇主可否给工人不能维持下等生活的工资，可否还算美国正当的公民，这也成为与公众有关的大事情。由于罢工的不便与损失，使大多数人民受害，并得赔偿工资增加以后所提高的物价的损失。所以在工资问题上都很发生了兴趣。

罗斯福的政策　1902年的无烟炭罢工时，公众对于劳工运动的兴趣才格外的显著。雇主不答应矿工的要求，于是到冬季时国家受了煤荒。罗斯福总统说过：

> 煤炭大资本家结合在一起，积极反对与雇工调和。他们知道矿工中的痛苦是很大的；他们都自信秩序要不变，政府要不多加干涉，他们一定可以得胜利；他们不承认公众对于此事有

权力。……没有人，没有团体，能够这样的擅权，把国家公共生活的需要及命脉都剥夺了。停止了全国煤的供给的罢工也就是损害公众利益的罢工。

罗斯福总统预备用军队占据矿坑，并由政府管理给全国供煤。他派了一个委员去探明矿工及雇主的要求。结果，罢工得了一个结束。这件事情可以说是劳工运动的一个转机，因为总可以使大家知道在雇主与雇工间的战争中，他们也是有利害的，要负责任的。公众才经验得他们的责任增加，要在与全体都满意的基础上参加调节工业的情况。

四、社会主义的兴起

有许多参与劳工运动的领袖都以为罢工即使能成功，增加了工资，减少了作工时间，也不能解决由近世工业发达所产生的问题。于是他们鼓吹另组织政党，对于工人的利益可以制定新法律。早于1872年时，一个名劳工改造党（Labor Reformers）的政党在俄亥俄的哥伦布召集会议，并推出候补的总统。

社会主义者的兴起　20年以后，国内的社会党发现了，这党似乎特为工人辩护。在社会主义者的当中，对于他们的计划，虽很有些意见上的不同，但有几种共同的理想流露在他们的著作中。（一）他们说，近世工人把人民分成了两种阶级：在一方面是资本家，他们有的是生产的金钱与原料；一方面是大部的平民，专靠劳力维持生计。（二）他们说这两种阶级间的战争是不能免的，因为各方面都想在赢余中占最大的分数。（三）他们说，在这种对抗之中，资本家都发财了，奢侈了；工人都受穷了，悲惨了。

社会主义者都一致的主张这问题的解决是由政府取得天然的利源与工业——土地、森林、矿产、铁路及工厂等——并管理这些东西，以给全体谋利益。要实行他们的计划，不但是激烈地干涉私有财产原则，而且为设立大规模的国有制度。社会主义者主张给人民分配国家的收入但不限于财产。有些社会主义者依赖“教育与政争”以实行他们的计划，但有些过激的，为达到他们的计划，要以武力推翻政府。

反对社会主义的原则　别的政党虽承认社会主义者指出的许多罪恶，但他们很激烈地反对社会主义者。攻击社会主义的人辩驳道：（一）美国人民并没有显然分为资本家与工人两阶级，因为工人在工业公司、政府公债及家庭里常有股份与财产，还有差不多一半的人民是农夫，（二）所以雇主与雇工的利益是互助的，不是相反的；（三）美国工人在世界上是最富的。

又有一种说法，谓各人所作的工业及职务不同，政府很难把国家每年的收入分配得很公平很满意。设使各人所得的都相等——不论能拙，不论勤惰——怎么会刺激起个人的技巧与努力？再说，使所得的不等，那么要按什么法则定分配的比例数呢？许多反对社会主义的人说：社会主义者的意思，就是教所有的人都和谐互助地住在一处，这种意见是不合自然法则的。自然法则是命令人类常常竞争的，弱者自然失败，强者定要得胜。

社会党的发达　1860 年以前，国内有许多社会主义者，尤以 1848 年来到的日耳曼人中为特多。直到 1892 年，才组织起一个社会主义劳动党（Socialist Labor Party），推出候选的总统。但是，这一党永没有得到 10 万以上的票。这一党只成立了 8 年，以后又成立了一个名社会党的政党。这个新党在1900年推出得布兹作候选的总统，他是1894年铁路大罢工中的领袖。到1912年，社会主义者的同意票已到了89.8万张，但是在1916年，又降低了20%。1917年，该党不赞成对德宣战，因引起了许多党员的出党，并使社会主义者不关心战争的原则失了信用。

资本与劳动问题的新局势　20世纪同着资本与劳动问题在政府及政治上的投影，一齐开幕了。双方都组织得很有势力。工人真正作职业联合的人员的只占少数——不到1/10，数百个小制造家也不加入雇主的协会，这都是实在的情形。但是，在差不多所有的大工业及铁路上，劳动与资本的组织都是很有势力的。他们工资与时间上的争执渐渐卷起了政治上的活动。各种有利及保护两方的法律都制定了——有公道的，也有不公道的，有聪明的，也有愚拙的。邦议会及国会都为职业联合的代表及赞助或反对各种制度的雇主的代表所包围。大多数的公民不能不卷入反抗之中。虽有一般的建议者说工业并不是政府的事业，但是选举场上的人民都迫得要决定一些关于劳动与资本的事情。

第二十八章

政党及政治问题

一、共和党及民主党的政迹

南北战争的政治回音 南北战争以后好久，政治家终日的辩论“联盟”与“反叛”。谈论战争在当时叫“舞血衫”（waving bloody shirts），又因政治上的领袖都很注意此事，人民很难想到其他重要一点的事情上去。

共和党得势 南部的势力打破了，民主党因同情于退出联邦主张受人指责，共和党得了许多的利益。他们能把持每次的选举，在1860年到1912年间只有两次失败。战争刚过以后，他们选举格兰特作候选总统。他是林肯以下的大人物，又是拯救联邦的人。他们于1868年举他作总统，1872年他再当选，当时民主党人想给他们的候选人格里来竞争。格里来也是有名的共和党报纸《纽约评论》的记者。

嘿兹与替尔登竞选 但是，民主党人在失败之中永没放弃了希望。他们在1872年拼命的战争，终在众议院里取得了多数。1876

年竞选总统时，他们以为他们已经是稳定可靠的了。这回选举的结果实在是很不确定的。两党都想胜利，并极力地争执，所以国会为解决纷争起见，委15个委员去考验选举的报告。在这个委员会中共和党人占多数，他们极力在重要的地方赞助共和党的候选人嘿兹（Rutherford B. Hayes）——俄亥俄人；因此把民主党候选人纽约的替尔登（Samuel J. Tilden）制胜了。

加飞尔的当选与被刺　民主党人自然深恨这种决定，但是他们得忍受，希望在下次选举时全国将要指责他们的敌人。但是他们又失败了，共和党人于1880年以安全的多数选出加飞尔（James A Garfield），胜了民主党的候选人罕科克将军（General Hancock）。加飞尔没有就任时就被一个失望的谋事人刺了，他死于1881年9月19日。

克利夫兰使民主党人得势（1884）　继任加飞尔的副总统亚瑟（Chester A. Aathur）不能得本党一致的赞助，共和党人并于1884年舍弃他，选举缅因的布莱思（James G. Blaine）作候选人。民主党以死力攻击布莱思，并给他们领袖纽约的克利夫兰（Grover Cleveland）得了胜利，他是布卡南以来民主党的第一个总统。但是，胜利是仅仅的胜利，并不由于克利夫兰的票数多，实是因为共和党内部的行伍分裂所致。实际上有几个重要的共和党人都公然的去到民主党人这边了。因为他们的离叛，人都叫他们为“麻瓦蒲斯”（mugwumps）——是一个印第安人的名词，有“大头领”的意思。据说大头领都觉得自己在那般给本党规规矩矩投票的人以上。

克利夫兰被哈礼孙战败（1888）但1892年又当选了　民主党人以克利夫兰作候选人已经把持国政一次了，在1888年及1892年又推出他来。在这前一次，他为共和党的候选人印第安那的哈礼孙

（Benjamin Harrison）所败。在1892年，他以很确实的多数又胜过哈礼孙而当选了。

共和党的复兴——麦金莱、罗斯福、塔夫脱 这即是民主党20年的最后胜利。在下次的选举，即1896年，俄亥俄的麦金莱战胜民主党候选人内布拉斯加的布赖安（William Jemings Bryan）；共和党人于1897年3月4日又恢复了势力。他们保持总统地位，经过了麦金莱、罗斯福、塔夫脱（Taft）的任期，直到1913年的威尔逊就职为止。

二、保护税与所得税

自南北战争以来的税率问题——保护税 所有这些总统的任期以内，不论属共和党与民主党的，有几个问题在选民脑筋里总要先行想到。第一个就是税率。正当南北战争以前，民主党人继续的很切实地减少保护税率；共和党人即于1860年应战，宣布赞成保护。当战争期中，在入口货上征收重税，为要筹款应付军费，所以如此。战后，共和党人借口保护国内的制造工业，许多这种税仍然保留下去。

这问题在1860年到1916年的每次选举中多少都要讨论到，并于1888年，1892年、1908年，变为政治家所称的“焦点问题”。克利夫兰总统于1887年12月给国会的一个通牒中，极力攻击这种税率。他指斥这是一种“作恶的、不法的、偏私的”赋税制度。1908年，布赖安以另一种精神攻击这种税率。民主党的政纲宣言赞助直接减少入口税，尤其是对于生活必需品及由美国大托拉斯所制造的一类货物。

各种税率法案 虽然有各种对于税率的争执，但在格兰特将军第二次就任与威尔逊第一次任期终了之间，即由1873年到1917年，只有六次海关税率的修改。这些修改如下：1883年的，依一个共和党人亚瑟总统的意思：1890年的，当时麦金莱作俄亥俄的国会议员，提出一种很高的保护法案，这种法案就冠着他的名字，1894年的，正在克利夫兰总统的任期中，当时以《威尔逊及谷尔曼法案》(wilson-Gorman Act)对于几种重要货物的税率微有减少，1897年的，当时《狄格来税率法案》（Dingley Tariff Act）由共和党人通过，使税率普通都到了南北战争以来最高的标准，1909年的，当时共和党人依《潘恩及奥尔德立赤法案》（Payne-Aldrich Bill）一种没有实际减少的大修改，最后是1913年的，当时民主党人依威尔逊总统的势力，减少许多货物的入口税，无论怎样，不把税率搁在纯粹的“国课基础”（Revenue Basis）上。

对于一种所得税的争执　与保护税问题紧关联的即是所得税的事件——一种抽取个人所得百分之几的税，所入不到某种数目者除外。当南北战争的期间，政府曾暂时收过一种所得税。以后在民主党人要求修改税率的时候，他们宣言说：要是除去到美国来的入口税，这种国课上的损失可以由所得税填补。其中有些人说：糖、咖啡、茶以及同类物品上的海关税即是取税于贫民的，是根据于货物消费量的，并不是根据所得金或薪水——“获得的财力”——上的。所以，他们提倡联邦国课的一部分须得取给于一种对于有钱人的直接税。

宣告所得税违反宪法　因此，民主党人在1894年修改税率时，对于每年有4000元以上收入的人规定一种所得税。但是，到第二年，美国大理院宣告这种法律不合宪法并取消了——很使赞成这种法律的人怨恨。1896年，民主党人在政纲上提出赞成一种征所得税的主张，并且该党的领袖从来没有取消过这种主张。

为容许一种所得税修改宪法 许多共和党人也同意于征所得税是公道而必须的，罗斯福总统在他的一个咨文里也表明他赞助这种税的意思。1909年，正是共和党得势的时候，国会通过美国宪法第十六章的修正案，付国会一种制定并征收所得税的权力。这次修正案当时得了足数的邦议会批准，并在1913年实行。民主党又得势了，即刻就取得这新修正案的利益。就在这一年改定税率时，国会加了一种所得税。

税率仍是一个问题 所有这种争执及法案的结果还不能说对于税率有确定的解决。民主党人虽然严厉地批评保护制度，但他们也不是主张废除美国制造家及生产家所有的保护。在反一方面说，共和党人虽然普遍都赞成加重税率，但他们之中对于某种工业究应领受帮助常是不一致的。

税率委员会 因为这种两党内部及两党之间的意见不同，在塔夫脱的任期内设立了一个税率委员会，由几个对于这问题的专门学者组织而成。委员会的任务是要对于保护美国货抵抗国外的竞争求出一种恰当的程度，使制造家只能得到“不多不少”的利益。在威尔逊总统任内，又有一种委员会成立于1916年。自此以后，没有政党肯主张减少税率到了全不给美国制造家留利益的程度——绝对的自由贸易——这是很明白的。

三、货币问题

收买“绿皮纸” 另有一个使人注意的问题就是货币问题。当南北战争期中，政府发行数百万元的纸币，即所谓“通货”（legal tender）或“绿皮纸”（greenbacks）。这种货币用作军饷并由政府承受作纳税及别种目的使用，是不能换取现金的；就是说，持有绿皮纸币的人，不能到联邦国库去换取一种金元或银元回来。结果，这种货币价值低落到每元绿皮纸只能值六七十分现金。有些国内的要人主张全数收回纸币，有些人赞成仍旧流通；又有些人以为可以设定特别基金，使持有纸币的人都能换取现金。到 1879 年，这种绿皮纸始用现金收回。

银币问题——银币本值低减　货币问题的第二个方面就是铸币的本身。美国宪法付铸币的权力于国会，各邦除还债用的法定金银币外皆不得铸造。1792 年，政府方才以 15：1 之比例率铸这两种金属的货币，就是，以银 15 盎斯（ounce）值金 1 盎斯的市价作原则。以后这种比例率变成 16：1 之数。但国外市场上的银价实超过此数，所以结果银元就不流通于市面。到 1873 年，国会停止铸造银币，或减低这种货币的本值。

要求恢复旧币　适逢这时的银价渐渐低落。西部各邦发现丰富的银矿，几年之间，市场上的价格就变成银 21 盎斯买金 1 盎斯。银矿的主人看见自己的出产跌价，要求政府须得依旧日 16：1 比例率铸造金银两币，恢复银元，再定为合法的货币。主张金本位的人说：银价在市场上已经跌落了，所以不能照旧日的规定铸造。主张银本位的人答道：银价并没低落，只是政府给金子专卖并限制银子的行情，因此金价增涨罢了。

银币问题上的争执　国人对于这种问题多半持着很不同的意见。农人中最普通的意见是主张依旧日的比例率自由铸造银币，他们以为由此可以增多货币的流通，使农产物出售的价格提高。在另一方面，对于商业或公债上已经投资的人，多半主张金本位。

放债人说：

> 要是铸造银元增加了货币的数目，实际上就是把我的钱夺去了。例如，我在一盎斯金子值十七八盎斯银子的时候放债，到时你还我的银元要比原来我借出去的数目差得很远；就是你拿购买力低的货币给我了。

农人一方面回答道：

> 当我押地借债1000元的时候，麦每斗值钱2元，我可以500斗还清这种外欠；但是现在麦价跌到1元，结果我所欠的数目虽仍是1000元，要合算起我的劳力——我所产的麦——就是2000元了。

“绿皮纸”党及“人民”党　许多农人及与农人表同情的人都决定要闹到政治上去，并强迫国会通过法律，增加货币流通的数量。在1870年左右，他们给自己组织了一个短命政党，即所谓“绿皮纸党”（Greenback Party），主张依旧发行“绿皮纸”纸币。1892年，他们成立“人民党”（Populist Party），赞成银币自由。在这一年他们的候补总统得100万张以上的票。

1896年的麦金莱、布赖安竞选——两重本位制　这种票数把共和与民主两党都骚动了，各党都怕没有不满意的农人的帮助不能得胜。许多共和党要人都主张自由铸造银币，或即所谓“复本位制”（Bimetallism）；但是大多数赞成自由银币制的还是民主党人。1896年，主张自由银币制的人非常之多，民主党在芝加哥的全国大会也为所把持，推出一个赞成自由银币制的大胆青年的候补人，就是内布拉斯加的布赖安。共和党人公然主张金本位制。接着就是一个国家历史上最热烈的政争。除1800年、1828年及1860年的，再没有像这一次的了。共和党的候补人麦金莱占了优胜。四年以后，他们通过一种法律，使金本位制成了全美国的货币制度。

“联邦储蓄”银行　过了没有多少年，“货币问题”又另以一种形式发作了。以前曾赞成过自由银币制的人都维持着旧日的论点：（一）国家的金钱过于集中在东部资本家的手中，他们可以任意吸取任何程度的利益，（二）流通的货币不足应付农夫及小企业家的需要；（三）全部币制上的势力是在私人的手中，不在政府。

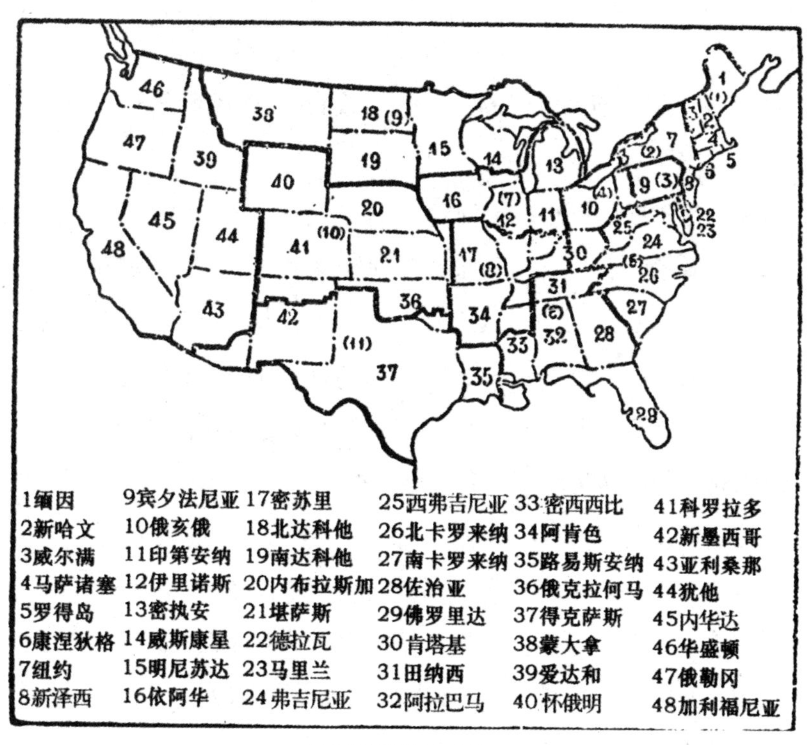

联邦储蓄银行区域图

两党中都有许多领袖不满意这种制度，并要求修正币制。国会为应付这种要求起见，于1913年通过一种新的银行法。依这种法律，把全国分为12个大区域，在每一区域内，有许多的银行改为联邦银行，并有一个当选为“联邦储蓄银行”（Federal Reserve

Bank）。委托一个联邦储蓄部（Federal Reserve Board）操纵全体的币制，这个机关是由美国财政总长、查账员及总统与参议院所任命的五个人组成，有在某种情形时发行货币的权力，因此并得随时扩充或增加“通货”。重要的币制问题，因为（一）有联邦政府的管理；（二）地方银行亦得公平的参与管理；（三）分配“财权”于国家各部，防止集中于纽约城；（四）规定货币的发行及收回，以应付商业的需要，遂以为可以解决了。

四、铁路托拉斯，吏治改良，禁酒问题

铁路法规即是一个政治问题　政治上第三个大问题就是铁路法规。当初政府以大宗土地与金钱帮助铁路公司，因此激起国内各部分路线的建筑迅速。同时政府又许铁路经理人给自己营业——发行股票及公债，并出售于无识的人民，收取很高的运费及车价。

因此，在运货与旅行的人中很有些不满意。在西部的农人几乎全靠铁路给他们转运麦、谷、牲畜及别的生产到很远的东部市场上去，于是抱怨铁路公司的强取重费。在1870年左右，西部有几邦的农人，其中有伊里诺斯与威斯康星，强迫邦议会通过减少运费及车价的法律。但是，一邦只能在本疆域内规定由一地到一地的运费及车价。各邦相互间商务的管理，依宪法是属于美国国会的。

各邦相互间的通商法（1887）　于是，强迫国会厘定法规，干涉从事各邦相互间商务的铁路。1887年，国会通过一种重要的法律，成立一个委员会，由总统及参议院任命五个委员。由这种法律及后来的各种修正，规定铁路的运价须要是合理的，各邦相互间商务委员会须有权力干涉所有从事各部相互间商务铁路的运费及车价。因

此，铁路公司的大部分营业的权力让给了政府的委员会。有许多人不赞成政府这样激烈地干涉私人财产。但是，铁路公司不得任意规定运价并图谋自己的利益而不顾人民，在实际上是很明白的。有些人提议用几个欧洲政府的成例，由政府自有并经营铁路，这些人力持政府的铁路法规只是公众干涉的温和方法。1917 年 12 月，政府以宣战的关系暂时取得差不多全部的铁路。依 1918 年通过的法律，使所有的铁路都置在政府管理之下，这事才得征实。1920 年 3 月，依国会的法案，铁路的财产都归还原主。

托拉斯的干涉成为一个政治的问题　和铁路问题相同的第四个问题就是干涉“托拉斯”。凡是被这般大企业迫到墙角里的小企业家，及一般迫得受制造家高价格的农人和其他消费者，都开始以野蛮的言语指责托拉斯。因这种批评的结果，国会于 1890 年通过一种法律，即所谓《谢尔曼法案》（The Sherman Act），宣布凡是限制及干涉各邦商务或国外商务的组合都是不合法的。

限制托拉斯的法令多半无效　因此，有人以为政府以这种惩办的手段可以破坏托拉斯。但是，这种法律作了许多年的死文字，不到罗斯福与塔夫脱总统的任期时，差不多没有想过实行的。以后才有一些大企业，如美孚煤油公司及美国烟草公司（The American Tobacco Co.），都受了惩戒并强令分作许多较小的公司。托拉斯问题并不以此解决。甚至于在 1913 年中民主党人通过《克雷顿限制托拉斯法律》（Clayton Antitrust Law），严申政府的干涉以后，各种组合与托拉斯依旧的繁盛。各小企业家的竞争和旧日一样，无法收回。1914 年，成立了一个联邦职业委员会（Federal Trade Commission），想管理大企业，以防止不公道的恶习。

吏治改良——“分赃制”的罪恶　第五个政治问题就是改良吏

治了。因为“包办制”的结果，公众事业的管理常落在没经验的人的手中，这般人任事的期限很短，位置也很不稳固。还有，每政党之中都常有一大群人专想在政府里谋差使。这些人时常参与政治，到预选会，到大会，帮助推选候选总统，选举总统时替人卖力气。政治变作给人们谋生的职业。政治家把政府当做他们的私产，忿恨平白人民的干涉。因为有这般人，政府的供职并不成为尊严的事业，不过“分赃”（spoil）而已。

对于这种事情自然有很多人不赞成。批评“分赃制”的人说：供职政府须以劳绩作基础，换一句话说，就是（一）无论男女须得经过考试，试验合格，才得委任到政府的下级机关，（二）他们被任命以后，除忽视职务及无能力以外，不能依无论何种别的理由免职。政治家都嘲笑这种理想，说是“鼻涕水的差使”（snivel service），“婆婆妈妈的改良”（goody-goody reform）。

加飞尔的被刺引起国人对于改革的要求　但是，在1881年，加飞尔总统被一个失意的求官者刺杀以后，全国人的注意都迫得集在这件事情之上。两年以后，国会通过一种文官法规（Civil Service Law），（一）付总统全权，使委任一个委员会执行文官考试，（二）使总统得随时任命各局所各阶级的联邦官吏；这就是废止分赃制，改依劳绩作基础。总统随时增加考试及格的官吏数目，到1916年，40多万职员中一半以上的位置是由考试得来的。但是，仍有许多的位置留下给政党中人分配。

禁酒问题　禁止蒸酒及售卖麻醉性液体的提议，在50多年以前早就有了。在1850年到1860年这10年之间，有几邦实行禁令。但是，这些邦的禁令，后来都以各种理由废弛，并因奴隶的问题把这禁酒问题笼罩住。

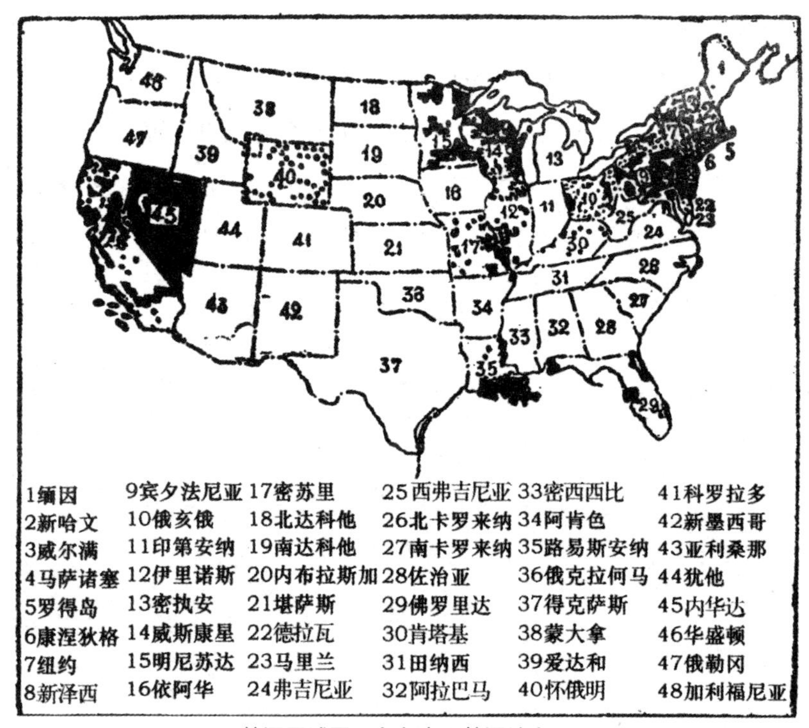

禁酒区域图（白色表示禁酒地方）

禁酒运动的发展　不久，这问题又复发生。1869 年，全国禁酒改良党（National Prohibition Reform Party）在芝加哥成立；1872 年，推出美国的候选总统。自此以后，每次的总统选举都有禁酒党人加入。他们的票数有一次几到了 25 万，但是永没达到可以成功的希望。

在这个时期中，一邦一邦的都实行邦内的禁酒令，实行的诸邦如次：

阿拉巴马　亚利桑那　阿肯色　科罗拉多　佛罗里达　佐治亚　爱达和　印第安那　衣阿华　堪萨斯 缅因　密执安　密西西比　蒙大拿　内布拉斯加　内华达　新罕木什尔　新墨西哥　北卡罗来纳　北达科他　俄亥俄　俄克拉何马　俄勒冈　南卡罗来纳　南达科他

田纳西　得克萨斯　犹他　弗吉尼亚　华盛顿　西弗吉尼亚 怀俄明

在以外各邦中，大部分的地方都以各地“自择”的办法变成无酒区域，就是，各城各镇都以投票的方法表决封闭酒馆。一种规定国会禁酒的联邦宪法修正案，在1917年由国会两院2/3的票数通过，并送到各邦去批准。在1919年1月16日，宣布修正案已得所必须的36邦批准。

第二十九章

外交——美国跻上世界强国之列了

一、和英国的争执

阿拉巴马事件 当南北战争期间及战后30年中，和英国有过几次的争执。

第一次大交涉即起于阿拉巴马事件。当南北战争期间，英国许联盟政府代表在国内买战船，这有违反国际法的规定。这些船中有一个“阿拉巴马”号船是在利物浦制造的，劫夺商船多时，破坏货物及输运，使美国的人民受重大的损失。美国对英国抗议，谓须负许“阿拉巴马”号船离开海岸的责任。后来英国政府答称不负这件事的责任，美国许多要人都主张宣战。幸而两国的激进派都不大得胜。

这种交涉的仲裁 1871年，与英国协定，准把所有争执的问题归一个仲裁法庭解决，这法庭有五个仲裁人，是由美国总统、女王维多利亚、意大利王、巴西皇帝及瑞士总统举出的。这个法庭设在日内瓦，评判美国与英国间所有的交涉。结果给美国1500万元，以作赔偿美国人民所受联盟政府在英国修造诸舰所毁坏的损失。

委内瑞拉事件　与英国第二次的交涉发生于1895年。关于委内瑞拉与英属圭亚那(Bridsh Guiana)的疆界,这两国起了多时的争执。依“门罗主义,，原则，美国可以不许欧洲列强在西半球再取得土地，所以美国应南美共和国的请求就参与这种纷争。英国声明她并非想取得新土地，只是要求取得依法律上所属于她的地方，所以与“门罗主义”无关。后来英国与委内瑞拉相持不下，美国国务总理奥尔尼（Richard Olney）提议仲裁裁判又被英国拒绝，这件事到了危机一发的时候了。

克利夫兰给国会的咨文　克利夫兰总统在他1895年12月给国会的咨文中请求设立一个委员会，确定委内瑞拉与英国间真正的疆界：于是他又加一句说：英国要是想占据这个美国委员会所决属于委内瑞拉领域内的土地，美国可以全力反对，这即是美国的责任。他结尾说：战争恐是不免的。

英国许这问题归仲裁裁判　克利夫兰大胆的咨文受美国许多人民的称许,但也受一些人的严厉批评,说这咨文可以酿起无谓的战争。后来倒很奇怪，英国不反对美国政府的干涉，反帮助美国委员会搜集关于这疆界问题的真确证据,最后又赞成把全部问题归仲裁裁判。结果这种几要引起两国开战的纷争，可幸得到决定。1899年，仲裁法庭开于巴黎。前任总统哈礼孙给委内瑞拉作律师。仲裁法庭经过细心审理以后，判出一种决定，这种决定就全体论是有利于英国的。这事件有了结束，克利夫兰以他的独立精神受人称誉，英国也满意得到差不多她所要求的东西。

和加拿大人的交涉受仲裁裁判　和加拿大人的几种交涉幸而也得到和平的结束。重要者如西海岸上的捕海豹权、沿东海岸的捕鱼权、大湖的航权，还有比一切都重要的阿拉斯加疆界（Alaskan boundary）。疆界问题在1903年受仲裁裁判，美国的要求，除很少的小部分外，都认为是正当的，英国委员也赞助美国一方面。这种美国的胜利许多加拿大人都认为不公道，但是他们也很客气地承认了。

二、萨摩亚与檀香山——国外贸易的发达

在萨摩亚群岛上与德国的争执 当美国与英国正以和平的方法解决他们的纷争时，在太平洋中又发生重要的事件。远在西南方面，距澳洲还较距美国近些的地方，有萨摩亚群岛（Samoa Islands），岛上住着一些半野蛮的人，世界各文明国家和这种人多少都有些商务。在1878年之初，美国和土土伊拉岛（Tutuila在萨摩亚群岛中）的一个小王结过一种条约，并在巴哥巴哥（Pago Pago）海湾取得一个海军根据地，约定于必要时给这位小王帮助。

几年以后，有德国领事在这里树起国旗，就和一个土王马力多亚（Malie Toa）起了冲突，并有一些由德舰登陆的水手也被杀于海湾。英国向来是警备德国在太平洋上的行动的，美国也是同样的急切，于是都向这岛上派遣军舰。一时有开战的危险，但是各国都情愿息事，结果于1889年由美国与英国及德国共同保护萨摩亚群岛。这样并不是满意的办法，10年以后即行废止，美国完全占有土土伊拉岛，因此在西南部太平洋取得一个重要的海军根据地。

檀香山问题 土土伊拉的占有惊醒了一种对于檀香山群岛（Hawaiian Islands）的新兴趣，这群岛是位于萨摩亚与旧金山的中途的。美国传教士及商人多时就在这些岛上做事，及至19世纪中

叶，美国人在这里的势力比其余无论哪国人都大。

合并檀香山　1893年，有些在檀香山的美国人得几个土人的帮助，声言女王利利沃卡拉尼（Liliuokalani）行事专制，并于火努鲁鲁（Honolulu）对她起革命。他们自行组织政府，依赖美国海军的保护（当时有一艘美国军舰在这里海湾停泊），并须派代表到美国请求合并。但是，克利夫兰总统以为美国人在檀香山的这种行动是很辣的手段，于是他渐不给这种计划以帮助。直到1898年夏，才由国会的联合会决定宣布檀香山群岛是美国的一部分。以后不久，这群岛就组成一个正式的区域，有一个由本地选举的议会，并有一个由美国总统及参议院委任的总督。

美国工业寻求国外的市场　直到19世纪末年，美国人民的注意大半都集中在国内的事情：如废止奴隶制度、建筑铁路、开发西部土地及矿产、举办各种工业，是其荦荦大者。在1897年麦金莱总统就职以前，西部凡是可以住居的农田实际上都已被人占据，曾以大宗商品供给国内需要的大工业都准备好了，遂要到国外可以找到市场的地方推销大批的存货。换一句话说，美国工业的发达已经到了许多年以前英国所到的地位。美国的企业家都正向国外找销售生产的新市场，可以投资在有利的事业上的新机会。

三、古巴革命引起美西的战争

古巴人反抗西班牙　1895年，另有一个革命爆发于古巴岛上，两方面都极其残忍，生命及财产的损失也很大。革命党领袖下令破坏田园，烧毁制糖工厂，把几千英亩美国人所有有价值的土地都弄得荒废不堪。领袖所没做完的，西班牙的韦勒（Weyler）将军又为之完成前功，这人不但破坏财产，并集起乡下的人民，强他们住在军营里，在这里他们因病死了数百。商业凋零，美国每年价值在1万万元以上的贸易几乎毁坏无余。不久，美国人对西班牙开出1万万元的要求，赔偿他们所损失了的财产。

美国与古巴人表同情 西班牙将官的残忍扰动了美国人民的同情心。传教士也反对西班牙的专制；演说家宣言古巴人“争自由的勇气”可以受入帮助，激烈的新闻纸要求美国政府即刻干涉，使古巴独立。在美国许多的城市中有一古巴募款的机关，并把粮食与军器秘密的运给革命党。许多冒险的美国人都加入古巴的军队。

麦金莱对西班牙抗议 当1896年竞选总统的时候，古巴革命和别的问题都搁在一处讨论。共和党人指责西班牙不能保护住在古巴的美国人的财产及生命，并宣言美国政府可以在西班牙与叛党的中间加入干涉。克利夫兰总统曾提议——没人赞成——用和解的方法解决这种纷争，但他的态度是中立的。1896年选出的新总统麦金莱就职以后，即刻对西班牙抗议，反对她在古巴的政府，并要求恢复秩序。

缅因军舰被毁 当美国与西班牙间关于古巴事件正在交换文书的时候，麦金莱总统所派往保护哈瓦那（Havana）的美国军舰缅因（Maine）于1898年2月15日在海湾被毁，两个长官及258个兵士都及于难。这种悲剧激动了美国的民气。街上的人民都在钮扣上嵌着“勿忘缅因”，主张宣战的人加倍的要求直接行动。西班牙对于炸毁缅因的原因不认有何种正式的命令，不能负责，但有许多美国人确信在古巴的西班牙长官是与此事有关系的。

多数人主张宣战 美国与西班牙间的谈判仍进行了多时。西班牙答应许多条件。他允许恢复古巴的和平，设立一个古巴的议会，并给古巴人一定程度的自治。简单说来，西班牙政府对于古巴人除完全独立外，什么事都答应了，并且美国所有的要求都承认了。但是，麦金莱总统不信任西班牙的应允。他极力使谈判破裂，驱逐西班牙离开西半球。

对西班牙宣战（1898）　1898年4月11日，麦金莱总统咨知国会，谓平定该岛的乱事并保护这里美国人的生命及财产的时候到了。国会于4月19日宣布古巴应复其自由，并要强迫西班牙退出古巴，教总统用陆海军的势力使西班牙就范。实际对于西班牙已宣战了，但国会仍说美国除维持和平以外不愿给古巴任何干涉，并说在自由与秩序得到以后，一定撤退。

杜威在马尼拉湾的胜利　这次战争中许多热闹的事都在海上的。统率美国亚细亚分舰队的海军大将杜威（Admiral Dewey），于2月中受命泊于香港，预备随时驶向菲律宾群岛。他于接到宣战的消息以后，即离开中国海，于4月30日夜间驶入马尼拉（Manila）湾。次日早晨，他先向停在马尼拉炮台下的西班牙船队开火。几小时以内，敌舰已为所毁，被杀者几近400人，使岸上的炮台寂然无声——一个美国兵士都没损失。这种非常的胜利消息于5月6日取道香港到了美国，于是杜威大受人民欢迎，在美国海军史上得了不朽的地位。

古巴海口的封锁　同时距国家较近的地方也发生重大的事情。统率大西洋分舰队的海军少将桑普森（Rear Admiral Sampson）已封锁了古巴海岸并监视向古巴来的西班牙舰队。但是西班牙的海军大将退尔未刺（Cervera）竟于5月19日溜进了圣地亚哥（Santiago）海湾，在这里即为美国战舰所封锁。当战争初开时，俄勒冈（oregon）舰在太平洋沿岸，这时绕合恩角作长途的航驶，并和快艇一般齐整的联合起大西洋的美国各舰。

厄尔卡内与圣胡安山 退尔未刺到了以后不久，美国的军队——大半是正式陆军中的兵士——由佛罗里达的坦帕（Tampa）上船，他们在这里已经集中了好几星期。6 月 22 日开抵古巴，由沙夫忒(Shaffer)将军统率开始攻击。最利害的战役是在厄尔卡内(AlCaney)与圣胡安山（San Juan Hill），这是附近圣地亚哥城的两个战略上的地点。就在这第二个地方，“猛骑营”（Rough Rider）——罗斯福上校（Colonel Roosevelt）所组织的一个分队——很露头角。经过几战以后，胜利多在美国一方面，于是准备直攻圣地亚哥。

西印度群岛图

西班牙舰队大败于圣地亚哥 西班牙舰队于 7 月 3 日早就想逃出圣地亚哥海湾，美国海军大尉斯来（Schley）即直向攻击，于是西班牙舰队全部被毁。几小时以内，所有西班牙舰都破坏或被捕了，死伤约 600 人，美国方面死 1 人，伤 1 人。由这项海军的胜利已决定了圣地亚哥的命运，但是至 7 月 17 日经过两日的轰击以后，才正式的投降。

帕托里科的侵入，和约草案 圣地亚哥攻下以后，古巴的战事告终。迈尔士（Miles）将军又受命到附近的帕托里科岛（Porto Rico）上去，想破坏西班牙在这里的势力。他的军队上陆以后，还没有开始战争，这时西班牙与美国于8月12日恢复和平的消息到了。西班牙受驻华盛顿的法国大使的好意，即于这一天答应古巴自由，割让帕托里科于美国，并许美国军队占据马尼拉湾留待最后决定。不幸这种预定和约的消息未到马尼拉以先，这里已经发生大流血了。8月13日，这时和约草案已经签定，海军大将杜威与麦里特（Merritt）将军统率美国的军队，以猛力攻下马尼拉。

四、战争的结果、美国在东洋的新利益

菲律宾群岛、帕托里科岛及瓜亚木岛的占有 1898年10月1日，美国与西班牙的代表相遇于巴黎，决定两国间最后的和平条件。对于怎样处分菲律宾群岛的事件，在先本没很确定的意见。当战争初开时，美国人都不甚知道这地方。有些人反对美国效法旧大陆各侵略国的故步在海外伸展“帝国”势力。但是，有人说，美国要是在亚洲海岸附近有很强的海军根据地，她的远东贸易一定可以得到帮助。又有人说，我们已经深入菲律宾了，不能无为地撤退。总而言之，最后的和平条约在巴黎签定，规定许古巴自由，帕托里科、菲律宾及圣胡安、关岛割让于美国。

菲律宾土人反抗美国人统治（1899—1902） 在这种和平条约未批准以前，菲律宾发生了一个叛乱。菲律宾的土人早已不满意西班牙人统治。美西间的战争快要发生时，有一般勇士谋菲律宾的独立，其中的首领是阿基那尔多（Aguinaldo）。当美国军队攻马尼拉时，阿基那尔多及他的同仁已揭起菲律宾独立的旗帜，并参与过这次战

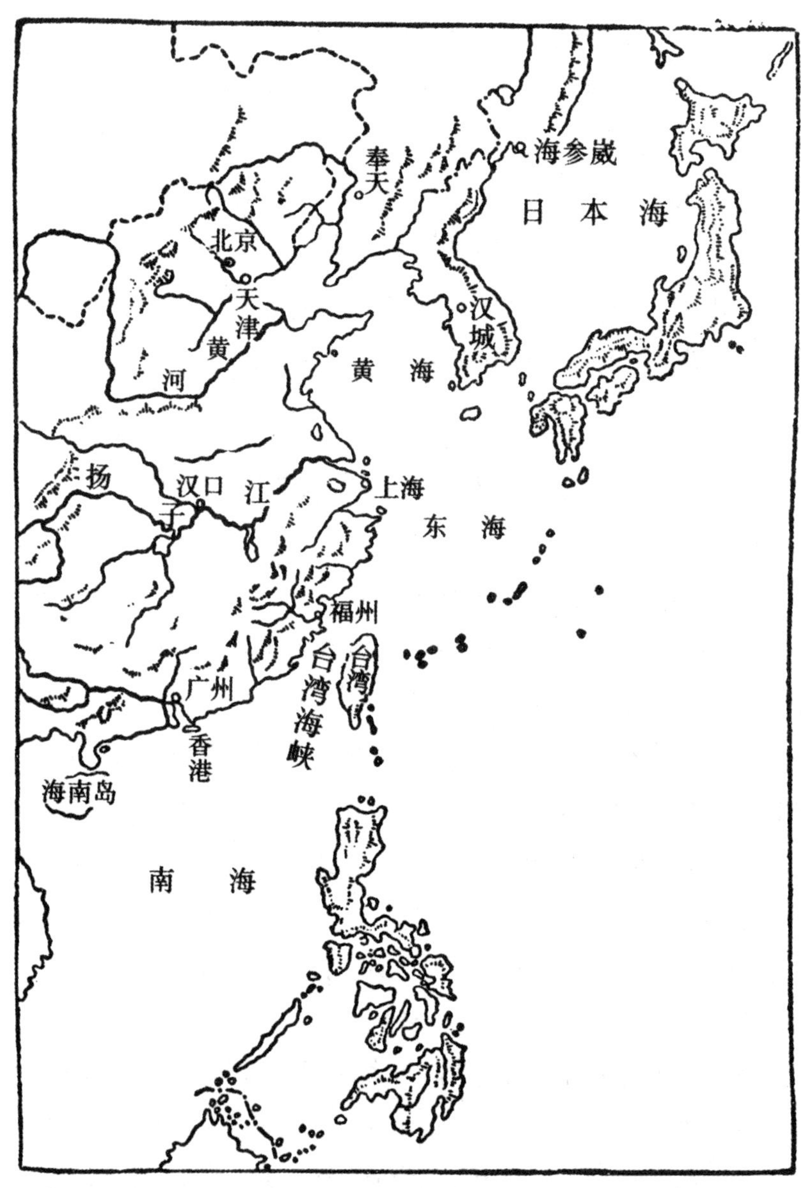

远东及斐律宾群岛图

争，大逞他们的勇气。及至 1899 年 1 月，土人的首领听得美国要把群岛收归美国的领域，并无意给他们独立以后，他们都惊异起来并极为失望。

2 月 4 日，美军与菲律宾军间发生纷扰。这就是几乎延长 3 年的一个叛乱的起点。当这种争执期中，并没有很大的战役。许多战事都在荒野的僻远的地方，在这里时有土军袭击小队的美国军，或被美军攻破的事情发生。这种长时间的冲突招起了很顽强的反对声浪，使许多的人民都辩论这次战争是不是合于美国占有新领地的理想与本意。

中国的“义和团运动”（1900）　美国合并菲律宾群岛以后，不久又参与别的世界上的政治，就是帮助恢复中国的法律及秩序。1900 年，有一般称为“义和团”的中国人，恨欧洲列强常次干涉国内的事情，起来称乱，并杀德国公使及许多外国人于北京。美国即与俄、英、法、德、日本及别的几邦联合，派送军队，保护外人的生命及财产。

这次出征的成功很容易。及至秩序恢复以后，中国人迫得给外国人赔偿大宗的损失费。各列强既在中国取得土地，又预备有所要求，独美国政府不同，只主张各国平等的公平的和中国通商——“门户开放”。还有，美国知道条约上赔款超过实际的损失很大，决定不和别的各国一样，把这赢余的数目装归私囊。美国把这种钱用为中国人在美国学校受教育的费用。

“帝国主义”成为一个政治上的问题　所有这些海外的骚动自然在国内引起了很深的兴味及渴望。并在 1900 年的竞选总统期中，到处讨论“帝国主义”（imperialism）一，即是用战争的方法占有土地及通商。民主党人依他们候选总统布赖安的指挥，攻击共和党，说这一党的人已经背叛了美国开国元老的理想，取法昔日罗马人征服并统治属民的故步。民主党人又批评政府对于争自治权的人民宣战，并说在早就可以允许菲律宾土人独立。

共和党人在自己这一方面答道：（一）菲律宾群岛已经落到美国人手了，这是战争时所没料到的结果，（二）在这群岛上有许多不同种不同文化的民族，他们还不够完全自治，（三）美国要是把他们放弃，一定是使这群岛变为贪心不足的其他列强的掠夺物；（四）最好的方法是增进组织、教育、商务、工业，帮助土人作自治的预备。1900 年的选举，共和党人得胜，自然是以为国人都已赞成他们的帝国政策了。

新领地内美国人的开发事业　菲律宾各省的秩序恢复以后，帝国即设立民政司，并想改进人民的境况。成立一种教育的大计划，派遣数百美国的教师去给人民施教。这种人民在以前从不知道读书与写字的方法。大道及铁路都建筑起来了，改良的耕地的方法都输入了；还有许多的工业也都成立了。

1907 年，许菲律宾人参政。大部的土人都得了选举权，选举国民议会的代表。在这议会里可以决定许多地方上的要事。但是，群岛的总督及议会上院的议员都是由美国总统及参议院任命的。

在帕托里科也设起差不多同样的政府，土人得到有限制的立法权，最后的统治权还是在美国政府所选的人手中。

属地的主权增进　民主党人对于帝国主义的问题虽是失败，但由他们主张菲律宾独立及帕托里科的主权增进永没有停止过。当 1913 年他们得权以后，即开始改良属地的计划。国会于 1916 年通过一种法律，宣言只要菲律宾人有独立的准备，美国很愿赞成，同时并给菲律宾人选举上院的权力，和下院一样。1917 年，在帕托里科的政府也有同样的变化，还加了男子的普遍的参政权。

第三十章
通俗教育的进步

教育是实现民治政体的要素。美国人民在改造南部、发达工商业、开发西部，及经营国外的政治等事业中永没忽略过这种事实。实际上在南北战争的第二年，国会就通过《摩利尔法案》（Morrill Law），给全美国的高等教育规定经费。这时西部各新邦都有了中小学校及专门学校。教育的各方面都没有忽略过。初等学校的数目增加，培养教师的机会扩大，中学校成立了，专门学校也多了。不过事业是很重的，普及教育途中的阻碍是很大的；所以纵有官吏及教师辛苦从事，进步仍是很慢。

一、中小学校及专门学校的发达

1880 年的形势 要使大多数的儿童得受初等教育也很需一些时间的。在 1880 年，全国学龄儿童有 1600 万，其中入学者只有 1000 万，并且每日平均的到校数远在总数之半以下。美国选民五个中约有一个不能读书的。据说 1000 万选民中差不多有 400 万个所受的教育是很可怜的，他们不能读懂普通的日报。

这些不识字的人多半在南部，这里因释放奴隶的结果发生特别问题。但是，北部也很可批评的。北部人口占 2/3，其中不识字的约 1/3。要是我们记得北部比南部是很富的，我们只得说他们是放弃责任，不能以经费的理由作辩护。但各地有信仰有能力的男女，仍以极大的热诚努力增加普通学校的数目，多添有训练的教师。

40 年的进步 就国家全体说，过去 40 年的进步属初等学校。在 1916 年，美国学龄儿童的 3/4 以上入了普通学校，并有入学儿童的 3/4 是实际到校的。但是那不识字的大问题仍没解决，仍有几百万的人——年在 10 岁以上的总人口的 8%——不能读书或写字。普及教育的困难又因常有俄国及塞尔维亚（Serbia）等外国人入籍而增加，这些地方 10 岁以上的人民约有 4/5 不能读书或写字。

对于义务学校的态度变化 在这个时期中，公立学校制度的精神上起了一种重要的变化。我们都知道，在昔年的时候，许多人都把普通学校当做为贫人的慈善组织。在几十年以内，各处都没有这种轻视教育的意见了，人民渐渐把教育当做一种权利，凡是美国的儿童都可以公民的资格享受的。

中等学校的发达迅速 当初等教育的机会正在增加的时候，又有一种新的特别的努力，要给所有的儿童一个学习小学校的粗浅学科以上的机会。结果公立中学的发展迅速起来。在 1877 年，格兰特总统的任期终了的时候，美国中等学校大约只有 10 来万学生，其中 3/4 在私立中学，只有 1/4 在公款维持的中学。在 40 年以内，国内有了 1.1 万所公立中学，学生在 100 万以上。同时到私立中学的约有 15 万，还有，公立中学的教育在许多方面比 50 年以前专门学校的课程还要高。

邦立专门学校 为完成教育的系统，不得不以公款设立义务的专门学校及大学。在东部的哈佛、普林斯顿及威廉与马利（William and Mary）等较旧的专门学校以外，西部各邦中又有一些多半由教会设立的学校，如1833年由独立教会徒（Congrationist）在俄亥俄设立的奥柏林，1837年由美以美会徒（Methodist）在印第安那设立的阿兹柏立（Asbury），即现在的台庖（De Pauw），维持教育经费的土地在西部各邦中早颁给专门学校及普通学校，但只有密执安及威斯康星等几邦在1890年以前开创公立的专门学校及大学。

《摩利尔法案》（1862） 对于教育作进一步的鼓励的就是国会于1862年通过的《摩利尔法案》这法案划出几百万英亩公地举办专门学校，为在科举及古典的学科以外教授农业及机械的技术。以各邦在国会的参议员及众议员的数目为比例把这些土地分配给各邦。以这宗大款项在美国各邦中发生了许多的“农业及工业专门学校”。这些学校大半是新设的，但有时是在旧学校中予以助理而设成的。

当这个时候，西部及南部各邦设立起专门学校，这些学校是以赋税维持的，受官厅管理。到1878年，印第安那、密执安、威斯康星、明尼苏达、密苏里、科罗拉多、加利福尼亚、伊里诺斯、堪萨斯、内布拉斯加、俄勒冈及华盛顿等邦都设起大学。其中有几邦（如威斯康星、明尼苏达及加利福尼亚）的农业专门学校是与本邦大学合并的，也有些（如印第安那、密执安、衣阿华及堪萨斯）分设农业专门学校。但是，有许多邦都没设邦立大学，还有几邦（如伊里诺斯、俄亥俄及缅因）依《摩利尔法案》设立的农业专门学校以后改成邦立大学。

二、职业教育的发达，教育的伸张，女子高等教育

需要实用学科　教育上新时代的特征不特可于学校的数目上找得着。最大的特点还是所授的科目的变化。旧时的科目多半限于算术、文法、历史及各种语言，并不打算给儿童预备生活上特别课程。“教育为各个人”的观念普及以后，“实用教育”的要求也发生了；不但给儿童预备作公民，还要使他们能适应于农业、家事管理、商业、专门职业及大工业场中的职业。

职业教育发达的理由　有几种理由引起了教育宗旨上渐进而重大的变化，尤其是在专门学校及中等学校。

第一，因工业的发达很盛，引起了有工业上训练的人——机械师、设计师、建筑师——的需要。为应付这种需要，工业学校就很快的发达了。

第二，1862 年的《摩利尔法案》产生了一大批的农业及工业专门学校，这是我们已经知道的。这些学校起初都进步很慢，因为实际上真懂得农学的很少。联邦政府为应付这种需要起见，于 1895 年设立大规模的农业试验场，让一般有化学及其他科学训练的人到这里研究，找出怎么样种粮食，增进地力的肥料及改良饲养马、牛、羊、鸡等最好的方法。几年内，能帮助农人增加出产的知识很发达了，于是农业专门学校收进大批的学生。农区的中学校也要求添授农业科学，甚至于乡村的初等学校也要有一点粗浅的农学知识。1917 年，联邦政府支出公款来帮助各邦中学及同等学校的职业教育。

第三，1876 年在菲列得尔菲亚举行“百年纪念展览会”

（Centennial Exposition），庆祝美国独立100年纪念。各处的人们都来赴会展览。许多人才知道北欧的各国——尤其是德、法、丹麦、瑞典——对于儿童实用生活上的教育是怎么样，这是一种很重要的教训。其中最使人注意的是手工及图画，许多参观人都拿着决心回家去要使美国的学校取法这种教育上的新理想。第一个手工中学于1880年在圣路易斯开学，武德卫德（Calvin Woodward）是很出力的，人都承认他是美国这种运动中的先锋。

教育的伸张 但是，美国教育没有全变成实用的性质的危险，因为人民中各种宣传普通教育的新机关在19世纪末年以前已经发达了。其中如纽约市以公款设立的通俗讲演团，每于晚间给人们演讲文学、历史及科学等题目。此外，大学及专门学校设置推广部及函授科，到处给人们传布高等教育的知识。各处有帮助教师及农人的团体设立，预备给他们增进知识。

公共图书馆 与这些活动有密切关联的就是公共图书馆发达的迅速。直到20世纪的初年，至少在北部的各城镇或乡村都得在居民所到的区域以内有个小图书馆，否则便的确成了很可怜的城镇或乡村了。在这种缺乏书籍的地方，往往有邦立图书馆把“巡回书籍”（circulating book boxes）带进去，因此使最僻远地方的人们也可得到当代最好的书籍。因有了校外讲演团，巡回图书馆及廉价的报纸、杂志及书籍，就是极可怜的地方也能得着世界的及本地事业上的知识。

社会中心 把学校的地方作为四围社会公共生活的中心，这便是社会中心（community center）的计划。儿童在这里受教育。在这里设备游戏及愉乐的地方——尤其是给人烟稠密的大城市儿童设备的，不然这些儿童就得要到街上去玩耍。这里设备的有大厅，使成人可以进去读书、运动、听讲，或加入国事的讨论。

学校进一步的任务　当过去半世纪中，所有他种教育上的成绩，如学校的卫生、温度及光线的改良；火险保护的完备：增加环境的美丽；检查儿童身体；学校看护；隔断劣等生，添设体操课目；管理运动场；添设艺术的课目及教授注意身体的知识等，在这里是说不清的。

女子的高等教育，瓦萨尔专门学校（1865）　直到1865年，才有一个经费充足的女子专门学校——瓦萨尔专门学校（Vassar College）——由瓦萨尔（Mathew Vassar）在纽约的波基普西地方设立起来。组织这个学校的人最先决定在东部须有一个女子专门学校，要和那般通行的最好的男子专门学校有一样的程度。当这个新学校开学以后，《纽约晚报》（The New York Evening Post）上说："肯冒险给女子受初等以上知识的著名学校从来没有过的。"

西部邦立大学中的女子　有了瓦萨尔专门学校以后，女子的教育更关重要了。以前嘲笑女子教育的人，这时都变成很尊重女子教育的人。威斯康星自有1867年通过的法令，许女子进专门学校的师范部；1841年开设的"密执安大学"也于1870年许女子习正式的学科。在1890年以前，西部的邦立大学都以给男子的同一条件给女子开放了。

在东部及南部的进步　在1875年及1895年间，许多新立的女子专门学校都在东部设立起来，其中有马萨诸塞的史密斯（Smith），纽约的巴那德（Barnard）——已与哥伦比亚大学合并了，宾夕法尼亚的布麟马（Bryn Maur）。到1917年，南部所有的邦立大学，除弗吉尼亚、佐治亚及佛罗里达（这三邦都有分设的女子专门学校）以外，都给女子开放了。

女子的专门职业教育 要谈到女子的专门职业教育，如法律及医学等，便大受反对，比给女子取得普通的专门教育更费力气。但主张给女子专门职业的人并不灰心，并在1858年很满意地看见为女子设立的波士顿医学校。5年以内，有250多个女子学习医学。同时，男子医学校也收女子。1893年，一个国内重要的医学校——属于巴尔的摩尔的约翰·霍布金司大学（John Hopkins University）——给女子开放了。1916年，哥伦比亚大学也效法这个重要学校的成例，宣言要许女子入他的内外科医师专科。女子教育的进步在法律学上是很慢的，并有几个最大的大学法科到现在对于女子还不开放的。

三、他种教育机关

新闻纸及印刷术的发达 要不把新闻纸及杂志都算上，美国的平民教育是不完全的。1853年，“轮转印刷机”（web-press）输入。这种印刷机印刷的方法是用一个很快的旋转轴抽引一匹二三英里长的纸卷。这种印刷机能够印出的不是一点钟几千张，而是10万张或不止10万张。每张的用费极微。但是，有好多年还是用手排字。约在1900年时，有一种很快的排字机输入了，使一个人能做8个或10个人的工作。在昔时，印图画所用的刻板都是辛辛苦苦用手在木板或钢板上制造的；但是，约在1880年时，很快的很廉的制板机发明，使纸报都能印上图画，表示新闻中的故事。

这些发明的结果，使报馆的数目及城市中日报的销路都增加得很快。1915年，世界上出版的新闻纸总数有6.2万种，其中美国约占2.6万种。并有许多种报纸每日印出的张数，由25万差不多到

100万。1882年，美国联合新闻社（American Associated Press）成立，从事探访世界各地的新闻，向各新闻纸作定期的电报。因此，在几小时以内，世界各处的事情都能使人人费一两个便士知道。

插画的报纸　在南北战争以前，只有几家插画的报纸，如《来斯来周刊》及《插画新闻》（Leslie’s Weekly Magazine and Illustrated Newspaper）及《哈派尔周刊》（Harper’s Weekly）。当战争期中，《纽约先驱》（New York Herald）在他的早报上登出前一日的战图，很能使各地的读者惊奇。当时都以这为新闻事业的大成功。以后不久，讽刺画的用途很普通，这是一种很怪诞的图画。在18世纪及19世纪的初年，小册子及杂志上都有了讽刺画；但是，直到1880年左右，各重要的报纸以庄严或诙谐的图画表现重要的事情，才成为风气。含着24页到72页的《星期日大新闻》又是第二部的发达。这些东西差不多把旧式周刊都很快地逐出去了。

杂志的发达　出版界最庄重的教育事业是由于杂志作成者。在19世纪末年，对于每种科学都有一些人很有兴味，都有一些特别杂志注意：科学、教育、政治、音乐、艺术、戏剧、发明、商务、牙医、医药、法律、机械、游戏、文学、农业、劳工、女子参政及宗教——只说到几个最重要的。此外还有时事论评及重要的论文。现在长期买月刊的人有200万以上了。《星期六晚报》（The Saturday Evening Post）也不过200万以上的买者。

1891年，通过一种法律，使美国印书的人不能在英文报纸上摘取有版权的论文，除非他出钱把这版权买了去。因有这种法律，于是美国著作家也就增加起来，并对于美国报纸及杂志界的“大美国主义”（Americanism）很有贡献。

成立已久的各月刊，如《大西洋》（The Atlantic）、《哈派尔》

（Harper's）、《世纪》（The Century）、《斯利布奈尔》（Scribner's）及《北美评论》（The North American Review）等，仍继续给我们知识界一种卓越的论调。

通俗杂志　满载着故事与图画并且售价低廉的通俗杂志，早就出世了。在这一类里有马克刘（S.S.Mclure）作先锋。他在美国的许多小城镇及乡区旅行过，并知道这种平民的趣味。1893年，他刊布一种杂志，售价十分低廉。他在这个上边给一般距大城市很远的人们各种重要男女的照像、历史画及伟大的事迹。因此，农人及他们的家族都得以认识最大的将军、政治家及演剧家的容貌，并知道世界推崇的人物事迹。

约在1897年，当时人们都不满大托拉斯及"城市政客"的行事，于是马克刘刊布论文，攻击美孚煤油公司及他种大工业，还有城市中的"政客"。著作家斯蒂芬斯（Lincoln Steffens）及塔贝尔（Ida Tarbell）等都以许多资本家及政客的恶迹激动国人。《飘泊人》（Cosmopolitan）、《孟塞斯》（Munsey's）、《每个人》（Everybody's）及《坑夫》（Collier's）等杂志，及别的同性质的出版物，把美国人都引入去了。这些杂志出售数百万册，在政治上很有影响。

"乔套夸"　通俗杂志在人们中刺起一种很诚心研究的兴味，这是无疑的。此外就算那有名的"乔套夸"（Chautaugua）及大学的校外讲演两种运动了。前者是由俄亥俄的亚克琅（Akron）人密勒（Lewis Miller）与美以美教会的芬暹特（John H. Vincent）1874年设立的。当初只是一种星期日学校，后来才扩大了，给人们讲说文学、艺术、科学、旅行、世界运动及社会问题等讲义及书籍。1879年，"乔套夸"文学及科学社组织就绪，给人们供给有系统的自修的机会。这一年在纽约的"乔套夸"举行了一个几星期的集会，在这里有大学问家提出的讲义及学科。后来在国内各处的数百个乡村及城镇里都设立“乔套夸”巡行及聚合。“乔套夸”制度对于增进暑期教育，各期函授研究及公益协进的意义比以外无论什么都有效。因此，求知识的门户大开，是世界以前的历史上所未有的。

以上八章撮要（40 年中的进步）

一　新南部的兴起。

　甲　南北战争后的形势。

　乙　田制的改造。

　丙　农业的发达。

　丁　南部的工业革命。

二　极西的进步。

　甲　1860 年的极西。

　乙　西部的新邦及特别区域。

　丙　公有土地问题。

三　工业的胜利。

　甲　矿业及工业的发达。

　乙　运输业的发达：铁路及船。

　丙　工业中的人物：发明家、企业家及工人。

　丁　工业发达的结果。

　1. 出口贸易的发达。

　2. 边疆的消除。

　3. 商业及工业制胜农业。

　4. 城市的发达。

　5. 工业发达的罪恶。

四　移民内徙。

甲 1890 年以前移民内徙的主要原因。

1. 初期的内徙。

2. 1865 年以后的内徙。

乙 后来徙民的变化。

1. 由南欧来的洪流。

2. 移民居住于城市。

3. 移民的大增加。

4、许多不是永久的移民。

丙 限制移民的努力。

五 资本的组合与劳力的组合。

甲 竞争引起托拉斯的组织。

乙 资本组合的结果。

1. “无灵魂”的组织。

2. 保护雇工的组织。

3. 雇主的组织。

丙 大罢工。

丁 社会主义的兴起。

六 政党及政治问题。

甲 共和党及民主党。

乙 税率及所得税问题。

丙 货币问题。

丁 他种政治上的问题。

七 外交。

甲 和英国的争执。

乙 和德国关于萨摩亚岛的争执。

丙 檀香山问题。

丁 国外贸易的发达。

八 美西战争及义和团运动交涉。

甲 古巴革命及缅因军舰被毁。

乙 和西班牙宣战。

丙 战争的结果。

丁 在中国的军事活动。

戊 帝国主义成为政治上的问题。

九 平民教育的进步。

甲 中小学校及专门学校的发达。

乙 职业教育的进步。

丙 教育的伸张。

丁 女子高等教育。

戊 他种教育的机关。

重要的人名：

总统：约翰孙，1865—1869；格兰特，1869—1877；嘿兹，1877—1881；加飞尔及亚搭尔，1881—1885；克利夫兰，1885—1889；哈礼孙，1889—1893；克利夫兰，1893—1897；麦金莱，1897—1901。

其他政治上的人物：替尔登、布莱思、布赖安。

发明家：爱迪生、贝尔、威尔柏（Wilbur）、莱特。

工人的领袖：得布兹、龚勒尔。

商工业的领袖：洛克菲勒、卡内基、摩尔根。

陆海军的领袖：杜威、桑普森、斯来、沙夫忒。

重要的年代：1877、1894、1898。

第三十一章

新民主政治

一、对于政治增加兴味的原因

教育普及 19世纪末年，美国人民，无论男女都很知道政治的事情，是国家以前历史上所没有的。因为教育普及的结果，读新闻纸、杂志及书籍的人更多了。无论大小事情的消息都很容易的拿印刷物、电报及电话传布到各地方去，所以国内没有个地方不知道别处所发生的事情的。

官吏方面的恶迹 在南北战争以后的大企业期中，政府的官吏常能作恶，不受人民的干涉。城市参事会有时候受贿，把街市铁路、自来水的建筑权及他种利益都贱卖给公司，或至于送给公司。邦议会的议员常常受贿，制定有利于私人或公司的法律。铁路公司常以很小的报酬，由政府取得有价值的土地。还有，包修公廨及桥梁等公共工程的人有时就滥索工价，因而侵吞公款。

溺职官吏的批评 溺职官吏的批评常见于新闻纸或小册子上。

特别宣传关于美国政府的罪恶的是蒲律斯（James Bryce）于1888年出版的《美国共和国》（The American Commonwealth）。蒲律斯是一个英国的政治学者，他在美国住了几年，于是他写出一本很长而细心的书，报告他的观察。他比什么人都很尽心的教美国人注意他们政治上的实在情形，尤其是盛行于城市的流弊。虽然有些美国人因他的书很恨他，但许多诚心的人民都说他的批评是有益的，并努力想着“涤荡瑕秽”。

城市的问题　还有一种增加政治上兴味的原因就是大城市的迅速发达。当人们都住在乡下的时候，使用自己井里的水，乘自己的牛车与马车到市场上去，用油灯照自己的房子，由运河或载重的牛车运货，这时不大需要政府干涉作事的情况。最重要的公共事业有一时算是城市的“水龙”，但是也不须人们方面有很大的注意来维持它使用的秩序。

城市的人口增加了，给住民供给水、煤气、电、街车及别的许多设备，都是必须的。这些事情或由建筑公司营造及管理，或在市政府监督之下特许一个公司专利。自然，因为男女老幼的幸福都依赖政府的做事怎样，人们对于政府不得不予以留心。

女子教育及女子佣工　增加人们对于政治上关心的第五个原因，在一方面是女子的教育，在另一方面是大批的女子受佣于官厅、商店及工厂。因为普通学校及中等学校各处都在增加，男女儿童都有同等求学的机会，于是女子也读同一样的杂志及报纸。在工厂里，在商店里，他们都知道和男子是一样的作工，所以所有保护雇工的卫生及安全的法规也与她们有关系。就是不出去作工，只住在家里照看小孩的女人，对于这种新兴的事也很感兴趣。她们看见学校的好坏，水和煤气供给的种类及公共市场的清洁，都全靠政府官吏能尽他们的责任。所以家里和家外的女人，大学、小学、工厂及俱乐部的女人，都读起关于政治的书籍，讨论公共的事业了。

二、吏治改良，“澳洲式”的选举票，创制权及复决权

邦及城市的吏治改良 因为这种公共兴味增加的结果，当过去半世纪中在行政机关上产生了许多的改良——其中最早的就是吏治。

“分赃制度”的罪恶太昭著了，人们都不愿使他再继续下去。许多独立的人们从当初就批评这制度。我们都知道，联邦政府的吏治在 1883 年时已有一次变化了。同年，纽约邦通过一种法律，规定邦政府、县及市政府中公共雇员大部分须要能通过某种试验，方可选用；并规定他们在作事尽职的期中不受罢免的处分。同时另有几邦——如马萨诸塞、威斯康星、伊里诺斯等——也施行吏治改良。这种新制度在许多邦及 200 多城市里都已采用，不过范围有大小罢了。例如，在纽约市的八九万雇员，除那般位置较高的外，都不管是谁选举得胜，只要他们不忽视职务，都能照旧供职的。

选举票改良，选举的流弊 政党各印自己的选举票，并各为自己选一种颜色，这是多时以来的习惯。例如有一次选举，共和党人可以选自己的候补人，并把候选人的名字印在白纸上；民主党人也可以选举他们的候选人，并把名字印在红纸上。这些选举票都是自由的分散，要是有一个人想投共和党的人，他只能得一张白票，走到投票场上去，把票投入票匦里。监视人都站在周围，能清清楚楚地看见他投的谁。因此能使政党的领袖收买选举人，并能证明选举人究竟投他没有。结果在选举上自然生出许多贿买及威吓的事情来。

“澳洲式”的选举票 马萨诸塞于 1888 年通过一种重要的法

律，在美国第一次引用一种新式选举票，即所谓“澳洲式”的选举票（Australian ballot），这种票是在澳洲初次使用的。依这种新制度，（一）政府给各种选举印公用的选举票，（二）各政党候选人的名字都列在同一个选举票上，（三）选举票只能在投票的地方由官吏发散；（四）选人须得在暗处记出他所要投的候选人的名字。因此，无论谁想贿买或威吓一个选举人，教他一定给某人投票是很困难的了。这种改良，再加上别种想廓清选举的改良，把许多贿买及欺骗的事情都祛除了。美国其他各邦是有效法马萨诸塞的成例的。及到20世纪初年，差不多全都采用一点“澳洲式”的选举票。

创制权及复决权　选举票改良了不久，又有些人们，尤其是在西部各邦的，开始主张政治上的他种变化。人民所不要的法律，议会常通过了；人民的确要的法律，议会反拒绝了；改良家有鉴于此，因主张人民在选举场上对于法律和选举官吏都同样的可以表示他们的意见。他们采用一种计划，即所谓那种在瑞士用过的“创制权”（initiative）及“复决权”（referendum）。

“创制权”是允许私人得提出议案，并得到选民百分之几的连署人以后，即可于选举时直接教全体选民表决。设使这种由创议人提出的法案得到多数的赞成，就成为一种法律。

“复决权”是允许对于议会所通过的某种议案不愿意的人民得以请愿，并于选举时得把这种法律交给人民表决或反对。这两种制度即组成所称的“直接政府”（Direct Government），因为直接能使选民制定法律，毫不受任何选举官吏的干涉。

这种新制度于1898年由南达科他采用，这在各邦中是第一次。4年以后，俄勒冈效法南达科他的样子。内华达于1905年采用这种制度的一部分，还有蒙大拿、俄克拉何马、密执安、缅因、阿肯色、科罗拉多、亚利桑那、新墨西哥、加利福尼亚，俄亥俄，内布拉斯加、华盛顿、爱达和及北达科他各邦也起而效法。当这几邦正采用这种制度时，有 300 多城市已经实行这种制度，制定条例或地方的法律。

“罢官权” 1904 年，另有一种使人民权力更加增大的新制度于洛杉矶(Los Angeles)地方出现了，即所谓“罢官权”(recall)。“罢官权”是允许不满意一个官吏的一定百分数的人民随时可以请愿去他，迫得他或是辞职，或是于下届选举时听候人民的裁判。这种制度的发达不及“创制权”及“复决权”那样迅速。1916 年，实行的只有华盛顿、加利福尼亚、俄勒冈，亚利桑那、俄克拉何马、内华达、密执安及科罗拉多 8 邦。但是，在国内各地市政府里采用的很宽，已有 200 处以上。

三、市政府的委员制，政党的改良，直接选举

委员制政府的兴起 人民在一方正寻求改良的时候，又批评以市长及参事组织的旧式市政府。在 1900 年这一年，得克萨斯的加尔维斯敦（Galveston）城有过一次大风灾，破坏了该城的一大部分，因此引起了一个重要的试验。由人民的委员会拟出一种政府的新制度，取消市长及参事会，把全部公共事业的管理交给 5 个委员的手中，其中一个作主席委员，但没有特别的权力，这种委员会制度以后不久就在加尔维斯敦实行。1908 年，衣阿华的得梅因（Des Moines）城也采用这种制度。从此以后，这种制度推广得很快。直到 1916 年，有 300 处以上的城市，其中也有些是一等的，如圣保罗、孟斐斯、斯波坎、伯明翰、纽瓦克（Newark）及布法罗等，都采用这制度，不过有些变通罢。

城市经理制　对于委员制政府要没有一种修正是经不起试验的。要使5个委员管理一切城市的事业并很适当，这是很困难的。因此有提议教他们选出经理（manager）来给他们做事。依这种制度，委员会不过代替城市参议会的职务，通过条例，决定经费及计划大事罢了。实际上执行公共事业的是委给他们所选出的一个人，即所谓城市的经理。这种制度于1912年在南卡罗来纳的萨漠忒施用。以后采用的有较大的城市如俄亥俄的斯勃林菲尔德（Springfield）与戴顿（Dayton），亚利桑那的费匿克斯（Phoenic）都是。

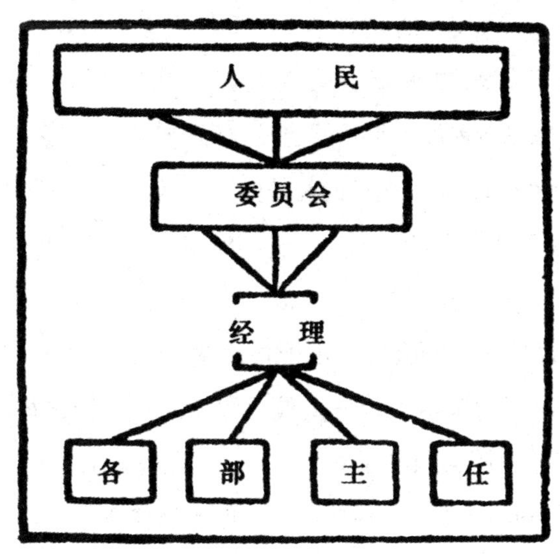

委员制市政府系统图

政党的恶迹　政党在政治上所作的恶迹被一般好批评的人们揭出了不少。政党完全是一种自由结合的社会，和一个社会俱乐部或一个具某种特别目的的会社是一样。党员都限于进行本党的事情。他们选举本党的镇、城、县、邦及全国各委员会的主席及别种职员。每党都定出执行本党事情的计划。每党都选自己认为妥当的候选人，预备作地方、邦、或全国的官吏。

由大会上推选 每党于大会上推选本党的职员及候补人，这至20世纪初年还是一种普通的习惯。大会不过是一种党中要人的会议，这般人是由地方预选会或小会议的党人选出的。例如，共和党的全国大会是由每邦的4个代表及每国会选举区的两个代表组成的。只有那般很注意政治的人才能出席预选会及大会。每一政党大约只有10%或20%的党员参与党中职员及候补人的选举，这已成为常例了。

直接选举 那般有闲时管政治的人自然都得到党中的职员，并选举党中的候补人。所以人把他们叫做“政客”或党魁。后来政治上出了乱子，所要攻击的就是他们。

因此有人起来要求取消政党大会，用“直接选举”（direct primary）。依这种制度，每党的选民都可在选举场上选举他们领袖与候补人。第一个用直接大选举的邦是威斯康星，该邦是于1903年采用这种制度的。其他各邦的效法也很快。到1915年，差不多所有各邦都废止了大会，主张直接选举。

美国参议员由人民选举 由于直接参政的进步发生了一种要求，就是要由人民直接选举美国参议员，代替由邦议会选举。这种改良早于1826年就在国会鼓吹起来了；约翰孙总统曾于1868年主张过，众议院曾于1893年通过一种直接选举的宪法修正案，不过为参议院所拒绝。主张这种新计划的人既在联邦的修正案上不得大成功，于是向各邦进行。对于参议院候补人适用选举的原则，有的还逼迫议会承认人民的选举。到1910年，所有各邦有3/4用直接选举法推出美国参议院的候补人。次年，国会两院通过了一种经过长期辩论的宪法修正案。这种修正案即刻由所需的邦数批准，至1913年5月30日，宣布作为美国宪法的一部分，即第十七章的修正案。

四、女子参政

当初希望得一种联邦宪法的修正　人民既觉悟了平民政治上的兴味，于是又恢复起对于女子参政的要求。当释放奴隶并给奴隶参政权的时候，女子想在联邦宪法上取得一种给女子投票的修正案，但她们失败了，这是我们已经说过的。于是她们才知道，她们必须先要在几邦得胜，然后才能在首都地方使人真实听从。

要求参政的女子回向各邦　第一次重大的邦政争发生于堪萨斯。1861 年，学校选举的投票权在这里已经扩充到女子，一年以后，允许女子的完全参政权提案交给人民公决。在这次政争中，女演说家日夜的在许多英里荒野里行走，在食场、工厂、教堂、学校，以及文化所到的露地里，凡是有几个人集聚的地方，她们都给人演说。这次女子失败了，但她们取得很不少的票。

西部的成功　及至许多年以后，她们才第一次得了大胜，怀俄明区域于 1869 年已给女子以选举权；20 年以后，即 1889 年，这区域加入联邦，是第一个男女有平等政权的邦。第二个给女子参政权的邦就是科罗拉多。经过多年的争辩，女子始于 1893 年得到选举权。第三个是犹他。当犹他还是个特别区域的时候，女子已经许有参政权；但是，国会于 1887 年又剥夺了去。迄犹他成邦以后，于 1896 年再立起平等参政权的原则。第四个是爱达和，该邦于 1896 年给女子以选举票。

参政运动的衰落与再兴　在 1896 年，爱达和实行女子参政权以后，虽说在各地方至少有 20 次的政争，但接着一个长时期，在这时期中没有什么成功。到 1910 年，才起来一种热潮，进行女子的参政权。在这一年有华盛顿邦给女子以投票权。1911 年，加利福尼亚也加入女子参政权的邦中。1912 年，有俄勒冈、亚利桑那、得克萨斯三邦实行平等的参政权。1913 年，阿拉斯加区域效法成例，伊里诺斯议会给女子对于许多官吏的投票权，包括选举总统在内。次年，即 1914 年，有内华达及蒙大拿给女子以参政权；1917 年又有纽约；因此完全有参政权的共 12 邦。第十三个是伊里诺斯，只许总统选举及有限制的地方参政权。另有几邦也实行女子选举总统的法律。虽说有这些的大得胜，但在东部如威斯康星、俄亥俄、密执安、新泽西、宾夕法尼亚、缅因、马萨诸塞几邦中，女子都失败了。

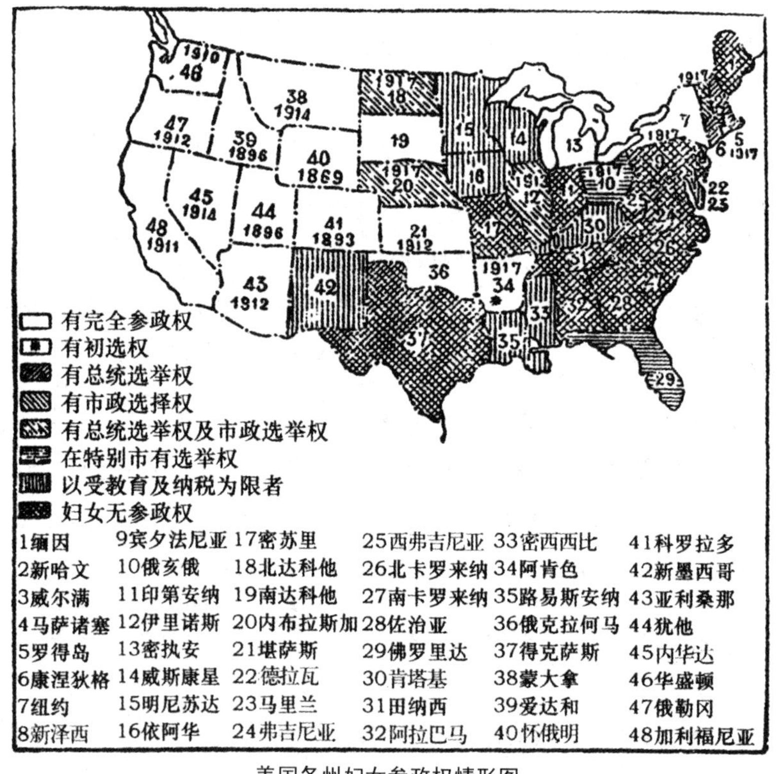

美国各州妇女参政权情形图

在华盛顿的参政运动 在1868年左右，国会里已有了一种提议，要以修正联邦宪法建设女子参政权。1878年1月，加利福尼亚的参议员萨尔金（Sargent）提出有名的《安东尼修正案》（Susan B. Anthony Amendment），“美国联邦或任何一邦都不能以性别的关系取消美国人民的投票权”。女子设立全国女子参政会（The National Woman's Suffrage Association），并自1878年以后，每年向华盛顿去请愿及运动，请求通过她们的修正案。1913年，有一个更激烈的参政团体即国会联盟（Congressional Union）成立了。这般新来者对国会的议员及总统说：“要是你们不通过我们全国的修正案，我们要回到女子投票的各邦去，请求各邦不给你们当选。”

联邦修正案的进步 在1916年的政争时，女子参政成为一个重要问题。共和党主张对于“成人的一半”维持正义，主张给女子参政权，但承认各邦自己有决定这问题的权利。民主党奖励“由各邦以与男子同一的条件推广国内女子的参政权”。共和党的候选人休兹（Hughes）则超出本党的政纲，并在一封公开的信上赞成用联邦的修正案给女子以参政权。但是，曾在1915年宣布过主张女子参政的威尔逊坚持着胜利须是由一邦一邦得到的。但是，因为女子选民的努力增加及纽约的胜利，这两种势力合来迫成1919年国会两院之通过联邦修正案，到后来威尔逊也利用他的势力去赞成。这种修正案有了田纳西的批准以后，就够了36邦，于是于1920年8月26日公布，成为法律。

第三十二章

新世纪的开幕

一、罗斯福的政绩，保存运动

政治领袖的新态度 在1901年9月，麦金莱总统被刺，罗斯福总统就职以后，美国政治史上开了一个新时期。因为白宫里第一次有了一个总统，他很勇敢而热心的讨论工业进步以来所发生的贫与富，劳动与资本的大问题。罗斯福在他的两次任内，攻击“犯罪的巨富”，这般人的财富是由垄断或用鬼诈的方法欺骗公众得来的。他又指责“劳工界虚伪领袖”，这般人于罢工及劳动战争的时候引诱职业联合作暴动的行为。他主张对富人收所得税及遗产税，大部分用来调剂财富上的大不平等。他尤其热心的是要求保存国家的森林、矿产及别种天然富源，作为将来使用。这种富源被个人及公司浪费的已经不少了。

保存运动，赞助的要人 西部边疆上有思想的人们早想用山上流来的河水把大部的沙地变作花园。曾探查过科罗拉多的大谷(Grand Cañon) 的包厄尔 (John Wesley Powell) 早先主张建筑大坝，蓄积由山上下来的溪水，作为慢慢地浸灌平原之用。又有个在政府供职的纽韦尔 (K.H.Newell) 指出保护山坡上森林的重要，因此就可以保护土地，不至于被泉水的泛滥把几千吨的沃壤冲到海里去。作过多年的森林学者平肖 (Gifford Pinchot)，以后又作了联邦政府森林部的部长，极力地鼓吹保护天然富源：如森林、水源、矿产以及沙田的浇溉之类。参议员纽兰兹 (Newlands) 为内华达人，最知道西部的问题，他向国会提议实行这事的紧要，终年不懈。

补救法案（1902）　国会应热心公益的人的要求，于1902年6月17日，通过《补救法案》(Reclamation Act)——一种补救西部沙地的法律。这种法律上规定要把联邦政府由出售公地所得的款项用来筑坝、蓄水，用为逐渐分配给沙地之用。由此回复来的土地由政府售给居民，并取一定的价值作为使用渠水的代价。这种由居民得来的款项又由政府用来修筑新坝及灌溉的工程，由此常有大宗的款项供给增开土地。依照这种计划的工程即日开始。1911年春，亚利桑那的罗斯福坝 (Roosevelt Darm) 落成，还有别处的工程都进行得很快。

国家森林　当灌溉的工程正在进行的时候，又有人注意起联邦政府所有的森林地了。1906年，凡不看管自己的牛羊，伤了国家森林的畜牧者都得给政府赔偿损失。同年，政府又实行把政府土地内的水力租给电气公司使用，并不像以前把这种权利白让出去，或以小价值卖出去。

次年，即1907年，罗斯福总统效法多年前克利夫兰的成例，只用一张布告，给国家永有的森林上增加4300万英亩的大面积。为保护这种森林免去火灾及盗贼起见，立起森林警察，建筑铁路及土路，并设起电话线来。用这种方法，可以使看守人彼此间的消息交通很快，一有火警，就可以传达出去，并可以集合起救护人来。当这种新计划未实行的时候，一把火常常烧光数千英亩有价值的材木。这种防火的设施很收效果。在 1908 年，国家森林所起的火灾大约只占 15%，延烧了 5 英亩多些。

二、巴拿马运河，《朴次茅斯条约》

早年的历史 自从巴尔博亚越过巴拿马地峡嘹见太平洋的海水以来到现在，早有人想掘开使由纽约到旧金山的船须得绕道于合恩角的地带。英国对于这种计划很有兴趣，因为英国在海上的商船比世界上任何国家都多，美国也很有兴趣，因为美国的制造家及农人的出产品都得由美洲大陆运过去，所以急于找见比由铁路上还低的运费。

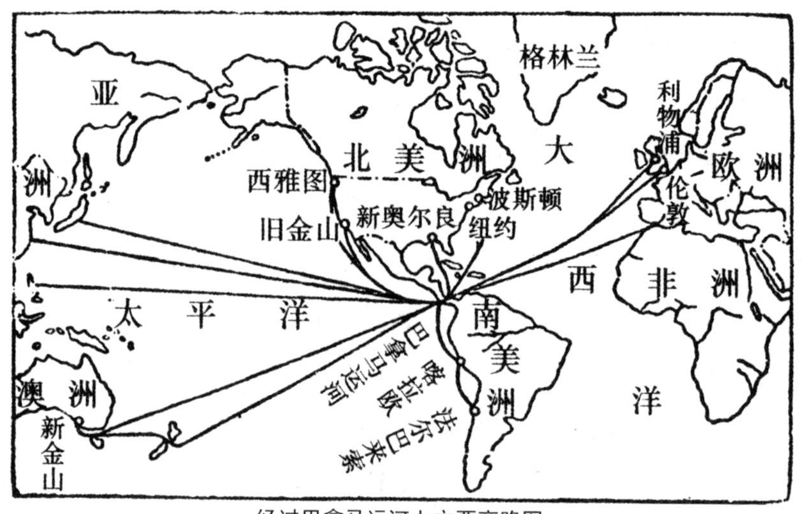

经过巴拿马运河上主要商路图

在铁路未发生以前，这件事业的确就很重要。在1850年，由《克雷顿及布尔卫条约》（The Clayton-Bulwer Treaty），美国与英国商定在两国联合监督之下许私人团体建筑一条运河。这种规划并没实现。及至1881年，曾以建筑苏伊士运河（Suez Canal）成功驰名于全世界的雷塞布（Ferdinand de Lesseps）组织了一个法国公司，开始凿浚巴拿马地峡。后来法国公司失败，费去了数百万法郎(Franc)，并还死亡了数百人。公众对于运河的兴趣因此作一停顿，直到与西班牙战争时“俄勒冈”军舰绕过合恩角作勇敢的航行以后，美国人民的注意才不得不集于修筑这条运河上。

与英国的新条约　与西班牙的战争过后，许多人都决定美国须得独有一条接连大西洋与太平洋的运河。1901年，与英国另有一种商定，取消旧日的协商，即所谓《海庞塞福特条约》（The Hay-Pauncefote Treaty）。这种新约上规定许美国独建一条运河，或用自己的经费或监督一个私人的公司建造都可。美国约定许运河对于各国的船只一齐开放，自由，对于无论哪一国或一国的人民都没有通过税上的差别。

关于路线上的争执　第二个横在国人前面的大问题就是究竟在什么地方及怎么样的建筑运河。国会在几经争执以后，于1902年6月，决定须得收买法国公司在巴拿马的权利，又得与哥伦比亚共和国（Republic of Colombia）定约，收买一带建筑运河的区域。但是，又规定与哥伦比亚协商不成时，可以采用经过尼加拉瓜（Nicaragua）的路线。

巴拿马革命　美国政府于是从事取得运河的地带，但是哥伦比亚不愿承受条件。罗斯福总统很着急，因为他知道哥伦比亚要想趁着有利的机会，向美国勒索实在地价以上的金钱。有些巴拿马的居民对于哥伦比亚这种举动也不欢喜。他们都急于看见运河的工程开始，因为在这里建筑运河就是要在这里花费数百万元的金钱，并可以使这地方大为繁盛。1903 年秋，巴拿马的人民觉得美国一定要取得这地方，于是对哥伦比亚革命。罗斯福总统早派遣海军下去观察形势，这时即刻承认新共和国的独立。次年，先与巴拿马定结一个条约，许美国经过这个地带建筑并管理一条运河。

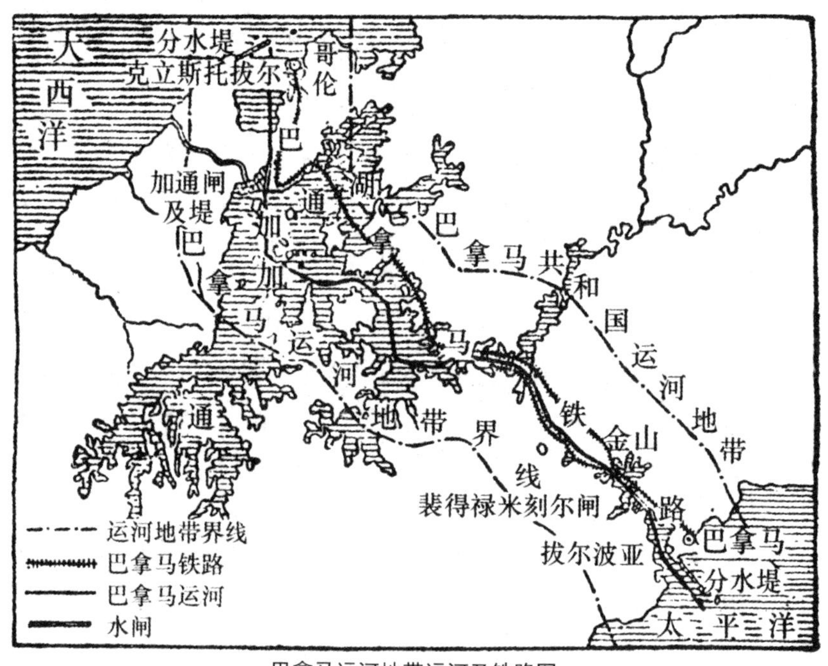

巴拿马运河地带运河及铁路图

运河的建筑 运河的计划于是动工了，国会并于 1906 年经过长期的争执以后，决定修造大闸门，不必开凿一个海峡平面与海沟通。罗斯福总统于 1908 年 1 月 6 日下令，委任哥沙尔斯（Colonel Goethals）作一个执行这种事业的委员会的会长。工人的道路已由哥尔加斯医生（Dr. Gorgas）预备好了，他已经把这运河地带作成一个与工人的生命很安全的地方。法国公司过去的失败大半由于热病及别种病症，以致死亡数百人。美国政府有了这种经验，于是多多供给很大的卫生设备。后来诸事都预备好了，数千工人带着机器、浚泥机、火车头及粮食都聚齐了，大队装束完备的人于是实现那种大梦。不怕有许多的困难，尤其是山坡向海峡里滑溜及闸门的基础动摇，这种大工程终于有了成功的结束了，大西洋与太平洋的水于1913 年结合。

外交，日俄的条约　罗斯福先生又参加了一种与美国毫无关系的事情。日本与俄国之间于 1904 年发生了战争。他把这事的进行看作很有关系的。次年，他知道这战事继续下去，将与日本很不利，与俄国还要更坏。于是，他向两国表示两国可以开和平谈判的意思。因为两国都迫于经济不能支持战争了，于是都借这种机会派遣代表到新罕木什尔的朴次茅斯商议和平条件。罗斯福总统对于两国代表间的开议表示十分满意。这种收束战争的成功算他任期内的一桩最有价值的事情。

美国舰队环航世界（1908）　为使他国都知道美国注意世界的事件起见，罗斯福总统命令美国 16 艘军舰组成的一个舰队由罕普顿路出航，作环绕世界的旅行，取道麦哲伦海峡、旧金山、澳洲、菲律宾群岛、中国、日本、苏伊士运河。这种举动引起了各国的注意。在美国方面，人民可于几星期以内多经历些海军上的知识，这是用别种方法所得不到的。

1908 年的选举　当罗斯福总统的任期届满以后，他的许多朋友都劝他作第二次总统选举的候补人。他们说他实在只作了一任的总统，因为 1905 年以前的任期是他继承麦金莱的。但是，他不赞成人的推选，推荐他的陆军总长塔夫脱可以继任。他于 1908 年使共和党推选塔夫脱作候选人。民主党于 1904 年因为推选东部的候选人纽约的帕克（Alton B.Parker），大遭失败了，于是又回归西部去，并选出布赖安，他曾两次作过民主党的候选人。接任这一次的选举时，布赖安遭受第三次的失败。1909 年 3 月 4 日，塔夫脱就任总统。

三、塔夫脱的政绩及 1912 年的竞选

塔夫脱的修改税率及所得税 新总统宣誓就职时，第一件使他发生兴趣的事业就是修改税率。自从最末次的税率法通过以来——1897 年的“狄格来法案”——已有十余年了。由于工业上迅速地进步，许多入口货的税率显然到了要更动的时期。因此，塔夫脱召集了一次国会的特别会议，这次会议于 1909 年 3 月 11 日集合，通过一种新税率法。这次法案虽然减少了许多货物上的税率，但就全体论是提高保护的。许多共和党人的确指责这法案的不当。其中有些人，尤其是由西部来的，都宣告出党，并投票反对这种法案。曾经坚决主张减少税率的民主党人即刻就攻击起来了。

在税率法外，国会于 1909 年夏另通过一种很重要的法案，就是，一种修改美国宪法的决定，要给国会一种权力，对于无论是什么来源的收入都征收所得税。这种决定有各邦的 3/4 批准，并于 1913 年实行，即是第十六章的修正案。

邮局储金银行 在塔夫脱总统的任期内又通过了两种重要的法律。第一种是 1910 年实行的美国邮政局代办的储金银行制度。这种制度早有人要求过，认为对于只能作小数目储金并需要绝对可靠的

储金地方的人是一种帮助。

邮递包裹 成立一种邮递包裹制度的法律在国会里已经辩论了多年，但是很遭人反对，尤其是转运公司的代表。他们说：要是政府可以转送包裹，取费很低，和转送信件及报纸一样，他们的事业就要毁坏了。国会几经辩论以后，依1913年1月1日实行的一种法律，命令邮政局划分全国为若干区域，并规定以很低的邮费转运及传递一定种类的包裹。

解散托拉斯 塔夫脱坚持有几种大托拉斯与组合如美孚煤油公司及美国烟草公司等，是违反1890年的《希尔满反对托拉斯法令》的。他委托检查官告发这些曾在罗斯福任内受过反对的大企业。1911年5月，大理院交下判决，宣布这两个公司违法，并不正当地限制或干涉营业。因此，这两个公司都得分为几个小公司，以为可以使互相竞争，免除随意制定油与烟的价格专利权。

渐不满意共和党的执政 不怕有塔夫脱的修改税率，限制托拉斯，促成邮政储金银行法令等事业，国人仍很不满意共和党。民主党人在众议院里责备议长伊里诺斯人堪农（Joseph G. Cannon），说他用垄断的方法营业，并不给院内一般议员得到发言的机会。有些共和党人也采取这种意见。1910年3月，众议院经过激烈地暴动以后，削减议长堪农的势力，逐他出法制委员会；并褫夺他委任该委员会会员的权力。1910年秋，人民对于共和党很不满意，结果共和党在众议院失势，民主党当选的代表占大多数。

国会与塔夫脱总统间的纷争 塔夫脱总统剩留下的任期尽被他与国会间的分裂占有了。众议院的民主党人坚持须有一种税率的修改，要老实的减少税率，尤其是毛、糖、农器、铁、钢等货物的，这也是当然的事。果然，税率修正法得了参议院独立共和党的帮助得以通过，只遭受总统的否决。

后来塔夫脱总统想设立与加拿大互相利益的贸易计划，于1911年遭多数共和党的人反对以后，他非常失望。这种计划到底由国会通过了，后来加拿大又反对。民主党人既在众议院得势，共和党人的多数又反对他的政策，所以他别的重要的法案都不能得到通过。

进步共和党 一般与塔夫脱同党而反对塔夫脱的人自己称为“进步共和党人”（progressive republicans），并早于1911年开会，想阻止他的候补当选。参议员威斯康星人拉福勒特（Lafollette）为这种运动中的领袖，并得当选为候补人。1912年1月，罗斯福也加入反对塔夫脱的队里。

共和党的直接选举总统 俄勒冈、加利福尼亚、伊里诺斯、新泽西及马萨诸塞各邦已都通过了直接选举总统的法律，给人民在选举场上直接表示他们对于选举总统的意见的权利。既有了直接向党员表白的机会，罗斯福与塔夫脱都作巡行演说，努力要取得代表的多数。后来共和党的大会在芝加哥召集以后，发现许多邦都派了两种相反的代表，一方面受人民委托赞成罗斯福，一方面受人民委托赞成塔夫脱。

共和党大会的分裂 关于这两派相反的代表出席大会的权利，即刻就发生了一种争执。经过长期的争执以后，多数塔夫脱的代表都出席推选候补人。于是，罗斯福的朋友们“都忽然退出”（bolt）大会，宣言他们的权利是被人偷去了。这般“忽然退出的人”去了以后，剩余的代表选举塔夫脱作共和党的候补总统。

进步党的成立 罗斯福的朋友们对于共和党大会的行为反对

得太利害了，所以他们决定另成一个新组织，即所谓“进步党”（Progressive Party）。他们于 8 月在芝加哥召集了一次进步党代表大会。

进步党人在他们第一次的全国会议里推出罗斯福作候选总统，并宣布一个党纲，主张许多以前只被少数人赞成的原则。他们赞成的问题是：直接选举总统，创制权及复决权，联邦参议员的民选，短选举票及女子参政等。他们又赞成许多有利于工人的制度：如童工的禁止，女子及儿童的最低限度工资，用法律保障工人的卫生及安全等。进步党人又指责一切想破坏大托拉斯及组合的计划，另提倡用法律防止这些企业的滥定价格及虐待竞争者。

民主党人推选威尔逊　共和党人的分裂是民主党人的喜幸。民主党的大会是于 6 月 25 日在巴尔的摩尔召集的。当大会开会以后，就发现了密苏里的葛拉克（Champ Clark）虽然取得了全体代表的多数，但他不能当选，因为当选得要 2/3 的票数。经过长时期的竞争以后，布赖安把他的助力推给新泽西的威尔逊邦长。于是威尔逊当选为候选人。接着这一次的选举时，民主党人很容易的得了胜利。

四、威尔逊的政绩

新法令　当威尔逊于 1913 年 3 月 4 日就任以后，显然有几种事业搁在民主党的前面，并依威尔逊总统公开的勇敢的指挥，国会通过一组非常特别的法案：

税率　第一件可以称贺的事业就是修改税率。总统为成就这种事业召集特别会议。经过几月的辩论以后，又有总统的坚持不得轻视税率，国会才通过了《安德伍德及西蒙斯法案》(Underwood-Simmons Bill)，切实减少了许多重要货物上的税率，这是十年来的第一次了。

所得税 国会通过税率法案以后，又规定一种所得税，为填补由减少税率所失去的国库收入。

克雷顿法令 国会又实行《克雷顿反对托拉斯法令》。这种法令上规定要破坏大专利业及托拉斯，使分为许多小企业，并禁止许多种贱卖及不正当的方法。在这一法令上又宣言劳力不是一种货品，所以劳动联合不是限制职业的托拉斯及组合，凡是干涉雇佣的工资及条件的都要受罚。国会又规定联邦法庭裁判官无论在何时要提出命令禁止罢工的进行时，若不给罢工工人受陪审制的权利，都不能监禁不服从的工人。

联邦储金法令 反对托拉斯法令以后又继着产生一种新联邦银行制度的法令。这种法令是在另一方面要削减像纽约市的那一类大银行中心的势力。

与墨西哥的交涉 威尔逊总统当他就任的那一天就遇着与墨西哥的大困难。1911 年时，墨西哥起了革命，久以高压手段专制国内的总统迪亚士将军（General Diaz）为人民所推倒。继任总统马塔洛（Francisco Madero）未就任就被刺了，并在 1913 年 2 月，由卫塔将军（General Huerta）实行执政制度。

美国在墨西哥的利益 墨西哥的纷扰对于美国是很有关系的。当内乱起时，美国许多人民都死在这里，余人的生命都陷在长期的危险之中。美国人在墨西哥的矿坑、油井、田园以及别的事业上投过数百万元资本的，都知道他们的收入被截了，他们的财产都被破坏或没收了。当塔夫脱总统任内，这种形势已经是很险恶的，所以他觉得不得不警告墨西哥政府，不当蹂躏美国人的权利。他的警告无效，所以威尔逊总统当就职以后只得派遣军队到墨西哥去保护美国人的利益，并恢复秩序。

委拉克路斯的出征　但是，威尔逊总统从当初就坚持墨西哥人有权解决自己的问题，美国政府当不对他们宣战。又说，迪亚士的专制政府及虐待田地上的奴隶大半是由革命发生的，所以可教墨西哥人依自己的意思决定自己的命运。照这种意见做去，墨西哥一定更要紊乱，美国人的生命及财产或者还得加一些损失。但威尔逊总统也不承认卫塔总统，想和革命军的领袖开谈判交涉，又派军队于委拉克路斯（Vera Cruz），结果卫塔出逃。

美国向墨西哥派遣军队　及至1916年春天，有一个墨西哥的亡命之徒威拉（Villa）带了一小部军队，侵入新墨西哥，故意杀了许多美国人，这时威尔逊总统才忍无可忍。墨西哥的总统喀兰沙（Carransa），他是1913年的反革命军中人，这时继任卫塔显然不能阻止这种暴动，威尔逊总统于是抽调常备军及国防军的一部到边界上。他下令潘兴（Pershing）将军追迹威拉，并且要是力所能及就可把他捉拿了。依这命令，美军深入墨西哥100多英里，但是不能把那个可厌的恶人捉住。及至1917年对德宣战以后，美国对于墨西哥事件不能过分注意，于是军队也就撤退了。喀兰沙总统这时有了自由操纵的权力，可以努力收拾这个残败的国家，恢复昔日的和平与秩序了。

加勒比海区域与美国的利益关系　海地与多米尼加共和国（The Dominican Republic）同时发生了乱事，威尔逊总统对这件事决取干涉的政策。自佛罗里达海岸至南美的海岸中间有一串如长链的岛屿，构成重要的加勒比海（The Caribbean）区域，海地岛即是其中的一部。该岛位于古巴（现在归美国保护）与帕托里科岛的一根直线上。又横亘于由欧洲到巴拿马运河去的中途。该岛要是落于欧洲一个列强手中，一定是美国危险的一个根源。

多米尼加共和国　海地岛的重要性美国政治家早已知道。1905年，占据在该岛东部的多米尼加共和国陷于财政困难的状况，法国及意大利都预备于必要时用武力给他们本国的人民收债。罗斯福总统依多米尼加总统的请求居间调停。由1907年的条约，美国代这个小共和国征收赋税，并偿还她的债务，因此预绝了欧洲人的干涉。四年以后，一个使本共和国受过苦痛的有“定期的”（1865年到1895年间的30年）革命又发生了，并且继续到威尔逊就任的时候。1914年10月，美国的官吏与海军受命监督该共和国的选举。后来，又用美国军队扑灭了一种与选举有关联而起的叛乱。所以，美国政府在这里已公然采取维持秩序的政策，实际上多米尼加共和国已成为美国的“保护国”了。

海地　同样的事情又发生于邻界的海地共和国。在1915年夏天，这里发生革命——一个由1804年延长到20世纪开幕的革命，于是美国海军开到这里恢复秩序。1916年9月，与海地定约，由此美国管理该国的警察并监督财政。

收买丹麦的西印度群岛　随着防卫美国人在加勒比海区域的利益政策，就是1917年收买紧接着帕托里科东岸的丹麦属的群岛了。在先美国早有过两次的收买这群岛：一次是在1867年，当时美国参议院反对收买，一次是在1902年，当时丹麦国会的上院反对这种计划，确是受了德国的影响。当这最末一次与丹麦定结收买的条约时，德国正从事拼命的战争，无暇干涉。于是，在 1917 年夏，美国国旗高揭在圣克罗格斯（St. Croix），圣托马斯（St. Thomas）及圣约翰(St. John)诸岛所合成的维尔京群岛(The Virgin lslands)之上。

第三十三章
欧洲大战

欧战开始 当1914年8月初，美国人民被欧洲列强间大战的险恶消息所震动了。这种事似乎是不能的，但竟然成为真事了。奥国归咎塞尔维亚参与刺杀奥皇太子斐迪南（Archduke Ferdinand）及其夫人的阴谋，并向塞尔维亚政府作侮辱的要求。俄国不愿见塞尔维亚毁坏，极力反对。德国以武装等待，愿帮助奥国，不计牺牲。法国知道在这时背弃俄国，以后必使对付德国陷于孤立无助。

8月1日，战争开始，这时候英国仍未加入。不久，德国大军驰入比利时（Belgium），侵犯列强共相担保的中立国，并向法国的中心进行。德国参谋部的计划是先要夺取法国的都城，给该共和国一个迅雷不及掩耳的打击，使她毁坏了，然后再以奥国的帮助，任意破坏俄国，把德意志帝国变成全欧的主人翁。英国知道德国制胜法比以后，即刻就要危及她的生存，更不用说她的霸权了，所以蹶然起来给法比帮助。

一、美国的中立

威尔逊总统的布告　美国人民一时全被战争的惊惧所慑服，和失迷了的旁观者一样，不能深悉这扫荡欧洲的红色恐怖，还希望这风潮能即刻平息，无须努力。1914年8月18日，威尔逊总统发出一个布告，告诫全体人民，要“言行都确守中立的精神，以不偏、公正及友谊对待所有关系的各国”。

这是难于遵守的一个告诫。许多属德国生的人或父母是德国的都从心底里表同情于祖邦，许多不忘记昔年为争独立而战争的爱尔兰人也与这些德国来的人结合，希图打败英国。另一方面，有原来本地的美国人深受德国对于比利时的残忍的影响，又记得他们与英国的关系及帮助美国独立的法国的恩义。后来德国炸毁英国无军事设备的城市，在海上破坏商船及水手，这般人渐渐的公然赞助协约各国，反对德奥。在这两派之间有一大部第三派的人民，想无论如何不使美国加入战争的漩涡。

对于美国无活动的争执　战争发生以后，有人鼓吹美国对于此事不能轻视的；但主张不加干涉的人答辩道：英法两国早已夺取了世界各处的殖民地，在印度、非洲及中国都压迫别的民族，现在他们又反对德国效法他们的成例了，这次战争也不过是“壶底说锅底黑”的一回事罢了。又有人再三的说：俄国的专制政治至少也要与德国平分战争的责任。俄国的罗曼诺夫朝（Romanoffs）与德国的霍亨莎来朝（Hohensollerns），两者之间都没有分别的。凡是持这种意见的人，无论用怎样的形式说，都绝对不赞成美国加入这种“分赃争权自私自利的”战争。

维持严格中立的困难与协约各国的贸易关系 有些人都把美国封锁自己的门户不管外界的风潮当做一件简单的事情，其实并不简单。美国早与欧洲各国——交战国及中立国——有各种很大的贸易。往来欧美各埠的船，横渡大西洋的海底电线、邮政及无线电等，使新旧两大陆间生出极复杂的关系。战争一开，这些关系不能不受扰害。

交战国有极力封锁敌人口岸的权力，这是各国所公认的。这种权力在南北战争的时候美国政府对待南部各邦也使用过，并很有效力。交战国有权截断所有送给敌人的军用品（违禁物），不管输送者是谁并直接输送到什么口岸去，甚至于是友邦的口岸，这也早已是承认了的。

英国即刻尽量的行使这种权力。她扫荡了海上的德船，封锁了德国口岸，搜索属于中立国要向德国运送军用品的船只，因此断绝了德国与外国的商务。英国在海上的胜利给协约国很大的帮助。他们各口岸间的贸易可以流通，不受扰害，因为德国在海上没有战船，不能封锁他们的口岸或扰害他们的商船了。

粮食及军用品的贸易 当战争初开的几月，美国与英法的粮食及军用品贸易增加很巨。德国人既看见海上的胜利都被协约国占去了，无论在美国及德国本国的都极力地反对。倾向和平的美国人也讨厌美国的制造家从事在英法销售几十万万元的杀人器械。但是，德国政府并没正式地抗议，因为当战争未开以前德国的军用品制造者多半都是偷贩军用原料的人，他们不能够公然反对美国的制造家效法他们的样子。还有一层，美国对于一个中立的政府向交战国出售军械，若是自己将来不因此发生困难，也无抗议的权力。设使一个国家当有战事时不能希望由外国购买军用品，于是他必须要把他的大工业变作军械制造厂为将来作预备，为防将来发生什么危急。这是当奥国要向美国提出质问的时候所作的回答。

禁止输出的不可能 只有一个方法能使美国对于德国的朋友很满意，即是用100多年以前杰弗逊所提出来的方法，用一道禁止令破坏了国外贸易。但这也要使美国的政府陷于两难的歧境：这即是给英法两国一个直接的打击。他们正把德国的海军封闭起来，给贸易通路作好，那么这截断他们的贸易在他们一定认为是一种非友谊的行动。再者，这禁令要使美国的船主、商人与制造家对于无论哪国都能希望到的国外贸易权都没有了，这就是一个大损失。要是美国取消他与协约国贸易的权利，这便是无道理的袒护德国，也就是无道理的对不住英法。无论美国政府走哪一条路，路上都搁着困难。

美国对于英国的抗议 美国与协约国在自由的海上贸易是德国政府找不着反对的根据的；但是，英国行使封锁与搜索的权力是即刻可以反对的。英国官吏在荷兰、丹麦、瑞典及别的中立国船上搜查军用品、信件、报纸及别的要到德国去的有价值的东西，又收得了许多合法的运送的东西。对于英国政府的这种行动，美国提出抗议，并要求停止这种非法的办法。要是英国就是紧守着法律，她的制海权一定也可以破坏了德帝国海上的贸易。

二、潜艇的横暴，1916年的竞选

德国采用无限制的潜艇政策，路西塔尼亚的击沉（1915年7月

5日） 德国知道自己已被闭塞住了，于是希图破坏英国的禁制。1915年冬，德国政府宣言：她的潜水艇要在大海上无论什么地方遇见英国商船都要沉击。依国际法说，战船不给旅客及水手供给逃生的设备不能破坏属于敌人的商船（自然，有意反抗者不在内），这是已经都协定了的，因此，美国人民不但在美国的商船上，而且在那些交战国的商船上都有权希望旅行的安全。所以有1915年5月7日的事件，当时德国的潜水艇并没有警告船长，击沉了英国很大的一个旅船路西塔尼亚（The Lusitania）号，伤了数百无辜的旅客，许多的水手，其中有许多的美国人——男女幼童，因此震动了全世界。几星期以内，德国的潜水艇已破坏了不少的商船，有许多是美国人的并由美国的水手驾驶的。

德国承认限制潜水艇战争 路西塔尼亚及无辜的无抵抗的人——包括美国人在内——的击沉震动了美国的人民，甚至于以前表同情的德国的人也震动了。威尔逊总统于几日以内即向德政府通牒，要他取消这种行为，赔偿损失，并制止将来这种同样事情的发生。总统又加一句严厉的警告道：美国不能“对于维持美国权利保障美国自由所必尽的神圣责任遗一个字或一样动作”。德国以遁辞回答。威尔逊总统作第二次的通牒，后来德国于9月1日以前，答应没有警告决不沉击商船，并约定在无论什么时候沉击这类船只须给旅客预备生命上的安全。

对于威尔逊总统行动的批评 正当与德政府交换文书的时候，美国人感情非常激昂。多数的意见都以为路西塔尼亚号的击沉不仅是大犯美国人的权利，并且是一种不人道的行为，要不直接与德国宣战，也得与该政府断绝一切关系。在另一方面，有些人是很不平的，他们以为威尔逊总统不怕十分坚硬的抗议美国人的生命遭受潜艇的沉击，但似乎不愿意教英国停止搜索往来于欧洲的美国邮件。但是，虽有各方面来的各种批评，总统仍维持常度，决定不使国家加入战——除非到后来与德国的和平谈判是显然的无望了。

1916年的总统选举　正在这种纷扰之中，1916年的总统选举到了。自然所有人的眼睛都注射在进步党人。威尔逊再选的机会似乎专赖敌党的分裂能够继续下去。后来有共和党与进步党同时在芝加哥开大会的传说，两党有了复合的表现。有些人希望共和党推出罗斯福，但美国大理院的副裁判官及前纽约邦长休兹当选。于是进步党推选罗斯福。因为罗斯福辞谢，所以该党的全国委员会期许休兹有联合两派的希望。民主党的大会召集于圣路易斯，很欢忭地再推出威尔逊。

这次竞选中的政见　接着这一次的竞选中，威尔逊总统对付墨西哥与德国的政策自然受多方的讨论，两党对这两国所采取的形势都不一定。此外，还有一些别的受注意的问题：国会（一）须通过一种法律，反对矿坑及工厂中用童工；（二）须规定铁路上工人作工的时间为8小时；（三）须规定一种银行制度，以低利率贷钱给农人；（四）须施行一种法律，鼓励美国海军事业的发达；（五）须宣布菲律宾的人民要有自治的准备时，美国有即刻解放该岛的意向。在1916年夏，铁路联合对于全国将有大罢工的示威，这时8小时工作的法律对于铁路工人已经实行。威尔逊总统拒绝此事开谈判，即刻宣布主张8小时工作的原则，鼓动国会通过这种法律，不顾铁路公司的反对。休兹并不攻击8小时的原则，只指责取得这种法律所用的方法。女子参政问题也在这次选举中提出。

威尔逊总统二次当选 1916年11月的选举，实在是很奇怪的。休兹挟着北部及东部除俄亥俄以外所有的各大工商业邦，并早在这些邦中当选。后来形势变了。发现威尔逊除挟有在总统选举时民主党占胜的南部以外，又在西部大得胜利。在这一方面，进步党人已经不与共和党一致。甚至于选举共和党的约翰孙（Hiram Johnson）邦长作美国参议院候补人的加利福尼亚邦也多数的赞成威尔逊，给他投虽然小而很有关系的同意票。总统的同意票超过1912年的有200万张，自然这是对人的关系，要是一考察民主党在众议院差不多失去了多数的事实就可知道了。社会党的票比上届总统选举时大为减低，大部的原因是在多数的社会主义者赞成威尔逊对待工人及维持美国不加入战争的政策。

三、对德宣战

德国又恢复无限制的潜艇战争，本斯托夫的退去 威尔逊总统第二次就任期（即1917年1月31日）以前一个多月，德国的公使本斯托夫伯爵（Count von Bernstorff）向总统通知道：德国政府，不怕有以前的保证，又要对于商船恢复潜艇战争，还要比以前更加猛烈。总统也不再有什么谈判，就送本斯托夫公使回国，断绝与德帝国政府一切的国交，静待德国对于美国的人民及船运是否加以仇视的举动。他还不即信德国就要沉击所有看见的各国商船，不给水手或旅客的生命有一种救助。他表明他与德皇有重大的关系，说道：

我们是德国人民的挚友，并极力希望与代表德国人民发言的政府继续和平。……我们很希望上帝的意思不要使我们被德国政府有意的不公道的行为所挑激。

这种希望是徒然的。德国政府竟采取沉击美国商船及伤害美国人命的政策，并没有警告也没有怜惜。这种袭击进行不已。

德国人在美国的阴谋 在美国与德奥所发生轇轕的上潜艇不过是一个最高点罢了。他们两国的正式代表人已经雇用了许多煽惑者，在美国工业中惑煽工人起事，又指使一般亡命之徒炸毁兵工厂，杀伤数百美国的男女及幼童。他们曾用人在英法船只的舱里施放炸弹；他们曾收买报纸及著作家，教这般人赞成德国，诋毁协约国；他们用各种所能计划到的方法，挑拨美国国内的和平及与英法的关系。

这些都不是少数疯狂人的行为，实在是一般有打算的人的有意活动。对于他们的这种訾议又不是得之谣传的。东部及西部各刑事法庭的记录以及监狱的记录都可证明德奥人危害美国内外部的安全。这般外国代表的活动太利害了，所以总统当未与德国绝交以前就迫得把奥国的公使送回国去，并命令撤去华盛顿德国使馆的属员。

德国政府既想使美国人彼此混战还不满足，又想挑拨墨西哥的纷乱。1917 年 1 月 19 日，即威尔逊总统接受德国不愿遵守潜艇誓约通知的前两星期，德国外交总长亲麦曼（Herr Zimmermann）曾向驻墨西哥的德国公使去信，告诉他潜艇战争快要到了，并教他向墨西哥建议，墨西哥与日本联络，以攻击美国，恢复得克萨斯、亚利桑那及新墨西哥各邦的地方。这种行动太无理了，所以把许多不信德国政府犯关于这事的造意与行为罪的美国人的疑惑都解释了。和这样的一个只顾自己不管别国权利与感情的政府，妥协或进一步的谈判是不能的。只有一条路横在总统的前面，并且他也断然地走上这条路了。

宣战（1917年4月6日） 1917年4月2日，威尔逊总统请求国会开联席会议。他宣示美国对于将临的危急的责任。他叙述德国震撼人类并使与德皇的和平关系是不可能的行为：

> 各种的船，不论是什么国旗，什么性质，装载什么，到什么地方去，带什么使命，都悍然不顾地送到海底去了，并没有警告，也没有想到帮助或怜惜在船上的人，也不分别中立的友邦及交战国。就是医院船及带着负伤的比利时人的船都沉击了，一样的没有怜心或道理。

于是他报告德国政府怎样的用侦探满布于美国无辜的城市，昌为有干法纪的阴谋，以妨害美国人的和平与工业；德国怎样的在墨西哥定计，要在美国的国门上挑动仇敌。和这样的一个不尊重美国权利又极不检点自己行为的国家，违反人道的法律及公众意志的规矩的国家，友谊的关系不能够再维持了。实际上，美国早已受德国的攻击，船被沉，人民也被杀了。所以，威尔逊总统只向国会请求承认德国帝国政府最近的行动的确是“对于美国的政府及人民宣战”这种事实。经过了几日的辩论，国会于4月6日郑重地宣布美国与德国宣战。

对德国政府宣战不是对德国人民宣战 威尔逊总统在劝告国会采取这种步骤的时候，细心的指出来美国这次的战争是对德国专制政府的，不是对德国人民的。

我们没有和德国人民开战。我们对于他们只有同情与友谊，再没别的感情。他们的政府加入这次战争并不是依着他们的意思。……这次战争的确是属于旧时代，不幸时代的战争，那时人民无论在什么地方都不受在上者的垂询；也就是为争一姓或少数野心家的利益而起的战争，这般人惯于把人民当做出典的东西及器械。……在这样的一个政府里，采取这样的方法，我们永不能得一个朋友的。

四、德国的专制政治

一个专制的德国政府　为明白威尔逊总统分别出对于人民友好对于专制政府宣战的意思起见，我们须得稍微一考德国政府的性质。德帝国是21个王国、公国与侯国和三个自由市联合而成的。普鲁士王凭借王权作德国皇帝。又有一个含着帝国参议会及下议院（Reichstag）的国会，参议会是各国王、公爵及三个自由城市的代表组成的；下议院是用普遍的男子选举权选举出来的代表组成的。有一个由皇帝选拔并独对于皇帝负责的宰相，并不和英法之对于人民的代表负责的一样。不得下议院的同意不能制定法律，但这就是下议院的权力扩大到极处了。皇帝有绝对统制陆海军的权力，能够宣战。虽说的确有一种“侵略”的战争须求帝国参议会的认可，但这不过是形式罢了。政府的民意机关，无论依什么情形，对于宣战没有权干涉。这一部向来称作“说话的机器”，这是很不错的。皇帝委任官吏与大臣都不取这一机关的同意，并在召集通过经费的时候常见这机关是很驯顺的。

普鲁士实际上是一个独断的帝国 还须记得，德皇和普鲁士王有一样大的权势，这个王国包含着一半以上的帝国人口及版图，并在帝国参议会的61个代表中派出17个。这王国有一种宪法，是1850年国王恩赐给人民的。依这种宪法，普鲁士的政府是在国王及少数的地主（junkers）与富人手中。有一个由人民选出的代表组织的民意机关，确是实的，但依选举制度的规定，2/3的人民代表是由少数的富人阶级选出的，同时大部的人民只能选出代表的1/3。普鲁士王是用神权统治普鲁士的。他作普鲁士王是“上帝恩赐的”。人民在名义及实际上都是他的属民。普鲁士人民在战争以前曾反对过这种制度有好多年，但是没有效果。德皇及普鲁士的统治阶级决意要把持他们的权力，并要将人民的民主精神打下去。

霍亨莎来朝普鲁士的铁血政策 普鲁士及这种政府制度的历史，多半就是一个治人的家族——霍亨莎来朝——的历史。这一家在300余年前把小小的一个勃兰登堡（Brandenburg）区域建设成一个大王国。霍亨莎来朝因为把大部分的金钱都供养了军队，并把人民只当做一种完纳赋税者与“供给大炮的食物”，所以继续地成立一种强有力的武力。他们这一家人夺取四邻的领土，没有忏悔没有理由。他们初和这一国宣战，后来又和那一国宣战，常希望多得些土地。

用这种方法，他们及他们的功臣，才能造成德意志帝国，并使全国都属在他们的势力之下。当别的国家都正推翻君主减少君主的权力时候，霍亨莎来朝逐渐的强大起来，拿铁腕统制军队，在学校里教授对于君主服从，用强暴及残忍的手段平服民众的滋事。在原则上及实际上德国都是受德意志皇帝、普鲁士王及少数的将军与贵胄统治的。人民的呼号只不过是夜里的一种哭声罢了，算不得什么。

霍亨莎来朝统一世界的迷梦　当霍亨莎来朝正在劫夺德意志四邻的财产时候，对于以外的世界还没有大交涉。但是，在1871年，与法国战争以后，把法国的阿尔萨斯及洛林（Alsace-Lorraine）夺去了，当时俾斯麦（Bismarck）曾公然宣称：为要削弱这个共和国并在这里种下苦痛及好战的感情的种子起见，不得不维持德意志的武力。在1871年，德意志帝国成立及德意志的工商业很有进步以后，帝国政府才以陆海军当做工具，想在海外占据土地，并要破坏不列颠帝国。自从1864年胜了丹麦，1866年胜了奥国，1871年胜了法国以后，霍亨莎来朝正要找寻可供征服的新世界。于是德国的著作家、大学教授及出版家所作所说的都属可以用武力得来的“霸权”。既有了以前并没有过的有纪律有训练的兵士，又加以破坏的器械，霍亨莎来朝才抱着凌驾英国，并扩张他们的权力到全世界的希望。既有了非洲的殖民地，中国的根据地，太平洋沿岸的停宿地，及南美各处的银行及工业，德国要是迟早能把英国打下去，这种野心好像是无限制的了。

打破德国军国主义的需要已经承认了　为反对一个实行武力专制的政府并拥护君王圣明所做皆当原则这种谬妄起见，威尔逊总统因此请求国人起而执戈卫国。凡谓欧洲战争的结果与美国无关系的都是不知道德国40年来的历史。许多爱好和平害怕战争的人，都慢慢地坚决地被事实迫得决定：德国在欧洲的胜利即就是美国将来的危险。他们都知道德国要是打败了英国，合并了英国的殖民地，美国将为这个以武力立国的列强所不容哩。

他们都记得与英国维持了百年来的和平，他们都知道美国与加拿大间3000英里的边界上没有一个炮台、军舰或巡卒；他们都不能自信霍亨莎来朝要是在这个半球上各处设防以后，美国还能够照常进行不受德国的阴谋、侦探及武力的野心的扰害。德国战胜，统治全欧洲，这是教他们200年来为民治政府的战争，民权制胜王权及贵族权的战争，在地球上扩张参政权及增进民治政治的战争，都成了虚幻的胡闹的了。当此许多别的国家都预备帮忙的时候，正好推倒普鲁士的军国主义，这是时间上、流血上、金钱上都很经济的。因此德人的理想及德人的军国主义，把欧洲拖在美国的门前，使法国的战场与列克星顿及约克市接近。有些美国人不能见到这里拼命地守着和平主义，但是，大多数的美国人民都信威尔逊总统的见解是真的，他的请求是不能反对的。

五、战时的民主主义

美国前途的事业的确是无限的广大。霍亨莎来朝既有300年准备战争的实力，所以是齐整的，可怕的。不怕西有英法军，东有俄军的封锁，但仍保持着自古以来所未有的兵力。所能做的事业是很艰巨的，美国政府即负担这种艰巨的事业。

陆军与海军　这次大战是各国民的战事，不独是军队的战争，第一个横在美国政府前面的问题就是是否可以依赖志愿军，或是效法英法的先例召集全体人民从事或做关于战争的工作。虽有各个壮健男子都有执戈保卫国家的责任，这种老原则，但早已不常用过，南北战争时的征兵是个特别的例外罢了，并有许多的美国人都信征兵是违反美国的惯例与理想的。持这一种意见的人都说征兵是最后的凭借，只能在志愿兵不足的时候使用。另有些人信战争的任务须得尽力的平分，保卫民主主义是一种义务，不独是一种特权。后一种意见战胜了。

1917年5月18日，国会实行选择的征兵法，宣布男子年在21岁起至满31岁都得应国军的选拔。布告5月5日定为国军登陆的日期。1918年8月，国会又通过一种补助法，伸展年限为18岁起至满45岁以内，以9月12日为登陆的日期。美国常备军与海军确以志愿军加入，大为增加了。当1918年11月11日，停战条约签字的时候，据潘兴将军报告，在欧洲及由美国去的途中的美国兵士有200万，还有一些死了的，此外在国内营中的又有同样的数目。美军由于杀、伤、囚、逃损失的有25.5万人以上。

募集经费　接着征兵而来的就是“征钱”。战争的经费向来多半是出于借债，因此把这种消耗就分配给后代了。这就是兵士“捐”生命在战场，有钱的人以好利率“借贷”于政府了。当对德宣战以后，各方面都即刻主张教国会改变旧日的惯例，以现行税至少开支战费的一大部分。特别对于工业的大收益及富户与中人之家的所得物加收重税。依旧日的办法，有1000元钱的人就能借贷给政府，按年得利，到期收本。而依这种新制度，则政府可以把他的1000元钱取去一大部分，也不给利息，也不照数还本。

国会应人民的要求，对于所得，遗产、上工业及过量的盈溢都加收重税。其余以10万万计的经费依自由公债（就是出售有利息公债于人民）及出售战争储蓄邮票募集。政府既预备50元一号的小公债以后，大部的人民都喜欢多少买些。据说，第一次的自由公债募集450万，第四次有2100万。除重税及购买公债与邮票以外，人民还把几万万捐给红十字会、青年会、“哥伦布武士团”（The Knights of Columbus）、“犹太人经理社”（The Jewish Agency），以及其他服务大战的会社。

粮食及军用的供给 为对于军队的供给完全及帮助国内人民的食物与燃料的分配公平起见，国会于1917年8月10日实行一种激烈地限制粮食与燃料的法令。这种法令所禁的（一）为提高价格，有意破坏生活必需品；（二）囤积粮食并有意耗费；（三）图谋垄断各种供给，或限制生产及运输各种供给的效能；（四）限制制造以谋提高价格。美国总统有权（一）收有粮食或别的供给品，作陆海军需用；（二）制定干涉食料市价的条例；（三）估定麦价；（四）于必要时夺取并使用工厂、矿产、群聚的房舍及别的地方；（五）估定为军用的供给品的价格；（六）估定煤价。曾在比利时以救济事业著名的胡佛（Herbert Hoover）君任为全国食料的总监。

工人 威尔逊总统在战时早宣布过“留在国内耕田及工厂里工作的人并不比停在法国军中战旗下的人有逊色”。因这种理由他请美国的工人要拿起不间断的勇气在工厂及矿坑里工作。他为实证他的话起见因定工人的待遇一定不可再加困难，增进工人待遇的步骤一定不得妨害或制止。龚勃尔也对“美国雇主同盟会”说道：要忠心帮助有组织的工人。全国战时工人部也成立了，以前任总统塔夫脱及沃尔士（Frank Wolsh）为部长，为要用谈判及调和的手段制止工业上发生的争执。

铁路与运船 运送枪械、军用品及别的供给到东部口岸再运送到海外去的问题，还有给工厂供给原料，给城市供给食品诸问题，都是很困难的。1917年4月11日，各大铁路公司合起来联结他们的路线帮助政府。到这年 12 月，依总统的命令，铁路都收归政府管辖并使用。1918 年 3 月，国会通过一种管辖铁路的法律，规定条件，准政府在战争期间及宣告停战后的 21 个月以内使用铁路。1918 年 7 月，转运公司归政府管理；电话及电报公司都被收去，再后，海底电线也归于政府。

船运与铁路自然也是一样的重要的，因此由法律付总统以实际上无限制收买及修造船只的权力。所有可以使用的船厂都直接的使用了，又修造新船厂。不多时，入水的海船日有所闻。在宣战的时候，所有在美国水面上的德船都被扣留。1918 年 4 月，威尔逊总统又扣去所有沿海的贸易船，归政府管理，增加政府的实力。但是，不怕有这些的努力，我们仍不能不大批的依赖英国船输送兵士及供给品到海外去。

保险法令　1917 年 10 月，国会通过一种保险法令，为三种重要的用途支付大批的经费：（一）发给以酬劳为生的海陆军士的家族的津贴，（二）优恤从事战争而受伤的官吏及兵士，或这些人死亡了时的家族，（三）给那般服役的人规定一种比较节省的保险制度，使他们给自己或留在家里的人多预备些积蓄。

侦探法令　1917 年 6 月 15 日，国会通过一种激烈的法令，规定凡是通漏消息于外国以妨害美国的人，报告虚伪的消息意图干涉美国陆海军作战的人，希图酿起叛乱的人，不尽海陆军的任务或妨碍美国的征兵的人，都得受罚。这种法令施行得很严厉，不但反对那般表同情于美国的仇敌的人，并反对所有的社会主义者以及其他反对战争或批评政府加入战争的人。在各违犯这种法令的重要人物中有代布斯——以前社会党的候补总统，柏格尔（Victor

Berger）——威斯康星人，以前的国会议员。

外国人及外国生的人　正当预备大战争的时候，关于外国生的人民能否说他确有忠顺的义务自然起了疑问。移民来去自由的政策已使国家多增数百万不管国事又不参与政治的外国人，这不得不取消了。又发现外国生的人民不能够希望他在国际冲突及战争时，全去了对于故土的感情，站在全不偏私的审判人的地位。国会才从所未有的深知道了限制充当美国人民的移民之必要，于1917年在总统否决以后，通过一种法律，规定对于将来来到美国的客人要施行一种文字试验。

在这个时期，对于德国生的美国人所施的试验是很严格的。他们的父亲、儿子及兄弟都倒在战场上了，他们感情及同情心上的紧张使他们的责任是忍不住的重。他们既多方的否认侵略比利时或破坏路西塔尼亚，所以决不信德国政府到底敢对美国的商船作战。美国既加入战争，关于这一类的人所持的态度是极不一定的；但威尔逊总统的意见是很正当的，他在这时说："他们的大多数人都是诚实的忠顺的美国人，好像他们并没有对于他国忠顺过似的。"

虽然有几种重要的外国文报纸没取消过德国胜利的希望，但他们读者的大多数都承受战争加给他们的大责任。当德意志帝国政府的代表撤去以后，许多由德国人发动的大扰乱都没有了。许多的德国人，尤其是60多年以前逃出普鲁士专制到美国来的人的后裔，都公然欢迎推翻霍亨莎来朝的武力，不过他们一想到德国的惨败自然也悲伤罢了。那般恐怕德国生的美国人由内部起大扰乱的人都欣然不复介意。只有社会党人正式的反对政府宣战，但他们也分为两派，其中许多重要的人物都宣告退出，并指责该党的行为是愚笨的叛国的。

在大海上及战线上的美国人 宣战以后，政府即想在海陆两方迅速采取反抗德国的活动。一部海军在国内巡弋沿岸的海面，保护海口及运输，防止德国的潜艇。另有海军大将息漠兹（Sims）统率的一部海军派出国外，与协约国海军协力抵抗德国的海权，同时又有些海军帮助运送军队及渡海的供给船。

对于陆上的战事也有预备。潘兴将军受命为美国远征军的大元帅。1917年5月，威尔逊总统派一队人到法国。6月，潘兴将军和他的参谋部都到了巴黎。当这一月的后半期，美国军队开始向法输送，并向前线上担任他们的任务。到10月27日，他们第一次在战场里开火的消息见告了。但是，这一冬的大部分时间都费在训练上。到1918年3月21日，这是大队德军向巴黎开始攻击的日期，当时有四队人预备应付作战的需要。

3月28日，潘兴将军把美军交给在法国对德作战的各军领袖福煦大将（Marshal Foch）节制。美军即刻在蒙迪迪耶（Montdidier）战役及堪庭（Cantigny）战役显露头角。7月，德军几要攻下巴黎，这时在谢多退里城（Chateau-Therry）及沿着玛伦河（The Marne）的美军帮助英武的法军挽回战潮，自此以后就逐渐的向北追逐去了。

第一次美军大规模的攻击开始于圣米海尔（St. Mihiel）突角，即于1918年9月中破之。从此以后，美军在谬司及阿尔艮河（The Meuse-Arganne）的一部战线上继续他们的大工作，以顽强的战争抵抗坚决地反抗，渐渐地把德军由这里赶退，同时英法两军战线的西北端向上追逐，入了比利时。关于美军在战场上的活动再没有比潘兴将军在他1918年12月的报告中说得明白的：“我一想起他们的英武，他们在艰苦中的忍耐，他们攻敌动作的不屈不挠的精神，我心中就充满了说不出的情感。他们的事业是不朽的，他们给国家得了精神上的荣誉。”

俄国革命 因为俄国退出战争以后，协约军及美军在西战场上战争的责任更加重大。1917年3月，俄皇被革命军推倒。11月，继承专制政府的和平政府又被一般激烈的社会党人，即所谓布尔什维克（Bolshevik）者推翻了，这一党人与德国讲和，放弃以前俄帝领土的一大部分。1918年8月，美国联合英、法及日本各国出兵于俄国，保护供给品。

渐见和平的趋势 正当战争在战场上进行的时候，各交战国间逐渐地交换意见，并继续地讨论防止将来战争的方法。推究的结果，发现了各国间贸易上的竞争在无论什么时代都是一个酿成战争的有力的原因。各国以不同的气候及天然的富源，不得不趋于货物的交换；各国的企业商人及制造家都到处寻找市场。于是这种问题就分解成：“各国将各讨方便，不计贵贱去获得贸易——用武力强迫别的人民买自己的货物并逐出竞争者呢？还是各国间须有些协定的条规，以此可以进行商务并统治不合时宜的国家，因而免去以兵戈相见呢？”战争的损失荡尽了几世来商务上所得的利益，使人民思想这是从来没有过的利害。当派出一个小小远征军可以夺取一个殖民地或征服一省的时候，没有人很注意这事；但是，后来德国拔剑起来征服领土，夺取市场，酿成世界的大战，人类的注意才觉得一种新协定之需要了。

威尔逊总统早识商务上竞争及扩张领土的野心对于战争的关系之重要，他并使国人及全世界的人注意这种事实。当召集国会讨论对待德国的横暴执行国家防卫的战争时候，他确实的宣言道：美国不想征服人，取人的土地，为自己得赔偿的军费及物质上的报酬。复在他 1917 年 5 月对俄国的通牒中，再三的说明这种宣言道：“所有的人民都不得迫之生活在他们不愿生活的主权之下。所有的领土除为住在这领土的居民取得一种生命与自由的公道机会以外，都不得变更。所有的赔偿除赔偿人所共见的损失以外，都不得有的。……于是，世界上自由的人民都得集合在某种公共的议会上，作有力的实际的协助，将要从实际上联合人们的力量，取得各国相互关系间的和平与公道。”

威尔逊总统在他1918年1月8日给国会的咨文中，举出他有名的组成美国宣战目的之“十四点”，以后又通知德奥，作为美国的原则及政策。简而言之，威尔逊总统宣战目的可以撮要如下：废止各国间秘密的条约，开放海上的航权，各国间贸易的机会均等，减少军备到能维持国内安宁的最低限度，公平的调节殖民的权利，恢复俄国被德国夺去的领土并任俄人组织自己所愿意的政府，恢复比利时，处理1871年德国在阿尔萨斯及洛林事件上对于法国的谬举，沿着民族的地带改正意大利的边界，把现属他国统治下的意大利人归给意大利政府，恢复塞尔维亚、罗马尼亚及蒙特内哥罗（Montenegro），保障现属土耳其人管辖下的其他民族的安全，开放达达尼尔海峡（The Dardanelles）的航权，波兰独立，还有一个以普遍的友谊集会各国于一处以保障大小各国的政治独立与领土安全的“国际联盟”（The League of Nations）。

威尔逊总统虽然拿他所信可以收束战争并得到永久和平的原则表明于世界，但他主张在战场上用武力解决，直到把德国的武力专制推翻为止。1918年9月19日，布加里（Bulgaria）无条件的投降于协约军，因此打破了两个条顿族强国的东部战线，这种消息震动了全世界。10月5日，德国宰相请求威尔逊总统从事停战及和平的调停。经过一月的谈判，德国因为她的军队在战场上四面受攻，因此求和更形急切。后来，停战条约在11月11日签字，把这场战争在世界从来未见过的欢呼中收束了。几日以内，德皇被迫退位，皇太子出逃，德国专制政府从此倒地。12月4日，威尔逊乘船到欧洲，出席决定和平最后条件的列强大会议。

1919年6月28日和平条约签字　整过了一冬的光阴，其中只有短期的间断，在巴黎进行对德的大条约。不怕有许多破裂的消息，条约的全文于5月间告成。因为德国对于许多条文抗议的结果，取得一些不重要的修改，并于1919年6月28日，各国会合起来签定条约。巴黎大条约再加上以后的对奥条约共包含着三个基本的要点：德国对于协约国所作的罪恶及无礼的损害应一一赔偿；领土有重要的变更；国际联盟会议，阿尔萨斯及洛林仍归还于法国，承认波兰、芬兰、捷克斯洛伐克（Czecho-Slovokia）、南斯拉夫（Jugo-Slavia）等国的独立；扩大比利时、丹麦及意大利的边界；德国在山东的权利让渡于日本；奥匈帝国瓦解；奥地利及匈牙利都缩小了面积，各成为独立国。1919年9月10日，对德的和平条约交由美国参议院批准。威尔逊总统作民众的大演说，想鼓励国人赞助这种条约；但是，参议院依共和党的指挥反对此约，因此，这件事情成了1920年竞选总统的问题。民主党候选人柯克斯邦长（James M. Cox）赞成加入国际联盟。共和党候选人参议院哈定（Warren G. Harding）主张有一个国际会议改正威尔逊总统所主张的错处。这问题在1920年11月交给人民公决。

以上三章的撮要（最近的事情及大战）

一　新民主政治。

甲　对于行政机关增加兴味的原因。

1. 普及教育。

2. 官吏方面的恶迹。

3. 作官不忠的批评。

4. 城市的问题。

5. 女子教育与作工。

乙　政治改良。

1. 文官任用上的改良。

2. 选举票的改良。

3. 创制权、复决权、罢官权。

4. 委员式的城市政府。

5. 城市经理制度。

6. 政党组织上的改良。

7. 直接选举。

8. 女子参政。

二 20世纪的初年。

甲 一个新式总统罗斯福。

乙 保存的运动。

1. 保存运动中的人物。

2. 补救法令。

3. 森林的保存。

丙 巴拿马运河。

1. 早年的历史。

2. 与英国的条约。

3. 关于路线的争执。

4. 巴拿马革命及运河地带的让与。

5. 运河的建筑及开通。

丁 外交。

1. 《朴卜次茅斯条约》。

2. 美舰队环行世界一周。

戊 1908年的选举。

己 塔夫脱的政绩。

1. 修改税率及所得税。

2. 邮政储金银行。

3. 邮送包裹。

4. 托拉斯的解散。

庚 1912 年的竞选。

1. 不满意于共和党。

2. 进步党的组织。

3. 民主党人推选威尔逊。

辛 威尔逊第一次的政绩。

1. 新法律：保护税，所得税，反对托拉斯，联邦储蓄银行。

2. 与墨西哥的交涉。

子 墨西哥的内乱。

丑 委拉克路斯的出征。

寅 与威拉的困难。

3. 美国保护海地与圣多明谷。

4. 收买丹麦的西印度群岛。

三 欧洲大战。

甲 欧战开始。

乙 美国的中立。

1. 总统的布告。

2. 美国中立的理由。

3. 严格中立前途的困难。

丙 潜艇的横暴。

1. 路西塔尼亚的中水雷及击沉。

2. 美国的抗议及德国答应限制潜艇的使用。

丁 1916年的竞选：威尔逊总统二次当选。

戊 对德奥宣战。

1. 德国无限制的潜艇战争复活。

2. 德国人在美国的阴谋。

3. 宣战。

己 德国的专制政治。

1. 德意志帝国的性质。

2. 普鲁士实际上是一个独裁的帝国。

3. 霍亨莎来朝的权势及其统一世界的梦想。

4. 推倒德意志军国主义的必要。

庚 战时的民主主义。

1. 征兵。

2. 战争税。

3. 粮食、燃料及运输的国家管理。

4. 调剂工业上的冲突。

5. 鼓励造船。

6. 兵士的保险。

7. 在大海上及战线上的美国人。

8. 趋向停战的步骤。

9. 和平条约签字。

重要的人名：

总统：罗斯福（1901—1909）、塔夫脱（1909—1913）、威尔逊（1913—1920）。

重要的年代：1914，1917年4月6日；1918年2月2日；1919年6月28日。